Digitale Machtkonzentration von Google Search

Schriftenreihe zum deutschen und europäischen Gesellschafts- und Wirtschaftsrecht

Herausgegeben von Christoph Teichmann und Florian Bien

Begründet von Günter Christian Schwarz †

Band 27

Steffen Uphues

Digitale Machtkonzentration von Google Search

Eine Untersuchung der Auswirkungen der 10. GWB-Novelle

PETER LANG

Lausanne - Berlin - Bruxelles - Chennai - New York - Oxford

Bibliografische Information der Deutschen Nationalbibliothek
Die Deutsche Nationalbibliothek verzeichnet diese Publikation in der Deutschen Nationalbibliografie; detaillierte bibliografische Daten sind im Internet über http://dnb.d-nb.de abrufbar.

Zugl.: Münster (Westfalen), Univ., Diss., 2022

D 6
ISSN 1614-239X
ISBN 978-3-631-90203-5 (Print)
E-ISBN 978-3-631-90356-8 (E-PDF)
E-ISBN 978-3-631-90357-5 (EPUB)
DOI 10.3726/b20920

Verlegt durch:
Peter Lang GmbH, Berlin, Deutschland

info@peterlang.com http://www.peterlang.com/

Vorwort

Die vorliegende Arbeit entstand während meiner Tätigkeit als wissenschaftlicher Mitarbeiter am Institut für Informations-, Telekommunikations- und Medienrecht an der Westfälischen Wilhelms-Universität Münster. Sie wurde vom Promotionsausschuss der Fakultät für Rechtswissenschaften der Universität Münster im Oktober 2022 als Dissertation angenommen. Die Begutachtung der Arbeit erfolgte durch Prof. Dr. Thomas Hoeren und PD Dr. Dominik Schäfers. Die Literatur ist bis zur Einreichung der Dissertation (Dezember 2021) eingearbeitet. Hinsichtlich des mittlerweile verabschiedeten Digital Markets Act sind die Normbezüge für die vorliegende Version angepasst worden.

Ich möchte die Gelegenheit nutzen, um mich bei verschiedenen Personen zu bedanken. Prof. Dr. Thomas Hoeren danke ich dafür, dass er mir die Möglichkeit bot, das Promotionsvorhaben anzutreten. Der Dank für die Aufnahme in diese Schriftenreihe gebührt Prof. Dr. Florian Bien und Prof. Dr. Christoph Teichmann.

Meine Eltern und Hita haben mich stets bedingungslos unterstützt, was es mir sehr erleichtert hat, mich – auch in unproduktiveren Phasen – mit Ruhe und Geduld dieser Arbeit zu widmen. Ich bin euch sehr dankbar dafür!

Für ihre Zeit und den gewinnbringenden Austausch danke ich Prof. Dr. Thomas Höppner, Aline Blankertz, Dr. Sebastian Wismer, Annett Arlt, Prof. Dr. Dirk Lewandowski, Dr. Johannes Kotte und Dr. Wolfgang Oels. In hohem Maße profitiert hat diese Arbeit auch durch die zahlreichen Diskussionen mit Julia, Lisbeth, Marten und Nico. Euch danke ich darüber hinaus ebenso wie Malin, Philip, Karsten, Johannes, Tabea und Matthias für die kritische Auseinandersetzung mit meinen Ideen und für eure Anmerkungen hierzu.

Zu guter Letzt kommt die Person, die diese Arbeit nochmal auf Herz und Nieren geprüft hat: Vielen Dank, Olli!

Münster, im März 2023 — Steffen Uphues

Inhaltsverzeichnis

Abkürzungsverzeichnis

AEUV	*Vertrag über die Arbeitsweise der Europäischen Union*
DMA	*Digital Markets Act*
DMA-E	*Entwurf zum Digital Markets Act*
DSA	*Digital Services Act*
FKVO	*Fusionskontrollverordnung*
FRAND	*fair, reasonable and non-discriminatory*
GAFA	*Akronym für Google, Apple, Facebook und Amazon*
GAFAM	*Akronym für Google, Apple, Facebook, Amazon und Microsoft*
GRCh	*Charta der Grundrechte der Europäischen Union*
i.S.v.	*im Sinne von*
OEM	*Original Equipment Manufacturers*
PVN	*Pressevertrieb Nord KG*
TRLPI	*Texto Refundido de la Ley de Propiedad Intelectual*
URL	*Uniform Resource Locator*
ZWeR	*Zeitschrift für Wettbewerbsrecht*

Siehe für die übrigen Abkürzungen:

Kirchner (Begr.), Abkürzungsverzeichnis der Rechtssprache, 10. Aufl. Berlin 2021

Einleitung

A. Anlass der Untersuchung

Im Jahr 1995 trafen Larry Page und Sergey Brin an der Stanford University aufeinander. Sie entwickelten die Suchmaschine BackRub, die kurz darauf in Google umbenannt wurde.[1] Angetrieben wurden die beiden Gründer zunächst von dem Gedanken, die im Internet verfügbaren Inhalte für Nutzer zu sortieren und die Suche nach relevanten Informationen zu erleichtern. Bald darauf merkten sie jedoch, welchen Wert die Verarbeitung von Daten mit sich bringt und dass sich Google Search über Werbeanzeigen finanzieren lässt.[2] Aufgrund dieser Erkenntnis konnte die zunächst kleine Google-Suche über die Jahre zu einem unter dem Namen Alphabet verbundenen Konglomerat aus diversen Tochterunternehmen gestaltet werden. Das Tochterunternehmen Google verbindet mittlerweile alle Internetdienste. Im Jahr 2020 – also gut zwei Jahrzehnte, nachdem Brin und Page den Wert der Werbung erkannt haben – hat allein Google 146,92 Milliarden US-Dollar durch Werbeanzeigen generiert.[3] Dass dies möglich ist, kann auf ein riesiges Ökosystem aus verschiedenen Google-Diensten zurückgeführt werden. Im Zentrum dieses Ökosystems steht Google Search.

Die Suchmaschine hat in Deutschland seit über einem Jahrzehnt einen Anteil von über 90 % an allen Suchanfragen.[4] Zwar wird immer wieder darauf hingewiesen, dass die Nutzung alternativer Suchmaschinen „nur einen Klick entfernt" sei.[5] Es mehren sich jedoch die Stimmen, die darauf hinweisen, dass auf einzelnen Märkten ein Konkurrieren mit Diensten großer Digitalunternehmen wie Google nicht möglich sei.[6]

---

1 *McAlone* auf „Business Insider", http://go.wwu.de/ar22e.

2 *Martens*, S. 16; *Schulz*, S. 47; *Zuboff*, S. 96 f. Da es Google Search als erste Suchmaschine verstanden hat, das Einblenden von Werbeanzeigen effektiv in den Dienst einzubauen, bezeichnet *Zinndorf* die Plattform als „First Mover", *Zinndorf*, S. 194.

3 Werbeumsätze von Google in den Jahren 2001 bis 2020, http://go.wwu.de/he09h.

4 Marktanteile der allgemeinen Suchmaschinen, http://go.wwu.de/a-anc.

5 *Crane*, Journal of Competition Law & Economics 2012, 459 (464); *Körber*, WRP 2012, 761 (762); *Nolte*, ZUM 2017, 552 (563); *Pohlmann/Lindhauer/Peter*, NZKart 2021, 466 (473); *Varian*, Rivista di Politica Economica 2006, 177 (178).

6 *Hoffmann-Riem*, in: Augstein (Hrsg.), 121 (130); *Larouche/de Streel*, S. 13. In diese Richtung ebenfalls: *Podszun*, in: Deutscher Juristentag (Hrsg.), F 1 (F 71); *Schweitzer*, ZEuP 2021, 503 (519).

Der Gesetzgeber und die zuständigen Behörden haben lange Zeit versucht, der soeben gezeichneten wettbewerblichen Macht von Google mit den herkömmlichen Mitteln des Kartellrechts beizukommen. Eine große Herausforderung lag darin, den strukturellen und ökonomischen Aufbau digitaler Plattformen wie Google Search in seiner gesamten Ausprägung und seiner Bedeutung für das Wettbewerbsgeschehen zutreffend zu erfassen. Beispielhaft hierfür ist die Diskussion darüber, ob ein relevanter Markt angenommen werden kann, wenn die Nutzer von Diensten wie Google Search kein Entgelt für die Nutzung erbringen müssen.[7]

Nunmehr herrscht weltweit Einigkeit, dass der wirtschaftlichen Macht digitaler Konglomerate entgegengewirkt und das Kartellrecht zu diesem Zweck neu gefasst werden muss. Ob in den USA oder der EU, wo jüngst der Digital Markets Act (DMA) verabschiedet wurde – Änderungen im Kartellrecht lassen sich weit oben auf der politischen Agenda finden.[8] Insofern steht das Kartellrecht inmitten einer Zeitenwende.[9] In dieser Bewegung nimmt Deutschland eine „Vorreiterrolle“ ein.[10] Nachdem die

---

7 Siehe hierzu: *Klotz*, WuW 2016, 58 (58 ff.); *Podszun/Franz*, NZKart 2015, 121 (121 ff.); *Topel*, in: Klose/Klusmann/Thomas (Hrsg.), 57 (57); *Volmar*, S. 86 ff.; *Volmar*, WRP 2019, 582 (582 ff.); *Wismer/Bongard/Rasek*, Journal of European Competition Law & Practice 2017, 257 (260).

8 *Käseberg*, in: Bien et al. (Hrsg.), Kapitel 1, Rn. 176; *Podszun*, in: Deutscher Juristentag (Hrsg.), F 1 (F 44); *Podszun/Kreifels*, in: Mak/Tjong Tjin Tai/Berlee (Hrsg.), 183 (192 f., 195); *Scholz*, WuW 2019, 619 (619 ff.). Für die Entwicklungen in den USA siehe: *Guggenberger*, WuW 2021, 633 (633); *Kopf*, MMR 2021, 449 (450); *Stigler Committee on Digital Platforms; Subcommittee on Antitrust, Commercial, and Administrative Law of the Committee on the Judiciary*. Für die Entwicklungen auf EU-Ebene siehe: *BMWi*, Ein neuer Wettbewerbsrahmen für die Digitalwirtschaft. *Schweitzer/Gutmann* sehen die EU als Vorbild für die Durchsetzung von Kartellrecht in Ländern wie Russland, Brasilien, der Türkei oder Südkorea, *Schweitzer/Gutmann*, S. 35 f. Für die Entwicklungen in Großbritannien siehe: *Furman et al.* Für die Entwicklungen in Australien siehe: *Australian Competition & Consumer Commission*. Für die Entwicklungen in Indien siehe: *Kathuria*, Ex-ante Regulation for Digital Markets in India, go.wwu.de/abwow. Für die Entwicklungen in Brasilien, Russland, Indien, China und Südafrika siehe: *BRICS*.

9 Aus Sicht von *Körber* bewegt sich der „political zeitgeist“ in Richtung Regulierung, *Körber*, NZKart 2021, 379 (379). *Podszun* spricht in Anbetracht einer möglichen Zeitenwende von einem „kartellrechtlichen Schlüsselmoment“, *Podszun*, Stellungnahme für den Ausschuss für Wirtschaft und Energie des Deutschen Bundestags, S. 6.

10 *Brandenburger/Janssens*, in: Klose/Klusmann/Thomas (Hrsg.), 3 (11); *Immenga*, K&R 2021, Heft 3, Editorial; *Jovanovic/Greiner*, MMR 2021, 678 (678); *Kopf*, MMR

ECN+-Richtlinie[11] den Gesetzgeber zu einer 10. GWB-Novelle gezwungen hat, ergriff dieser die Gelegenheit, das Kartellrecht in Anknüpfung an die 9. GWB-Novelle für die Auseinandersetzung mit den großen Digitalunternehmen aufzustellen. Mitunter wurden die gesetzgeberischen Tätigkeiten so bewertet, dass Ziel der 10. GWB-Novelle sei, deutsche und weitere europäische Unternehmen im Verhältnis zu den dominierenden US-amerikanischen Unternehmen zu stärken.[12] Diesen Eindruck erweckte der Gesetzgeber durch eigene Äußerungen.[13] Gerade mit Blick auf das rasante Wachstum dominanter Plattformen strebte das Bundesministerium für Wirtschaft und Energie eine schnellere Kartellrechtsdurchsetzung an. Dieser Plan sei nicht zuletzt durch die langjährigen Verfahren gegen die großen digitalen Plattformen gereift.[14] Für viel Aufsehen sorgte dabei insbesondere die neue kartellrechtliche Machtform der überragenden marktübergreifenden Bedeutung in § 19a GWB.[15] Dies stellt den Versuch dar, die über zahlreiche Märkte hinweg bestehende Dominanz der GAFA-Unternehmen (Akronym für Google, Apple, Facebook und Amazon)[16]

2021, 449 (449); *Lettl*, WRP 2021, Heft 3, Editorial. Weitere Zuschreibungen lauten „Pionierwirkung", (*Hoeren*, MMR-Aktuell 2021, 442061), „Eisbrecher" (*Käseberg/Brenner/Fülling*, WuW 2021, 269 (270)) sowie „Testlabor" (*Kühling*, NZKart 2020, 157 (157)).

11 Richtlinie (EU) 2019/1 des Europäischen Parlaments und des Rates vom 11. Dezember 2018 zur Stärkung der Wettbewerbsbehörden der Mitgliedstaaten im Hinblick auf eine wirksamere Durchsetzung der Wettbewerbsvorschriften und zur Gewährleistung des reibungslosen Funktionierens des Binnenmarkts.

12 *Podszun*, WRP 2019, Heft 11, Editorial.

13 *BMWi*, Referentenentwurf zur 10. GWB-Novelle, S. 1.

14 *BMWi*, Referentenentwurf zur 10. GWB-Novelle, S. 1.

15 *Grünwald*, MMR 2020, 822 (826); *Immenga*, K&R 2021, Heft 3, Editorial.

16 Das Akronym wird verwendet, um die Macht und Einflussnahme der vier Konzerne zu verdeutlichen: *Gerpott*, NZKart 2021, 273 (273); *Grünwald*, MMR 2020, 822 (822); *Paal*, NZKart 2018, 157 (157); *Podszun/Bongartz/Langenstein*, EuCML 2021, 60 (60); *Polley/Kaup*, NZKart 2020, 113 (116); *Schwalbe*, in: Klose/Klusmann/Thomas (Hrsg.), 389 (398); *Todd*, Nebraska Law Review 2019, 486 (488). Die Einführung des Akronyms geht wohl auf *Simon Andrews* zurück, der den Begriff schon im Jahr 2011 gebraucht hat, als er die Marketing-Strategien dieser Unternehmen analysierte, siehe hierzu: *Miguel/Casado*, in: Gómez-Uranga/Zabala-Iturriagagoitia/Barrutia (Hrsg.), 127 (127 ff.). Teilweise wird auch Microsoft in die Aufzählung miteinbezogen und das Akronym zu „GAFAM" erweitert: *Budzinski/Mendelsohn*, S. 4; *Franck/Peitz*, in: Richter/Straub/Tuchtfeld (Hrsg.), 84 (84); *Haucap*, Wirtschaftsdienst 2020, 20 (20); *Mendelsohn*, MMR 2021, 857 (857); *Parker/Petropoulos/Van Alstyne*, S. 4; *Schweitzer/Gutmann*, S. 35.

in der kartellrechtlichen Bewertung besser berücksichtigen zu können. *Durz* sprach bei der Verabschiedung der 10. GWB-Novelle von nicht weniger als der „Geburtsstunde der sozialen digitalen Marktwirtschaft".[17] Wie weitreichend die Regelungen der 10. GWB-Novelle und des DMA sein könnten, zeigt sich auch an der Reaktion von Google selbst. Das Unternehmen gibt laut einer Untersuchung von Lobby Control jährlich fast sechs Millionen Euro für Lobbyarbeit bei EU-Institutionen aus – so viel wie kein anderes Unternehmen.[18]

B. Themeneingrenzung

Die Untersuchung bezieht sich auf Google Search und die Stellung des Dienstes im Google-Ökosystem sowie im Alphabet-Konzern. Die Stellung von Google Search erfährt demnach in zweierlei Hinsicht eine Konkretisierung. Zum einen wird Google Search als marktbeherrschende Plattform auf dem Markt der allgemeinen Suche untersucht. Zum anderen wird eine Analyse von Google Search als Stabilisator des Google-Ökosystems und als Vermittler für zahlreiche speziellere Suchdienste von Google wie etwa Google Shopping vorgenommen.

In rechtlicher Hinsicht knüpft die Untersuchung an die 10. GWB-Novelle und die damit einhergehenden Änderungen des Kartellrechts an. Insofern dienen als Untersuchungsgegenstand die Normen, die für die rechtliche Erfassung der herausgearbeiteten Faktoren zur Machtkonzentration maßgeblich sind.

C. Gang und Ziel der Untersuchung

Zunächst wird Google Search in einem kurzen Grundlagenteil als digitale Plattform näher beleuchtet. Hierdurch wird ein Verständnis für die technischen und ökonomischen Abläufe der Plattform geschaffen. Insbesondere fokussieren die Ausführungen auf die Einordnung von Google Search als Plattform und die dafür maßgeblichen Netzwerkeffekte, die zwischen den Nutzergruppen der Suchenden, Werbenden und Webseitenbetreiber wirken.

Hierauf folgen Kapitel 2 und 3, die thematisch miteinander verbunden sind. Zunächst werden in Kapitel 2 sechs Faktoren herausgearbeitet, die für die kartellrechtliche Macht von Google Search und die zentrale Rolle des Dienstes im Google-Ökosystem maßgeblich sind. Im Anschluss wird untersucht, ob der Gesetzgeber diese Faktoren im Rahmen der 10. GWB-Novelle berücksichtigt hat. Dabei wird mit der Untersuchung weder beabsichtigt, eine reine

17 Plenarprotokoll 19/204, S. 25642.

18 *Bank et al.*, S. 6.

Kommentierung der neuen Normen, noch, eine allumfassende Analyse der Google-Dienste vorzunehmen. Vielmehr konzentriert sich die Arbeit auf die sechs identifizierten Faktoren für die Machtkonzentration und auf die Frage, inwiefern durch die gesetzlichen Änderungen diesen Faktoren begegnet wird. Das Ziel der Untersuchung ist somit die Beantwortung der Frage, ob die Änderungen zu einer Reduzierung der herausgearbeiteten Machtkonzentration führen und für bessere Wettbewerbsbedingungen sorgen. Nicht berücksichtigt werden konnten hierbei mögliche Transparenzpflichten von Google gegenüber Werbenden hinsichtlich der im Zusammenhang mit der Werbung verlangten Konditionen und der anfallenden Daten. Ebenfalls nicht in die vorliegende Untersuchung eingeschlossen ist die Frage, inwiefern Google datenschutzrechtliche Vorgaben bei der Verarbeitung personenbezogener Daten und insbesondere bei der Einholung von Einwilligungen missachtet.[19]

Zum Ende der Untersuchung wird angesichts der aktuellen Entwicklungen auf EU-Ebene ein Blick auf die Regelung des jüngst verabschiedeten DMA geworfen. Die vorliegende Arbeit kann keine umfassende Würdigung des Regelungswerks bieten. Vielmehr stehen die Auswirkungen des DMA auf Google Search sowie eine mögliche Kollision mit der neuen Missbrauchsaufsicht aus § 19a GWB im Fokus.

---

19 Siehe zum hierzu mit Blick auf § 19a Abs. 2 S. 1 Nr. 4 lit. a GWB und das gegen Google eingeleitete Verfahren: *Bundeskartellamt*, Pressemitteilung v. 25.05.2021, http://go.wwu.de/502pj.

Kapitel 1: Technische und ökonomische Betrachtung von Google Search

A. Teilelement von Google LLC im Mutterkonzern Alphabet Inc.

Im Jahr 1998 haben Larry Page und Sergey Brin das Unternehmen Google Inc. gegründet.[20] Siebzehn Jahre später, 2015, ist daraus Alphabet Inc.[21] hervorgegangen. Dabei handelt es sich um eine übergeordnete Holding-Gesellschaft, die verschiedene Geschäftsbereiche des ursprünglichen Unternehmens Google in einzelne Tochterunternehmen aufgeteilt hat.[22] In einem dieser Tochterunternehmen sind unter dem Namen Google LLC[23] alle Internetdienste zusammengefasst.[24] Neben Google Search zählen hierzu unter anderem die Google-Dienste Ads, Android, Chrome, Cloud, Maps, Play, Hardware und die Plattform YouTube.[25] Weitere Tochterunternehmen von Alphabet sind unter anderem DeepMind (Anwendungen mittels Künstlicher Intelligenz), Waymo (autonomes Fahren) und X (Forschungsabteilung).[26]

Google ist das Tochterunternehmen, das mit weitem Abstand am meisten Gewinn generiert.[27] Dieser Gewinn setzt sich im Wesentlichen aus Werbeeinnahmen zusammen, die wiederum zu einem großen Teil durch Werbung über Google Search generiert werden.[28] Die anderen Tochterunternehmen von Alphabet dienen zum einen der „hauseigenen" Forschung und Entwicklung. Zum anderen helfen sie, die Google-Dienste zu monetarisieren. Dies kann durch das Sammeln oder Erzeugen wertvoller Daten erfolgen, die zur Optimierung der Suchdienste oder zur Personalisierung der Werbeanzeigen genutzt werden.

---

20 *Lee*, S. 2; *Australian Competition & Consumer Commission*, S. 62.
21 Im Folgenden: Alphabet.
22 *Lee*, S. 41; *Petit*, Big Tech and the Digital Economy, S. 109 f.
23 Im Folgenden: Google.
24 *EU-Kommission*, Beschl. v. 27.06.2017, AT.39740, Rn. 5 – Google Shopping; *Lee*, S. 41.
25 *Lee*, S. 46. Siehe auch die Auflistung aller Google-Produkte, http://go.wwu.de/45tr4.
26 *Alphabet*, Year in Review 2020, S. 23, http://go.wwu.de/q359n; *Lee*, S. 48 ff.
27 *Khan*, Columbia Law Review 2019, 973 (997).
28 *Alphabet*, Annual Report Form 10-K, S. 27, http://go.wwu.de/q359n; *Petit*, Big Tech and the Digital Economy, S. 106.

Darüber hinaus stehen einige Geschäftsbereiche mittelbar in Zusammenhang zu Google Search. Exemplarisch hierfür steht das Loon-Projekt, mit dem Alphabet beabsichtigt, Personen rund um die Welt den Zugang zum Internet zu ermöglichen.[29] Die Idee entstammt der „Moonshot-Fabrik“ des Tochterunternehmens X.[30] Nach einigen Jahren der Entwicklung wurde Loon im Juli 2018 ein selbstständiges Tochterunternehmen von Alphabet.[31] Inzwischen finden – nach langen Forschungsarbeiten – die ersten Einsätze in der Praxis statt: Seit 2020 wird in Kenia der Netzbetreiber Telkom Kenya durch Loon bei der Internetversorgung unterstützt.[32] Die Idee hinter dem Projekt ist keinesfalls einem altruistischen Ansatz von Alphabet geschuldet. Vielmehr lassen sich die Einnahmen aus dem Segment der Online-Werbung durch eine größere Anzahl potentieller Werbekunden erhöhen. In Anbetracht der Tatsache, dass bisher nur etwa die Hälfte der Weltbevölkerung das Internet nutzt,[33] bietet die Internetversorgung einen vielversprechenden Hebel.[34] Google Search ist weltweit die mit weitem Abstand meistgenutzte Suchmaschine.[35] Es ist zu erwarten, dass der Suchmaschinenanbieter auch neue räumliche Märkte schnell dominieren würde. Insofern eröffnen sich Google Search enorme Potentiale, was die Erzielung von Werbeeinnahmen anbelangt. Etwas vereinfacht klingt die Rechnung wie folgt: Je mehr Personen Zugang zum Internet haben, desto mehr Personen nutzen Google Search. Umso öfter einem Suchenden Suchergebnisse und Werbeanzeigen präsentiert werden, umso mehr Werbeanzeigen werden geklickt und umso höhere Einnahmen werden generiert.[36]

Die vorangegangene Einordnung von Google Search in den Gesamtkontext – also die Stellung im Alphabet-Konzern – ist bei der Bewertung der Gesetzesänderungen und der Identifizierung von weiterem gesetzgeberischem Handlungsbedarf zu berücksichtigen. Ein gutes Beispiel sind die von Alphabet und Google ausgehenden Unternehmensübernahmen. Einige dieser Zusammenschlüsse wirken sich – wenngleich auf mittelbarem Wege – folgenschwer

---

29 *Schulz*, S. 129 ff.; *Stark*, in: Stark/Dörr/Aufenanger (Hrsg.), 1 (1).

30 *Schulz*, S. 130.

31 *Kumar et al.*, International Journal of Emerging Technology and Innovative Engineering 2020, 206 (206).

32 *Porter* auf „The Verge“, http://go.wwu.de/kz0bp.

33 *International Telecommunication Union*, S. 7.

34 *Gasser*, S. 83 f.; *Hanley*, Conneticut Public Interest Law Journal 2020, 271 (276).

35 Marktanteile der Suchmaschinen weltweit nach mobiler und stationärer Nutzung im September 2021, http://go.wwu.de/1644f.

36 *Schulz*, S. 130.

auf den Suchmaschinenmarkt aus.[37] Ein Verständnis für die Struktur von Alphabet und die diesbezüglich erhebliche wirtschaftliche Bedeutung von Google Search ist somit Grundvoraussetzung für die effektive Ausübung der Zusammenschlusskontrolle.

B. Technische Abläufe der Suchmaschine

Google Search bietet Internetnutzern an, sie auf schnellem und einfachem Wege zu einer gesuchten Webseite zu leiten. Zur Beantwortung einer Suchanfrage bedient sich die Suchmaschine eines Indexes und präsentiert anschließend die zur Suchanfrage passenden Inhalte. Im Regelfall wird bei der Präsentation der Suchergebnisse eine an der Relevanz dieser Inhalte orientierte Auflistung vorgenommen. Der technische Ablauf im Rahmen der Suche wird im Folgenden kurz skizziert. Er besteht im Wesentlichen aus drei Komponenten: Crawling, Indexierung und Ranking.[38]

I. Crawling

Für den Nutzen einer Suchmaschine sind zwei Aspekte maßgeblich. Zum einen müssen möglichst viele Inhalte vermittelt werden können. Zum anderen sollte die Suchanfrage auf Grundlage der zum konkreten Zeitpunkt auch tatsächlich im Internet befindlichen Inhalte beantwortet werden.[39] Um diese Voraussetzungen zu erfüllen, bedienen sich Suchmaschinen sogenannter Crawler[40]. Diese nutzen die im Internet vorhandene Link-Struktur, um sich einen Weg zu bahnen und möglichst alle Inhalte zu erfassen.[41] Für die

---

37 Siehe hierzu: Kapitel 2: F.I.2. (S. 100 ff.).

38 *Elixmann*, S. 41; *Griesbaum/Bekavac/Rittberger*, in: Lewandowski (Hrsg.), Handbuch Internet-Suchmaschinen, 18 (28); *Machill/Beiler/Zenker*, in: Machill/Beiler (Hrsg.), 7 (8).

39 *Lewandowski*, Web Information Retrieval, S. 50 f. Dies ist aber aufgrund der zahlreichen fortlaufenden Änderungen nicht vollends zu gewährleisten.

40 Crawler werden teilweise auch als „Spider", „Robots" „Agents" oder „Wanderer" bezeichnet: *Schmidt/Pruß*, in: Auer-Reinsdorff/Conrad (Hrsg.) § 3 Rn. 403; *Elixmann*, S. 41; *Erhard*, S. 23; *Grimmelmann*, Iowa Law Review 2007, 1 (7); *Trentmann*, MMR 2016, 731 (734); *Witten/Gori/Numerico*, S. 70.

41 *Brandman et al.*, ACM Sigmetrics Performance Evaluation Review 2000/2, 9 (9); *Koch*, K&R 2002, 120 (120); *Lewandowski*, in: Lewandowski (Hrsg.), Handbuch Internet-Suchmaschinen 3, 143 (145); *Lewandowski*, Suchmaschinen verstehen, S. 32; *Witten/Gori/Numerico*, S. 70.

Berücksichtigung neuer, geänderter sowie gelöschter Inhalte ist es wichtig, dass sich die Crawling-Prozesse ständig wiederholen.[42] Dabei werden die im Internet verfügbaren URL unterschiedlich oft gecrawlt.[43] Die Crawling-Abstände bestimmen sich danach, welche Relevanz die URL für das allgemeine Informationsinteresse haben[44] und in welchen Abständen inhaltliche Änderungen an der Webseite vorgenommen werden.[45]

Die Betreiber von Webseiten müssen in den allermeisten Fällen nicht tätig werden, um von einer Suchmaschine gecrawlt zu werden. Es steht ihnen aber offen, manuell auf einen Crawling-Vorgang einzuwirken. Dies kann unter Verwendung und durch Ausgestaltung einer „robots.txt"-Datei erfolgen.[46] In einer solchen Datei kann ein Robots Exclusion Protocol angelegt werden.[47] Hiermit bringt der Webseitenbetreiber zum Ausdruck, dass bestimmte oder alle Suchmaschinen die Webseite oder Teile davon nicht crawlen sollen. An mehreren Stellen ist zu lesen, dass sich auf diese Weise das Crawling der eigenen Webseite einschränken oder verhindern ließe.[48] Um genau zu sein, handelt es sich dabei aber um eine Konvention zwischen Webseitenbetreiber und Crawler, nach der die Webseite nicht gecrawlt werden soll.[49] Der Crawling-Prozess kann somit technisch gesehen nicht unterbunden werden. Der Einsatz einer „robots.txt"-Datei erfolgt häufig aus dem Grund, dass das Crawling der eigenen Webseite zu einer hohen Serverauslastung führen kann.[50]

---

42 *Brandman et al.*, ACM Sigmetrics Performance Evaluation Review 2000/2, 9 (9); *Glöggler*, S. 30; *Lewandowski*, in: Lewandowski (Hrsg.), Handbuch Internet-Suchmaschinen 3, 143 (145); *Lewandowski*, Suchmaschinen verstehen, S. 37; *Lewandowski*, Web Information Retrieval, S. 49.

43 Informationen von Google zur Organisation der Suchmaschine, http://go.wwu.de/eme92; Türker, S. 15.

44 *Krämer/Schnurr/Broughton Micova*, S. 19.

45 *Schmidt/Pruß*, in: Auer-Reinsdorff/Conrad (Hrsg.) § 3 Rn. 408; Türker, S. 15.

46 Informationen von Google zur Organisation der Suchmaschine, http://go.wwu.de/eme92.

47 *Höppner/Schaper*, MMR 2017, 512 (513).

48 *Bundeskartellamt*, Beschl. v. 08.09.2015, B6-126/14, Rn. 17 – Google/VG Media; *Schack*, ZUM 2020, 165 (166); *Wehrmann*, S. 28 Fn. 47.

49 *Elixmann*, S. 41 f.; *Lewandowski*, in: Lewandowski (Hrsg.), Handbuch Internet-Suchmaschinen 3, 143 (145); *Lewandowski*, Suchmaschinen verstehen, S. 42; *Schmidt/Pruß*, in: Auer-Reinsdorff/Conrad (Hrsg.), § 3 Rn. 409. In diese Richtung auch: *Höppner*, WRP 2012, 625 (631); *Rath*, S. 63.

50 *Subcommittee on Antitrust, Commercial and Administrative Law of the Committee on the Judiciary*, S. 79.

Neben dem Verhindern oder Einschränken des Crawling-Vorgangs bleibt einem Webseitenbetreiber die Möglichkeit, seine Webseite bewusst auf den Crawling-Prozess einer Suchmaschine auszurichten.[51] Das Motiv einer solchen Suchmaschinenoptimierung liegt darin, gegenüber der Suchmaschine eine hohe Relevanz der dargebotenen Inhalte zu suggerieren und die Position in den Suchergebnissen zu verbessern.[52] Daneben kann eine gezielte Ausrichtung bewirken, dass Neuerungen und Änderungen in kürzeren Intervallen erfasst werden.[53]

II. Indexierung

Auf den Crawling-Vorgang folgt die Indexierung der Webseiten. In einem ersten Schritt werden hierzu alle durch das Crawling lokalisierten Daten in ein einheitliches Format umgewandelt.[54] Im Anschluss werden diese Daten dem Index zugeführt. Der Index bietet die Grundlage, aus der sich der Algorithmus zur Beantwortung einer Suchanfrage bedienen kann.

III. Ranking

Der dritte und letzte Schritt vor der Anzeige der Suchergebnisse ist das Ranking der einzelnen Ergebnisse. Während die Indexierung bestimmt, auf welche Inhalte Google Search überhaupt verweisen kann, bestimmt das Ranking die Sichtbarkeit für die Nutzer. Im Regelfall nimmt der Nutzer nur die Inhalte wahr, die relativ weit oben angezeigt werden.[55]

Ursprünglich nutzte Google Search den von Larry Page und Sergey Brin entwickelten „PageRank“.[56] Dabei wurde hinsichtlich der Relevanz einer Webseite im Wesentlichen auf die Anzahl vorhandener Verlinkungen durch andere Webseiten abgestellt.[57] Mittlerweile berücksichtigen die Algorithmen neben

---

51 Zu den Grundlagen der Suchmaschinenoptimierung siehe: *Wehrmann*, S. 24 ff.

52 *Pelzer/Gerigk*, S. 53 ff.; *Schmidt/Pruß*, in: Auer-Reinsdorff/Conrad (Hrsg.) § 3 Rn. 425; *Schultz*, in: Lewandowski (Hrsg.), Handbuch Internet-Suchmaschinen, 70 (71). Zur Suchmaschinenoptimierung durch Presseeinrichtungen siehe: *Dachwitz/Fanta*, S. 84.

53 Informationen von Google zur Organisation der Suchmaschine, http://go.wwu.de/eme92.

54 *Elixmann*, S. 42; *Hartl*, S. 12; *Siegmund*, S. 48.

55 Siehe hierzu: Kapitel 2: C.I.2. (S. 60 ff.).

56 Siehe hierzu: *Brin/Page*, Computer Networks and ISDN Systems 1998, 107 (107 ff.).

57 Zur genauen Berechnung des PageRank: *Brin/Page*, Computer Networks and ISDN Systems 1998, 107 (109 f.); *Lehmann/Lehmann*, S. 143.

dem Verlinkungsgrad viele weitere Faktoren.[58] Insbesondere untersuchen sie die Suchergebnisse auf ihre Relevanz für die eingegebenen Suchbegriffe und teilweise auch für den suchenden Nutzer.[59] Dabei kann sowohl der Standort des Nutzers als auch dessen Endgerät berücksichtigt werden.[60] Darüber hinaus können die Aufrufe einer Webseite und die Zeit, die Nutzer auf dieser Webseite verbringen, berücksichtigt werden.[61] Insgesamt fließen über 200 verschiedene Faktoren in die Bewertung mit ein.[62]

Da der Algorithmus aus den indexierten Inhalten ein Ranking relevanter Informationen erstellt, ist der Begriff des Suchalgorithmus irreführend.[63] Prägnanter erscheint der Begriff des Bewertungsalgorithmus[64], der auch in der vorliegenden Arbeit verwendet wird.

C. Ökonomische Einordnung

In den vergangenen Jahren kam es im Zusammenhang mit digitalen Plattformen immer wieder zu Fallkonstellationen, die einen kartellrechtlichen Handlungsbedarf aufdeckten, ohne dass sich dieser mit den bisherigen Mitteln des Kartellrechts erfassen ließ. Um die neuen Regelungen des GWB dahin gehend zu prüfen, ob sie die ökonomischen Zusammenhänge und wettbewerblichen Gefahren rund um Google Search angemessen adressieren, ist ein Blick auf die ökonomischen Grundzüge zu werfen. Zunächst werden die bei der Suche auftretenden Netzwerkeffekte herausgearbeitet (I.). Im Anschluss erfolgt unter Berücksichtigung der Netzwerkeffekte eine Einordnung von Google Search unter den Begriff der Plattform (II.).

---

58 *Lewandowski* teilt diese Faktoren in anfrageabhängige und anfrageunabhängige Faktoren ein, *Lewandowski*, Web Information Retrieval, S. 90 ff. Zu den Qualitätsmängeln eines Bewertungsalgorithmus, der nur auf die Häufigkeit des ausgewählten Suchbegriffs abstellt, schon früh: *Hoeren*, MMR 1999, 649 (649 ff.).

59 *Lewandowski*, Suchmaschinen verstehen, S. 110 ff.; *Wehrmann*, S. 30.

60 *Wehrmann*, S. 30.

61 *Lehmann/Lehmann*, S. 141; Türker, S. 19.

62 *Dörr/Natt*, ZUM 2014, 829 (835); *Kühling/Gauß*, ZUM 2007, 881 (882); *Stark*, in: Stark/Dörr/Aufenanger (Hrsg.), 1 (2). Ausführlich zu den verschiedenen Faktoren: *Hartl*, S. 14 ff.

63 *Siegmund*, S. 57 Fn. 155.

64 *Siegmund*, S. 57 Fn. 155.

I. Netzwerkeffekte

Im Folgenden wird zunächst die Theorie der Netzwerkeffekte dargestellt, um diese im Anschluss auf die einzelnen Verbindungen im Rahmen von Google Search anzuwenden. Die Identifikation der dort auftretenden Netzwerkeffekte hilft dabei, wettbewerbliche Gefahren zu identifizieren. Darüber hinaus geben die Netzwerkeffekte Aufschluss über das hinter Google Search stehende Geschäftsmodell.[65]

1. Theorie der Netzwerkeffekte

Die Erkenntnis, dass Netzwerkeffekte eine elementare Rolle für die Ökonomie digitaler Plattformen einnehmen, wurde durch eine Arbeit von *Rochet/Tirole*[66] einer breiter angelegten Diskussion zugeführt.[67] Die grundlegenden Gedanken beider Autoren fanden im Jahr 2000 in Form eines Working Papers Eingang in die Wissenschaft.[68] Seitdem wurden die Annahmen zur Wirkung von Netzwerkeffekten durch viele Autoren ausdifferenziert.[69] Mitunter werden die Begriffe Netzeffekte,[70] Netzwerkexternalitäten[71] oder nachfrageseitige Skaleneffekte[72] als Synonyme für Netzwerkeffekte genutzt.[73] Die vorliegende Arbeit folgt allerdings dem Begriff der Netzwerkeffekte.[74] Diese können sowohl in direkter als auch in indirekter Weise auftreten.[75]

---

65 Siehe zum Geschäftsmodell: Kapitel 1: D. (S. 33 ff.).

66 *Rochet/Tirole*, Journal of the European Economic Association 2003, 990 (990 ff.).

67 *Evans/Schmalensee*, The Antitrust Analysis of Multi-Sided Platform Businesses, S. 3.

68 *Evans/Schmalensee*, Matchmakers, S. 15; *Evans/Schmalensee*, The Antitrust Analysis of Multi-Sided Platform Businesses, S. 3.

69 Einen Überblick hierüber bietet: *Schmalensee*, Competition Policy International 2014, 175 (175 ff.).

70 *Clement et al.*, S. 42; *Dewenter/Rösch*, S. 26 ff.; *Schmidt*, S. 57; *Weber*, S. 88; *Wied-Nebbeling*, S. 288; *Zimmerlich*, S. 78.

71 *Bundeskartellamt*, Vertikale Beschränkungen in der Internetökonomie, S. 20; *Carlton/Frankel*, Columbia Business Law Review 2005, 617 (624); *Choi/Thum*, European Economic Review 1998, 225 (225 ff.); *Kloepfer*, AfP 2010, 120 (120); *Shapiro/Varian*, S. 183; *Wied-Nebbeling*, S. 288.

72 *Ewald*, in: Wiedemann (Hrsg.), § 7 Rn. 70.

73 *Blaschczok*, S. 29; *Bork/Sidak*, Journal of Competition Law & Economics 2012, 663 (667); *Bundeskartellamt*, Vertikale Beschränkungen in der Internetökonomie, S. 19.

74 Siehe zur Bezeichnung dieses ökonomischen Phänomens auch: *Guggenberger*, S. 54 f. Fn. 141.

75 *Economides*, International Journal of Industrial Organization 1996, 673 (679); *Katz/Shapiro*, The American Economic Review 1985, 424 (424); *Zimmerlich*, S. 79.

Ein direkter Netzwerkeffekt entsteht, wenn sich eine Person einer Nutzerseite der Plattform anschließt und hierdurch den Nutzen für diese Nutzerseite unmittelbar beeinflusst.[76] Klassisches Beispiel für das Entstehen direkter Netzwerkeffekte ist das Telefon.[77] Jeder zusätzliche Anschluss im Funknetz ermöglicht es dem Einzelnen, eine weitere Person zu erreichen. Aus heutiger Sicht ist das prägnanteste Beispiel für direkte Netzwerkeffekte das soziale Netzwerk Facebook.[78] Der grundlegende Sinn des Netzwerks liegt darin, mit anderen Nutzern in Verbindung zu treten. Die Anzahl möglicher Kommunikationspartner und somit auch der Nutzen steigt mit jedem hinzutretenden Nutzer. Neben einer positiven Wirkung können direkte Netzwerkeffekte den Nutzen auch negativ beeinflussen.[79] Als Beispiel dient etwa der Wertverlust einer Marke, wenn (zu) viele Personen ein Produkt der Marke besitzen.[80]

Wenn sich das Hinzutreten von Personen auf der einen Nutzerseite auf den Nutzen für die Personen der anderen Nutzerseite auswirkt, liegen indirekte Netzwerkeffekte vor.[81] Diese wirken etwa zwischen Käufern und Verkäufern auf Auktionsplattformen wie Ebay oder zwischen Männern und Frauen auf Online-Dating-Plattformen für heterosexuelle Personen.[82]

---

76 *Belleflamme/Toulemonde*, International Economic Review 2009, 245 (249); *Birke*, Journal of Economic Surveys 2009, 762 (765); *Carlton/Frankel*, Columbia Business Law Review 2005, 617 (624); *Hamelmann/Haucap*, S. 3; *Podszun/Schwalbe*, NZKart 2017, 98 (100); *Tamke*, ZWeR 2017, 358 (366); *Telle*, WRP 2016, 814 (815); *Tirole*, Industrieökonomik, S. 873, *Wied-Nebbeling*, S. 288.

77 *Birke*, Journal of Economic Surveys 2009, 762 (765); *Carlton/Frankel*, Columbia Business Law Review 2005, 617 (625); *Evans/Schmalensee*, Matchmakers, S. 22; *Katz/Shapiro*, The American Economic Review 1985, 424 (424); *Mazzucato*, S. 280; *Stucke/Ezrachi*, The Yale Journal of Law & Technology 2016, 70 (81); *Tirole*, Industrieökonomik, S. 873.

78 *Bundeskartellamt*, Fallbericht. v. 15.02.2019, B6-22/16, S. 7 – Facebook; *Grothe*, S. 77; *Künzler*, Yearbook of European Law 2020, 423 (432). Als weiteres Beispiel dient etwa WhatsApp: *Podszun/Kreifels*, in: Mak/Tjong Tjin Tai/Berlee (Hrsg.), 183 (192).

79 *Shy*, Review of Industrial Organization 2011, 119 (120); *Tamke*, NZKart 2018, 503 (504 f.); *Wismer/Bongard/Rasek*, Journal of European Competition Law & Practice 2017, 257 (258).

80 *Shy*, Review of Industrial Organization 2011, 119 (120).

81 *Carlton/Frankel*, Columbia Business Law Review 2005, 617 (626); *Evans*, Yale Journal on Regulation 2003, 325 (332); *Evans/Schmalensee*, Matchmakers, S. 25; *Haucap/Stühmeier*, in: Bauer/Latzer (Hrsg.), 183 (184); *Telle*, WRP 2016, 814 (815).

82 *Podszun/Schwalbe*, NZKart 2017, 98 (100).

2. *Netzwerkeffekte bei Google Search*

Im Folgenden wird aufgezeigt, welche Netzwerkeffekte im Rahmen von Google Search zu berücksichtigen sind. Mit den Suchenden, den Werbenden und den Webseitenbetreibern liegen drei relevante Nutzergruppen vor.[83] Die Wirkungen innerhalb der einzelnen Nutzergruppen sind ebenso zu erörtern wie die Beziehungen zwischen den Nutzergruppen.

a) Suchende und Suchende

Anders als etwa bei Facebook ist eine Registrierung für die Nutzung von Google Search nicht erforderlich. Dadurch ist es schwierig, festzulegen, wann überhaupt ein Hinzutreten eines Nutzers anzunehmen ist. Hinzu kommt, dass die Suchenden nicht interagieren. Der Nutzen von Google Search wird durch die Charakteristika der anderen Suchenden nicht beeinflusst. Es erscheint vielmehr sinnvoll, statt der Anzahl der Suchenden auf die Anzahl der Suchanfragen abzustellen.

Eine Suchanfrage dient der Weiterentwicklung des Bewertungsalgorithmus.[84] Jede weitere Suchanfrage kann sich somit positiv auf künftige Suchanfragen auswirken. Zuweilen werden hierin direkte[85] oder auch indirekte Netzwerkeffekte[86] gesehen. Gegen eine solche Annahme spricht jedoch, dass der Nutzen in Bezug auf künftige Suchanfragen nicht unmittelbar zunimmt.[87] Die Zunahme erfolgt erst durch die von Google Search betriebene Datenanalyse

---

83 *Höppner/Grabenschröer*, NZKart 2015, 162 (164 f.).

84 *Fast/Schnurr/Wohlfarth*, in: Specht-Riemenschneider/Werry/Werry (Hrsg.), § 7.1 Rn. 2; *Australian Competition & Consumer Commission*, S. 66 f.; *Haucap/Stühmeier*, in: Bauer/Latzer (Hrsg.), 183 (191); *Iansiti/Lakhani*, S. 55; *Körber*, WRP 2012, 761 (764); *McChesney*, S. 132; *Paal*, GRUR 2013, 873 (876); *Sokol/Comerford*, in: Blair/Sokol (Hrsg.), 293 (297); *Stucke/Grunes*, Rn. 14.07.

85 *Competition & Markets Authority*, Online platforms and digital advertising, S. 92; *Fahrig*, S. 137 ff.; *Mauelshagen*, S. 80, 236.

86 *Argenton/Prüfer*, Journal of Competition Law & Economics 2012, 73 (76); *Erhard*, S. 46; *Pasquale/Bracha*, Cornell Law Review 2008, 1149 (1181); *Sokol/Comerford*, in: Blair/Sokol (Hrsg.), 293 (306); *Tirole*, Economics for the Common Good, S. 397; *White*, S. 15.

87 *Haucap/Wenzel*, ZfW 2011, 200 (206); *Kühling/Gauß*, MMR 2007, 751 (752); *Manne/Wright*, Harvard Journal of Law & Public Policy 2011, 171 (211). Die Einordnung als indirekter Netzwerkeffekt scheitert in Ermangelung einer zweiten involvierten Plattformseite: *Engels*, S. 11; *Gauß*, S. 30; *Haucap/Stühmeier*, in: Bauer/Latzer (Hrsg.), 183 (187); *Weber*, S. 74.

und die hierauf basierenden Änderungen an den für das Ranking maßgeblichen Parametern.[88] Gegen die Annahme direkter Netzwerkeffekte spricht zudem der Umstand, dass zwischen den Suchenden keinerlei Interaktion stattfindet.[89] Die positiven Wirkungen auf die Lernfähigkeit des Bewertungsalgorithmus sind demnach als nachfrageseitige Größenvorteile[90] oder als Lerneffekte[91] einzuordnen.

Es wären ferner negative direkte Netzwerkeffekte denkbar, wenn durch eine zu hohe Anzahl an Suchanfragen die Serverkapazität überschritten würde.[92] Mit Blick auf diese potentielle Gefahr hat Google Search sicherzustellen, dass das Arbeitsvermögen der verwendeten Soft- und Hardware den Anforderungen, die sich aus der Nutzerzahl ergeben, Stand halten kann.

b) Suchende und Werbende

Jede weitere Person, die Google Search als Suchmaschine nutzt, stellt aus Sicht der Werbenden einen weiteren potentiellen Kunden dar. Je mehr Suchanfragen durchgeführt werden, desto öfter werden Suchenden bei Google Search Werbeanzeigen eingeblendet. Von der Nutzerseite wirken somit indirekte Netzwerkeffekte in Richtung der Werbenden.[93] Im Einzelfall hängt die Bedeutung dieser Netzwerkeffekte auch davon ab, wie investitionsbereit und werbeinteressiert der jeweils Suchende ist.[94] Insofern sind die Suchenden aus Sicht der Werbenden nicht zwangsläufig gleichwertig.[95]

Eine höhere Anzahl an Nutzern hilft den Werbenden auch dadurch, dass Google infolge eines größeren Datenbestands die Möglichkeit erhält, die Schaltung von Werbeanzeigen noch detaillierter an dem Profil der jeweils Suchenden auszurichten.[96] Eine Änderung des Nutzens tritt jedoch nicht unmittelbar

---

88 *Kühling/Gauß*, MMR 2007, 751 (752).

89 *Weber*, S. 73 f.; *Engels*, S. 11.

90 *Luchetta*, Journal of Competition Law & Economics 2014, 185 (196).

91 *Volmar*, S. 80 f.

92 *Weber*, S. 75.

93 *EU-Kommission*, Beschl. v. 27.06.2017, AT.39740, Rn. 292 ff. – Google Shopping; *Bundeskartellamt*, Beschl. v. 08.09.2015, B6-126/14, Rn. 122 – Google/VG Media; *Beckmann/Müller*, in: Hoeren/Sieber/Holznagel (Hrsg.), Teil 10 Rn. 186; *Engels*, S. 11; *Louven*, S. 36.

94 *Manne/Wright*, Harvard Journal of Law & Public Policy 2011, 171 (208).

95 *Manne/Wright*, Harvard Journal of Law & Public Policy 2011, 171 (208).

96 *Volmar*, S. 80. Aus Sicht von *Zinndorf* spricht der höhere Cost-Per-Click-Preis von Google gegenüber Wettbewerbern wie Yahoo für die Qualität von Google hinsichtlich zielgruppenspezifischer Werbung, *Zinndorf*, S. 181.

durch einen Anstieg der Suchanfragen ein. Dazwischen liegt die Datenanalyse durch Google als maßgeblicher Zwischenschritt. Demnach ist diese Wirkung nicht als indirekter Netzwerkeffekt einzuordnen.[97]

Zur Frage, inwiefern umgekehrt Netzwerkeffekte von den Werbenden auf die Suchenden ausgehen, sind die unterschiedlichen Werbeinteressen verschiedener Suchnutzer zu berücksichtigen. Zunächst führt eine Zunahme an Werbenden dazu, dass dem Suchenden mit einer höheren Wahrscheinlichkeit eine seinen Vorlieben entsprechende Werbeanzeige eingeblendet werden kann. Fraglich ist jedoch, ob hiermit Netzwerkeffekte in Richtung der Suchenden einhergehen. Für Werbetreibende ist es wichtig, ob die Suchenden auch tatsächlich an ihren Anzeigen interessiert sind. Insofern ist zwischen drei Konstellationen zu unterscheiden: Suchende können Werbeanzeigen neutral, negativ oder positiv bewerten.

Das Interesse der meisten Suchenden richtet sich vornehmlich auf die im Internet abrufbaren Inhalte.[98] Sie verhalten sich demnach neutral zu Werbeanzeigen. Werbung, die im Rahmen der Suche angezeigt wird, wirkt sich in dieser Konstellation nicht auf den Nutzen der Suchenden aus.[99] Eine Zunahme an Werbekunden bedeutet für Suchende, die den eingeblendeten Werbeanzeigen neutral gegenüberstehen, somit keinen geänderten Nutzen.[100]

Sofern Werbeanzeigen von Suchenden als störend empfunden werden, entfalten sie ihnen gegenüber negative indirekte Netzwerkeffekte.[101] Das Verhältnis zwischen Werbenden und Suchenden vollzieht sich hierbei ähnlich wie bei Print-Medien.[102] Ab welchem Grad Werbeanzeigen das Surfverhalten beeinträchtigen, orientiert sich daran, wie viele verschiedene Werbeanzeigen dem Suchenden präsentiert werden, wie viel Raum sie im Vergleich zu den organischen Suchergebnissen einnehmen und an welcher Stelle sie im Ranking

97 *Volmar*, S. 80 f.

98 *Gasser*, S. 35.

99 *Clement et al.*, S. 270; *Iansiti/Lakhani*, S. 133; *Manne/Wright*, Harvard Journal of Law & Public Policy 2011, 171 (208).

100 *Newman*, Yale Journal on Regulation 2014, 401 (406).

101 *Bundeskartellamt*, Beschl. v. 08.09.2015, B6-126/14, Rn. 122 – Google/VG Media; *Budzinski/Lindstädt*, WiSt 2010, 436 (440); *Clement et al.*, S. 270; *Engels*, S. 11; *Grothe*, S. 77; *Mauelshagen*, S. 84; *Tamke*, NZKart 2018, 503 (504). In diese Richtung auch: *Bork/Sidak*, Journal of Competition Law & Economics 2012, 663 (668).

102 Zur ökonomischen Herangehensweise bei Print-Medien: *Evans/Schmalensee*, Matchmakers, S. 18.

erscheinen.[103] Insofern hat sich die Bewertung indirekter Netzwerkeffekte von Werbenden auf Suchende in erster Linie nicht an der Anzahl der Werbenden, sondern zuvorderst an der Anzahl der Werbeanzeigen auf der Suchergebnisseite zu orientieren.

Ist ein Suchender an den eingeblendeten Werbeanzeigen interessiert, liegen positive indirekte Netzwerkeffekte vor.[104] Dabei spielt bei Suchenden, die grundsätzlich bereit sind, ihre Aufmerksamkeit passenden Werbeanzeigen zuzuwenden, die Relevanz der jeweils eingeblendeten Werbeanzeigen eine große Rolle.[105] In dieser Konstellation ist auch die Anzahl der Werbenden von Bedeutung.[106] Je mehr Werbende die Plattform nutzen, desto größer ist die Auswahlmöglichkeit bei der Einblendung relevanter Werbeanzeigen. Sofern einem Nutzer für ihn relevante Werbeanzeigen eingeblendet werden, kann er dies als Bereicherung des Sucherlebnisses empfinden.[107]

Darüber hinaus gilt, dass die Werbeeinnahmen von Google dazu führen können, dass in die Verbesserung der angebotenen Dienste reinvestiert wird. Die EU-Kommission hatte in der Google-Shopping-Entscheidung mit einer dahin gehenden Argumentation positive indirekte Netzwerkeffekte von Werbenden auf Suchende angenommen.[108] Diese lägen darin, dass wachsende Werbeeinnahmen Google in die Lage versetzen würden, die einzelnen Komponenten von Google Search zu verbessern und den Suchenden hierdurch einen größeren Nutzen zu verschaffen. Diese Ansicht kann allerdings nicht überzeugen. Ein größerer Nutzen ergibt sich für Suchende nicht unmittelbar aus dem Hinzutreten weiterer Werbender oder einem Mehr an Werbeanzeigen. Vielmehr ist hierfür erforderlich, dass die jeweilige Werbeanzeige angeklickt wird

---

103 *Evans/Noel*, Columbia Business Law Review 2005, 101 (123); *Mauelshagen*, S. 84; *Stucke/Ezrachi*, The Yale Journal of Law & Technology 2016, 70 (91); *Zinndorf*, S. 184.

104 *Budzinski/Lindstädt*, WiSt 2010, 436 (440); *Lindstädt*, ZWeR 2010, 53 (67). *Sura* ist der Ansicht, dass von Seiten der Werbenden keine indirekten Netzwerkeffekte in Richtung der Suchnutzer ausgehen, *Sura*, in: Sassenberg/Faber (Hrsg.), Teil 2, Rn. 27.

105 *Competition & Markets Authority*, Online platforms and digital advertising, S. 45; *Evans*, Review of Network Economics 2008, 359 (373); *Höppner*, WRP 2012, 625 (628); *Monopolkommission*, Sondergutachten 68, S. 85; *Zinndorf*, S. 183.

106 *Evans*, Review of Network Economics 2008, 359 (373).

107 *Evans*, Review of Network Economics 2008, 359 (373); *Höppner*, Journal of Media Law 2013, 14 (16); *Höppner*, WRP 2012, 625 (628).

108 *EU-Kommission*, Beschl. v. 27.06.2017, AT.39740, Rn. 296 – Google Shopping.

und Google in einem zweiten Schritt das eingenommene Geld reinvestiert.[109] Diese ökonomischen Zusammenhänge sind demnach nicht als indirekte Netzwerkeffekte einzuordnen.[110]

Im Ergebnis zeigt sich am Beispiel des Verhältnisses von Suchenden und Werbenden, dass indirekte Netzwerkeffekte asymmetrisch wirken können.[111] Die Effekte, die von Suchenden auf Werbende ausgehen, werden nicht zwangsläufig in die umgekehrte Richtung zurückgegeben.

c) Suchende und Webseitenbetreiber

Je mehr Webseiten über Google Search auffindbar sind, desto höher ist der Anreiz für Suchende, auf den Dienst zurückzugreifen.[112] Insoweit wirken von Seiten der Webseitenbetreiber also indirekte Netzwerkeffekte in Richtung der Suchenden.[113]

Der Einsatz von Maßnahmen zur Suchmaschinenoptimierung durch die Webseitenbetreiber kann dazu führen, dass Suchergebnisse, die eigentlich wenig Relevanz für die Suchenden aufweisen, (zu) weit oben angezeigt werden. Hieraus resultieren negative Folgen für die Suchenden, was die Qualität und den Nutzen der Suchergebnisse angeht.[114] Der Nutzen wird an dieser Stelle jedoch nicht durch eine Zu- oder Abnahme an Webseitenbetreibern beeinflusst, sondern durch die Suchmaschinenoptimierung und die daraus resultierenden Annahmen des Bewertungsalgorithmus. Somit sind hierin keine Netzwerkeffekte zu sehen.[115]

Aus Sicht der Webseitenbetreiber geht es darum, eine möglichst hohe Anzahl an Suchenden auf die Inhalte aufmerksam machen zu können. Insofern stellt der Anstieg der Nutzerzahl und der Anzahl an Suchanfragen einen indirekten positiven Netzwerkeffekt in Richtung der Webseitenbetreiber dar.[116]

---

109 *Weber*, S. 82 f.

110 *Volmar*, S. 78.

111 Solche asymmetrischen indirekten Netzwerkeffekte sind schon aus den Bereichen Fernsehen und Zeitschriften bekannt: *Blaschczok*, S. 32; *Kaiser/Wright*, International Journal of Industrial Organisation 2006, 1 (23); *Lohse*, ZHR 2018, 321 (328).

112 *Haucap/Wenzel*, ZfW 2011, 200 (202); *Mauelshagen*, S. 82.

113 *Louven*, S. 36; *Mauelshagen*, S. 82. Ohne abschließende Bewertung: *Bundeskartellamt*, Arbeitspapier: Marktmacht von Plattformen und Netzwerken, S. 18 f.

114 *Monopolkommission*, Sondergutachten 68, S. 86.

115 Anderer Ansicht ist: *Weber*, S. 84 f.

116 *Haucap/Kehder*, in: Dewenter/Haucap/Kehder (Hrsg.) 115 (119); *Mauelshagen*, S. 82; *Monopolkommission*, Sondergutachten 68, S. 86.

d) Werbende und Werbende

Werbende haben über Google Ads die Möglichkeit, im Rahmen von Google Search Werbeanzeigen zu schalten. Diese Werbeanzeigen erscheinen meist über den organischen Suchergebnissen oder rechts daneben.[117] Die Werbenden können in einem auktionsähnlichen Verfahren[118] Anzeigeplätze für bestimmte Suchbegriffe erstehen. Bei einer Zunahme an Werbenden kann mit hoher Wahrscheinlichkeit davon ausgegangen werden, dass das Preisniveau ansteigt.[119] Durch einen hinzutretenden Werbenden nimmt außerdem für andere Werbende die Wahrscheinlichkeit zu, in einer Auktion überboten zu werden. Hierauf kann der Werbende durch ein verbessertes Gebot reagieren, was allerdings seinen Ertrag mindert. Das Hinzutreten weiterer Werbender wirkt somit zunächst als negativer direkter Netzwerkeffekt auf die anderen Werbenden.[120]

Bis zu einer bestimmten Anzahl an Werbenden könnte bei einer Plattform mit Werbeelementen noch davon ausgegangen werden, dass sich das Hinzutreten weiterer Werbender positiv auswirkt. Sofern noch nicht alle Werbeplätze der Plattform vergeben sind, könnten andere Werbende dabei helfen, das Geschäftsmodell der Plattform zu finanzieren. Für die Werbenden könnte der Preis für eine Werbeanzeige dadurch günstiger liegen, als wenn sie alleine auf der Plattform vertreten wären. Ein derartiges Verhältnis zwischen Werbemöglichkeiten und der Anzahl an Werbenden wäre jedoch lediglich für kleinere Suchmaschinenanbieter denkbar. Auf Google Search stehen hierfür schon längst zu viele Werbende bereit.

e) Werbende und Webseitenbetreiber

Werbende und Webseitenbetreiber verfolgen das gleiche Ziel: die Aufmerksamkeit der Nutzenden.[121] Je mehr andere Inhalteanbieter Google Search nutzen, desto geringer ist die Wahrscheinlichkeit für jeden Einzelnen, diese Aufmerksamkeit zu generieren und die Suchenden auf die eigene Webseite zu

---

117 *Reischl*, S. 81.

118 Siehe hierzu: Kapitel 1: D.II. (S. 36 f.).

119 *Manne/Wright*, Harvard Journal of Law & Public Policy 2011, 171 (213); *Monopolkommission*, Sondergutachten 68, S. 85.

120 *Engels*, S. 11; *Monopolkommission*, Sondergutachten 68, S. 85. Gegen die Einordnung als negativer direkter Netzwerkeffekt positionieren sich: *Manne/Wright*, Harvard Journal of Law & Public Policy 2011, 171 (212).

121 *Zinndorf*, S. 174.

leiten. Insofern ließe sich zwischen Werbenden und Webseitenbetreibern die Annahme negativer indirekter Netzwerkeffekte treffen.[122]

Es ist allerdings zu berücksichtigen, dass als entscheidendes Element die von Google Search gewählte Darstellungsweise zwischengeschaltet ist. Die Sichtbarkeit von Webseitenbetreibern wird nicht schon dadurch eingeschränkt, dass mehr Werbende über Google Search ihre Werbeanzeigen schalten lassen. Maßgeblich ist vielmehr, wie viel Platz die Werbeanzeigen im Verhältnis zu den organischen Suchergebnissen[123] einnehmen. Dies gilt in umgekehrter Weise ebenfalls für die Sichtbarkeit von Werbenden im Verhältnis zu den Webseitenbetreibern. Insofern resultieren aus dem Anstieg der einen Nutzergruppe keine indirekten Netzwerkeffekte gegenüber der anderen Nutzergruppe. Negative Effekte ergeben sich vielmehr infolge einer werbelastigeren Darstellung der Suchergebnis-Seite. Dies ist anhand der Click-Through-Rate zu erkennen. Diese gibt das Verhältnis an, wie oft eine Webseite im Rahmen der Suchergebnisse angezeigt wird und wie oft Suchende daraufhin auf dieses Ergebnis klicken.[124] Nehmen die Werbeanzeigen auf der Suchergebnisseite mehr Platz ein, sinkt die Aufmerksamkeit für organische Suchergebnisse und somit auch die Click-Through-Rate.[125] Um den Mangel an Aufmerksamkeit auszugleichen, bleibt dem Webseitenbetreiber die Möglichkeit, seinerseits Werbeanzeigen zu schalten. Dies führt allerdings dazu, dass Zahlungen an Google geleistet werden müssen und sich der Betrieb der Webseite weniger rentabel gestaltet.[126]

Neben negativen Zusammenhängen zwischen den beiden Nutzergruppen profitieren die Werbenden gewissermaßen auch von einem Anstieg der Webseitenbetreiber – zumindest „übers Eck". Die Rechnung ist recht simpel: je mehr Webseitenbetreiber, desto höher der Nutzen für Suchende. Je mehr Suchende, desto höher der Nutzen für Werbende. Insofern ist die Situation ähnlich gelagert wie im Verhältnis der Webseitenbetreiber untereinander. Je mehr Anbieter auf der Plattform vorhanden sind, desto größer ist zwar die Konkurrenz und desto mehr muss sich der Einzelne um die Aufmerksamkeit der Suchenden

---

122 *Weber*, S. 86. In diese Richtung auch: *Höppner*, WRP 2012, 625 (628 f.).

123 Mit organischen Suchergebnissen sind die Links zu den von Google Search indexierten Webseiten gemeint. Die Webseitenbetreiber müssen hierfür nichts zahlen. Das Gegenstück zu den organischen Suchergebnissen sind die gesponserten Suchergebnisse, deren Anzeige Werbende ersteigern können. Näher hierzu: *Haucap/Kehder*, in: Dewenter/Haucap/Kehder (Hrsg.) 115 (120 f.).

124 *Rutz/Bucklin*, S. 11.

125 *Höppner*, Antitrust Remedies in Digital Markets, S. 16 f.

126 *Höppner*, Antitrust Remedies in Digital Markets, S. 16 f.

bemühen. Auf der anderen Seite steigert ein breiteres Angebot die Attraktivität von Google Search, was wiederum durch eine höhere Anzahl von Suchanfragen die Chance erhöht, Suchende auf Inhalte aufmerksam zu machen. Entscheidend ist jedoch, dass an dieser Stelle das Verhalten der Suchenden zwischengeschaltet ist. Erst hieraus resultieren Vor- und Nachteile für die Inhalteanbieter – je nachdem, ob die Nutzung von Google Search zu- oder abnimmt. Somit wirkt sich ein „Mehr" an Webseitenbetreibern nicht unmittelbar auf den Nutzen von Werbenden aus und ist nicht als indirekter Netzwerkeffekt zu qualifizieren.

f) Webseitenbetreiber und Webseitenbetreiber

Die Attraktivität von Google Search setzt sich in erster Linie aus der Anzahl der indexierten Webseiten zusammen. Insofern profitieren Webseitenbetreiber davon, dass weitere Webseiten indexiert werden. Dieser Nutzen kann als positiver direkter Netzwerkeffekt eingeordnet werden.[127] Gleichzeitig bedeutet die Aufnahme weiterer Webseitenbetreiber in den Index jedoch auch, dass für den einzelnen Webseitenbetreiber eine höhere Konkurrenz hinsichtlich einer guten Positionierung in den Suchergebnissen besteht. Hierin liegt ein negativer direkter Netzwerkeffekt.[128] Das Verhältnis der Webseitenbetreiber zueinander ist somit ambivalent.

g) Fazit

Im Rahmen von Google Search wirken zahlreiche Netzwerkeffekte. Es bestehen sowohl direkte als auch indirekte Netzwerkeffekte.[129] Die indirekten Netzwerkeffekte sind im Vergleich zu den direkten Netzwerkeffekten jedoch gewichtiger.[130] Insbesondere begünstigen die indirekten Netzwerkeffekte sowie die damit einhergehenden Rückkopplungseffekte eine Machtkonzentration auf dem Suchmaschinenmarkt.[131] Darüber hinaus sind die Netzwerkeffekte für die

---

127 *Herz*, S. 16; *Mauelshagen*, S. 81.

128 *Engels*, S. 11; *Mauelshagen*, S. 81.

129 Anderer Ansicht ist: *Zinndorf*, S. 170, die zum Ergebnis kommt, dass keine direkten Netzwerkeffekte bestünden.

130 So auch: *Engels*, S. 11.

131 *Erhard*, S. 52 f.; *Haucap/Stühmeier*, in: Bauer/Latzer (Hrsg.), 183 (185); *Höppner*, World Competition 2015, 349 (353); *Paal*, GRUR Int. 2015, 997 (1001); *Schweitzer*, ZEuP 2019, 1 (2); *Stucke/Ezrachi*, The Yale Journal of Law & Technology 2016, 70 (81 ff.); *von Engelhardt/Freytag/Köllmann*, ZfW 2013, 311 (316); *Weber/Volz*, WuW 2015, 356 (358); *Zinndorf*, S. 207.

Einordnung unter den Plattformbegriff (sogleich unter II.) und zur Erklärung des Geschäftsmodells (D.) von großer Bedeutung.

Von den Netzwerkeffekten zu unterscheiden sind datenbedingte Lerneffekte.[132] Diese ähneln zwar den Netzwerkeffekten.[133] Sie entstehen jedoch nicht unmittelbar durch den Anstieg einer Nutzergruppe. Zur Realisierung ist vielmehr ein Zwischenschritt notwendig. Ein höherer Nutzen für Suchende ergibt sich etwa nicht schon aus dem Suchverhalten anderer Personen, sondern erst infolge einer effektiven Datennutzung durch Google.

II. Einordnung unter den Plattformbegriff

Die zuvor identifizierten Netzwerkeffekte spielen eine maßgebliche Rolle in Bezug auf die Einordnung von Google Search als digitale Plattform. Der Begriff der Plattform ist einer der Ausgangspunkte kartellrechtlicher Diskussionen.[134] Wenngleich die Einordnung als eine solche digitale Plattform für die Bestimmung von Marktmacht oder zur Ermittlung eines Machtmissbrauchs nicht entscheidend ist, kommt der Auseinandersetzung mit dem Plattformbegriff eine zentrale Bedeutung zu. Hierin liegt ein wesentlicher Faktor für eine sachgerechte Erfassung digitaler Dienste wie Google Search. Hinzu kommt, dass der zur Plattform synonym gebrauchte Begriff der mehrseitigen Märkte mit der 9. GWB-Novelle in § 18 Abs. 3a GWB eingeführt wurde. Auf diese Märkte bezieht sich unter anderem die durch die 10. GWB-Novelle neu eingeführte Regelung aus § 19a GWB. Eine der Voraussetzungen für die Einordnung als Unternehmen mit überragender marktübergreifender Bedeutung ist nach Abs. 1 S. 1, dass der Normadressat in erheblichem Umfang auf Märkten im Sinne des § 18 Abs. 3a tätig ist. Insofern geht die Einordnung von Google Search als Plattform nicht lediglich auf ein wissenschaftliches Interesse zurück. Vielmehr ist auch für das Bundeskartellamt als ausführende Institution im Rahmen von § 19a GWB von Bedeutung, ob Dienste wie Google Search eine Plattform darstellen, da sich dies auf die Einordnung von Alphabet und Google[135] als Normadressat des § 19a GWB auswirkt.

---

132 Siehe hierzu: Kapitel 2: D.III.1. (S. 76 ff.).

133 *Hillmer*, S. 278.

134 Statt vieler: *Bundeskartellamt*, Arbeitspapier: Marktmacht von Plattformen und Netzwerken, S. 7 ff.

135 Siehe zu der Frage, wer als Normadressat i.S.v. § 19a GWB gelten dürfte: Kapitel 3: A.II. (S. 111 ff.).

Das Kartellrecht enthält keine Definition des Plattformbegriffs. *Louven* sieht den Begriff vielmehr als „einen möglichen Sammelbegriff für besonders innovationserhebliche Lebenssachverhalte".[136] Ein Rückgriff auf die medienrechtliche Legaldefinition aus § 2 Abs. 2 Nr. 13 RStV ist an dieser Stelle als nicht zielführend abzulehnen.[137] Aus diesem Grund erfolgt die kartellrechtliche Diskussion vornehmlich unter Bezugnahme auf Erwägungen, die sich dem Begriff der Plattform anhand ökonomischer Merkmale wie der Netzwerkeffekte nähern. Im Folgenden werden drei dieser Ansätze skizziert (1) und für eine Einordnung von Google Search genutzt (2).

1. Plattformverständnis in der Ökonomie

Für eine ökonomische Annährung an den Plattformbegriff bestehen verschiedene Ansätze. Diese gelangen dabei – wie sogleich dargestellt – zu einem teilweise erheblich voneinander abweichenden Verständnis.[138] Zu berücksichtigen ist, dass in der Literatur der Begriff der Plattform regelmäßig synonym zu dem der mehrseitigen Märkte gebraucht wird.[139] Daneben werden die Begriffe Matchmaker[140] oder Catalyst[141] verwendet. Die vorliegende Arbeit nutzt den Begriff der Plattform. Hierdurch wird deutlich, dass sich auf dieser (digitalen) Plattform mehrere Marktseiten begegnen und austauschen können. Da mit Anbietern und Nachfragern auf jedem Markt mehrere Seiten aufeinandertreffen, ist der Plattformbegriff dem der mehrseitigen Märkte vorzuziehen.[142]

---

136 *Louven* sieht den Begriff der digitalen Plattform vielmehr als „einen möglichen Sammelbegriff für besonders innovationserhebliche Lebenssachverhalte", *Louven*, S. 7. *Gasser* versteht Plattformen als „vernetzte Softwarekomponenten, die ihren Nutzern geordnete Informationen über potentielle Interaktionspartner bereitstellen und Zugang zu diesen ermöglichen", *Gasser*, S. 41.

137 *Dörr/Schuster*, in: Stark/Dörr/Aufenanger (Hrsg.), 262 (275 f.).

138 *Bundeskartellamt*, Arbeitspapier: Marktmacht von Plattformen und Netzwerken, S. 8 f.

139 BT-Drucks. 18/10207, S. 47; Immenga/Mestmäcker/*Körber*, Art. 2 FKVO Rn. 24; *Haucap*, Wirtschaftsdienst 2020, 20 (21).

140 *Evans/Schmalensee*, Matchmakers, S. 16; *Gasser*, S. 35 ff. *Varian* bezeichnet explizit Google als Matchmaker, *Varian*, in: Bauer/Latzer (Hrsg.), 385 (386). Sehen Matchmaker hingegen als eine Unterkategorie von Plattformen: *Dewenter/Lüth*, S. 25.

141 *Evans/Schmalensee*, Catalyst Code, S. 3.

142 *Ewald*, in: Wiedemann (Hrsg.), § 7 Rn. 71; *Volmar*, S. 73 Fn. 165.

a) Zusammenführung mehrerer Nutzergruppen

Die meisten Ansätze zur Bestimmung einer Plattform orientieren sich an den jeweils wirkenden Netzwerkeffekten.[143] Demnach liegt ein wesentliches Merkmal von Plattformen darin, dass die vorhandenen Nutzerseiten durch indirekte Netzwerkeffekte miteinander verbunden sind.[144] Der Zweck muss darin bestehen, eine Interaktion oder Transaktion zwischen den beteiligten Nutzergruppen herzustellen.[145] Dies unterscheidet Plattformen von Pipeline-Unternehmen.[146] Amazon ist etwa zu Beginn als digitaler Buchhändler aufgetreten und war zu diesem Zeitpunkt nicht als Plattform, sondern als digitales Pipeline-Unternehmen tätig.[147] Solche Pipeline-Unternehmen agieren gegenüber Zulieferern als Nachfrager und gegenüber den Endkunden als Anbieter.[148] Die für eine Plattform typische Intention, beide Nutzergruppen zusammenzuführen, fehlt in diesem Fall.[149]

Für Plattformbetreiber besteht in Abgrenzung zu Pipeline-Unternehmen die zentrale Aufgabe somit darin, die Netzwerkeffekte derart zu realisieren, dass sich die Nutzergruppen auf der Plattform vereinen können.[150] Die Nutzergruppen profitieren dabei von einer Verringerung der Transaktionskosten.[151]

---

143 *Bundeskartellamt*, Arbeitspapier: Marktmacht von Plattformen und Netzwerken, S. 14; *Dewenter/Rösch/Terschüren*, NZKart 2014, 387 (388); *Paal/Kumkar*, ZfDR 2021, 97 (107); *Rochet/Tirole*, Journal of the European Economic Association 2003, 990 (995); *Tamke*, NZKart 2018, 503 (504).

144 *Bundeskartellamt*, Arbeitspapier: Marktmacht von Plattformen und Netzwerken, S. 14; *Dewenter/Rösch/Terschüren*, NZKart 2014, 387 (388); *Paal/Kumkar*, ZfDR 2021, 97 (107); *Rochet/Tirole*, Journal of the European Economic Association 2003, 990 (995).

145 *Evans/Schmalensee*, Competition Policy International 2007, 151 (152); *Evans/Schmalensee*, Matchmakers, S. 16; *Herz*, S. 9; *Katz/Sallet*, The Yale Law Journal 2018, 2142 (2150); *Rochet/Tirole*, Journal of the European Economic Association 2003, 990 (995).

146 *Kumkar*, S. 28. Eingehend zum Verhältnis von Pipelines und Plattformen: *Van Alstyne/Parker/Choudary* auf der Webseite des Harvard Business Review, http://go.wwu.de/i-9en.

147 *Kumkar*, S. 29.

148 *Volmar*, S. 74.

149 *Kumkar*, NZKart 2017, 47 (47 f.).

150 *Clement et al.*, S. 125.

151 *Carlton/Frankel*, Columbia Business Law Review 2005, 617 (618 ff.); *Evans/Schmalensee*, The Antitrust Analysis of Multi-Sided Platform Businesses, S. 2; *Gasser*, S. 37 ff.; *Lindstädt*, ZWeR 2010, 53 (70); *Monopolkommission*, Sondergutachten 68,

b) *Erfordernis wechselseitiger Netzwerkeffekte*

Mitunter wird gefordert, dass die Netzwerkeffekte wechselseitig wirken müssen.[152] Hieran kann es fehlen, wenn eine Nutzergruppe der Anzahl der anderen Nutzergruppe gleichgültig gegenüber steht.[153] Bei Zeitungen, im Fernsehen und auch bei werbebasierten Internetportalen fehle es aus diesem Grund hinsichtlich der Werbenden an einer Wechselseitigkeit.[154] Zwar nehme mit jedem weiteren Leser, Zuschauer oder Suchenden der Nutzen für werbende Unternehmen zu.[155] Umgekehrt bestehe bis auf wenige Ausnahmen jedoch kein Interesse der Nutzer an einem vergrößerten Repertoire an Werbenden.[156] Es stünden sich somit durch den Medienkonsum der Nutzer sowie die Anzeige der Werbenden zwei Transaktionen gegenüber. Diese würden aber gerade nicht in einer Interaktion münden.[157] Vor diesem Hintergrund knüpft *Luchetta* den Plattformbegriff an zwei Voraussetzungen:[158] Zwischen den beiden Nutzergruppen der Plattform müssen wechselseitige positive Netzwerkeffekte entstehen und es muss eine einzige – die beiden Gruppen verbindende – Transaktion erfolgen.

c) *Orientierung an der Preisstruktur*

Herkömmliche Geschäftsmodelle versuchen, ein tragbares Gleichgewicht zwischen Absatzmenge und Margenhöhe zu finden.[159] Wird der Preis für ein bestimmtes Produkt angehoben, kann hierdurch eine höhere Marge erzielt werden. Dabei ist in Kauf zu nehmen, dass der höhere Preis Interessenten vom Kauf abhalten und die Absatzmenge verringern kann.

Auf Plattformmärkten herrscht eine komplexere Preisstruktur.[160] *Evans/Schmalensee* verdeutlichen dies am Beispiel der Financial

---

S. 80; *Peitz/Schwalbe*, Perspektiven der Wirtschaftspolitik 2016, 232 (235); *Schwintowski*, NJOZ 2018, 841 (844).

152 *Luchetta*, Journal of Competition Law & Economics 2014, 185 (191).

153 *Hagiu/Wright*, International Journal of Industrial Organization 2015, 162 (164).

154 *Hagiu/Wright*, International Journal of Industrial Organization 2015, 162 (164); *Luchetta*, Journal of Competition Law & Economics 2014, 185 (191).

155 *Hagiu/Wright*, International Journal of Industrial Organization 2015, 162 (164); *Luchetta*, Journal of Competition Law & Economics 2014, 185 (191).

156 *Luchetta*, Journal of Competition Law & Economics 2014, 185 (191). Dies ebenfalls für wahrscheinlich haltend: *Hagiu/Wright*, International Journal of Industrial Organization 2015, 162 (164).

157 *Luchetta*, Journal of Competition Law & Economics 2014, 185 (191).

158 *Luchetta*, Journal of Competition Law & Economics 2014, 185 (192).

159 *Evans/Schmalensee*, Matchmakers, S. 30 f.

160 *Patterson*, S. 45.

Times.[161] Die finanziellen Ausgaben der Zeitung bestehen darin, Journalisten für das Erstellen von Inhalten zu bezahlen. Um Einnahmen zu generieren, bieten sich der Zeitung zwei Alternativen. Zum einen kann von den Nutzern ein (höherer) Preis verlangt werden. Zum anderen kann eine Finanzierung über Werbeanzeigen erfolgen. Sofern die Zeitung zur Steigerung der Einnahmen den Preis für die Leser anhebt, wirkt sich dieser Umstand jedoch auch auf den Nutzen der Werbenden aus. Infolge des höheren Preises wird die Zeitung wahrscheinlich von weniger Lesern erworben. Dies bedeutet, dass sich den Werbenden weniger potentielle Kunden bieten. Von der Leserschaft gehen in der Folge also geringere indirekte Netzwerkeffekte aus. Die Werbenden werden aus diesem Grund gewillt sein, für ihre Werbeanzeigen weniger bezahlen zu müssen. Sofern die Zeitung die andere Variante wählt und statt der Leserschaft die Werbenden stärker zur Finanzierung nutzen möchte, kann sich dies wiederum auf die Leser auswirken. Verlangt die Zeitung höhere Preise für Werbeanzeigen, könnte sich die Anzahl der Werbenden verringern. Für sich genommen, kann dieser Umstand auf den Leser eine positive Wirkung entfalten. Diese Wirkung kann allerdings umschlagen, sobald die Zeitung in der Folge aufgrund geringerer Einnahmen weniger finanzielle Möglichkeiten hat, um gehaltvolle journalistische Arbeiten anzubieten. Insofern könnten die indirekten Netzwerkeffekte, die eine Reduzierung der Werbenden in Richtung der Leser entfaltet, ins Negative ausschlagen.

Angesichts dieser Zusammenhänge schlagen *Rochet/Tirole* eine Orientierung an der Preisstruktur vor.[162] Bei einem an der Anzahl der Transaktionen[163] orientierten Finanzierungsmodell sei von einer Plattform auszugehen, wenn die Anzahl abgeschlossener Transaktionen von der Preisstruktur abhängt und nicht allein vom kumulierten Preis der einzelnen Nutzergruppen.[164] Das Wirken indirekter Netzwerkeffekte führe dazu, dass die Preisfestlegung Auswirkungen auf beide Nutzerseiten hat.[165] Dieser Ansatz berücksichtigt somit die Zusammenhänge zwischen den einzelnen Nutzerseiten.

---

161 Hierzu und zum restlichen Absatz: *Evans/Schmalensee*, Matchmakers, S. 32.

162 *Rochet/Tirole*, The RAND Journal of Economics 2006, 645 (647 f.).

163 Für Google Search ist auf eine Interaktion abzustellen, also auf das Klicken des Suchenden auf einen präsentierten Inhalt.

164 *Rochet/Tirole*, The RAND Journal of Economics 2006, 645 (647 f.).

165 *Budzinski/Lindstädt*, WiSt 2010, 436 (438).

d) Würdigung der Ansätze

Es erscheint sinnvoll, das Herbeiführen einer Transaktion oder Interaktion zwischen den verschiedenen Nutzergruppen als Maßstab anzulegen. Auf diese Weise kann eine Abgrenzung zu Pipeline-Unternehmen erfolgen, deren Verhalten anderen ökonomischen Zusammenhängen folgt. Zwischen den Nutzergruppen wirkende Netzwerkeffekte sind aufgrund ihres prägenden Charakters für die in den Blick genommenen Dienste zur Einordnung als Plattform unabdingbar.

Eine Wechselseitigkeit dieser Netzwerkeffekte sollte hingegen nicht als notwendiges Kriterium für die Einordnung unter den Plattformbegriff festgelegt werden.[166] Dies würde in der praktischen Anwendung zu Abgrenzungsschwierigkeiten führen. Mitunter ist nicht eindeutig zu identifizieren, ob Netzwerkeffekte ein- oder wechselseitig wirken. Dies gilt etwa für die Beziehung von Werbenden zu Suchenden. Für viele Suchende sind die eingeblendeten Werbeanzeigen unerheblich.[167] Es würde eine schwer zu beantwortende Abgrenzungsfrage darstellen, ab welchem Mindestmaß von werbeinteressierten Suchenden aus deren Sicht von relevanten Netzwerkeffekten und einer daraus resultierenden Wechselseitigkeit der Netzwerkeffekte auszugehen ist. In dem Abstellen auf wechselseitige Netzwerkeffekte läge darüber hinaus ein Widerspruch zum Ansatz des Bundeskartellamtes.[168] Die Behörde versteht Plattformen als Konstrukte, „die als Intermediäre die direkte Interaktion zweier oder mehrerer Nutzerseiten, zwischen denen indirekte Netzwerkeffekte bestehen, ermöglichen."[169] Eine darüber hinausgehende Einschränkung hinsichtlich der Wirkweise der Netzwerkeffekte nimmt das Bundeskartellamt nicht vor.

Die vorgeschlagene Orientierung an der Preisstruktur kann ohne die Hinzuziehung weiterer Kriterien keine sinnvolle Abgrenzung ermöglichen.[170] Für

---

166 *Dewenter/Rösch/Terschüren*, NZKart 2014, 387 (388); *Gasser*, S. 35; *Mauelshagen*, S. 68 f.

167 *Höppner/Grabenschröer*, NZKart 2015, 162 (165); *Iansiti/Lakhani*, S. 133; *Manne/Wright*, Harvard Journal of Law & Public Policy 2011, 171 (208).

168 *Bundeskartellamt*, Arbeitspapier: Marktmacht von Plattformen und Netzwerken, S. 15.

169 *Bundeskartellamt*, Arbeitspapier: Marktmacht von Plattformen und Netzwerken, S. 14. Insofern erfasst der Begriff auch analoge Geschäftsmodelle wie Malls, werbefinanzierte Zeitschriften, Nachtclubs oder Auktionshäuser.

170 *Bundeskartellamt*, Arbeitspapier: Marktmacht von Plattformen und Netzwerken, S. 14; *Volmar*, S. 83 f.

eine praxisbezogene Anwendung des Begriffs ist der Ansatz nicht geeignet.[171] Ein Rekurs auf die Preisstruktur stünde der Effizienz kartellrechtlicher Aufsichtsmaßnahmen entgegen.[172] Zumindest eine isolierte Anwendung des Kriteriums ist demnach abzulehnen.[173]

2. *Einordnung von Google Search*

Wie bereit herausgearbeitet, wirken bei Google Search zahlreiche Netzwerkeffekte.[174] Der Dienst bietet die Möglichkeit zur Interaktion zwischen Nutzern, Webseitenbetreibern und Werbenden.[175] Webseitenbetreiber und Werbende stellen keine einheitliche Nutzergruppe dar.[176] Insofern werden drei verschiedene Nutzergruppen miteinander verbunden.[177]

Das Erfordernis von Netzwerkeffekten, die wechselseitig wirken, könnte der Einordnung von Google Search als Plattform entgegenstehen.[178] Auf Google Search finden im Verhältnis von Suchenden und Werbenden zwei voneinander unabhängige Transaktionen statt.[179] Wie soeben festgestellt, sind wechselseitige Netzwerkeffekte jedoch nicht zwingendes Element einer Plattform. Somit kann das Fehlen wechselseitiger Netzwerkeffekte bei Google Search für die Einordnung als Plattform außer Betracht bleiben.

Eine nicht-neutrale Preisstruktur liegt bei Google Search vor.[180] Dies verdeutlicht *Volmar* mittels eines Szenarios, in dem die Einnahmen nicht mehr nur aus Zahlungen der Werbenden, sondern jeweils hälftig aus Zahlungen der Werbenden sowie der Suchenden generiert werden.[181] In diesem Fall bliebe das

---

171 *Bundeskartellamt*, Arbeitspapier: Marktmacht von Plattformen und Netzwerken, S. 14.

172 *Bundeskartellamt*, Arbeitspapier: Marktmacht von Plattformen und Netzwerken, S. 14; *Volmar*, S. 84.

173 *Volmar*, S. 84.

174 Siehe hierzu: Kapitel 1: C.I.2. (S. 15 ff.).

175 *Höppner*, WRP 2012, 625 (626).

176 *Höppner*, World Competition 2015, 349 (356 f.). Eher für die Annahme einer einheitlichen Nutzergruppe: *Patterson*, Harvard Journal of Law & Technology Occasional Paper Series 2013, 1 (16 Fn. 48).

177 *Höppner/Grabenschröer*, NZKart 2015, 162 (164 f.); *Höppner*, World Competition 2015, 349 (356); *Pollock*, S. 7; *von Engelhardt/Freytag/Köllmann*, ZfW 2013, 311 (313).

178 *Luchetta*, Journal of Competition Law & Economics 2014, 185 (193).

179 *Luchetta*, Journal of Competition Law & Economics 2014, 185 (193).

180 *Volmar*, S. 83.

181 *Volmar*, S. 83.

aggregierte Preisniveau auf dem gleichen Stand. Allerdings ist davon auszugehen, dass die Nutzergruppe der Suchenden deutlich sensibler auf die geänderte Preisstruktur reagieren und alternative Dienste nutzen würde.[182] In der Folge würden somit deutlich weniger Suchanfragen durchgeführt. Zöge man das Bestehen einer nicht-neutralen Preisstruktur als zusätzliches Element zur Plattformbestimmung hinzu, stünde dies der Einordnung von Google Search demnach nicht entgegen.

Zusammenfassend lässt sich konstatieren, dass Google Search nach dem in dieser Untersuchung zugrunde gelegten Plattformbegriff als eine Plattform einzuordnen ist. Das Konstrukt Google Search ermöglicht sowohl eine Beziehung zwischen Suchenden und Webseitenbetreibern als auch zwischen Suchenden und Werbenden.[183] Durch das Einblenden von Werbeanzeigen wird den Suchenden die Gelegenheit zu einem Werbefolgenkontakt geboten.[184] Ob es tatsächlich zu einem Klick auf die Werbeanzeige oder gar zu einem anschließenden Produktkauf kommt, ist für die Einordnung als Plattform unerheblich.[185] Auch die asymmetrisch wirkenden Netzwerkeffekte zwischen Suchenden und Werbenden stehen der Annahme dem zugrunde gelegten Verständnis nach nicht entgegen.[186] Die Einordnung von Google Search als Plattform entspricht darüber hinaus der Ansicht eines Großteils der hierzu ergangenen Literatur.[187]

---

182 *Volmar*, S. 83.

183 *Bundeskartellamt*, Beschl. v. 08.09.2015, B6-126/14, Rn. 123 – Google/VG Media; *Mauelshagen*, S. 78.

184 *Bundeskartellamt*, Beschl. v. 08.09.2015, B6-126/14, Rn. 122 – Google/VG Media.

185 Die Beantwortung dieser Frage kann hingegen relevant sein für die Unterscheidung zwischen Aufmerksamkeitsplattformen und Vermittlungsplattformen.

186 So auch *Dewenter/Rösch/Terschüren*, NZKart 2014, 387 (388).

187 *Bork/Sidak*, Journal of Competition Law & Economics 2012, 663 (667); *Bundeskartellamt*, Vertikale Beschränkungen in der Internetökonomie, S. 19; *Condorelli/Padilla*, Journal of Competition Law & Economics 2020, 143 (147); *Devine*, North Carolina Journal of Law & Technology 2008, 59 (59 ff.); *Dewenter/Rösch/Terschüren*, NZKart 2014, 387 (387 ff.); *Etro*, S. 2.; *Evans/Noel*, Columbia Business Law Review 2005, 101 (102); *Heinemann*, S. 13 f.; *Hylton*, Nebraska Law Review 2019, 272 (274); *Katz/Sallet*, The Yale Law Journal 2018, 2142 (2143); *Mauelshagen*, S. 77 ff.; *Thépot*, World Competition 2013, 195 (201 ff.); *Tirole*, Economics for the Common Good, S. 379; *Veisdal*, Electronic Markets 2020, 539 (539); *Volmar*, S. 77 f.; *Weber*, S. 97. Gegen die Einordnung von Google als Plattform: *Luchetta*, Journal of Competition Law & Economics 2014, 185 (193 ff.).

D. Geschäftsmodell

Für digitale Plattformen besteht ein maßgeblicher Wachstumsfaktor darin, möglichst viele Netzwerkeffekte zu generieren. Hieran orientieren sich Plattformen bei der Wahl der Preisstruktur. Dementsprechend sind viele Dienste für die Nutzer unentgeltlich.[188] Dies gilt bei Google Search auch für die Betreiber der Webseiten, die indexiert werden sollen. Zu Beginn des Einsatzes von Suchmaschinen versuchte Yahoo, ein für die indexierten Seiten kostenpflichtiges Modell anzuwenden.[189] Ebenso existierte ein Modell, bei dem ein Unternehmen für jeden durch eine Suche vermittelten Klick auf ihre Webseite einen bestimmten Betrag bezahlen sollte.[190] Keine der beiden Vorgehensweisen konnte sich durchsetzen.

Im Folgenden erfolgt eine Darstellung des Geschäftsmodells von Google und der Bedeutung, die Google Search dabei zukommt. Zunächst wird das auf den Netzwerkeffekten beruhende Modell der Quersubventionierung beschrieben (I). Darauf folgt eine Erläuterung zum Zusammenwirken zwischen Google Search und Google Ads (II).

I. Modell der Quersubventionierung

Wie sich die auf Suchplattformen anfallenden Netzwerkeffekte monetarisieren lassen, hat Google in den letzten beiden Jahrzehnten gezeigt. Larry Page und Sergey Brin lehnten zunächst ab, dass die Suche Werbeanzeigen enthält.[191] Das hinter den angezeigten Suchergebnissen stehende Motiv würde andernfalls nicht mehr die Interessen der Suchenden, sondern die der Werbenden bedienen. Relativ schnell merkten die beiden Unternehmer jedoch, dass die bei der Suche anfallenden Daten gesammelt und analysiert werden können. Die hieraus gezogenen Schlüsse halfen zum einen dabei, die Suchergebnisse zu verbessern. Zum anderen ließ sich ein Geschäftsmodell entwickeln, das auf

---

188 *Edelman*, Harvard Business Review 2015, 90 (96); *Lindstädt*, ZWeR 2010, 53 (62 f.). Die Unentgeltlichkeit aus Sicht des Nutzers gilt für viele Google-Angebote: *Graef/ Wahyuningtyas/Valcke*, Telecommunications Policy 2015, 375 (377). Eine Tabelle, in der das Finanzierungsmodell verschiedener Plattformmärkte dargestellt wird, findet sich bei *Evans/Schmalensee*, Matchmakers, S. 34.

189 *Cole*, S. 54.

190 *Cole*, S. 56 f.

191 *Dominikowski*, in: Lewandowski (Hrsg.), Handbuch Internet-Suchmaschinen 3, 3 (14); *Lastowka*, Brooklyn Law Review 2008, 1327 (1331); *Pariser*, S. 31; *Rolf/Sagawe*, S. 74.

das Schalten von Werbeanzeigen ausgerichtet ist.[192] Mit den Werbenden war eine Gruppe gefunden worden, die bereit schien, das Konstrukt zu finanzieren. Dagegen können Suchende und Webseitenbetreiber Google Search seit jeher unentgeltlich nutzen.[193] Google Search folgt somit – wie viele andere Plattformen auch – dem Prinzip der Quersubventionierung.[194]

Bei der Frage, welcher Nutzerseite eine unentgeltliche Nutzung ermöglicht wird, sind die Wirkrichtungen der Netzwerkeffekte entscheidend. Eine „Subventionierung" erfährt die Nutzerseite, von der in höherem Maße Netzwerkeffekte ausgehen.[195] Bei Google Search sind dies die Suchenden.[196] Mit einer Zunahme dieser Nutzerseite erhöht sich auch der Anreiz für Werbende, ihre Produkte anbieten zu können.[197] Für das Schalten von Werbeanzeigen kann unter diesen Umständen ein höherer Preis verlangt werden.[198] Um das von indirekten Netzwerkeffekten geprägte Geschäftsmodell „am Laufen zu halten", sind die Suchenden von größerer Bedeutung als die Werbenden. Hinzu kommt eine eher geringe Preiselastizität auf Seiten der Werbenden,[199] die

---

192 *Martens*, S. 16; *Schulz*, S. 47; *Zuboff*, S. 96 f. Da es Google Search als erste Suchmaschine verstanden hat, das Einblenden von Werbeanzeigen effektiv in den Dienst einzubauen, bezeichnet *Zinndorf* die Plattform als „First Mover", *Zinndorf*, S. 194.

193 *Dewenter/Rösch/Terschüren*, NZKart 2014, 387 (391); *Evans/Schmalensee*, Matchmakers, S. 34; *Graef/Wahyuningtyas/Valcke*, Telecommunications Policy 2015, 375 (377); *Kuoppamäki*, in: Nihoul/Van Cleynenbreugel (Hrsg.), 307 (310); *Lianos/Motchenkova*, Journal of Competition Law & Economics 2013, 419 (421); *Monopolkommission*, Sondergutachten 68, S. 34.

194 *Bork/Sidak*, Journal of Competition Law & Economics 2012, 663 (668); *Clemons/Madhani*, Journal of Management Information Systems 2011, 43 (69); *Kuoppamäki*, in: Nihoul/Van Cleynenbreugel (Hrsg.), 307 (310).

195 *Armstrong*, The RAND Journal of Economics 2006, 668 (669); *Clement et al.*, S. 271; *Evans*, Northwestern University Law Review 2008, 285 (294); *Lindstädt*, ZWeR 2010, 53 (62).

196 *Bundeskartellamt*, Vertikale Beschränkungen in der Internetökonomie, S. 20; *Hanley*, Conneticut Public Interest Law Journal 2020, 271 (278 f.).

197 *EU-Kommission*, Beschl. v. 27.06.2017, AT.39740, Rn. 292 ff. – Google Shopping; *Bundeskartellamt*, Beschl. v. 08.09.2015, B6-126/14, Rn. 122 – Google/VG Media; *Beckmann/Müller*, in: Hoeren/Sieber/Holznagel (Hrsg.), Teil 10 Rn. 186; *Engels*, S. 11; *Louven*, S. 36; *Schweitzer*, in: Körber/Kühling (Hrsg.), 269 (273).

198 *Argentesi et al.*, Journal of Competition Law & Economics 2021, 95 (107); *Louven*, S. 45.

199 *Haucap/Heimeshoff*, International Economics & Economic Policy 2014, 49 (52); *Haucap/Wenzel*, ZfW 2011, 200 (203); *Monopolkommission*, Sondergutachten 68, S. 34.

auch aus der überragenden Bedeutung von Google Search für den Online-Werbemarkt rührt.

Die Einnahmen erlauben es Google, zahlreiche weitere Dienste wie Gmail oder Google Maps ebenfalls unentgeltlich zur Verfügung zu stellen.[200] Die Daten, die bei der Nutzung dieser Dienste anfallen, können wiederum dazu dienen, die Auswahl relevanter Suchergebnisse und Werbeanzeigen zu optimieren.[201] Insofern wird mitunter hervorgebracht, dass insbesondere diejenigen Nutzer, die bei Google-Diensten registriert sind, doch eine Art „Entgelt" leisten. Dieses besteht aus der Hergabe personenbezogener Daten sowie der Aufmerksamkeit, die sie den Werbeanzeigen entgegenbringen.[202]

II. Zusammenspiel von Google Search und Google Ads

Eng verwoben mit Google Search ist Googles Werbesystem Google Ads[203]. Das System ist zuständig für das Schalten von Werbeanzeigen auf Google-Diensten wie Google Search oder Google Maps.[204] Werbende haben die Möglichkeit, bestimmte Suchbegriffe zu wählen, bei deren Eingabe ihre Werbeanzeigen erscheinen sollen.[205] Die Werbeanzeigen sind begrenzt, sodass ein Verfahren nötig ist, nach dem die Werbeplätze verteilt werden. Google Ads bedient sich hierzu eines Auktionsverfahrens.[206] Der Meistbietende erhält den Zuschlag,

---

200 *Edelman*, Harvard Business Review 2015, 90 (96); *Graef/Wahyuningtyas/Valcke*, Telecommunications Policy 2015, 375 (377); *Zingales*, The Competition Law Review 2013, 29 (40).

201 *Edelman*, Harvard Business Review 2015, 90 (96); *Weber*, ZWeR 2014, 169 (173).

202 *Körber*, WuW 2015, 120 (122); *Schweitzer*, in: Körber/Kühling (Hrsg.), 269 (273); *Schwintowski*, NJOZ 2018, 841 (844); *Zinndorf*, S. 358. Mit Blick hierauf fordern *Clement et al.*, dass Nutzer eine „monetäre Gegenleistung" für ihre Daten erhalten sollen, *Clement et al.*, S. 143.

203 Vormals Google AdWords.

204 Informationen von Google zu Google Ads, http://go.wwu.de/bnock. Hiervon zu unterscheiden ist Google AdSense. Mit diesem Werbesystem vermittelt Google Werbeanzeigen auf Webseiten Dritter: *Petit*, Big Tech and the Digital Economy, S. 106.

205 *Bünemann*, S. 15; *Cole*, S. 57; *Weber*, S. 64. Werbende können hierbei zwischen verschiedenen Modellen wählen: Sie können nach *Hoeren* klar abgegrenzte Suchbegriffe („exact match"), nah verwandte Wortgruppen („phrase match") oder entfernt verwandte Wortgruppen („broad match") wählen, *Hoeren*, MarkenR 2021, 37 (37).

206 *Etro*, S. 3; *Holzweber*, NZKart 2016, 104 (106); *Varian*, International Journal of Industrial Organization 2007, 1163 (1163); *Weber*, S. 64; *Zinndorf*, S. 52.

muss aber lediglich den Preis des zweitbesten Angebots zahlen.[207] Abgerechnet wird über das Pay-Per-Click-Modell.[208] Deshalb ist Google darauf angewiesen, die Werbeanzeigen abhängig von Suchbegriff und Suchnutzer passend auszuwählen.[209] Nur sofern die Werbeanzeigen für den jeweiligen Suchenden relevant sind, klickt dieser sie an und löst hierdurch eine Zahlung des Werbenden aus.[210] Große Unternehmen haben oftmals mehr finanzielle Mittel für Werbezwecke zur Verfügung. Deswegen können sie für bestimmte Suchbegriffe mehr bieten als kleinere Unternehmen. Diese können einen Suchbegriff dennoch besetzen, sofern ihre beworbenen Inhalte für den jeweiligen Nutzer mehr Relevanz aufweisen.[211] Für Google Search ist die Click-Through-Rate[212] bei der Anordnung der Werbeanzeigen ein wesentlicher Faktor.[213] Die Auswahl der Werbeanzeigen orientiert sich darüber hinaus an weiteren qualitativen Kriterien.[214]

E. Wettbewerber

Google Search ist mit einem Anteil von nahezu 91 % an den in Deutschland durchgeführten Suchanfragen die dominierende Suchmaschine auf dem Markt

---

207 *Varian*, International Journal of Industrial Organization 2007, 1163 (1163). Insofern ähnelt das Verfahren der „Vickrey-Auktion“: *Etro*, S. 3. Zur Vickrey-Auktion siehe auch: *Clement et al.*, S. 125 f. Die Bezeichnung geht auf den Ökonom *William Vickrey* zurück, der sich schon 1961 grundlegend zur Zweitpreisauktion äußerte, siehe: *Vickrey*, The Journal of Finance 1961, 8 (8 ff.).

208 *Geradin/Kuschewsky*, S. 4; *Kühling/Gauß*, MMR 2007, 751 (752); *Schultz*, in: Lewandowski (Hrsg.), Handbuch Internet-Suchmaschinen, 70 (83). Zum Entstehen des Pay-Per-Click-Modells: *Zuboff*, S. 105 ff. Ein anderes Modell verfolgt etwa YouTube mit Werbevideos, die den Inhalten vorgeschaltet sind. An dieser Stelle geht es vordergründig darum, eine Unternehmensmarke bekannt zu machen. Eine Abrechnung erfolgt hierbei nicht über das Pay-Per-Click-Modell, sondern pro Abspielen des Werbevideos: *Lee*, S. 53 f.

209 *Graef/Wahyuningtyas/Valcke*, Telecommunications Policy 2015, 375 (378).

210 *Bork/Sidak*, Journal of Competition Law & Economics 2012, 663 (668 f.); *Lee*, S. 53.

211 *Höppner*, Antitrust Remedies in Digital Markets, S. 15 f.; *Lee*, S. 53.

212 *Varian*, in: Bauer/Latzer (Hrsg.), 385 (392 f.). Hiermit wird in Relation gesetzt, wie häufig eine Werbeanzeige eingeblendet wird und wie häufig es zu einem Anklicken durch Suchende kommt: *Rutz/Bucklin*, S. 11. Bei 100 Einblendungen und 3 Klicks liegt etwa eine Click-Through-Rate von 3 % vor (3:100).

213 *Fricke/Novak*, S. 198; *Glöggler*, S. 11; *Reppesgaard*, S. 64.

214 *Fricke/Novak*, S. 198; *Pelzer/Gerigk*, S. 64 f.; *Reischl*, S. 83; *Reppesgaard*, S. 64.

der allgemeinen Suche.[215] Gleichwohl besteht – wie die Marktanteile zeigen – kein Monopol.[216] Es gibt zahlreiche weitere allgemeine Suchmaschinen. Relevante Anteile an den Suchanfragen kommen jedoch nur wenigen Anbietern zu. Auf Google Search folgen derzeit Bing (5,63 %), Ecosia (1,01 %), DuckDuckGo (0,92 %) sowie Yahoo (0,66 %).[217] Die einzelnen Anbieter verfolgen dabei durchaus unterschiedliche Ansätze, was das Geschäftsmodell anbelangt.

Bing ist der Suchmaschinenanbieter von Microsoft. Neben Google Search ist Bing die einzige Suchmaschine, die über einen eigenen relevanten Suchmaschinenindex verfügt.[218]

Bei Ecosia handelt es sich um einen deutschen Suchmaschinenanbieter. Das Geschäftsmodell basiert auf einem datenschutz- und umweltfreundlichen Ansatz. Suchanfragen werden spätestens nach sieben Tagen anonymisiert.[219] Daneben werden laut eigener Auskunft mindestens 80 % der Werbeeinnahmen an Aufforstungsprojekte gespendet.[220] Index, Suchergebnisse und Werbeanzeigen werden Ecosia von Bing geliefert.[221]

Einen datenschutzorientierten Ansatz verfolgt die Suchmaschine DuckDuckGo.[222] Der Dienst gibt an, keine personenbezogenen Daten zu speichern.[223] DuckDuckGo verwendet einen eigenen Webcrawler und greift im Übrigen auf Bing zurück.[224] Insofern kann der Dienst als „Metasuchmaschine" eingeordnet werden.[225]

Die Suchmaschine Yahoo gehörte ursprünglich zum Yahoo-Unternehmen, das mittlerweile den Namen Altaba Inc. trägt. Im Jahr 2016 wurde das

---

215 Marktanteile der allgemeinen Suchmaschinen in Deutschland im Oktober 2021, http://go.wwu.de/h0dgd.

216 *Zinndorf*, S. 158.

217 Marktanteile der allgemeinen Suchmaschinen in Deutschland im Oktober 2021, http://go.wwu.de/h0dgd.

218 Russland (Yandex) und China (Baidu) sind hier ausgenommen.

219 Informationen von Ecosia zur Privatsphäre im Rahmen der Suche, http://go.wwu.de/4u3-c.

220 Informationen von Ecosia zur Suche, http://go.wwu.de/kaorz.

221 Informationen von Ecosia zur Suche, http://go.wwu.de/z16o8. Die Werbeanzeigen werden von Microsoft Advertising (vormals Bing Ads) bezogen, http://go.wwu.de/4u3-c.

222 Hierzu auch: *Mauelshagen*, S. 135 ff.

223 Informationen von DuckDuckGo zur Suche, http://go.wwu.de/eb8tx.

224 *United States District Court for the District of Columbia*, No. 1:20-cv-03010, Rn. 23 – United States/Google LLC; *Meyer/Rempe*, K&R 2020, 267 (267 f.).

225 *Meyer/Rempe*, K&R 2020, 267 (267 f.).

Suchportal an Verizon veräußert und dort unter der Dachmarke Oath (heute: Verizon Media) mit AOL zusammengeführt.[226] Verizon wiederum hat AOL und Yahoo mittlerweile an Apollo verkauft.[227] Den Index, die Suchergebnisse und die Werbeanzeigen bezieht Yahoo von Bing.[228]

Bis auf Google und Bing gibt es keine relevanten Wettbewerber, die über einen eigenen Index oder einen eigenen Bewertungsalgorithmus verfügen. Auch mit Blick auf die Werbeanzeigen besteht eine Abhängigkeit – für die hier genannten Wettbewerber gilt diese Abhängigkeit im Verhältnis zum Dienst Microsoft Advertising.[229]

F. Zusammenfassung von Kapitel 1

In diesem Kapitel wurde zunächst herausgearbeitet, dass Google Search eine zentrale Stellung im Google-Ökosystem und im Alphabet-Konzern einnimmt. Die Darstellung der technischen Abläufe diente dazu, eine erste Unterscheidung zwischen Google Search und den meisten anderen Suchmaschinenanbietern zu ermöglichen. Insbesondere der Crawling- und Indexierungsvorgang erfordert hohe Investitionen in die technische Infrastruktur. Sobald diese in einem bestimmten Maße errichtet ist, können zusätzliche Suchanfragen ohne nennenswerte Stückkosten beantwortet werden. Google Search profitiert insofern von hohen Skaleneffekten. Für konkurrierende Suchmaschinenanbieter ist es – mit Ausnahme von Bing – wirtschaftlich nicht möglich, ebenfalls eine derartige Infrastruktur zu errichten. In der weiteren Untersuchung wird aufgezeigt, inwiefern sich dies auf die Wettbewerbschancen auswirkt.

Des Weiteren dient das Kapitel dazu, die Einordnung von Google Search als Plattform unter Bezugnahme auf die hierfür entwickelten Ansätze vorzunehmen. Die Identifizierung der auf Google Search zwischen Suchenden, Werbenden und Webseitenbetreibern wirkenden Netzwerkeffekte ermöglichte zum einen diese Einordnung. Zum anderen beeinflussen die Netzwerkeffekte maßgeblich, inwiefern sich ein Dienst wie Google Search monetarisieren lässt. Ferner geben Netzwerkeffekte Aufschluss darüber, an welchen Stellen sich Angriffsflächen für konkurrierende Suchmaschinenanbieter ergeben.

---

226 Informationen von Verizon zur Übernahme von Yahoo, http://go.wwu.de/zsrxu.

227 *Brien* auf „t3n", http://go.wwu.de/uvajx.

228 *United States District Court for the District of Columbia*, No. 1:20-cv-03010, Rn. 23 – United States/Google LLC.

229 Ehemals BingAds.

Die Vorstellung der relevantesten Wettbewerber macht deutlich, dass Google Search zwar keine Monopolstellung auf dem Suchmaschinenmarkt zukommt. Die Marktanteile zeigen jedoch, dass sich die kartellrechtliche Macht auf dem Suchmaschinenmarkt im Wesentlichen auf Google Search konzentriert.[230] Welche Faktoren der Suchmaschine eine solche Machtkonzentration ermöglichen und inwiefern diese Machtkonzentration von Google genutzt wird, um das gesamte Google-Ökosystem zu stärken, wird in Kapitel 2 untersucht.

230 Digitale Plattformmärkte neigen in vielen Fällen zur Marktkonzentration: *Kumkar*, S. 62 ff.

Kapitel 2: Faktoren für die Machtkonzentration von Google Search

In Kapitel 2 werden die Faktoren für die Machtkonzentration von Google Search herausgearbeitet. Die Machtkonzentration wird dabei in zweierlei Hinsicht untersucht.

Eine Perspektive beleuchtet die Marktkonzentration des allgemeinen Suchmaschinenmarktes. Es soll der Frage nachgegangen werden, weshalb im Bereich der allgemeinen Suchmaschinen seit mehr als einem Jahrzehnt über 90 % der Suchanfragen über Google Search getätigt werden[231] und welche Faktoren konkurrierende Suchmaschinenanbieter daran hindern, den Wettbewerbsdruck auf Google Search zu erhöhen.

Als weitere Perspektive dient der Blick auf das Zusammenspiel zwischen Google Search und dem gesamten Google-Ökosystem. Verschiedene Tätigkeiten von Google, wie etwa Übernahmen oder Voreinstellungen auf Android-Geräten, wirken sich auf die Marktmacht von Google Search aus. Umgekehrt kann die Marktmacht von Google Search genutzt werden, um die Marktposition anderer Google-Dienste zu stärken. Darüber hinaus werden Daten dienste- und somit marktübergreifend genutzt.

Gerade in Bezug auf digitale Ökosysteme wie dasjenige, das Google sich aufgebaut hat, greift ein marktbezogener Ansatz zu kurz, um die Bedeutung für den Wettbewerb angemessen zu erfassen. Vielmehr wirken sich zahlreiche Entscheidungen und Verhaltensweisen von einzelnen Google-Diensten wie etwa Google Search marktübergreifend aus. Deshalb beschränkt sich die vorliegende Arbeit nicht auf die Herausarbeitung von *Markt*konzentration, sondern nutzt den Begriff der *Macht*konzentration. Dieser soll verdeutlichen, dass die Marktmacht von Google Search durch die Anbindung an das Google-Ökosystem profitiert; umgekehrt jedoch auch die kartellrechtliche Macht des gesamten Google-Ökosystems durch Google Search abgesichert wird. Bestätigung findet dieser vom „Markt" losgelöste Machtbegriff in der neuen – marktübergreifenden – Missbrauchsaufsicht nach § 19a GWB.[232]

231 Marktanteile der allgemeinen Suchmaschinen in Deutschland, http://go.wwu.de/h0dgd.

232 Siehe hierzu: Kapitel 3: A. (S. 109 ff.).

Im Folgenden werden sechs zentrale Faktoren für die Machtkonzentration herausgestellt. In diesem Zusammenhang wird untersucht, welche Auswirkungen mit der Machtkonzentration auf die beteiligten Akteure einhergehen – dies betrifft je nach Faktor der Machtkonzentration Suchende, Werbende, Webseitenbetreiber und konkurrierende Unternehmen.

A. Google Search als zentraler Bestandteil im Google-Ökosystem

Im Zuge der Diskussionen über die GAFA-Unternehmen ist immer wieder von der Bildung digitaler Ökosysteme die Rede.[233] Diese werden von einem Unternehmen gebildet, das in verschiedenen Geschäftsbereichen tätig ist.[234] Das Bestreben des Unternehmens liegt darin, dem Nutzer möglichst viele Dienste anzubieten und ihn dadurch in einer Art „walled garden“[235] zu halten. Der Erfolg digitaler Ökosysteme speist sich aus angebotsseitigen (I) und nachfrageseitigen Faktoren (II).[236]

I. Angebotsseitige Faktoren

Große Digitalunternehmen wie Google versuchen, durch den Aufbau eines Ökosystems Verbundvorteile zu erzielen.[237] Diese entstehen, sobald das Angebot verschiedener Dienste kostengünstiger oder qualitativ hochwertiger durch ein einzelnes Unternehmen als durch mehrere Anbieter abgedeckt werden kann.[238] Dabei profitiert das Unternehmen davon, seine Produktionsstätten

233 *BMWi*, Ein neuer Wettbewerbsrahmen für die Digitalwirtschaft, S. 17; *Competition & Markets Authority*, Online platforms and digital advertising, S. 55; *Gasser*, S. 22; *Karbaum/Schulz*, NZKart 2019, 407 (408); *Snower/Twomey/Farrell*, S. 23.

234 *BMWi*, Ein neuer Wettbewerbsrahmen für die Digitalwirtschaft, S. 17; *Lim*, Journal of Korean Law 2020, 47 (53).

235 Der Begriff beschreibt „eine Strategie, bei welcher ein Leistungsanbieter verschiedene Produkte für seine Kunden sortimentsartig bündelt, sodass sie möglichst viele Aktivitäten auf seiner Plattform oder innerhalb seines ‚Ökosystems‘ ausführen“, *Schweitzer et al.*, S. 24 f. Fn. 23. Siehe hierzu auch: *Haus/Weusthof*, WuW 2021, 318 (322); *Kratz*, InTeR 2019, 26 (28).

236 *BMWi*, Ein neuer Wettbewerbsrahmen für die Digitalwirtschaft, S. 18; *Bourreau/de Streel*, S. 9.

237 *Bourreau/de Streel*, S. 9; *Monopolkommission*, Sondergutachten 82, S. 8. Nennen als Beispiel hierfür die Übernahme von Nest Labs durch Google: *Rubinfeld/Gal*, Arizona Law Review 2017, 339 (352).

238 *Bourreau/de Streel*, S. 9; *Heinemann*, S. 33; *Panzar/Willig*, The American Economic Review 1981, 268 (271 f.); *Schwalbe*, in: Oberender (Hrsg.), 63 (76).

oder Rohstoffe zur Herstellung verschiedenster Produkte und Dienste nutzen zu können.[239] Die bedeutendsten Rohstoffe digitaler Geschäftsmodelle sind Daten.[240]

Google kann Daten aufgrund ihrer Nicht-Rivalität vielfältig fruchtbar machen:[241] zur Optimierung der Dienste und zur Verbesserung personalisierter Suchergebnisse,[242] zur zielgerichteten Schaltung von Werbeanzeigen[243] oder auch zur Identifizierung von noch nicht gedeckter Nachfrage. In letzterem Fall profitiert Google davon, dass Daten, die bei der Entwicklung eines Dienstes anfallen, zu unterschiedlichen Zwecken genutzt werden können. Zum einen könnte auf Basis der gewonnenen Erkenntnisse der Dienst oder auch ein anderer Dienst weiterentwickelt werden.[244] Zum anderen könnte auf Grundlage der Daten auch ein völlig neuer Dienst entworfen werden.[245] Auf ähnlichem Weg ist beispielsweise die Google-Bilder-Suche entstanden.[246] Bei den Grammy Awards 2000 sorgte Jennifer Lopez mit ihrem Outfit für Aufsehen. Schon kurz nach der Veranstaltung gab es viele Suchanfragen zu der Künstlerin und ihrem modischen Auftritt. Google wollte die Nutzer nicht lediglich auf die Seiten verweisen, die ein Bild hierzu veröffentlicht hatten – der Zugang zum Bild sollte ohne Umwege möglich sein. Die Daten aus der normalen Suchanfrage gaben somit den Anstoß zur Schaffung der Google-Bilder-Suche. Dies zeigt beispielhaft, wie sich aus den zahlreichen Google-Diensten und den dabei anfallenden Daten für die Nutzer Verbundvorteile ergeben können.

---

239 *Bourreau/de Streel*, S. 9.

240 Siehe hierzu: Kapitel 2: D.III. (S. 76 ff.).

241 *BMWi*, Ein neuer Wettbewerbsrahmen für die Digitalwirtschaft, S. 14; *Bourreau/de Streel*, S. 8; *Monopolkommission*, Sondergutachten 82, S. 8; *Stucke/Grunes*, Rn. 13.07 f.

242 *Holzweber*, NZKart 2016, 104 (106); *Lewandowski/Kerkmann/Sünkler*, in: Stark/Dörr/Aufenanger (Hrsg.), 75 (87 f.); *Paal*, GRUR Int. 2015, 997 (1001); *Srnicek*, S. 95 f.

243 *Franck/Peitz*, Market Definition in the Platform Economy, S. 17; *Körber*, NZKart 2016, 303 (305).

244 *BMWi*, Ein neuer Wettbewerbsrahmen für die Digitalwirtschaft, S. 14; *Duflos/Viros*, Competition Law & Policy Debate 2016, 21 (25); *Rubinfeld/Gal*, Arizona Law Review 2017, 339 (375).

245 *Bundeskartellamt/Autorité de la concurrence*, S. 10; *Bourreau/de Streel*, S. 11; *Duflos/Viros*, Competition Law & Policy Debate 2016, 21 (25) *Stucke*, Georgetown Law Technology Review 2018, 275 (305 f.).

246 *Schmidt* auf „Project Syndicate“, der auch Google Maps als weiteres Beispiel anführt, http://go.wwu.de/mr5wq.

Darüber hinaus kann die Verknüpfung der einzelnen Google-Dienste Vorteile hinsichtlich des Nutzungskomforts bieten.[247] Jedenfalls wird hierdurch ein Gewöhnungseffekt erzielt und eine enge Nutzerbindung hergestellt. Dies zeigt sich beispielsweise in der alltäglichen Arbeit von Presseeinrichtungen. In einer Studie gab ein Großteil der befragten Presseeinrichtungen an, dass sie die Google-Suche als voreingestellten Standard nutzen.[248] Daneben wurden zahlreiche weitere Google-Dienste wie Gmail oder YouTube in den Arbeitsablauf der Redaktionen integriert.[249]

II. Nachfrageseitige Faktoren

Auch auf der Nachfrageseite können sich digitale Konglomerate Synergien zunutze machen.[250] Für Nutzer entstehen verschiedene Vorteile daraus, unterschiedliche Produkte oder Dienste bei demselben Unternehmen zu beziehen.[251] Für Produkte kann eine einheitliche, aufeinander abgestimmte Produktlinie etwa im Bereich der Kosmetik entworfen werden. Ebenso kann sich eine Konsumsynergie ergeben, sofern einzelne technische Geräte in bestimmten Kombinationen optimal genutzt werden können.[252] Ein Beispiel hierfür ist die Apple Watch, die nur in Verbindung mit dem iPhone zu betreiben ist.[253]

Die Nutzer im Google-Ökosystem profitieren vor allem durch die Zusammenführung von Informationen. Bei der Verknüpfung mehrerer datenbasierter Dienste ergibt sich unter der Voraussetzung, dass der jeweilige Dienst Nutzerdaten erhebt, für den Nutzer ein Datenvorteil. Google liegen – insbesondere sofern mehrere Dienste wie Google Search, Gmail oder YouTube genutzt werden – personenbezogene Daten in einem solchen Ausmaß vor, dass die Dienste

247 *Hylton*, Nebraska Law Review 2019, 272 (280 f.); *OECD*, Data-Driven Innovation, S. 185.

248 *Dachwitz/Fanta*, S. 85.

249 *Dachwitz/Fanta*, S. 85.

250 *Bourreau/de Streel*, S. 12; *Edelman*, Journal of Competition Law & Economics 2015, 365 (367); *Todd*, Nebraska Law Review 2019, 486 (517 ff.).

251 *BMWi*, Ein neuer Wettbewerbsrahmen für die Digitalwirtschaft, S. 18; *Bourreau/de Streel*, S. 10; *Kuoppamäki*, in: Nihoul/Van Cleynenbreugel (Hrsg.), 307 (314 ff.); *Monopolkommission*, Sondergutachten 82, S. 8.

252 *Kuoppamäki*, in: Nihoul/Van Cleynenbreugel (Hrsg.), 307 (316); *Todd*, Nebraska Law Review 2019, 486 (517).

253 *Bourreau/de Streel*, S. 12.

und die darin enthaltenen Werbeanzeigen personalisiert werden können.[254] Hierdurch erhöht sich der Wert der Dienste für die einzelnen Nutzer. Durch die Verbindung von Nutzerdaten können die Bedürfnisse gespiegelt werden.[255]

Ein weiterer nachfrageseitiger Faktor ist das Vertrauen der Nutzer. Nutzt eine Person mehrere Dienste eines Unternehmens, kann das Vertrauen in diese Dienste gestärkt werden.[256] Dies erklärt, weshalb Google, trotz regelmäßiger negativer Schlagzeilen in verbraucherrelevanten Bereichen wie dem Datenschutz,[257] über einen erheblichen nutzerbindenden Markeneffekt verfügt.[258]

III. Fazit

Zusammenfassend lässt sich festhalten, dass Google ein anschauliches Beispiel für ein digitales Ökosystem bietet.[259] Aus diesem Grund profitiert das Unternehmen in hohem Maße von den soeben dargestellten angebotsseitigen und nachfrageseitigen Faktoren. Das Unternehmen verfügt über eine konglomerate Struktur.[260] Hierin versammelt Alphabet seine wesentlichen internetbasierten Dienste, mit denen eine breite Masse an Nutzern akquiriert werden soll. Google Search ist mit weiteren Diensten wie Gmail, Google Maps oder YouTube verknüpft.[261]

---

254 *Devine*, North Carolina Journal of Law & Technology 2008, 59 (83); *Haucap*, in: Morik/Krämer (Hrsg.), 95 (98); *Weber*, ZWeR 2014, 169 (171 ff.); *Zingales*, The Competition Law Review 2013, 29 (39).

255 *Srnicek*, S. 95 f.

256 *BMWi*, Ein neuer Wettbewerbsrahmen für die Digitalwirtschaft, S. 18; *Devine*, North Carolina Journal of Law & Technology 2008, 59 (87).

257 *Fricke/Novak*, S. 160 f.; *Körber*, WRP 2012, 761 (762); *Newman*, Yale Journal on Regulation 2014, 401 (435 ff.); *Zuboff*, S. 168 ff.

258 *Zinndorf*, S. 212. Ähnlich wird dies bewertet von: *Künzler*, Journal of Competition Law & Economics 2019, 500 (531).

259 *BRICS*, S. 546; *Budzinski/Mendelsohn*, S. 4; *Gasser*, S. 79 ff.; *Monopolkommission*, Sondergutachten 82, S. 9. *Hoffmann-Riem* beschreibt Alphabet als „Spinnenkonzern", *Hoffmann-Riem*, in: Augstein (Hrsg.), 121 (131). Er baut dabei auf die Arbeit von *Rolf/Sagawe* auf, die das Verhalten der großen Digitalunternehmen mit einer Spinnennetzmetapher umschrieben haben, *Rolf/Sagawe*, S. 55 f., S. 82 f.

260 *Fricke/Novak*, S. 9; *Gasser*, S. 79; *Lim*, Journal of Korean Law 2020, 47 (53); *Snower/Twomey/Farrell*, S. 23.

261 *Meadows*, Fordham Intellectual Property, Media and Entertainment Law Journal 2015, 795 (804); *Newman*, Yale Journal on Regulation 2014, 401 (407); *Snower/Twomey/Farrell*, S. 23. Eine Darstellung der spezifischen Suchdienste von Google bietet: *Zinndorf*, S. 55 f.

Die britische Competition & Markets Authority hat in einem ihrer Berichte das Google-Ökosystem anschaulich in seine einzelnen Facetten unterteilt.[262] Ausgangspunkt ist Google Search. Der Weg dorthin kann beispielsweise über Google Chrome und Google Android eingeleitet werden. Dort wird die Nutzung von Google Search durch die Einstellung als Standard-Suchmaschine oder durch andere Anreize gefördert. Mit Google Search eng verbunden sind spezielle Suchfunktionen wie Google Shopping oder Google Travel sowie Navigationsdienste wie Google Maps. Aber auch aus anderen Quellen wie Gmail, Google Calendar, YouTube oder dem Smart-Home-Bereich speist sich der immense Datensatz, den Google als Grundlage des Werbeanzeigensystems und zur Optimierung der Suchergebnisse verwendet.[263]

Der Regierungsentwurf zur 10. GWB-Novelle verweist darauf, dass sich aus einem derartigen Ökosystem Wettbewerbsvorteile ergeben.[264] Google ist es etwa möglich, Marktzugänge zu kontrollieren. Dabei vollzieht sich das Wettbewerbsgeschehen marktübergreifend. Mit Hilfe von Google Search können Nutzer auf eigene spezielle Suchdienste wie Google Shopping oder Google Jobs verwiesen und im Google-Ökosystem gehalten werden.[265] Die Suchmaschine wiederum profitiert davon, dass im Rahmen dieses Ökosystems große Datenmengen erfasst werden, die zur Weiterentwicklung der Suchergebnisse genutzt werden können. Infolgedessen ergibt sich das Bild, das die mächtige Stellung von Google Search nicht marktspezifisch zu erklären ist, sondern Google Search vielmehr als ein zentraler Dienst im Google-Ökosystem wirkt. In Kapitel 3 ist zu klären, inwiefern die 10. GWB-Novelle hierauf eine kartellrechtliche Antwort findet.

B. Fehlende Schlagkraft der Missbrauchsaufsicht

Im Gegensatz zur Situation auf analogen Märkten profitieren marktstarke Unternehmen auf digitalen Plattformmärkten in besonderem Maße von Netzwerkeffekten.[266] Dies führt dazu, dass auf Plattformmärkten meist ein einziges

---

262 *Competition & Markets Authority*, Online platforms and digital advertising, S. 57.

263 *Condorelli/Padilla*, Journal of Competition Law & Economics 2020, 143 (171); *Haucap*, in: Morik/Krämer (Hrsg.), 95 (98); *Weber*, ZWeR 2014, 169 (173); *Zingales*, The Competition Law Review 2013, 29 (39). Zur Datensammlung von Google: *Esayas*, in: Lundqvist/Gal (Hrsg.), 126 (143 ff.). Speziell zu Gmail: *Reppesgaard*, S. 159.

264 BT-Drucks. 19/23492, S. 73.

265 *Lewandowski/Kerkmann/Sünkler*, in: Stark/Dörr/Aufenanger (Hrsg.), 75 (93). Abstrakt wird dies formuliert von: *Höppner*, WuW 2020, 71 (72).

266 Siehe hierzu: Kapitel 1: C.I. (S. 13 ff.).

Unternehmen dominiert (I). Insofern ist die Machtkonzentration von Google Search auch darauf zurückzuführen, dass die kartellrechtliche Missbrauchsaufsicht Verstöße nicht effizient und schnell genug abstellen konnte. Hiermit sind sowohl für Wettbewerber als auch für Verbraucher Nachteile verbunden (II).

I. Plattformmärkte als „Winner-Takes-It-All-Märkte"

Aufgrund starker Netzwerkeffekte handelt es sich bei Plattformmärkten wie dem Suchmaschinenmarkt häufig um sogenannte Winner-Takes-It-All-Märkte.[267] Statt einem Wettbewerb *auf* dem Markt findet ein Wettbewerb *um* den Markt statt.[268] In diesem Zuge kann der Markt wie im Fall Google Search zugunsten eines Unternehmens kippen (sog. „Tipping"[269]).[270] In der Wettbewerbsstruktur festigt sich dann dessen dominante Stellung. Dies ist neben dem Wirken von Netzwerkeffekten im Beispiel von Google Search auch der Rolle

---

267 *Lüdemann*, in: Hermstrüwer/Lüdemann (Hrsg.), 1 (6); *Paal/Hennemann*, S. 22; *Paal/Hennemann*, NJW 2017, 1697 (1699); *Spiecker gen. Döhmann*, GRUR 2019, 341 (342); *Tamke*, ZWeR 2017, 358 (367). *Bartlett* weist darauf hin, dass es präzise ausgedrückt „Winner-Takes-Most-Märkte" heißen müsste, da etwa im Fall von Google durchaus noch andere Suchmaschinen mit (sehr geringen) Marktanteilen bestehen, *Bartlett*, S. 134 f. Hierauf weisen ebenfalls hin: *Evans/Schmalensee*, Some Economic Aspects of Antitrust Analysis in Dynamically Competitive Industries, S. 12 Fn. 32. Kritisch gegenüber dem Vorliegen einer Winner-Takes-It-All-Situation ist: *Louven*, S. 47.

268 *Dreher*, ZWeR 2009, 149 (152); *Paal/Hennemann*, S. 22; *Paal/Hennemann*, NJW 2017, 1697 (1699); *Spiecker gen. Döhmann*, GRUR 2019, 341 (342).

269 Der Begriff „Tipping" geht auf *Katz/Shapiro* zurück. Sie beschreiben damit „the tendency of one system to pull away from its rivals in popularity once it has gained an initial edge", *Katz/Shapiro*, Journal of Economic Perspectives 1994, 93 (105 f.).

270 *Argentesi et al.*, Journal of Competition Law & Economics 2021, 95 (105); *Argenton/Prüfer*, Journal of Competition Law & Economics 2012, 73 (76); *Podszun/Kreifels*, EuCML 2016, 33 (35); *Schwalbe*, in: Klose/Klusmann/Thomas (Hrsg.), 389 (397); *Höppner*, WuW 2020, 71 (72). Zum Ergebnis, dass der Markt für allgemeine Suchmaschinen im Jahr 2004 zugunsten von Google Search gekippt ist, kommen. *Höppner*, Gatekeepers' Tollbooths for Market Access, S. 6; *Zinndorf*, S. 251. *Argenton/Prüfer* nahmen 2012 ebenfalls an, dass der allgemeine Suchmaschinenmarkt (in den USA) zu Gunsten von Google Search gekippt sei, *Argenton/Prüfer*, Journal of Competition Law & Economics 2012, 73 (100). *Lerner* äußerte 2014 hingegen mit Blick auf die stagnierenden Marktanteile von Google Search in den USA die Ansicht, es liege kein Tipping vor, *Lerner*, S. 48 f.

von Daten als Innovationsrohstoff (1) sowie der geringen Angriffsfläche für Wettbewerber (2) geschuldet.

1. *Daten als Innovationsrohstoff*

Der Wettbewerb *auf* digitalen Märkten bleibt oftmals aus, weil die Innovationen in datengetriebenen Diensten zu einem großen Teil aus dem Fruchtbarmachen von Daten bestehen. Auf Google bezogen fallen durch die Nutzung der zahlreichen von Google angebotenen Dienste große Datenmengen an, die gleichzeitig die Grundlage für die Weiterentwicklung dieser Dienste bieten. Über ein solches datenbasiertes Entwicklungspotential verfügen die Wettbewerber im Regelfall nicht. Dabei kommt Google Search zugute, dass zur Optimierung der Suchergebnisse und zur Personalisierung der Werbeanzeigen neben historischen Suchdaten auch Daten aus der Nutzung anderer Google-Anwendungen verwendet werden können.[271] Die Suchmaschine profitiert an dieser Stelle von seiner Anbindung an das Google-Ökosystem.

2. *Geringe Angriffsfläche für Wettbewerber*

Im Gegensatz zu analogen Geschäftsbereichen bietet sich bei Google Search aus Sicht der Wettbewerber weniger Angriffsfläche, um zu konkurrieren. Im Bereich von Produktionsgütern können kleinere Wettbewerber qualitativ schwächere Produkte zu günstigeren Preisen anbieten. Infolge erster Einnahmen kann in die Qualität der Produkte investiert und ein höherer Preis verlangt werden. Dieser Hebel steht den Wettbewerbern von Google Search nicht zur Verfügung. Das Modell der Quersubventionierung führt dazu, dass den Nutzern kein „besserer Preis" angeboten werden kann, da die Nutzung von Google Search unentgeltlich ist.[272] DuckDuckGo versucht, den Nutzern insofern günstigere Konditionen zu bieten, als die Suchmaschine keine personenbezogenen Daten erhebt.[273] Die Anteile an den Suchanfragen legen jedoch nahe, dass der Faktor Datenschutz für sich genommen kein ausschlaggebender Faktor bei der Auswahl der Suchmaschine ist.[274] Hierin verdeutlicht sich das

---

271 Die Zusammenführung von Daten durch Google ist derzeit Gegenstand einer auf § 19a Abs. 2 S. 1 Nr. 4 lit. a GWB gestützten Untersuchung. Siehe hierzu: *Bundeskartellamt*, Pressemitteilung v. 25.05.2021, http://go.wwu.de/502pj.

272 *Körber*, NZKart 2016, 303 (305). Allgemein formuliert dies: *Künzler*, Zeitschrift für Schweizerisches Recht 2018, 507 (519).

273 Informationen von DuckDuckGo zur Suche, http://go.wwu.de/eb8tx.

274 Im September 2021 lagen die Marktanteile von DuckDuckGo in Deutschland bei 1,27 % (Desktop) bzw. 0,71 % (mobil), http://go.wwu.de/qqz-o. Auch Körber weist

Dilemma datenschutzfreundlicher Dienste in datenbasierten Geschäftsbereichen. Es erscheint nicht möglich, ohne entsprechende Datenverarbeitungen einen qualitativ gleichwertigen Dienst anzubieten.

Eine Suchmaschine, die über geringe Marktanteile verfügt, ist für die Nutzergruppe der Werbenden weniger interessant als etwa Google Search.[275] Dies ist auch darauf zurückzuführen, dass Google Search aufgrund der großen Anzahl an Suchanfragen eine breitere Basis an werberelevanten Daten zur Verfügung steht. Die Werbenden können potentielle Kunden somit zielgerichteter ansprechen.[276] Hieraus ergibt sich, dass es die Wettbewerber deutlich schwerer haben, ihren Dienst durch Werbeeinnahmen gewinnbringend zu gestalten und finanzielle Ressourcen für die Weiterentwicklung und den Aufbau einer technischen Infrastruktur zu erwirtschaften.

Hinzu kommt, dass aufgrund der Asymmetrie der Netzwerkeffekte zwischen Suchenden und Werbenden[277] von den Werbenden keine Sogwirkung auf die Suchenden ausgeht. Selbst unter der Annahme, dass Werbende sich zu geringeren Preisen einer konkurrierenden Suchmaschine anschließen, nehmen die Suchenden dies nicht zum Anlass, ebenfalls zu wechseln.

3. *Fazit*

Aus dem zuvor Genannten ergibt sich, dass eine einmal eingenommene beherrschende Stellung auf einem digitalen Plattformmarkt wie dem Suchmaschinenmarkt nur schwer einem Wettbewerb ausgesetzt werden kann.[278] Hinweise darauf, dass Google Search einst ebenfalls in der Rolle des kleineren Wettbewerbers war, sind dabei verfehlt, da der Markt für allgemeine Suchmaschinen damals noch jung und die Nachfrage deutlich geringer war. Insofern lag seinerzeit ein enormes Wachstumspotential vor. Die Machtposition, die Google

---

darauf hin, dass DuckDuckGo die „Datensparsamkeit" noch nicht zu durchschlagendem Erfolg verholfen hat, *Körber*, NZKart 2016, 303 (305). Ebenfalls in diese Richtung: *Stucke*, Georgetown Law Technology Review 2018, 275 (321).

275 Siehe hierzu: Kapitel 1: C.I.2.b) (S. 17 ff.).

276 *Haucap/Stühmeier*, in: Bauer/Latzer (Hrsg.), 183 (190); *Körber*, in: Körber/Immenga (Hrsg.), 81 (86); *Kuoppamäki*, in: Nihoul/Van Cleynenbreugel (Hrsg.), 307 (310 f.); *Schweitzer*, in: Körber/Kühling (Hrsg.), 269 (273). Siehe hierzu: Kapitel 2: D.III.3. (S. 80 f.).

277 Siehe hierzu: Kapitel 1: C.I.2.b) (S. 17 ff.).

278 *Mantzari*, Journal of European Competition Law & Practice 2020, 487 (496); *Podszun/Kersting*, ZRP 2019, 34 (35); *Ruiz Feases*, European Competition Journal 2020, 404 (417).

Search angreifen musste, war nicht derart gefestigt wie es die Machtposition von Google Search heutzutage ist.[279]

II. Folgen einer unangreifbaren Machtkonzentration

Winner-Takes-It-All-Märkte halten für die beherrschenden Unternehmen im Regelfall immense Gewinnspannen bereit.[280] Hieraus resultiert für das Stadium vor dem Tipping ein starker Innovationsanreiz für die Unternehmen sowie eine Strategie der Niedrigpreispolitik.[281] Zunächst profitieren somit die Verbraucher und auch die Gesamtwohlfahrt in Form von verbesserten Diensten zu günstigen Preisen. Dies schlägt allerdings um, sobald ein Unternehmen den Markt zu seinen Gunsten kippt.[282] Im Folgenden wird dargestellt, was sich aus einem solchen Zustand der Unangreifbarkeit von Machtpositionen mit Blick auf die Preise und Konditionen (1), die Qualität der Dienste (2) sowie die Innovationsentwicklung (3) ergibt.

1. Preise und Konditionen

Eine Folge unangreifbarer Machtpositionen ist, dass die Plattformen für die Nutzergruppen keine günstigen Konditionen anbieten müssen.[283] Inwiefern sich dieser Umstand niederschlägt, ist je nach Nutzergruppe zu betrachten. Zunächst kann auf veränderte Bedingungen für Werbende abgestellt werden (a). Darüber hinaus ergeben sich auch für die Nutzer schlechtere Bedingungen (b). Dabei ist sowohl auf das Nutzungsentgelt als auch auf sonstige Nutzungsbedingungen und mittelbare Preiserhöhungen zu achten.

a) Werbende

Google Search ist die mit weitem Abstand meistgenutzte Suchmaschine in Deutschland.[284] Somit fungiert sie aus Sicht der Werbenden beim Zugang zu

279 *Zinndorf*, S. 202.

280 *Dubé/Hitsch/Chintagunta*, Marketing Science 2010, 216 (240); *Schwalbe*, in: Klose/Klusmann/Thomas (Hrsg.), 389 (397).

281 *Dubé/Hitsch/Chintagunta*, Marketing Science 2010, 216 (217); *Guggenberger*, Stanford Technology Law Review 2021, 237 (284); *Schwalbe*, in: Klose/Klusmann/Thomas (Hrsg.), 389 (397).

282 *Guggenberger*, Stanford Technology Law Review 2021, 237 (284).

283 *Guggenberger*, Stanford Technology Law Review 2021, 237 (282).

284 Ca. 91 % der Suchanfragen laufen über Google Search, siehe Marktanteile der allgemeinen Suchmaschinen in Deutschland im Oktober 2021, http://go.wwu.de/h0dgd.

potentiellen Kunden als Gatekeeper.[285] Diese Stellung nutzt Google, um das Preisniveau für die Werbenden anzuheben.[286] Die Werbenden geben die Mehrkosten allerdings durch höhere Preise an die Verbraucher weiter.[287] Im Furman-Report wird dieser Ablauf anschaulich dargestellt:[288] Google wird von vielen Personen unentgeltlich genutzt. Hierdurch kann Google eine enorme Anzahl an Daten erfassen und infolge der Analyse zielgerichtet Werbung schalten. Dies wiederum versetzt Google in die Lage, von den Werbenden überdurchschnittliche Preise für das Schalten der Werbeanzeigen zu verlangen.[289] Die Werbenden erhöhen in der Folge die Preise für die beworbenen Produkte.[290] Während die Nutzung der Suchfunktion somit für die Nutzer keine Kosten verursacht, spüren sie das steigende Preisniveau mittelbar beim Konsum der beworbenen Güter.[291]

b) Suchende

Mitunter wird der Gedanke aufgeworfen, dass die Nutzer für ihre Suchanfragen bei existierendem Wettbewerb ein Entgelt oder anderweitige Vorteile erhalten könnten.[292] Der Umstand, dass Nutzer für die Bereitstellung von Daten kein Geld erhalten, könnte als Anzeichen für einen unwirksamen Wettbewerb

---

285 *D'Annunzio/Russo*; *Höppner*, Gatekeepers' Tollbooths for Market Access, S. 3 f.; *Stigler Committee on Digital Platforms*, S. 61.

286 *Holzweber*, NZKart 2016, 104 (106); *Khan*, Georgetown Law Technology Review 2018, 325 (327); *Lianos/Motchenkova*, Journal of Competition Law & Economics 2013, 419 (434); *Newman*, Yale Journal on Regulation 2014, 401 (418). Abstrakt zum erhöhten Preislevel auf Plattformen, die keinem wirksamen Wettbewerb ausgesetzt sind: *Evans/Schmalensee*, The Antitrust Analysis of Multi-Sided Platform Businesses, S. 12.

287 *EU-Kommission*, Beschl. v. 27.06.2017, AT.39740, Rn. 594 – Google Shopping; *Competition & Markets Authority*, Online platforms and digital advertising, S. 70; *Newman*, Yale Journal on Regulation 2014, 401 (441). Siehe hierzu auch eine Studie von *Grant Thornton*, nach der die Preise der in der Shopping Unit von Google angebotenen Produkte 13,7 % über den Preisen anderer Shopping-Vergleichsdienste lagen, *Grant Thornton*, S. 4.

288 *Furman et al.*, S. 22.

289 *Holzweber*, NZKart 2016, 104 (106); *Khan*, Georgetown Law Technology Review 2018, 325 (327); *Scott Morton/Dinielli*, S. 38 f.

290 *Scott Morton/Dinielli*, S. 38 f.; *Heidhues/Schweitzer* in der FAZ, http://go.wwu.de/s312h.

291 *Heidhues/Schweitzer* in der FAZ, http://go.wwu.de/s312h.

292 *Competition & Markets Authority*, Online platforms and digital advertising, S. 70.

betrachtet werden.[293] Ein derartiges „Bezahlsystem" für Suchanfragen erscheint allerdings schwer umsetzbar. Sofern eine einmalige Zahlung an Suchnutzer erfolgen würde, bestünde kein Anreiz, möglichst viele Suchanfragen durchzuführen. Der Erkenntnisgewinn für Google speist sich aber zunächst aus einer möglichst großen Datengrundlage.[294] Würde eine Suchmaschine Nutzer mit Blick auf diesen Umstand pro Suchanfrage bezahlen, könnte dies zu einem missbräuchlichen Verhalten führen. Nutzer könnten möglichst viele Suchanfragen durchführen, um Zahlungen auszulösen – ohne, dass sie wirklich an den Suchbegriffen interessiert sind, was die Datenqualität und den Erkenntnisgewinn aus Sicht von Google wieder verringern würde.

Werden statt der entgeltlichen die sonstigen Konditionen in den Blick genommen, lassen sich jedenfalls Auswirkungen fehlenden Wettbewerbs wahrnehmen. Die Nutzer haben weniger Möglichkeiten, die Hoheit über ihre personenbezogenen Daten zu behalten.[295] Datenschutzfeindliche Designs und Voreinstellungen werden mangels alternativer gleichwertiger Dienste akzeptiert.[296] In der Folge werden durch Google Search mehr Daten erfasst, als es bei funktionierendem Wettbewerb möglich wäre.[297]

2. *Qualität der Dienste*

Neben den Preisen, die Verbraucher erbringen müssen, sind weitere Faktoren wie die Qualität der angebotenen Dienste im Rahmen der Konsumentenwohlfahrt zu berücksichtigen.[298] Aus Sicht der Verbraucher bleibt diese Qualität im Fall einer Machtkonzentration hinter dem Zustand, der bei wirksamem Wettbewerb herrschen würde, zurück.[299] Der Mangel an Wettbewerbsdruck führt

---

293 *Newman*, Yale Journal on Regulation 2014, 401 (441 f.); *Patterson*, S. 169 f.

294 Siehe hierzu: Kapitel 2: D.III.1. (S. 76 ff.).

295 *Competition & Markets Authority*, Online platforms and digital advertising, S. 69; *Lemley/McCreary*, S. 53; *Newman*, Yale Journal on Regulation 2014, 401 (441 f.).

296 *Newman*, Yale Journal on Regulation 2014, 401 (441 f.).

297 *Competition & Markets Authority*, Online platforms and digital advertising, S. 69; *Subcommittee on Antitrust, Commercial and Administrative Law of the Committee on the Judiciary*, S. 43. Etwas zurückhaltender mit Blick auf die Evidenz zu dieser Frage: *Blankertz*, S. 18 f.

298 *Lao*, William & Mary Law Review 2020, 755 (783).

299 *Competition & Markets Authority*, Online platforms and digital advertising, S. 69; *Lianos/Motchenkova*, Journal of Competition Law & Economics 2013, 419 (424); *Yale Tobin Center for Economic Policy*, Digital Regulation Project – More Competitive Search Through Regulation, S. 7.

dazu, dass Google Search im Rahmen der Suchergebnisse mehr Werbeanzeigen einblenden kann als bei funktionierendem Wettbewerb.[300] Der Wert des Dienstes nimmt für die Nutzer insofern ab, als ihnen auf der ersten Suchergebnisseite weniger das Erkenntnisinteresse befriedigende organische Suchergebnisse angezeigt werden.[301] Daneben bietet sich zur Marktmachterweiterung die Möglichkeit, eigene Dienste im Ranking und in der Darstellung zu bevorzugen. Für Nutzer relevantere Suchergebnisse von Wettbewerbern werden in diesem Fall weiter unten angezeigt. Hierdurch nimmt die Qualität der Suchmaschine aus Sicht der Suchenden ab.[302]

3. *Innovationsentwicklung*

Die Entwicklung innovativer Dienste ist für ein Unternehmen weniger erstrebenswert, sobald es über eine kaum angreifbare Marktmacht verfügt.[303] Dies gilt auch im Bereich der Suchmaschinen.[304] Zwar investiert Google enorme finanzielle Ressourcen in die (Weiter-)Entwicklung der Dienste.[305] Die Innovationsanreize sind für beherrschende Unternehmen auf gekippten Märkten jedoch geringer als es bei wirksamem Wettbewerb der Fall wäre.[306] Kleinere Wettbewerber können – auf den Markt bezogen – durch Innovationen mehr

---

300 *United States District Court for the District of Columbia*, No. 1:20-cv-03010, Rn. 170 – United States/Google LLC; *Yale Tobin Center for Economic Policy*, Digital Regulation Project – Fairness and Contestability in the Digital Markets Act, S. 10; *Yale Tobin Center for Economic Policy*, Digital Regulation Project – More Competitive Search Through Regulation, S. 27.

301 *Competition & Markets Authority*, Online platforms and digital advertising, S. 229; *Höppner*, Gatekeepers' Tollbooths for Market Access, S. 8; *Stigler Committee on Digital Platforms*, S. 59; *Stucke/Ezrachi*, The Yale Journal of Law & Technology 2016, 70 (91); *Heidhues/Schweitzer* in der FAZ, http://go.wwu.de/s312h.

302 *Höppner*, CoRe 2017, 208 (213 f.).

303 *Arrow*, in: National Bureau of Economic Research (Hrsg.), 609 (619 ff.); *Gilbert*, Innovation Policy and the Economy 2006, 159 (205); *Guggenberger*, Stanford Technology Law Review 2021, 237 (284); *Kerber*, Competition, Innovation and Competition Law, S. 10; *Ramge/Mayer-Schönberger*, S. 107; *Stiglitz*, S. 128.

304 *Devine*, North Carolina Journal of Law & Technology 2008, 59 (99 ff.); *Lianos/Motchenkova*, Journal of Competition Law & Economics 2013, 419 (424).

305 *Varian et al.*, in: Wirtschaftsrat der CDU (Hrsg.), 75 (86 f.).

306 *Arrow*, in: National Bureau of Economic Research (Hrsg.), 609 (619 ff.); *Devine*, North Carolina Journal of Law & Technology 2008, 59 (101); *Nothhelfer*, S. 109; *Shapiro*, in: Lerner/Stern (Hrsg.), 361 (401); *Stucke*, Georgetown Law Technology Review 2018, 275 (303 ff.); *Tirole*, Industrieökonomik, S. 877.

wirtschaftlichen Nutzen generieren als marktmächtige Unternehmen.[307] Letztere können bei ohnehin schon hohen Marktanteilen in konzentrierten Märkten häufig lediglich mit ihrem eigenen bestehenden Angebot konkurrieren.[308] *Tirole* bezeichnet dieses Phänomen insofern als Replacement Effect.[309]

Die Innovationsanreize aus Sicht der (potentiellen) Wettbewerber nehmen ebenfalls ab. Während ein intensiver Wettbewerb die Innovationsfreudigkeit des Marktes fördert, wirkt sich eine Monopolstellung negativ auf die dynamische Effizienz aus.[310] Dies gilt gleichermaßen für andere Märkte, die mittels der dominanten Stellung von Google Search im Bereich der allgemeinen Suche ebenfalls einer – drohenden – Marktmacht durch Google ausgesetzt sind.[311] Aus den zur Verfügung stehenden Daten kann Google ermitteln, ob nutzerseitig das Bedürfnis nach bestimmten digitalen Diensten besteht.[312] Zum einen kann sich ein solches Bedürfnis dadurch zeigen, dass ein bestehender Dienst über Google Search häufig angesteuert wird. Zum anderen ist es denkbar, dass nach einer digitalen Dienstleistung gesucht wird, die es bislang noch nicht gibt. Ein solcher Schluss könnte gezogen werden, wenn nach Eingabe bestimmter Suchbegriffe häufig kein weiterführender Klick auf eines der Suchergebnisse getätigt wird. In diesem Fall liegt es nahe, dass das vorhandene Bedürfnis des Suchnutzers durch die angezeigten Suchergebnisse nicht befriedigt wurde. Google ist aufgrund der vorhandenen Datenmasse in beiden Fällen in der Lage, das jeweils wahrscheinlich vorliegende Bedürfnis zu identifizieren. Die technische Infrastruktur bietet die Möglichkeit, diese Dienste unter Ausnutzung der Skaleneffekte in kurzer Zeit für eine breite Masse an Nutzern anzubieten.[313]

In Kombination mit der Gatekeeper-Stellung kann Google somit sowohl bestehende als auch neue Märkte erobern. Dies gilt insbesondere mit Blick auf spezielle

---

307 *Arrow*, in: National Bureau of Economic Research (Hrsg.), 609 (619 ff.); *Motta*, S. 56.

308 *Arrow*, in: National Bureau of Economic Research (Hrsg.), 609 (619 ff.); *Motta*, S. 56; *Tirole*, Industrieökonomik, S. 877.

309 *Tirole*, Industrieökonomik, S. 877. Siehe auch: *Baker*, Antitrust Law Journal 2007, 574 (578 f.), der zu Ehren von *Arrow* den Begriff „Arrow Effect“ verwendet.

310 *Motta*, S. 57.

311 *Guggenberger*, Stanford Technology Law Review 2021, 237 (284).

312 *Lundqvist*, in: Lundqvist/Gal (Hrsg.), 2 (11).

313 Ein Unternehmen wie Google kann an dieser Stelle von der „Kill Zone“ profitieren. Mit der „Kill Zone“ ist gemeint, dass kleinere Wettbewerber in einem Bereich tätig werden, der auch für die großen Digitalunternehmen interessant ist und den diese durch Übernahmen oder Verdrängungspraktiken zügig erobern können: *Hylton*, Nebraska Law Review 2019, 272 (279 f.); *Kamepali/Rajan/Zingales*, S. 2; *Motta/Peitz*, S. 22.

Suchmaschinen wie Shopping-Vergleichsdienste, Flug-Vergleichsportale oder Job-Vermittlungsportale. In diesen Bereichen hat Google mit Google Shopping, Google Flights und Google Jobs eigene Dienste entwickelt, die durch ihre Anbindung an Google Search ihre Webseitenaufrufe enorm steigern konnten.[314] Schon aufgrund der potentiellen Möglichkeit, auf diese Weise Wettbewerbsdruck durch Dienste großer Digitalunternehmen zu erhalten, nehmen Innovationsanreize für Wettbewerber mit Blick auf diese Märkte ab.[315]

III. Fazit

Digitale Plattformmärkte folgen ökonomischen Wirkweisen, die sich von denen auf analogen Märkten unterscheiden. Machtstellungen können sich deutlich einfacher verfestigen, was sowohl für die Wettbewerber als auch für die Verbraucher Nachteile mit sich bringt. Die bisherige kartellrechtliche Missbrauchsaufsicht ist für eine effiziente Erfassung und Ahndung wettbewerbsschädlicher Verhaltensweisen nicht ausreichend konzipiert. Dies ermöglicht es Google Search, seine Stellung auf dem Suchmaschinenmarkt weiter auszubauen. Daneben ist Google in der Lage, dominante Machtpositionen auf weitere Märkte zu erweitern, ohne dass dies rechtzeitig unterbunden werden kann.

Ein Handlungsbedarf ergibt sich insbesondere, wenn das Bestehen einer Machtposition – zumindest auch – auf kartellrechtswidriges Verhalten zurückzuführen ist. Ein Beispiel hierfür ist die Stellung von Google Shopping auf dem Markt für Shopping-Vergleichsdienste. Diese resultiert aus einem Marktmachtmissbrauch nach Art. 102 AEUV.[316] Google hatte die beherrschende Stellung von Google Search auf dem allgemeinen Suchmaschinenmarkt ausgenutzt, um den eigenen Shopping-Vergleichsdienst Google Shopping gegenüber dessen Wettbewerbern bevorzugt anzuzeigen.[317] Die Missbrauchsaufsicht war nicht in der Lage, das Verhalten zeitnah zu unterbinden, sodass Google Shopping seine Stellung am Markt zügig ausbauen konnte.[318] Die vor dem Verstoß bestehenden

---

314 *Gasser*, S. 79.

315 *Competition & Markets Authority*, Online platforms and digital advertising, S. 69; *Guggenberger*, Stanford Technology Law Review 2021, 237 (284); *Hylton*, Nebraska Law Review 2019, 272 (279 f.); *Khan*, Columbia Law Review 2019, 973 (1009); *Stigler Committee on Digital Platforms*, S. 71. Ebenfalls in diese Richtung: *Baker*, S. 165.

316 *EU-Kommission*, Beschl. v. 27.06.2017, AT.39740 – Google Shopping. Siehe hierzu: Kapitel 3: C.II.1. (S. 185 ff.).

317 Siehe hierzu: Kapitel 3: C.II.1. (S. 185 ff.).

318 *EU-Kommission*, Beschl. v. 27.06.2017, AT.39740, Rn. 591 – Google Shopping; *Blockx*, S. 7.

Wettbewerbsverhältnisse konnten durch die angewendeten Abhilfemaßnahmen und Sanktionen nicht wieder hergestellt werden.[319] Es ist somit festzuhalten, dass ein ex-post-Ansatz in der Missbrauchsaufsicht, wie ihn das deutsche Recht bislang in §§ 19, 20 GWB normiert, nicht ausreicht, um effizient auf wettbewerbsschädliches Verhalten digitaler Plattformen zu reagieren.

C. Ausnutzen der Gatekeeper-Stellung

Das Internet bietet seinen Nutzern eine Fülle an Informationen, Diensten und Produktangeboten. Hiermit geht ob der Vielzahl an Auswahlmöglichkeiten die Herausforderung einher, Inhalte zu selektieren. Schließlich sorgen das Zusammentreffen von Zeitaufwand und begrenzter Aufmerksamkeitsspanne dafür, dass ein Nutzer nicht alle relevanten Angebote selbstständig vergleichen kann. Aus Nutzersicht kann durch diese Umstände ein „Zuviel" an verfügbaren Informationen und Angeboten entstehen.[320] Diesen Umstand nutzen viele Plattformen und bieten vermittelnde Dienste an. Google Search sammelt hierzu aus unterschiedlichen Quellen Informationen, ordnet diese und zeigt sie mit einer teilweise nutzerspezifischen Gewichtung an.[321] Die zuerst gelisteten Ergebnisse sollen diejenigen sein, die beim jeweiligen Nutzer voraussichtlich auf das größte Interesse stoßen. Plattformen, die derartige Vermittlungsleistungen anbieten, fungieren als Intermediäre.[322] Sofern sie über derart hohe Marktanteile verfügen, dass der Zugang zu einer Nutzergruppe – bei Google Search die Suchenden – im Grunde nur noch über ihre Plattform möglich ist, werden sie als Gatekeeper bezeichnet.[323]

Vermittelnde Plattformen wie Google Search profitieren von dem durch sie „produzierten" Vermittlungsmarkt. Inwiefern sie einen wirtschaftlichen

---

319 *Höppner*, Google's (Non-) Compliance with the EU Shopping Decision, S. 50 f.

320 Siehe hierzu: *Schwartz*, S. 14 ff.

321 *Schweitzer et al.*, S. 85 f. Siehe hierzu: Kapitel 1: B. (S. 9 ff.).

322 *Clement et al.*, S. 176; *Evans*, Yale Journal on Regulation, 325 (332 f.); *Gasser*, S. 33 ff.; *Höppner*, World Competition 2015, 349 (358); *Karbaum/Schulz*, NZKart 2019, 407 (410); *Khan*, Georgetown Law Technology Review 2018, 325 (326); *Paal*, GRUR Int. 2015, 997 (998 f.); *Shelanski*, University of Pennsylvania Law Review 2013, 1663 (1677); *Thépot*, World Competition 2013, 195 (196).

323 *Rath*, WRP 2005, 826 (826); *Stark*, in: Stark/Dörr/Aufenanger (Hrsg.), 1 (2); *Yale Tobin Center for Economic Policy*, Digital Regulation Project – More Competitive Search Through Regulation, S. 7. *Guggenberger* spricht von Gateway, *Guggenberger*, Stanford Technology Law Review 2021, 237 (268). Gegen die Einordnung von Google Search als Gatekeeper: *Brauneck*, GRUR Int. 2018, 103 (108).

Nutzen generieren können, hängt dabei von der Art des Finanzierungsmodells ab.[324] Eine unmittelbare Beteiligung erfolgt, sofern der Intermediär an den beabsichtigten Transaktionen beteiligt ist. Die vom Bundeskartellamt als Matching-Plattformen[325] eingeordneten Dienste erhalten etwa typischerweise bei Abschluss einer Transaktion eine Provision.[326] Als Pendant hierzu sieht das Bundeskartellamt Aufmerksamkeitsplattformen[327], die nur mittelbar an einer Transaktion beteiligt sind.[328] Hierunter ist Google Search einzuordnen.[329] Anders als etwa bei Ebay oder Booking erfolgt bei Google Search keine Transaktion – nicht zwischen Suchenden und Werbenden und ebenso wenig zwischen Suchenden und Webseitenbetreibern. Die Leistung von Google Search besteht vielmehr darin, die Aufmerksamkeit der Suchenden auf die Werbeanzeigen und die Inhalte der Webseitenbetreiber zu lenken, sodass sich in der Folge daraus eine Transaktion ergeben könnte, an der die Suchmaschine jedoch nicht beteiligt ist. Im Vergleich zu Matching-Plattformen, bei denen sich die Finanzierung aus Provisionszahlungen speist, muss Google Search demnach einen anderen Finanzierungsweg wählen.[330] Die Zahlungen richten sich – unabhängig von einer tatsächlich stattfindenden Transaktion – nach der Vermittlung von Aufmerksamkeit.[331]

---

324 *Engert*, AcP 2018, 304 (309).

325 Hierbei handelt es sich um Plattformen, die zwischen den Nutzergruppen vermitteln und eine unmittelbare Transaktion herbeiführen möchten (u.a. Immobilien-Plattformen oder Online-Dating-Plattformen): *Bundeskartellamt*, Arbeitspapier: Marktmacht von Plattformen und Netzwerken, S. 23 f.

326 *Engert*, AcP 2018, 304 (309).

327 *Bundeskartellamt*, Arbeitspapier: Marktmacht von Plattformen und Netzwerken, S. 24 f.

328 Kritisch gegenüber der Differenzierung zwischen Matching-Plattform und Aufmerksamkeitsplattform: *Volmar*, ZWeR 2017, 386 (395 ff.).

329 *Bundeskartellamt*, Beschl. v. 08.09.2015, B6-126/14, Rn. 127 – Google/VG Media; *Barth*, S. 178; *Engert*, AcP 2018, 304 (310); *Volmar*, ZWeR 2017, 386 (394). Allerdings ordnet *Mauelshagen* Internet-Suchmaschinen im Verhältnis von Nutzer zu Webseitenbetreiber ergänzend auch als Matching-Plattform ein, *Mauelshagen*, S. 86 ff. Ebenfalls der Ansicht, dass Google Search auch als Matching-Plattform eingeordnet werden kann: *Lohse*, ZHR 2018, 321 (327 f.).

330 *Engert*, AcP 2018, 304 (310).

331 Siehe hierzu: Kapitel 1: D.II. (S. 36 f.).

I. Ökonomische Bedeutung der Gatekeeper-Stellung für die Nutzergruppen von Google Search

Google Search agiert als Vermittler zwischen Werbenden, Suchenden und Webseitenbetreibern.[332] Für diese Nutzergruppen ergeben sich aus der Gatekeeper-Stellung von Google Search unterschiedliche ökonomische Auswirkungen.

1. Werbende

Der Umstand, dass das Geschäftsmodell von Google auf Werbeeinnahmen basiert,[333] führt zu einer gegenseitigen Abhängigkeit hinsichtlich der Vermittlungsleistung. Google ist zur Aufrechterhaltung auf die Werbenden angewiesen – und darauf, dass die Werbeanzeigen den „richtigen" Suchenden angezeigt werden, welche erst durch ihr Klicken eine Zahlung auslösen.[334] Die Werbenden wiederum möchten so viele potentielle Kunden wie möglich erreichen. Da 91 % aller Suchanfragen in Deutschland über Google Search getätigt werden,[335] hat das Schalten von Werbeanzeigen auf der Plattform für Unternehmen einen Wert, den keine andere Suchmaschine bieten kann. Viele Suchnutzer sind über alternative Suchmaschinen schlichtweg nicht zu erreichen.[336] Aufgrund dieser exponierten Stellung hat Google Search eine derart starke Verhandlungsposition, dass das Unternehmen bei den Werbenden hohe Preise abrufen kann.[337] Dabei profitieren die Werbenden allerdings auch von der Analysefähigkeit von Google.[338] Diese erlaubt es, Werbeanzeigen abhängig vom Suchbegriff, dem Standort oder weiteren Faktoren zu schalten.[339]

---

332 *Höppner*, World Competition 2015, 349 (358); *Lianos/Motchenkova*, Journal of Competition Law & Economics 2013, 419 (421).

333 Siehe hierzu: Kapitel 1: D. (S. 33 ff.).

334 Zum Pay-Per-Click-Modell siehe: Kapitel 1: D.II. (S. 36 f.).

335 Marktanteile der allgemeinen Suchmaschinen in Deutschland im Oktober 2021, http://go.wwu.de/h0dgd.

336 *Stigler Committee on Digital Platforms*, S. 61.

337 *Holzweber*, NZKart 2016, 104 (106); *Khan*, Georgetown Law Technology Review 2018, 325 (327); *Lianos/Motchenkova*, Journal of Competition Law & Economics 2013, 419 (434); *Newman*, Yale Journal on Regulation 2014, 401 (418).

338 Siehe hierzu: Kapitel 2: D.II.1. (S. 73 f.).

339 *Haucap/Stühmeier*, in: Bauer/Latzer (Hrsg.), 183 (190); *Körber*, in: Körber/Immenga (Hrsg.), 81 (86); *Kuoppamäki*, in: Nihoul/Van Cleynenbreugel (Hrsg.), 307 (310 f.); *Schweitzer*, in: Körber/Kühling (Hrsg.), 269 (273).

2. *Suchende*

Neben dem datenbasierten Anbieten von Werbung ist ein grundlegender Vorteil zu nennen, den die Vermittlungsleistung eines digitalen Dienstes wie Google Search bietet. Gegenüber analogen Werbeanzeigen bestehen im Rahmen der Online-Suche keine zeitlichen und räumlichen Grenzen. Potentielle Kunden können rund um die Uhr und nahezu überall auf der Welt adressiert werden.[340] Hierdurch können sowohl die Werbenden als auch die Suchnutzer profitieren.

Noch größer sind die Vorteile für Suchende allerdings mit Blick auf die durch Google Search vermittelten Inhalte der Webseitenbetreiber. Im Laufe der letzten Jahre und Jahrzehnte wurden immer mehr Inhalte im Internet veröffentlicht. In der Folge entstanden Plattformen wie Google Search, die den Nutzern den Zugang zu diesen Angeboten ermöglichen und erleichtern möchten. Hierdurch haben sich herkömmliche Transaktionskosten aus Sicht der Suchenden verringert.[341] Gerade in Kombination mit dem Umstand, dass die Auswahlkosten infolge der im Internet verfügbaren Informationen stetig steigen, kommt den vermittelnden Plattformen eine immer stärkere Bedeutung zu.[342]

Insbesondere aus der Nutzung einer Suchmaschine ergeben sich für die Nutzer einige Vorteile: Die Suchfunktion erspart ihnen viel Zeit und kann im Regelfall unentgeltlich genutzt werden.[343] Des Weiteren besteht keine Konkurrenz zu anderen Suchenden. Insofern unterscheidet sich die Online-Suche von einer Vermittlung in Geschäften, bei denen die Kapazitäten der Angestellten hinsichtlich der Vermittlungs- und Beratungstätigkeit begrenzt sind. Daneben führt eine Ausweitung des Angebots im analogen Bereich dazu, dass sich der Radius für die Konsumenten erhöht und sie längere Wegstrecken zurücklegen müssen.[344] Deshalb generieren analoge Plattformen ab einer gewissen Anzahl an Nutzern oder Anbietern negative Netzwerkeffekte.[345] Diese physische Komponente ist bei digitalen Plattformen nicht von Bedeutung.

---

340 *Lee*, S. 43.

341 *Carlton/Frankel*, Columbia Business Law Review 2005, 617 (621 f.); *Clement et al.*, S. 176 f.; *Gasser*, S. 37 ff.; *Hamelmann/Haucap*, S. 4; *Höppner*, Gatekeepers' Tollbooths for Market Access, S. 9; *Lee*, S. 43; *Monopolkommission*, Sondergutachten 68, S. 80; *Peitz/Schwalbe*, Perspektiven der Wirtschaftspolitik 2016, 232 (235); *Tirole*, Economics for the Common Good, S. 381.

342 *Tirole*, Economics for the Common Good, S. 381.

343 *Paal*, S. 31; *Lee*, S. 43.

344 *Engert*, AcP 2018, 304 (307).

345 *Engert*, AcP 2018, 304 (307).

3. *Webseitenbetreiber*

Neben den Werbenden und den Suchenden sind die Webseitenbetreiber ebenfalls von der Vermittlungstätigkeit durch Google Search abhängig. 91 % der Suchanfragen in Deutschland erfolgen über Google Search.[346] *Paal* hat angesichts dieser Dominanz in abgewandelter Form zitiert: „To exist is to be indexed by Google."[347] Mit Blick darauf, dass mehr als die Hälfte aller Suchanfragen in einen Klick auf eines der ersten drei Suchergebnisse mündet,[348] lässt sich die Aussage sogar noch zuspitzen: To exist is to be ranked on the podium by Google. Dies gilt insbesondere bei der Nutzung von Smartphones, da hier im Vergleich zur Desktop-Version weniger Suchergebnisse auf dem Bildschirm zu sehen sind. Zumeist nehmen Suchnutzer jedenfalls nur diejenigen Suchergebnisse wahr, die sich auf der ersten Seite befinden.[349]

Für die einzelnen Inhalteanbieter ergibt sich hieraus ein gesteigerter Wettbewerbsdruck hinsichtlich des Ziels, die Aufmerksamkeit der Nutzer zu erlangen. Dabei bestimmen weniger die einzelnen Anbieter darüber, ob der Nutzer ihre Inhalte wahrnimmt. Dies hängt vielmehr von Google Search und der Darstellung der anbieterseitigen Inhalte ab.[350] Insbesondere gilt dies für Webseiten, die den Nutzern Produkte oder Dienstleistungen anbieten möchten. Um als Unternehmen ein Angebot zu vertreiben, reicht nicht mehr alleine ein gutes Produkt oder ein guter Preis aus. Zunächst einmal muss das Angebot sichtbar werden. Die dominante Marktposition von Google Search führt dazu, dass Anbieter darauf angewiesen sind, auf ebendieser Plattform für die Nutzer sichtbar zu werden.[351] In einem weiteren Schritt ist es für die Anbieter von

---

346 Marktanteile der allgemeinen Suchmaschinen in Deutschland im Oktober 2021, http://go.wwu.de/h0dgd.

347 *Paal*, GRUR Int. 2015, 997 (998). Das Originalzitat stammt von *Introna/Nissenbaum*: „Without much exaggeration one could say that to exist is to be indexed by a search engine", *Introna/Nissenbaum*, The Information Society 2000, 169 (171). Den Einfluss von Google als weniger drastisch einordnend: *Brauneck*, GRUR Int. 2018, 103 (108); *Körber*, WRP 2012, 761 (765 f.).

348 Untersuchung von Sistrix, http://go.wwu.de/nha5t.

349 *Kroker* auf dem Blog der Wirtschafts-Woche, http://go.wwu.de/v-9wm. Ebenfalls zur Bedeutung einer guten Platzierung: *Pan et al.*, Journal of Computer-Mediated Communication 2007, 801 (814).

350 BeckOK Informations- und Medienrecht/*Paal*, Art. 102 AEUV Rn. 62.

351 *Guggenberger*, Stanford Technology Law Review 2021, 237 (269). Schon im Jahr 2012 für Google Search: *Paal*, S. 32.

wesentlicher wirtschaftlicher Bedeutung, dass sie in den Suchergebnissen an sichtbarer Stelle angezeigt werden.[352]

II. Mögliche Gefahren für den Wettbewerb

Wie soeben dargestellt, wirkt sich die Gatekeeper-Stellung von Google Search auf den Dienst selbst, aber auch auf die beteiligten Nutzergruppen aus. Im Folgenden werden drei Aspekte in den Blick genommen, die gatekeeping-spezifische Gefahren darstellen. Sofern diese Gefahren der Bewertung durch Kartellrecht zugänglich sind, ist in Kapitel 3 zu klären, inwiefern die 10. GWB-Novelle hierauf reagiert.

1. Bevorzugung eigener Dienste

Für Google bietet die Vermittlungsleistung den Vorteil, auf Grundlage der anfallenden Daten das Repertoire seiner Dienste zu erweitern. An dieser Stelle kann exemplarisch auf Google-Bilder, Google Shopping, Google Jobs oder Google Maps verwiesen werden.[353] Google Search hat Zugriff auf alle bei der Suche anfallenden Daten und kann Erkenntnisse über nachgelagerte Märkte gewinnen.[354] In der Folge können hieraus eigene vertikale Dienste entwickelt werden.

Wie das Beispiel Google Shopping gezeigt hat, können diese vertikalen Suchdienste im Rahmen der allgemeinen Suche gegenüber ihren Wettbewerbern bevorzugt angezeigt werden.[355] Dies kann dadurch geschehen, dass das jeweilige Suchergebnis weiter oben angezeigt wird, obwohl nach den Kriterien des Bewertungsalgorithmus die Relevanz für den Suchenden bei anderen Webseiten deutlich höher einzustufen ist. Daneben kann der eigene vertikale Suchdienst optisch hervorgehoben werden, um die Aufmerksamkeit des Suchenden darauf zu lenken.

Die Bevorzugung eigener Dienste bietet Google Search die Möglichkeit der Marktmachtverlagerung, wobei präziser ausgedrückt von der *Erweiterung*

---

352 *Bundeskartellamt*, Beschl. v. 22.12.2015, B 9-121/13, Rn. 263; *Bundeskartellamt*, Beschl. v. 26.08.2015, B2-98/11, Rn. 87 f. Siehe zur Bedeutung des Rankings auch: *Joachims et al.*, S. 12 ff.

353 *Höppner*, K&R 2017, Heft 7/8, Editorial. Noch mehr Beispiele bei: *Lianos/Motchenkova*, Journal of Competition Law & Economics 2013, 419 (433); *Edelman*, Journal of Competition Law & Economics 2015, 365 (369).

354 *Lundqvist*, in: Lundqvist/Gal (Hrsg.), 2 (11).

355 Siehe hierzu: Kapitel 3: C.II.1. (S. 185 ff.).

der auf dem Markt der allgemeinen Suchmaschinen bestehenden Macht auf weitere Märkte gesprochen werden muss.[356] Die Nachteile, die sich aus einer Marktmachtausweitung von Google ergeben, sind zahlreich. Zunächst einmal sind die Unternehmen betroffen, die auf dem Markt tätig sind, in den Google neu eintritt. Dies sind häufig vertikale Suchmaschinen, wie im Fall von Google Shopping, Google Jobs oder Google Flights.[357] Darüber hinaus bleibt ein Preiswettbewerb verschiedener Vergleichsdienste aus, wenn sich ein Vergleichsdienst – wie im Fall Google Shopping – zu einem dominierenden Dienst entwickelt. Für Unternehmen, die über die vertikalen Suchmaschinen ihre Angebote sichtbar machen wollen, kann dies zu höheren Pay-Per-Click-Preisen führen. Sofern die Preise auf die Verbraucher umgelegt werden, erhöhen sich für diese die Anschaffungskosten. Ein solcher Effekt ließ sich in Bezug auf Google Shopping feststellen. Eine Studie aus dem Jahr 2019 hat in 12 europäischen Ländern die zehn populärsten Produkte der zehn populärsten Produktsparten untersucht.[358] Dabei kam heraus, dass die Preise in der Shopping Unit[359] von Google gegenüber den Preisen des im jeweiligen Land führenden Shopping-Vergleichsdienstes[360] im Durchschnitt um 13,7 % höher lagen.[361] Der Anteil unkorrekter Angebote[362] lag bei der Shopping Unit mit 23 % ebenfalls deutlich höher als bei den anderen Shopping-Vergleichsdiensten (6 %).[363]

Mit Blick auf die Wettbewerber ist zu untersuchen, ob die Bevorzugung eigener Dienste durch Google Search dem Prinzip des Leistungswettbewerbs in einer unrechtmäßigen Art und Weise widerspricht. Bei der Bewertung des Verhaltens ist zu berücksichtigen, welche Auswirkungen hiermit auf die Gesamtwohlfahrt einhergehen können. Insbesondere sollte in den Blick genommen werden, wie sich die Innovationsanreize zu der potentiellen Bedrohung verhalten, die durch die Möglichkeit der Marktmachterweiterungen von Google

---

356 *Hylton*, Nebraska Law Review 2019, 272 (279 f.); *Lianos/Motchenkova*, Journal of Competition Law & Economics 2013, 419 (433); *Zinndorf*, S. 264.

357 *Gasser*, S. 79; *Hylton*, Nebraska Law Review 2019, 272 (279 f.).

358 *Grant Thornton*.

359 Die Shopping Unit ist ein separater Bereich, in dem Produkte mit Bild und Preis angezeigt werden, siehe auch: *Höppner*, Google's (Non-) Compliance with the EU Shopping Decision, S. 38 f.

360 In Deutschland war dies Idealo: *Grant Thornton*, S. 3.

361 *Grant Thornton*, S. 3.

362 Als solche eingestuft wurden etwa tatsächlich nicht vorhandene oder gebrauchte Produkte, siehe: *Grant Thornton*, S. 5.

363 *Grant Thornton*, S. 4.

Search ausgeht. Inwiefern sich die 10. GWB-Novelle zur Selbstbevorzugung verhält, ist in Kapitel 3 zu klären.

2. *Unangemessene Konditionen für Inhalteanbieter*

Google Search vermittelt nicht mehr nur Inhalte, sondern tritt immer öfter auch selbst als Inhalteanbieter auf.[364] Das Ziel ist dabei, die Nutzer solange wie möglich im eigenen Ökosystem zu halten.[365] Um dieses Vorhaben umzusetzen, greift Google auch auf die Integration fremder Inhalte zurück. Ein Beispiel hierfür ist der „Google Knowledge Graph". Dieser erscheint bei Eingabe bestimmter Begriff rechts auf der Suchergebnisseite. Gibt man etwa den Begriff „Beirut" ein, so erhält man in dieser Box einige Informationen zu der Stadt, ohne dass ein Suchergebnis angeklickt werden muss.[366] Diese Informationen werden zu einem Teil von Google selbst bereitgestellt. Zu einem anderen Teil bedient sich Google jedoch bei anderen Inhalteanbietern – im Beispiel „Beirut" etwa bei Wikipedia.[367]

Ein anderes Beispiel, das in Kapitel 3 als Untersuchungsgegenstand dienen soll, ist die Integration journalistischer Inhalte. Gerade bei Suchanfragen zu (gesellschafts-)politischen Begriffen werden zahlreiche journalistische Inhalte präsentiert. Gibt man etwa aus Interesse an den Sondierungsgesprächen nach der vergangenen Bundestagswahl den Begriff „Ampel" ein, erhält man auf der Suchergebnisseite zum einen organische Suchergebnisse der Tagesschau oder von Spiegel Online, die mit einem Anrisstext versehen sind, der zumeist aus ein oder zwei Sätzen besteht.[368] Zum anderen werden ganz oben auf der Seite unter dem Begriff „Schlagzeilen" ebenfalls aktuelle Berichte angezeigt und zumeist mit einem Bild kombiniert.[369] Darüber hinaus besteht noch die Möglichkeit,

---

364 *Dachwitz/Fanta*, S. 15 f.; *Höppner*, Antitrust Remedies in Digital Markets, S. 17; *Paal*, GRUR Int. 2015, 997 (999).

365 Siehe zum Google-Ökosystem Kapitel 2: A. (S. 42 ff.).

366 Man erhält so etwa Informationen zum Wetter, zur Einwohnerzahl oder zu durchschnittlichen Hotelpreisen vor Ort: Google-Suche unter Eingabe des Suchbegriffs „Beirut" am 26.11.2021, http://go.wwu.de/73l-t.

367 Google-Suche unter Eingabe des Suchbegriffs „Beirut" am 26.11.2021, http://go.wwu.de/73l-t.

368 Google-Suche unter Eingabe des Suchbegriffs „Ampel" am 26.11.2021, http://go.wwu.de/0bxsu.

369 Google-Suche unter Eingabe des Suchbegriffs „Ampel" am 26.11.2021, http://go.wwu.de/0bxsu.

über Google News zu suchen. In dieser speziellen Suche werden Berichte samt Bild und Anrisstext angezeigt.[370]

Aus Sicht der Inhalteanbieter – konkret: der Presseverleger – droht angesichts dieser Vorgehensweise folgende Gefahr: Um seine Suchergebnisse für die Nutzer attraktiver zu gestalten und diese länger im Google-Ökosystem zu halten, könnte Google immer größere Auszüge aus den Presseinhalten in seine Suchergebnisseite einbauen. In diesem Fall würde das Informationsbedürfnis der Nutzer auch ohne einen tatsächlichen Übertritt auf die Webseite der Presseverleger befriedigt werden können. Die Presseverleger sind ihrerseits jedoch darauf angewiesen, dass Nutzer ihre Webseite aufsuchen. Schließlich generieren Presseverleger ihre Einnahmen im Regelfall entweder durch Abo-Elemente oder aber durch Werbeeinnahmen. Bei den Werbeeinnahmen verhält es sich dabei ähnlich wie bei Werbung auf Google Search. Die Presseverleger erhalten Geld für einen Klick auf Werbeanzeigen. Insofern sind sie darauf angewiesen, dass möglichst viele Personen ihre Webseite aufrufen und ein solcher Klick möglich wird. Mit Blick hierauf haben die Presseverleger kein Interesse daran, dass Google längere Auszüge aus ihren Presseinhalten nutzt. Auf der anderen Seite ist Google Search bei der Suche nach News ein wichtiges Zugangstor für Nutzer.[371] Aus diesem Grund ist es für die Presseverleger von Bedeutung, dass ihre Presseinhalte über die Suchmaschine sichtbar sind. Sofern beispielhaft von vier Presseverlegern ein einziger das Anzeigen längerer Auszüge unterbindet und lediglich mit einem organischen Suchergebnis auf der Suchergebnisseite erscheint, dürfte die Sichtbarkeit dieses Inhalts deutlich eingeschränkt sein. Diese Ausgangslage führt in eine Abhängigkeit der Presseverleger von Google Search. Vor diesem Hintergrund besteht die Gefahr ungleicher Verhandlungspositionen, die Google dazu nutzen könnte, Presseinhalte zu unangemessenen Konditionen in die Suchergebnisse einzubauen.[372] In Kapitel 3 wird mit Blick darauf zu untersuchen sein, inwiefern die Interessen von Google einerseits und von den Presseverlegern andererseits im Rahmen der 10. GWB-Novelle ins Recht Einzug erhalten haben.

---

370 Google-News-Suche unter Eingabe des Suchbegriffs „Ampel" am 26.11.2021, http://go.wwu.de/163i0.

371 *Pohlmann/Lindhauer/Peter*, NZKart 2021, 466 (467). Generell zur Bedeutung von Google Search bei der Inhaltevermittlung: *Guggenberger*, Stanford Technology Law Review 2021, 237 (269); *Paal*, S. 32.

372 *Pohlmann/Lindhauer/Peter*, NZKart 2021, 466 (467).

3. *Meinungsmacht*

Aus der Steuerungsmöglichkeit, die Google Search ausweislich der Marktanteile für die meisten Suchnutzer zukommt, kann sich eine Gefahr für die Meinungsbildung und somit für die Demokratie ergeben. Dies wird dadurch verstärkt, dass viele Presseeinrichtungen im Rahmen ihrer Arbeit ebenfalls in hohem Ausmaß auf die Google-Suche und weitere Google-Dienste zurückgreifen.[373] Als Folge der hohen Marktanteile von Google Search und der Verknüpfung zu anderen Google-Diensten verfügt Google gegenüber anderen Intermediären über ein Mehr an Daten. Mit Blick hierauf wird ebenfalls die Gefahr einer Meinungssteuerung diskutiert.[374] Die Meinungsmacht ist jedoch von der kartellrechtlichen Marktmacht und deren Folgewirkungen zu unterscheiden.[375] Der Staat ist aus dem Prinzip der freien Presse dazu verpflichtet, dem Entstehen von „Meinungsmonopolen" vorzubeugen.[376] Die Möglichkeit dominanter Plattformen, mittels „privater Zensur" den Nutzern bestimmte Meinungen zu vermitteln oder vorzuenthalten, liegt allerdings nicht im Regelungsbereich des Kartellrechts.[377] Das Risiko demokratiegefährdender Strukturen in der Medienlandschaft kann gerade nicht vom Kartellrecht erfasst werden.[378] Stattdessen ist an dieser Stelle auf die Rundfunkstaatsverträge und weitere Regulierungsansätze[379] zurückzugreifen.

Eine Differenzierung erscheint schon aus Gründen der Gesetzgebungskompetenz erforderlich. Das Kartellrecht liegt nach Art. 72 Abs. 1 i.V.m. Art. 74 Abs. 1 Nr. 11, 16 GG aufgrund des GWB unter der Gesetzgebungskompetenz des Bundes. Die Länder hingegen sind zuständig, was die Regelungen zum Medienrecht anbelangt.[380] Insofern sollte auch aus diesem Grund die rege Diskussion zum Meinungsbildungsprozess geordnet werden, um eine klare Abgrenzung zu schaffen.[381] Das in der Öffentlichkeit viel diskutierte Feld der

373 *Dachwitz/Fanta*, S. 83 ff.

374 *Hubbard*, S. 134 ff.; *Kellner*, S. 69 ff. Schon früh taten dies: *Danckert/Mayer*, MMR 2010, 219 (219); *Erhard*, S. 33 f.; *Kühling/Gauß*, ZUM 2007, 881 (882 ff.).

375 *Lüdemann*, in: Hermstrüwer/Lüdemann (Hrsg.), 1 (6 f.).

376 *Maunz/Dürig/Grabenwarter*, Art. 5 Abs. 1, Abs. 2 GG Rn. 364 ff.

377 *Hoffmann-Riem*, in: Augstein (Hrsg.), 121 (138); *Volmar*, S. 42.

378 *Schmid/Braam/Mischke*, MMR 2020, 19 (20). Siehe hierzu auch: *Weber/Volz*, WuW 2015, 356 (356 ff.).

379 Ausführlich zur „Vielfaltssicherung bei Telemedien": *Cornils*, AfP 2018, 377 (377 ff.); *Heilmann*, MMR 2020, 162 (162 ff.).

380 *Grünwald*, WuW 2021, 197 (197); *Schulz* in *Libor*, AfP 2017, 290 (291).

381 *Bauer*, WRP 2020, 171 (175).

Meinungsmacht ist nicht vom Kartellrecht zu adressieren und somit auch nicht Gegenstand der vorliegenden Arbeit.

D. Überlegenheit beim Zugriff auf Daten

Google Search basiert auf einem datengetriebenen Geschäftsmodell.[382] Die Suchenden erbringen dabei keine monetäre Gegenleistung. Vielmehr besteht die Gegenleistung in der Übermittlung und Erzeugung von Daten[383] und dem Zuwenden von Aufmerksamkeit[384,385] Die Daten dienen insbesondere zur Optimierung der Suchmaschinennutzung.[386] Darüber hinaus werden die Daten – in Kombination mit Daten aus weiteren Google-Diensten – zur Personalisierung von Werbeanzeigen genutzt.[387] Wenn es darum geht, den wirtschaftlichen Erfolg und die kartellrechtliche Bedeutung von Plattformen wie Google Search einzuordnen, sind Daten ein zentraler Faktor. Nicht ohne Grund werden sie als „Währung des Internets"[388] bezeichnet.

---

382 *Hacker*, ZfPW 2019, 148 (153). Siehe zum Geschäftsmodell auch Kapitel 1: D. (S. 33 ff.).

383 *Hoeren*, WuW 2013, 463 (463); *Körber*, WRP 2012, 761 (764); *Leinemann*, S. 149; *Schwintowski*, NJOZ 2018, 841 (844); *Telle*, InTeR 2017, 3 (4); *Wiedmann/Jäger*, K&R 2016, 217 (217). Kritisch gegenüber dieser Annahme: *Hylton*, Nebraska Law Review 2019, 272 (290).

384 *Devine*, North Carolina Journal of Law & Technology 2008, 59 (110 f.); *Kühling/Gauß*, MMR 2007, 751 (752); *Weber/Volz*, WuW 2015, 356 (358 f.).

385 *Bundeskartellamt*, Arbeitspapier: Marktmacht von Plattformen und Netzwerken, S. 42; *Dewenter/Rösch/Terschüren*, NZKart 2014, 387 (391); *Franck/Peitz*, Market Definition in the Platform Economy, S. 17; *Grothe*, S. 96; *Körber*, WuW 2015, 120 (122); *Zinndorf*, S. 358. Mit Blick hierauf wird gefordert, dass Nutzer eine „monetäre Gegenleistung" für ihre Daten erhalten sollen, *Clement et al.*, S. 143.

386 *Holzweber*, NZKart 2016, 104 (106); *Lewandowski/Kerkmann/Sünkler*, in: Stark/Dörr/Aufenanger (Hrsg.), 75 (87 f.); *Paal*, GRUR Int. 2015, 997 (1001); *Srnicek*, S. 95 f.

387 *Franck/Peitz*, Market Definition in the Platform Economy, S. 17; *Harbour/Koslov*, Antitrust Law Journal 2010, 769 (785); *Körber*, WRP 2012, 761 (763); *Newman*, Yale Journal on Regulation 2014, 401 (420).

388 *Hoeren*, WuW 2013, 463 (463); *Körber*, NZKart 2016, 303 (304). Laut *Grothe* liegt allerdings keine „Währung im Sinne von Geld" vor, da der Wert eines Datums – anders als bei Geld – von verschiedenen Faktoren abhängt und nicht einheitlich festgelegt ist, *Grothe*, S. 51 f. *Schweitzer* weist darauf hin, dass dies aus Sicht des Unternehmens zutreffe, aber für die Seite der Nutzer zwischen der Hergabe personenbezogener Daten und der Zahlung von Geld erhebliche Unterschiede bestünden, *Schweitzer*, in: Körber/Kühling (Hrsg.), 269 (275 f.).

Aufgrund der hohen Marktanteile von Google Search[389] kann der Dienst deutlich mehr Suchdaten erfassen als seine Wettbewerber. Ergänzend kommt hinzu, dass Google dienstübergreifend Daten sammelt und diese dazu nutzen kann, um Suchergebnisse und Werbeanzeigen an den Eigenheiten der jeweiligen Nutzer zu orientieren. Google Search verwendet neben dem Datum, der Uhrzeit und dem Aufenthaltsort des Nutzers dessen Such- und Klickhistorie.[390] Darüber hinaus können Daten aus anderen Google-Diensten sowie aus einem Third-Party-Tracking einfließen.[391] Im Folgenden wird aufgezeigt, inwiefern sich Daten von physischen Rohstoffen unterscheiden (I) und wonach sich der ökonomische Wert, den Daten für Google haben, bemisst (II). Hieran anknüpfend wird herausgearbeitet, welcher Nutzen sich für Google insbesondere aus historischen Suchdaten ergibt (III).

I. Merkmale von Daten

Daten weisen verschiedene Merkmale auf, durch die sie sich teilweise erheblich von physischen Rohstoffen oder Gütern unterscheiden.[392] Deutlich wird dies an der Nicht-Rivalität (1) sowie der Nicht-Exklusivität (2) von Daten.

1. Nicht-Rivalität

Zunächst unterliegt die Nutzung von Daten keinem Rivalitätsverhältnis.[393] Demnach kann ein Datum von mehreren Personen zeitgleich genutzt werden.[394] Die Nutzung führt dabei – von möglichen Überlastungen der Serverkapazität

---

389 Im Oktober 2021 wurden ca. 91 % der in Deutschland getätigten Suchanfragen über Google Search durchgeführt, siehe: Marktanteile der allgemeinen Suchmaschinen in Deutschland im Oktober 2021, http://go.wwu.de/h0dgd.

390 *Competition & Markets Authority*, Online platforms and digital advertising, S. 157.

391 *Condorelli/Padilla*, Journal of Competition Law & Economics 2020, 143 (171); *Krämer/Schnurr/Broughton Micova*, S. 25 ff. Zur datenschutzrechtlichen Bewertung von Google Analytics: *Hoeren*, ZD 2011, 3 (3 ff.). Es ist abzuwarten, inwieweit sich die Realisierung des von Google geplanten Verzichts auf Third-Party-Cookies auf die „Datenmacht" von Google auswirken würde, siehe hierzu: *Höppner/Westerhoff*, ZfDR 2021, 280 (304 f.).

392 *Zech*, in: Eifert (Hrsg.), 29 (41).

393 *Bründl/Matt/Hess*, S. 11; *Bundeskartellamt/Autorité de la concurrence*, S. 36 f.; *Grewe*, S. 164 f.; *Heymann*, CR 2016, 650 (653); *Lerner*, S. 21; *OECD*, S. 179 f.; *Ramge/Mayer-Schönberger*, S. 23; *Rubinfeld/Gal*, Arizona Law Review 2017, 339 (373 ff.); *Schweitzer et al.*, S. 30; *Zech*, S. 118; *Zech*, in: Eifert (Hrsg.), 29 (41).

394 *Zech*, CR 2015, 137 (139).

abgesehen – nicht zu einer Beeinträchtigung des Nutzwertes für andere Personen.[395] Insbesondere kann ein datengetriebener Dienst einer Vielzahl an Personen zeitgleich angeboten werden, ohne dass die Qualität darunter leidet. Es ist nicht möglich, Daten zu verbrauchen.[396] Die Nicht-Rivalität und die fehlende Abnutzung von Daten dienen dem Geschäftsmodell von Google.[397] Dies gilt vor allem insofern, als Daten ohne wesentliche Kosten und ohne Beeinträchtigung der Qualität vervielfältigt und zu verschiedenen Zwecken genutzt werden können.[398] Google kann historische Suchdaten, die durch den Betrieb von Google Search erfasst werden, nicht nur zur Weiterentwicklung der Suchmaschine verwenden, sondern auch zur (Weiter-)Entwicklung anderer digitaler Dienste.[399]

2. *Nicht-Exklusivität*

Hinsichtlich der Exklusivität von Daten kann zwischen personenbezogenen und nicht-personenbezogenen Daten differenziert werden.[400] Die Nutzung personenbezogener Daten ist schon insofern nicht-exklusiv, als es der betroffenen Person möglich ist, ihre personenbezogenen Daten beliebig vielen Unternehmen zur Verfügung zu stellen.[401] Suchende können dieselben Suchbegriffe, die sie bei Google Search eingeben, auch für Suchanfragen bei konkurrierenden Suchmaschinen gebrauchen.

Daten ohne Personenbezug sind ebenfalls nicht-exklusiv, wenn sie öffentlich zugänglich waren oder immer noch sind.[402] Zu einem abweichenden Ergebnis kann man allerdings unter Verwendung technischer Schutzmaßnahmen gelangen.[403]

---

395 *Lambrecht/Tucker*, S. 5; *Paal/Hennemann*, NJW 2017, 1697 (1698); *Zech*, S. 119; *Zech*, CR 2015, 137 (139).

396 *Körber*, NZKart 2016, 303 (306); *Nuys*, WuW 2016, 512 (513).

397 *Bourreau/de Streel*, S. 11; *Grothe*, S. 54.

398 *Paal/Hennemann*, S. 18; *Rusche/Scheufen*, S. 11 ff.

399 Siehe hierzu: Kapitel 2: D.III.2. (S. 79 f.).

400 Siehe zur Verknüpfung von Suchdaten mit einer bestimmten Person: Kapitel 2: D.II.2. (S. 74 f.).

401 *Paal/Hennemann*, S. 18.

402 *Paal/Hennemann*, S. 18; *Zech*, S. 118 f.; *Zech*, CR 2015, 137 (139).

403 *Zech*, in: Eifert (Hrsg.), 29 (41).

3. *Auswirkungen*

Aus der Nicht-Rivalität und Nicht-Exklusivität ergibt sich, dass die These, Daten seien das neue Öl,[404] nicht zutrifft.[405] Daten sind vielseitig einsetzbar und zumindest bei personenbezogenen Daten kann sich kein Unternehmen einen exklusiven Zugriff sichern. Somit stellen Daten zwar einen entscheidenden Faktor dar, wenn Unternehmen die (Weiter-)Entwicklung digitaler Dienste anstreben. Diese Daten können allerdings von vielen verschiedenen Unternehmen erhoben und verarbeitet werden. Inwiefern die tatsächlichen Marktbedingungen dies auch zulassen, ist bei der Frage zu berücksichtigen, ob ein kartellrechtlicher Zugangsanspruch zu Daten besteht.[406]

II. Faktoren zur Wertbestimmung

Digitale Plattformen wie Google Search bauen auf der Verarbeitung von Daten und einem daraus zu generierenden Wissen auf. Dies gilt etwa mit Blick auf Daten als elementarer Treiber von Innovation.[407] Daten können insbesondere einen wirtschaftlichen Faktor für Unternehmen darstellen, wenn die darin enthaltenen Informationen extrahiert werden.[408] Mitunter wird darauf hingewiesen, dass die Begriffe „Datum" und „Information" synonym verwendet werden.[409] Es muss jedoch zwischen syntaktischer und semantischer Ebene unterschieden werden. Auf syntaktischer Ebene steht das

---

404 *Albrecht*, ZD 2013, 49 (49); *Fricke/Novak*, S. 9; *Srnicek*, S. 40.

405 *Arnold et al.*, S. 1; *Drexl*, NZKart 2017, 415 (416); *Haucap*, in: Morik/Krämer (Hrsg.), 95 (95); *Kaben*, in: Körber/Immenga (Hrsg.), 123 (124 ff.); *Körber*, ZUM 2017, 93 (96), der Daten als „Sonnenlicht" bezeichnet; *Louven*, K&R 2018, 230 (233); *Morik*, in: Morik/Krämer (Hrsg.), 15 (15); *Nuys*, WuW 2016, 512 (513) spricht von „Sonnenstrahlen"; *Podszun/Kersting*, NJOZ 2019, 321 (321 f.); *Ramge/Mayer-Schönberger*, S. 35 f.; Sahl, RDV 2015, 236 (236); *Zech*, in: Eifert (Hrsg.), 29 (41).

406 Siehe zu einem Zugangsanspruch über § 19 Abs. 2 Nr. 4 GWB: Kapitel 3: D. (S. 240 ff.).

407 *BMWi*, Ein neuer Wettbewerbsrahmen für die Digitalwirtschaft, S. 13; *Colangelo/Maggiolino*, European Competition Journal 2017, 249 (250); *Kerber*, Competition, Innovation and Competition Law, S. 2.

408 Zum wirtschaftlichen Wert von Daten grundlegend: *Zech*, CR 2015, 137 (138 f.).

409 *Lehner*, in: Specht-Riemenschneider/Werry/Werry (Hrsg.), § 5.1 Rn. 5. Siehe zur Unbestimmtheit des Begriffs „Information": *Hoeren*, JuS 2002, 947 (947). Ebenfalls zum Begriff der „Information": *Schmidt*, S. 9 f. Aus Sicht von *Härting* kann es sich bei einem „Datum" sowohl um „Rohdaten" als auch um „Informationen" handeln, *Härting*, CR 2016, 646 (647).

einzelne – maschinenlesbare – Datum.[410] Die dahinterstehende Information, aus der Wissen generiert werden kann,[411] stellt die semantische Ebene dar.[412] Um zu untersuchen, welches Wissen Google aus dieser semantischen Ebene gewinnen kann, wird im Folgenden dargestellt, welche Faktoren zur Wertbestimmung eines Datums maßgeblich sind. Die Ausführungen beziehen sich auf den Wert der in dem Datum kodierten Information, mithin auf die semantische Ebene der Daten.

Der Wert eines Datums bestimmt sich anhand vieler Parameter.[413] Je nach Branche können sich erhebliche Unterschiede ergeben.[414] Neben der Datenstruktur[415] sind im Suchmaschinenbereich insbesondere drei Faktoren von Bedeutung: die Kompetenz des Dateninhabers bei der Datenanalyse (1), die Zuordnung eines Datums zu einer Person (2) sowie die Aktualität (3).

1. Analysefähigkeiten des Unternehmens

Grundvoraussetzung für eine effiziente Auswertung der vorhandenen Daten ist die Fähigkeit des jeweiligen Unternehmens, den vorhandenen Datenbestand zu analysieren.[416] Insofern ist aus der reinen Anzahl an verfügbaren Daten auch kein Rückschluss auf die hieraus resultierenden Möglichkeiten für das Unternehmen zu ziehen. Entscheidend ist, welcher Erkenntnisgewinn aus den erfassten Daten gezogen werden kann.[417] Dies lässt sich am Beispiel von Google

---

410 *Adam*, NJW 2020, 2063 (2064); *Hillmer*, S. 30; *Thouvenin/Weber/Früh*, S. 28; *Zech*, S. 55 f.

411 *Schmidt* bezeichnet diesen Vorgang mit Verweis auf *Specht*, CR 2016, 288 (290) als „Semantierungsakt", *Schmidt*, S. 20.

412 *Adam*, NJW 2020, 2063 (2064); *Clement et al.*, S. 38; *Hillmer*, S. 30; *Thouvenin/Weber/Früh*, S. 5.

413 *Paal/Hennemann*, S. 18.

414 Siehe etwa: *Bundeskartellamt*, Beschl. v. 04.12.2017, B 6 – 132/14-2, Rn. 197 ff. – CTS Eventim.

415 *Schmidt*, S. 47 ff.

416 *Kaben*, in: Körber/Immenga (Hrsg.), 123 (127 f.); *Körber*, NZKart 2016, 303 (306); *Lambrecht/Tucker*, S. 11; *Paal/Hennemann*, S. 18 f.

417 *EU-Kommission*, Entsch. v. 11.03.2008, COMP/M.4731 – Google/Double Click. Aus Sicht von *Buchner* habe die EU-Kommission die möglichen Auswirkungen der „Datenmacht" in dem Verfahren jedoch nicht ausreichend untersucht, *Buchner*, DuD 2018, 724 (724 ff.). Ebenfalls gegen den Rückschluss, dass „Datenmacht" ohne Weiteres zu Marktmacht führt: *Gasser*, S. 76; *Grothe*, S. 136 ff.; *Körber*, NZKart 2016, 303 (306); *Paal*, GRUR 2019, 43 (46); *Telle*, WRP 2016, 814 (817 f.).

Search illustrieren:[418] Einst kam Yahoo eine dominante Stellung auf dem Markt für allgemeine Suchmaschinen zu.[419] Die Suchmaschine, über die am meisten Suchanfragen durchgeführt werden, kann in der Folge am meisten historische Suchdaten erfassen. Insofern hatte Yahoo zu Beginn Zugang zu mehr suchrelevanten Daten als Google Search.[420] Aufgrund der besseren Datenanalyse und innovativer Ansätze konnte sich Google Search jedoch die Vorherrschaft auf dem Markt sichern.[421]

2. *Zuordnung zu einer Person*

Der Wert eines Datums nimmt zu, sofern die dahinterstehende Information einer Person zugeordnet und diese in der Folge gezielt angesprochen werden kann.[422] Für die Anzeige relevanter Suchergebnisse ist es zwar nicht zwingend erforderlich, dass umfangreiche personenbezogene Daten des jeweils Suchenden vorliegen.[423] Ein bedeutendes Merkmal ist allerdings der Standort des jeweils Suchenden. Dies gilt insbesondere bei Suchanfragen, die einen lokalen Bezug aufweisen.[424] Darüber hinaus ist eine weitergehende Personalisierung durchaus möglich. Hierfür können vergangene oder auch aktuelle Browserverläufe ebenso wie aus Tracking-Methoden gewonnene Daten genutzt werden.[425]

Mit Blick auf das Zusammenspiel von Google Search und den Werbediensten von Google[426] ist noch auf die Authentizität von Daten hinzuweisen. Die Daten, die im Rahmen von Google Search erfasst werden, weisen eine hohe

418 Das Beispiel stammt von: *Demary/Rusche*, S. 2.

419 *Bork/Sidak*, Journal of Competition Law & Economics 2012, 663 (689 f.); *Lerner*, S. 47 f.

420 *Tucker/Wellford*, S. 7.

421 *Argenton/Prüfer*, Journal of Competition Law & Economics 2012, 73 (100); *Dominikowski*, in: Lewandowski (Hrsg.), Handbuch Internet-Suchmaschinen 3, 3 (14); *Lerner*, S. 48; *von Engelhardt/Freytag/Köllmann*, ZfW 2013, 311 (325 f.); *Zinndorf*, S. 233. Ebenfalls in diese Richtung: *Telang/Rajan/Mukhopadhyay*, Journal of Management Information Systems 2004, 137 (141).

422 *Condorelli/Padilla*, Journal of Competition Law & Economics 2020, 143 (163); *Holzweber*, NZKart 2016, 104 (106); *Weber*, ZWeR 2014, 169 (171).

423 *Jürgens/Stark/Magin*, in: Stark/Dörr/Aufenanger (Hrsg.), 98 (128).

424 *Krämer/Schnurr/Broughton Micova*, S. 27; *Lewandowski*, Suchmaschinen verstehen, S. 119.

425 *Condorelli/Padilla*, Journal of Competition Law & Economics 2020, 143 (171); *Krämer/Schnurr/Broughton Micova*, S. 25.

426 Siehe hierzu: Kapitel 1: D.II. (S. 36 f.).

Authentizität auf.[427] Die allgemeine Suche nutzen Personen, um sich über Themen zu informieren, über die sie beispielsweise bei Facebook nicht unbedingt Auskunft geben würden.[428] Die Authentizität der erfassten Informationen bietet eine höhere Wahrscheinlichkeit, bei der personalisierten Anzeige von Werbung im Rahmen der Google-Suche Produkte auszuwählen, die für den Suchenden relevant sind und ihn zu einem Klick auf die Werbeanzeige verleiten.

3. *Aktualität*

Der Wert von Daten kann je nach Anwendungsbeispiel von der Aktualität abhängen.[429] Für eine präzise Stauanzeige ist beispielsweise die Verwendung von Echtzeit-Daten von enormer Bedeutung.[430] Unter Verwendung dieser Daten kann ein Dienst angeboten werden, der stets die aktuelle Situation wiedergibt. Neben der Stauanzeige gibt es weitere Anwendungsbeispiele, von denen insbesondere Google Maps Gebrauch macht. Der an Google Search angebundene Dienst bietet mittels einer „Live-View-Funktion" den Besuchern im Vorfeld die Möglichkeit, die Belegung von Einkaufsläden oder Bibliotheken abschätzen zu können.[431] Im Zuge der Corona-Pandemie wurde eine solche Anwendung auch für die Belegung von öffentlichen Verkehrsmitteln eingeführt.[432] Google Search und angebundene Dienste wie Google Maps profitieren infolge der hohen Nutzerzahlen davon, dass sie durch eine fortlaufende Analyse der eingegebenen Suchbegriffe zeitnah neue Informationsbedürfnisse erkennen und danach ihre Bewertungsalgorithmen ausrichten können.[433]

III. Nutzen für Google Search

Unter Berücksichtigung der Merkmale von Daten und der maßgeblichen wertbildenden Faktoren ergibt sich, welchen Nutzen Google Search und das

---

427 Interview von *Haberkorn* mit *Srnicek* auf Zeit Online, http://go.wwu.de/4b1m5.

428 Interview von *Haberkorn* mit *Srnicek* auf Zeit Online, http://go.wwu.de/4b1m5.

429 *Arnold et al.*, S. 9; *Bründl/Matt/Hess*, S. 12; *GSMA*, S. 11; *Krämer/Wohlfarth*, Telecommunications Policy 2018, 154 (166); *Sokol/Comerford*, in: Blair/Sokol (Hrsg.), 293 (299); *Tucker/Wellford*, S. 4; *White*, S. 80.

430 *Bretthauer/Schmitt*, ZD 2020, 341 (345); *Jochum*, ZD 2020, 497 (501); *Tucker/Wellford*, S. 2.

431 Informationen von Google zu Live View in Google Maps, http://go.wwu.de/hnxgy.

432 Meldung zu Google Maps auf WELT, http://go.wwu.de/qp9ro.

433 *Australian Competition & Consumer Commission*, S. 66 f.; *Iansiti/Lakhani*, S. 55; *Stucke/Grunes*, Rn. 14.07.

damit verbundene Google-Ökosystem aus dem Datenbestand generieren kann. Das Unternehmen profitiert in erheblichem Maße von datenbedingten Lerneffekten, die insbesondere zur Optimierung der Suchmaschine beitragen (1). Darüber hinaus dienen sie der Entwicklung neuer Dienste (2) und der personalisierten Einblendung von Werbeanzeigen (3).

1. Datenbedingte Lerneffekte

Mit jeder Suchanfrage und der Reaktion auf die angezeigten Suchergebnisse stehen Google Search mehr Daten über das Informationsbedürfnis der Suchenden zur Verfügung. Hierdurch kann der Dienst für künftige Suchanfragen verbessert werden.[434] Die Bedeutung von historischen Suchdaten bei der Optimierung der Beantwortung von Suchanfragen ist essentiell.[435] Ähnlich wie bei direkten Netzwerkeffekten profitieren dabei neben dem Suchenden auch die anderen Nutzer.[436] Ein erhöhter Nutzen für zukünftig Suchende ergibt sich jedoch nicht unmittelbar aus der Suche eines vorherigen Nutzers.[437] Entscheidender Parameter für eine mögliche Optimierung der Suche ist die Analysefähigkeit von Google Search. Aufgrund der Reaktionen der Suchenden auf die angezeigten Suchergebnisse ist es der Suchmaschine möglich, eine allgemeine Relevanz einzelner Webseiten zu bestimmen.[438] Sucht jemand zum ersten Mal nach einem Begriff wie „Angelköder", so können ihm die hierzu – wahrscheinlich – relevantesten Suchergebnisse angezeigt werden. Suchergebnisse, die häufig angeklickt werden, können für alle als relevanter eingeordnet und unabhängig vom jeweils Suchenden weiter oben angezeigt werden.[439] Google Search überlässt somit in gewisser Weise seinen Nutzern die Bewertung und Weiterentwicklung der Suchmaschine.

---

434 *Fast/Schnurr/Wohlfarth*, in: Specht-Riemenschneider/Werry/Werry (Hrsg.), § 7.1 Rn. 2; *Australian Competition & Consumer Commission*, S. 66 f.; *Haucap/Stühmeier*, in: Bauer/Latzer (Hrsg.), 183 (191); *Iansiti/Lakhani*, S. 55; *Körber*, WRP 2012, 761 (764); *McChesney*, S. 132; *Paal*, GRUR 2013, 873 (876); *Sokol/Comerford*, in: Blair/Sokol (Hrsg.), 293 (297); *Stucke/Grunes*, Rn. 14.07.

435 *Argenton/Prüfer*, Journal of Competition Law & Economics 2012, 73 (76 f.); *Australian Competition & Consumer Commission*, S. 66 f.; *Haucap/Stühmeier*, in: Bauer/Latzer (Hrsg.), 183 (191); *Schaefer/Sapi/Lorincz*, S. 26 f.

436 *Monopolkommission*, Sondergutachten 68, S. 84; *Weber*, S. 69 f.

437 *Dewenter/Lüth*, S. 16; *Weber*, S. 74.

438 *Lewandowski*, Suchmaschinen verstehen, S. 105 ff.; *Monopolkommission*, Sondergutachten 68, S. 84; *Schmidt*, S. 50 f.

439 *Kaben*, in: Körber/Immenga (Hrsg.), 123 (132).

Zwar ähnelt dieser Zusammenhang zwischen einer Suchanfrage und einem höheren Nutzen im Rahmen späterer Suchanfragen der Wirkweise direkter Netzwerkeffekte.[440] Er kann dennoch nicht hierunter eingeordnet werden.[441] Die in diesem Zuge gewonnenen Erkenntnisse lassen sich vielmehr als datenbedingte Lerneffekte zusammenfassen.[442] Durch die datenbedingten Lerneffekte stellt sich ein „User Feedback Loop" ein.[443] Dies meint, dass aufgrund der gesteigerten Qualität der Suchmaschine die Nutzung durch andere Personen weiter ansteigt und Google Search noch mehr Daten zur Optimierung der Suchergebnisse erhält.[444]

Mitunter wird darauf hingewiesen, dass die datenbedingten Lerneffekte ab einer gewissen Anzahl an Daten abnehmen.[445] Die aus einer Datenmasse gezogenen Rückschlüsse würden nicht mit jedem hinzutretenden Datum bis ins Unendliche an Genauigkeit zunehmen.[446] *Schaefer/Sapi/Lorincz* kommen für die Datenerfassung durch Google in ihrer Studie hingegen zu einem abweichenden Ergebnis.[447] Hiernach verlaufe die Zunahme des Grenznutzens annähernd linear.[448] In jedem Fall sind für Google besonders solche Suchanfragen interessant, bei denen Begriffe in einer bislang unüblichen oder nicht gewählten Kombination auftreten.[449] Diese Suchanfragen helfen, ein Bedürfnis

---

440 *Stucke/Grunes*, Rn. 12.31 ff.

441 *Dewenter/Lüth*, S. 16; *Varian et al.*, in: Wirtschaftsrat der CDU (Hrsg.), 75 (80).

442 *Hillmer*, S. 285 ff.

443 *Gauß*, S. 31; *OECD*, Data-Driven Innovation, S. 107; *Sokol/Comerford*, in: Blair/Sokol (Hrsg.), 293 (305); *Stucke/Ezrachi*, The Yale Journal of Law & Technology 2016, 70 (85). *Iansiti/Lakhani* sprechen von einem „virtuos cycle", *Iansiti/Lakhani*, S. 54 f. Alternativ werden auch die Begriffe „Schneeballeffekt" (*Bundeskartellamt*, Big Data und Wettbewerb, S. 7 f.) und „positive Rückkopplungen" (*Dietrich*, S. 78) verwendet.

444 *Mazzucato*, S. 284. Anschauliche Abbildungen hierzu finden sich bei: *Hillmer*, S. 35; *Zuboff*, S. 93.

445 *Buiten*, in: Mathis/Tor (Hrsg.), 265 (275); *Hillmer*, ZfDR 2021, 255 (261); *Körber*, in: Körber/Immenga (Hrsg.), 81 (89); *Lasserre/Mundt*, Italian Antitrust Review 2017, 87 (91); *Manne/Wright*, Harvard Journal of Law & Public Policy 2011, 171 (212); *Nuys*, WuW 2016, 512 (515 f.); *Varian et al.*, in: Wirtschaftsrat der CDU (Hrsg.), 75 (83 f.).

446 *Lerner*, S. 35 ff. In diese Richtung auch: *Arnold et al.*, S. 8; *White*, S. 74 f.

447 *Schaefer/Sapi/Lorincz*, S. 24.

448 *Schaefer/Sapi/Lorincz*, S. 24 f. Zu einem ähnlichen Ergebnis gelangten: *Junqué de Fortuny/Martens/Provost*, Big Data 2013, 215 (215 ff.).

449 *Kaben*, in: Körber/Immenga (Hrsg.), 123 (132); *White*, S. 75.

nach Informationen, die bislang eventuell noch gar nicht im Internet existieren, zu erkennen. Darüber hinaus können Begriffe, die selten gesucht werden, zur Weiterentwicklung des Bewertungsalgorithmus wertvoller sein als häufig gesuchte Begriffe.[450] Sofern ein Suchender keines der angezeigten Suchergebnisse anklickt, kann hieraus der Rückschluss gezogen werden, dass er zur Befriedigung seines Informationsbedürfnisses keines der Ergebnisse als geeignet erachtete.[451]

Auf einer individuellen Ebene betrachtet, kann Google Search die vorhandenen Daten auch dazu nutzen, die jeweilige Suchanfrage personalisiert zu beantworten.[452] Die eingegebenen Suchbegriffe sind teilweise sehr offengehalten und in ihrer Aussagekraft für sich genommen begrenzt.[453] Umso wichtiger erscheint es, die Suchergebnisse mittels relevanter Informationen über den jeweiligen Nutzer zu personalisieren.[454]

Der Wert von Daten lässt sich am Beispiel von Google Search anschaulich darstellen. Innerhalb vergleichsweise kurzer Zeit erreichte die Suchmaschine eine dominante Stellung. Dabei schöpfte die Plattform ihre unternehmerische Kraft aus den zur Verfügung stehenden Daten.[455] Andere Wettbewerber wie Yahoo haben den Wert datenbedingter Lerneffekte seinerzeit nicht in gleicher Weise erkannt.[456] Vor der damaligen Machtübernahme von Google Search sah

---

450 *United States District Court for the District of Columbia*, No. 1:20-cv-03010, Rn. 36 – United States/Google LLC; *Competition & Markets Authority*, Online platforms and digital advertising, S. 95; *Lerner*, S. 36 f.; *Monopolkommission*, Sondergutachten 68, S. 84; *Tirole*, Economics for the Common Good, S. 397 f.; *Weber*, S. 69; *Yale Tobin Center for Economic Policy*, Digital Regulation Project – More Competitive Search Through Regulation, S. 11.

451 *Lee*, S. 4; *Ramge/Mayer-Schönberger*, S. 32 f. Ähnlich vollzieht es sich, wenn ein Suchnutzer eine Suchanfrage mit vielen Begriffen tätigt oder wenn er nach einer Suchanfrage unter Verwendung verwandter Suchbegriffe nochmal neu sucht: *Grimmelmann*, Iowa Law Review 2007, 1 (10 f.).

452 *Herz*, S. 16; *Holzweber*, NZKart 2016, 104 (106); *Pasquale/Bracha*, Cornell Law Review 2008, 1149 (1186 f.); *Schaefer/Sapi/Lorincz*, S. 26 f.; *Stark*, in: Stark/Dörr/Aufenanger (Hrsg.), 1 (4); *Weber*, S. 56.

453 *Spink et al.*, Journal of the American Society for Information Science and Technology 2001, 226 (233 f.).

454 *Körber*, NZKart 2016, 303 (305). Siehe hierzu auch: *Schmidt*, S. 445 Fn. 450, der darauf verweist, dass beim Suchbegriff „Auto" solche Autos angezeigt werden sollen, deren Anschaffung dem Nutzer finanziell möglich ist.

455 Anschaulich hierzu: *Schmidt*, S. 467 f.

456 *Schmidt*, S. 468.

sich die Suchmaschine keinem übermächtigen Konkurrenten gegenüber, der infolge einer großen Datenmacht einen erheblichen Vorsprung inne gehabt hätte. Insoweit ist die damalige Konstellation keineswegs mit der derzeitigen Ausgangslage der Wettbewerber von Google Search vergleichbar.[457] Google verfügt in Relation zur damaligen Konstellation über deutlich mehr Daten und effektivere Analysemöglichkeiten, als es einst bei Yahoo im Vergleich zu Google der Fall war.

2. *Entwicklung neuer Dienste*

Die im Rahmen der allgemeinen Suche anfallenden Daten kann Google nutzen, um eine nutzerseitige Nachfrage zu ermitteln.[458] Dies hilft, neben der Optimierung der Suche neue Dienste zu entwickeln.[459] Hierzu kann auf Erkenntnisse aus der Analyse der Suchbegriffe zurückgegriffen werden.[460] Ein Vorgehen i.S.v. Trial-and-Error-Vorstößen wird dadurch vermieden.[461] So wurde laut *Eric Schmidt*, dem ehemaligen CEO von Google, die Google-Bilder-Suche im Anschluss an einen Auftritt von *Jennifer Lopez* bei der Grammy-Verleihung im Jahr 2000 entwickelt.[462] Zahlreiche Suchanfragen waren darauf gerichtet, ein Bild von dem Kleid zu finden, das die Künstlerin bei ihrem Auftritt trug. Hieraus entwickelte Google den Gedanken, die Suchenden im Fall von Bildern nicht einfach nur auf die Webseiten weiterzuleiten, auf denen das Bild zu sehen ist. Im Rahmen einer Google-Bilder-Suche sollte den Suchenden vielmehr möglich sein, direkt – unter Anzeige der Bilder in kleinerer Auflösung – nach dem gewünschten Bild zu suchen.

---

457 Dennoch wurde mit Blick hierauf gegen das Vorliegen von Marktzutrittsschranken argumentiert: *Bork/Sidak*, Journal of Competition Law & Economics 2012, 663 (689 f.); *Zinndorf*, S. 202.

458 *Bundeskartellamt/Autorité de la concurrence*, S. 10; *Duflos/Viros*, Competition Law & Policy Debate 2016, 21 (25); *Lundqvist*, in: Lundqvist/Gal (Hrsg.), 2 (11); *Stucke*, Georgetown Law Technology Review 2018, 275 (305 f.).

459 *Bourreau/de Streel*, S. 11; *Lundqvist*, in: Lundqvist/Gal (Hrsg.), 2 (11); *Stucke*, Georgetown Law Technology Review 2018, 275 (305 f.).

460 *Monopolkommission*, Sondergutachten 68, S. 48; *Stucke*, Georgetown Law Technology Review 2018, 275 (305 f.).

461 *Schmidt*, S. 51.

462 Hierzu und zum restlichen Absatz: *Schmidt* auf „Project Syndicate“, der auch Google Maps als weiteres Beispiel anführt, http://go.wwu.de/mr5wq.

3. *Zielgerichtete Werbung*

Für Google bieten die verfügbaren Daten nicht nur die Möglichkeit, einzelne Dienste weiterzuentwickeln, sondern auch im Rahmen von Google Ads die Auswahl und Platzierung der Werbeanzeigen zu optimieren. Hierbei ist zwischen kontext-basierter Werbung und personalisierter Werbung zu differenzieren.[463] Kontext-basierte Werbung orientiert sich an wenigen Faktoren wie dem Suchbegriff und dem Nutzerstandort. Dies reicht etwa aus, um als Reaktion auf den zur Mittagszeit eingegebenen Suchbegriff „Italiener" die Werbeanzeige eines passenden Lokals in der Nähe einzublenden. Eine derartige kontext-basierte Werbung ist zunächst jedem Suchmaschinenanbieter möglich.

Einen Schritt weiter geht die personalisierte Werbung, die sich stärker an dem jeweils Suchenden und dessen getätigten Suchanfragen ausrichtet.[464] Mit Hilfe der großen Menge an Daten kann Google in Verbindung mit einer hinreichenden Datenqualität einzelne Personen in Nutzergruppen einteilen. Dies ermöglicht es, Werbeanzeigen nutzerspezifisch einzublenden.[465] Hierauf basiert Googles Geschäftsmodell.[466] Mit Blick auf diesen Umstand sind weitere Google-Dienste wie Gmail oder Google Calendar darauf ausgelegt, ein möglichst tiefgehendes Nutzerprofil erstellen zu können.[467] Auch die Nutzung von Third-Party-Daten ist für Google von enormer Bedeutung.[468]

Aus Sicht der Werbenden bietet sich hierdurch eine effiziente Werbemöglichkeit.[469] Die Wahrscheinlichkeit einer Transaktion zwischen Werbenden

---

463 *Competition & Markets Authority*, Online platforms and digital advertising, S. 50. *Fast/Schnurr/Wohlfarth* differenzieren bei personalisierter Werbung zwischen segmentbasierter und verhaltensbasierter Werbung, *Fast/Schnurr/Wohlfarth*, in: Specht-Riemenschneider/Werry/Werry (Hrsg.), § 7.1 Rn. 21.

464 *Fast/Schnurr/Wohlfarth*, in: Specht-Riemenschneider/Werry/Werry (Hrsg.), § 7.1 Rn. 21.

465 *Paal*, GRUR 2013, 873 (876); *Harbour/Koslov*, Antitrust Law Journal 2010, 769 (785); *Körber*, WRP 2012, 761 (763); *Newman*, Yale Journal on Regulation 2014, 401 (420); *Zuboff*, S. 96 ff.

466 *Kaben*, in: Körber/Immenga (Hrsg.), 123 (141).

467 *Newman*, Yale Journal on Regulation 2014, 401 (407); *Zingales*, The Competition Law Review 2013, 29 (40). Zur Datensammlung von Google siehe *Esayas*, in: Lundqvist/Gal (Hrsg.), 126 (143 ff.).

468 *Competition & Markets Authority*, Online platforms and digital advertising, S. 50; *Condorelli/Padilla*, Journal of Competition Law & Economics 2020, 143 (171). Zu Third-Party-Cookies: *Wenhold*, S. 58 f.

469 *Holzweber*, NZKart 2016, 104 (106); *Körber*, NZKart 2016, 303 (306); *Stucke/Ezrachi*, S. 204; *Weber*, ZWeR 2014, 169 (171).

und Suchenden kann infolge der personalisiert eingeblendeten Werbeanzeigen zunehmen.[470] Neben den Werbenden können dabei auch die Suchenden infolge einer „richtig" personalisierten Werbung profitieren.[471] Der Vorteil liegt darin, dass passende Produkte angezeigt werden und ein Kauf erleichtert wird.

IV. Fazit

Die Untersuchung hat gezeigt, dass Daten für Google den wichtigsten Innovationsrohstoff darstellen. Dies ist insbesondere der Nicht-Rivalität von Daten geschuldet. Der Wert der Daten speist sich dabei auch aus dem Umstand, dass Google in der Lage ist, diese gewinnbringend zu analysieren. Aufgrund der hohen Anzahl an historischen Suchdaten und der datenbedingten Lerneffekte kann Google auch auf ungewöhnliche Suchanfragen mit relevanten Suchergebnissen antworten. Darüber hinaus dienen vor allem die historischen Suchdaten dazu, Werbeanzeigen zielgerichtet auswählen zu können. Insofern ist in Kapitel 3 die Frage zu klären, inwieweit Google nach der 10. GWB-Novelle dazu verpflichtet werden kann, Wettbewerbern Zugang zu Suchdaten zu verschaffen.

E. Vorteile beim Zugang zu Suchnutzern

Die Anteile von Google Search am Markt für allgemeine Suchmaschinen liegen seit mehr als zehn Jahren durchgängig bei über 90 %.[472] Wenngleich regelmäßig darauf hingewiesen wird, dass die Machtstellung von Google angreifbar sei und alternative Suchmaschinen nur einen Klick entfernt seien,[473] zeichnet sich bislang keine Änderung an den Marktanteilen ab. Nicht zuletzt zeigt sich die Bedeutung der Suchmaschine darin, dass sich „googeln" im Sprachgebrauch

---

470 *Bleier/Eisenbeiss*, Marketing Science 2015, 669 (686); *Lambrecht/Tucker*, Journal of Marketing Research 2013, 561 (561 ff.); *Monopolkommission*, Sondergutachten 68, S. 50; *Stucke/Ezrachi*, S. 87 ff.; *Wenhold*, S. 84 f.

471 *Franck/Peitz*, Market Definition in the Platform Economy, S. 17.

472 Marktanteile der allgemeinen Suchmaschinen in Deutschland, http://go.wwu.de/h0dgd.

473 *Crane*, Journal of Competition Law & Economics 2012, 459 (464); *Körber*, WRP 2012, 761 (762); *Nolte*, ZUM 2017, 552 (563); *Varian*, Rivista di Politica Economica 2006, 177 (178). Eine Antwort auf „Competition is Just One Click Away" gibt der konkurrierende Suchmaschinenanbieter DuckDuckGo, der anführt, dass – zumindest auf Android-Geräten – deutlich mehr Klicks nötig seien: http://go.wwu.de/pwc-9.

als Verb für das Nutzen einer Suchmaschine durchgesetzt hat[474] und bereits im Jahr 2004 in den Duden aufgenommen wurde.[475]

Im Folgenden wird untersucht, inwiefern die hohen Marktanteile von Google Search durch Vorteile beim Nutzerzugang begünstigt werden. Zunächst ist dafür zu klären, inwiefern für Suchnutzer die Möglichkeit zum Multihoming gegeben ist und ob hiervon auch Gebrauch gemacht wird (I). Anschließend wird geprüft, inwieweit den konkurrierenden Suchmaschinen Angriffe auf die Marktanteile bei den Suchnutzern möglich sind (II).

I. Singlehoming und Multihoming bei Suchenden

Aufgrund des datenbasierten Geschäftsmodells werden Google Search und viele weitere Online-Dienste unentgeltlich angeboten.[476] Die Dienste sind ohne zeitlichen Aufwand im Internet abrufbar. In den meisten Bereichen ist es den Nutzern daher möglich, mehrere Dienste nebeneinander in Anspruch zu nehmen.[477] Sofern ein Nutzer davon Gebrauch macht, wird dies als „Multihoming" bezeichnet.[478] Das Pendant bildet das „Singlehoming". Hiermit wird beschrieben, dass sich ein Nutzer nur eines einzigen Anbieters bedient.[479]

Für Wettbewerber marktmächtiger Unternehmen ist es von Bedeutung, ob auf dem jeweiligen Markt ein Multihoming möglich ist.[480] Durch einen

---

474 *United States District Court for the District of Columbia*, No. 1:20-cv-03010, Rn. 6 – United States/Google LLC; *Bundeskartellamt*, Beschl. v. 08.09.2015, B6-126/14, Rn. 163 – Google/VG Media; *Heinemann*, S. 35; *Kleineberg*, WRP 2020, 832 (835); *Larouche/de Streel*, S. 18. Dies gilt auch für den US-amerikanischen Raum: *Lastowka*, Brooklyn Law Review 2008, 1327 (1330).

475 *Hopf*, S. 11; *Ott*, WRP 2008, 393 (412). Im Jahr 2006 wurde der Begriff in das Wörterbuch Oxford English Dictionary aufgenommen: *White*, S. 75.

476 *Evans/Schmalensee*, Matchmakers, S. 34; *Graef/Wahyuningtyas/Valcke*, Telecommunications Policy 2015, 375 (377); *Kuoppamäki*, in: Nihoul/Van Cleynenbreugel (Hrsg.), 307 (310); *Lianos/Motchenkova*, Journal of Competition Law & Economics 2013, 419 (421); *Monopolkommission*, Sondergutachten 68, S. 34.

477 *Haucap/Heimeshoff*, International Economics & Economic Policy 2014, 49 (53); *Thépot*, World Competition 2013, 195 (220).

478 *Ewald*, in: Wiedemann (Hrsg.), § 7 Rn. 72; *Armstrong*, The RAND Journal of Economics 2006, 668 (669); *Caillaud/Jullien*, The RAND Journal of Economics 2003, 309 (315); *Roson*, Review of Network Economics 2005, 142 (151); *Schweitzer/Peitz*, NJW 2018, 275 (277).

479 *Armstrong*, The RAND Journal of Economics 2006, 668 (669).

480 *Podszun/Kreifels*, EuCML 2016, 33 (36); *Schmidt*, S. 68; *Schweitzer/Peitz*, NJW 2018, 275 (277).

infolge von Multihoming verstärkten Wettbewerb einzelner Plattformen sinkt die Wahrscheinlichkeit, dass sich eine Plattform als dominant herausbildet.[481] Insofern wirkt Multihoming den auf Plattformmärkten auftretenden Konzentrationstendenzen entgegen.[482] Bei der Bestimmung von Marktmacht kann Multihoming demnach als negativer Faktor in die Beurteilung eingehen.[483]

1. *Maßgebliche Faktoren*

Inwieweit ein Multihoming möglich und für die einzelnen Nutzer sinnvoll ist, hängt von verschiedenen Faktoren ab.[484] Zum einen können monetäre oder andersartige Wechselkosten vorliegen, die ein Multihoming erschweren oder unattraktiv machen.[485] Zum anderen können weitere Umstände auftreten, die Nutzer an eine Plattform binden und sie dort gewissermaßen „einschließen" – es entstehen dabei Lock-In-Effekte. Dieser Begriff beschreibt, dass ein Nutzer mit Blick auf finanzielle und zeitliche Ressourcen, die eine alternative oder kumulative Nutzung eines anderen Dienstes verursacht, auf ebendiese alternative oder kumulative Nutzung verzichtet.[486] Im Folgenden wird – in Abgrenzung zu anderen Plattformarten – erörtert, inwiefern ein Multihoming im Suchmaschinenbereich möglich ist und ob entgegenstehende Lock-In-Effekte vorhanden sind.

a) Wechselkosten

Entstehen den Nutzern bei der Registrierung auf einer Plattform Fixkosten, kann dies dazu führen, dass die Nutzer nur auf eine von mehreren gleichartigen Plattformen zurückgreifen.[487] Ist es hingegen möglich, sich wie bei Kreditkartenanbietern zumeist kostenlos anzumelden, wird hierdurch ein Multihoming befördert.[488] Bei Suchmaschinen sind keine Wechselkosten in

---

481 *Armstrong*, The RAND Journal of Economics 2006, 668 (669 f.); *Dewenter/Rösch*, S. 255 f.; *Tamke*, ZWeR 2017, 358 (368).

482 *Grave/Nyberg*, WuW 2017, 363 (365); *Podszun/Schwalbe*, NZKart 2017, 98 (100); *Schweitzer/Fetzer/Peitz*, S. 41; *Wismer/Bongard/Rasek*, Journal of European Competition Law & Practice 2017, 257 (261 f.).

483 *Tamke*, ZWeR 2017, 358 (368 Fn. 71).

484 *Edlin/Harris*, Yale Journal of Law & Technology 2013, 169 (188 f.); *Paal/Hennemann*, S. 25.

485 *Haucap/Stühmeier*, in: Bauer/Latzer (Hrsg.), 183 (187).

486 *Dreher*, ZWeR 2009, 149 (154); *Graef/Verschakelen/Valcke*, Law: The Journal of the Higher School of Economics 2013, 53 (57).

487 *Condorelli/Padilla*, Journal of Competition Law & Economics 2020, 143 (149).

488 *Roson*, Review of Network Economics 2005, 142 (152).

Form von Nutzungsgebühren vorhanden.[489] Es stehen neben Google Search zahlreiche weitere unentgeltliche Alternativen zur Verfügung.[490]

Der Begriff der Wechselkosten umfasst jedoch nicht allein monetäre Kosten.[491] Ein weiterer Faktor in Bezug auf ein Multihoming ist der Registrierungsaufwand.[492] Ebenso kann es eine erhebliche Hürde darstellen, dass die Nutzung eines Dienstes voraussetzt, dass im Vorfeld ein Vertrag unterzeichnet wird.[493] Auch derartige Wechselkosten fallen im Suchmaschinenbereich nicht an.[494] Eine Registrierung ist etwa für Google Search nicht erforderlich.[495]

Als weitere Wechselkosten sind Lernkosten oder Suchkosten denkbar.[496] Lernkosten entstehen, wenn die Nutzung eines anderen Dienstes zunächst erlernt werden muss.[497] Die Nutzung einer Suchmaschine vollzieht sich im Allgemeinen intuitiv, sodass ein Plattformwechsel allenfalls geringe Lernkosten verursachen würde.[498] Es fallen ebenfalls keine erheblichen Suchkosten an, da sich alternative Suchmaschinen leicht auffinden lassen.[499]

Wechselkosten sind demnach zwar abstrakt in der Lage, Singlehoming zu verursachen. Im Suchmaschinenbereich bestehen jedoch keine relevanten Wechselkosten.[500]

---

489 *Haucap/Stühmeier*, in: Bauer/Latzer (Hrsg.), 183 (187); *Paal*, GRUR Int. 2015, 997 (1001); *Surblyté*, EuCML 2015, 170 (175); *White*, S. 77. Aus Sicht von *Erhard* bestehen jedoch insofern Wechselkosten, als Suchnutzer ihre personenbezogenen Daten „als Gegenleistung preisgeben", *Erhard*, S. 51.

490 *Edlin/Harris*, Yale Journal of Law & Technology 2013, 169 (194 f.); *Haucap/Wenzel*, ZfW 2011, 200 (205); *Lerner*, S. 22.

491 *Beckmann/Müller*, in: Hoeren/Sieber/Holznagel (Hrsg.), Teil 10 Rn. 188; *Farrell/Klemperer*, in: Armstrong/Porter (Hrsg.), 1967 (1977 ff.).

492 *Beckmann/Müller*, in: Hoeren/Sieber/Holznagel (Hrsg.), Teil 10 Rn. 188; *Bundeskartellamt*, Big Data und Wettbewerb, S. 6.

493 *Condorelli/Padilla*, Journal of Competition Law & Economics 2020, 143 (149).

494 *Mauelshagen*, S. 229.

495 Anders als bei vielen anderen Google-Diensten, bei denen eine Registrierung erforderlich ist: *Grothe*, S. 51.

496 *Farrell/Klemperer*, in: Armstrong/Porter (Hrsg.), 1967 (1977); *Gauß*, S. 34.

497 Als Beispiel für Lernkosten dient die QWERTY-Tastatur: *Shapiro/Varian*, S. 185 f.

498 *Edlin/Harris*, Yale Journal of Law & Technology 2013, 169 (197); *Kühling/Gauß*, MMR 2007, 751 (752); *White*, S. 77; *Zinndorf*, S. 212. Anderer Ansicht ist: *Lewandowski*, in: Krah/Müller-Terpitz (Hrsg.), 35 (40).

499 *Edlin/Harris*, Yale Journal of Law & Technology 2013, 169 (196).

500 *Conrad/Licht*, in: Auer-Reinsdorff/Conrad (Hrsg.), § 39 Rn. 475; *Bork/Sidak*, Journal of Competition Law & Economics 2012, 663 (671 f.); *Haucap/Stühmeier*,

b) Leben im Google-Ökosystem

Ein weiteres Kriterium für die Möglichkeit, Multihoming zu betreiben, liegt darin, ob sich durch das Nutzerverhalten auf einer Plattform ein „Leben" in dem jeweiligen Ökosystem kreieren lässt. Soziale Netzwerke können an dieser Stelle als anschauliches Beispiel dienen.[501] Auf Facebook etwa baut sich ein Nutzer ein Netzwerk aus „Freunden" auf, tritt Veranstaltungen bei und kommuniziert über die Timeline, in Gruppen oder über den Messenger. Er errichtet sich auf der Plattform ein virtuelles soziales Umfeld. Würde er statt Facebook ein anderes soziales Netzwerk nutzen wollen, so müsste er – vorbehaltlich des Rechts auf Datenportabilität –[502] wieder „bei null" starten. Demnach wäre auch unter der Voraussetzung, dass keine Wechselkosten anfallen, ein Plattformwechsel weniger attraktiv.

Auf Google Search bezogen hängt die Bedeutung des Plattformlebens davon ab, in welchem Umfang ein Nutzer den Dienst beansprucht und inwieweit er eine Datenverarbeitung und somit das Erstellen einer Suchchronik durch Google zulässt. Gerade in Bezug auf Personen, die weitere Dienste des Google-Ökosystems wie YouTube oder Gmail nutzen, können sich sehr wohl Lock-In-Effekte ergeben.[503] Google kann auch die in diesem Rahmen anfallenden Daten nutzen, um die Suchergebnisse stärker auf die (wahrscheinlichen) Interessen des jeweiligen Suchnutzers auszurichten.[504] Insofern kann dieser von einem höheren Grad an Personalisierung profitieren.[505] Diese Personalisierung wäre bei einem Wechsel zu einer alternativen Plattform nicht mehr gegeben.[506]

Je nach Datenbasis profitiert ein Suchnutzer somit von einem datenbasierten Ökosystem, das er durch sein Verhalten aufbaut und welches Google ihm bei

---

in: Bauer/Latzer (Hrsg.), 183 (187); *Nazzini*, Journal of European Competition Law &Practice 2015, 301 (306).

501 *Clement et al.*, S. 252.

502 Siehe hierzu: Kapitel 3: E.I. (S. 266 ff.).

503 *Devine*, North Carolina Journal of Law & Technology 2008, 59 (86); *Generaldirektion Interne Politikbereiche*, S. 37. *Guggenberger* sieht hierin Wechselkosten, *Guggenberger*, Stanford Technology Law Review 2021, 237 (286). Nicht von Lock-In-Effekten durch Personalisierung ausgehend: *Heinemann*, S. 32.

504 *Gauß*, S. 34; *Monopolkommission*, Sondergutachten 68, S. 86; *Reppesgaard*, S. 159.

505 *Erhard*, S. 52; *Gauß*, S. 34; *Generaldirektion Interne Politikbereiche*, S. 37; *Grothe*, S. 57; *Monopolkommission*, Sondergutachten 68, S. 86; *Pasquale/Bracha*, Cornell Law Review 2008, 1149 (1182).

506 *Erhard*, S. 52; *Gauß*, S. 34; *Rotenberg*, in: Machill/Beiler (Hrsg.), 87 (95 f.).

Suchanfragen widerspiegelt. Bei einem Wechsel zu konkurrierenden Suchmaschinenanbietern müsste er sich dies wieder neu aufbauen.

c) *Vertrauen in die Plattform*

Sofern eine Suchmaschine häufig genutzt wird, profitiert sie vom „Bandwagon-Effekt". Dieser besagt, dass eine hohe Anzahl an Nutzern einen positiven und vertrauenswürdigen Eindruck erweckt.[507] Bei der Nutzung von Suchmaschinen handelt es sich somit um ein Vertrauensgut.[508] Dies gilt insbesondere, da die Qualität der Suchergebnisse von den Suchnutzern nicht überprüft werden kann.[509] Die beste Werbung besteht hierbei in einer hohen Anzahl an Nutzern. Schließen sich Personen derjenigen Plattform an, die am meisten Nutzer hat, führt dies zu einem Selbstverstärkungseffekt und letzten Endes zu einer dominanten Stellung dieser Plattform.

In diesem Zusammenhang gelangten mehrere Studien zu dem Ergebnis, dass im Suchmaschinenbereich ein Markeneffekt wirke.[510] Die Suchergebnisse von Google Search würden demnach – unabhängig von der tatsächlichen Qualität – besser bewertet als die Suchergebnisse konkurrierender Suchmaschinen.[511] Wenngleich ein derartiger Markeneffekt naheliegt, sollte dies in Anbetracht der methodischen Schwierigkeiten, Suchergebnisse miteinander zu vergleichen,[512] nicht überbewertet werden. Jedenfalls ist aber davon auszugehen, dass Suchnutzer im Regelfall nicht erwarten, von einer anderen Suchmaschine bessere Suchergebnisse zu erhalten als von Google Search.[513] Insofern

507 *Zimmerlich*, S. 96. Wenngleich dieser Effekt Ähnlichkeiten zur Wirkweise der Netzwerkeffekte aufweist, ist er als nutzerbedingter Größenvorteil zu werten: *Weber*, S. 75.

508 *Dörr/Natt*, ZUM 2014, 829 (834 f.); *Erhard*, S. 30; *Machill/Beiler*, in: Klumpp et al. (Hrsg.), 159 (159 f.); *Zinndorf*, S. 210.

509 *Clement et al.*, S. 170; *Machill/Beiler*, in: Klumpp et al. (Hrsg.), 159 (160); *Paal*, GRUR Int. 2015, 997 (1001); *Zingales*, The Competition Law Review 2013, 29 (44 f.).

510 *EU-Kommission*, Beschl. v. 27.06.2017, AT.39740, Rn. 306 ff. – Google Shopping; *Jansen/Zhang/Schultz*, Journal of the American Society for Information Science and Technology 2009, 1572 (1572 ff.); *Stucke/Ezrachi*, The Yale Journal of Law & Technology 2016, 70 (102).

511 *Jansen/Zhang/Schultz*, Journal of the American Society for Information Science and Technology 2009, 1572 (1589).

512 Siehe hierzu: *Lewandowski*, in: Lewandowski (Hrsg.), Handbuch Internet-Suchmaschinen 2, 203 (215 ff.).

513 *Ezrachi/Stucke*, Virtual Competition, S. 135 f.; *Gesenhues* auf „Search Engine Land", http://go.wwu.de/ssv-v.

wird der Suchmaschine hinsichtlich der Qualität des Dienstes ein großes Vertrauen entgegengebracht.

d) Gewöhnungseffekt

Neben dem „Bandwagon-Effekt" spielt auch die Gewöhnung des einzelnen Nutzers eine maßgebliche Rolle.[514] Durch das repetitive Suchverhalten bindet sich der Suchende an die Plattform.[515] Ein Wechsel würde ein bewusstes Reflektieren des eigenen Suchverhaltens und eine geistige Auseinandersetzung erfordern. Gerade im Zusammenhang mit dem Konsumieren im Internet, das häufig verhaltensbedingten Gewohnheiten folgt, können ebendiese Gewohnheiten bedeutende Auswirkungen auf das Nutzerverhalten haben. Somit liegen hierin Lock-In-Effekte, die sich durch fortlaufende Nutzung manifestieren.[516]

Das Google-Ökosystem bindet Nutzer insofern, als sie mit den Abläufen bei Google Search vertraut sind.[517] Die Nutzer haben sich umgekehrt in einem solchen Maße an die Suchmaschine gewöhnt, dass sie nicht davon ausgehen, eine alternative Suchmaschine könne ihnen bessere Suchergebnisse bieten.[518] An dieser Stelle tritt der Umstand hinzu, dass die objektive Qualität der Suchergebnisse schwer nachzuvollziehen ist.[519] Eine Studie gelangte zu dem Ergebnis, dass „die Suchmaschinenkompetenz vieler Nutzer sehr gering ausgeprägt" sei.[520] Hinsichtlich des Rankings fehle die Kenntnis der ausschlaggebenden Faktoren. Dies erschwere die Bewertung der Qualität der Suchergebnisse.

---

514 *Bünemann*, S. 21; *Monopolkommission*, Sondergutachten 68, S. 86; *Surblyté*, EuCML 2015, 170 (174 f.).

515 *Lewandowski*, in: Krah/Müller-Terpitz (Hrsg.), 35 (40); *Thépot*, World Competition 2013, 195 (220).

516 *Busch*, S. 47 f.; *Paal*, GRUR Int. 2015, 997 (1002 f.); *Thépot*, World Competition 2013, 195 (220) ist ebenfalls der Ansicht, dass Suchnutzer Google „treu bleiben". Er sieht hierin jedoch keine Lock-In-Effekte.

517 *Savary*, in: Gschwend et al. (Hrsg), 273 (281); *Weber*, S. 108.

518 *Ezrachi/Stucke*, Virtual Competition, S. 135 f.; *Gesenhues* auf „Search Engine Land", http://go.wwu.de/ssv-v.

519 *Clement et al.*, S. 170; *Machill/Beiler*, in: Klumpp et al. (Hrsg.), 159 (160); *Paal*, GRUR Int. 2015, 997 (1001); *Zingales*, The Competition Law Review 2013, 29 (44 f.).

520 Hierzu und zum restlichen Absatz: *Stark/Magin/Jürgens*, in: Stark/Dörr/Aufenanger (Hrsg.), 20 (53).

e) *Mehrwert einer Parallelnutzung*

Unabhängig von den bisherigen Faktoren ist zu erörtern, inwiefern eine parallele Nutzung mehrerer gleichartiger Plattformen einen Mehrwert darstellen kann.[521] Im Bereich beruflicher Netzwerke kann es sinnvoll sein, sich auf mehreren Plattformen zu registrieren, um – je nach Sichtweise – Arbeitgeber oder Arbeitnehmer, die auf der bislang genutzten Plattform nicht vertreten sind, zusätzlich auf sich aufmerksam zu machen. Eine ganz bedeutende Rolle spielt der Faktor Mehrwert im Bereich der Online-Dating-Plattformen. Obwohl diese Plattformen zumeist ein Entgelt verlangen, eine Registrierung mit Profilerstellung voraussetzen und die parallele Nutzung zeitlichen Aufwand erfordert, findet in diesem Bereich oftmals ein Multihoming statt.[522] Die Chance zu erhöhen, eine den jeweiligen Wünschen und Bedürfnissen am ehesten entsprechende Person zu finden, scheint einen Mehrwert darzustellen, der die aus einer Parallelnutzung entstehenden Nachteile überwiegt. Dies kann jedoch je nach Plattformart stark divergieren.

Im Suchmaschinenbereich bestehen deutlich weniger Anreize für eine Parallelnutzung. Grundsätzlich nutzen die Suchenden diejenige Suchmaschine, deren Suchergebnisse die beste Qualität aufweisen.[523] Für eine Nutzung von Google Search streitet insoweit der Umstand, dass es wenige Inhalte gibt, die die Suchmaschine nicht indexiert hat, die aber über andere Suchmaschinen zu erreichen sind. Aufgrund der datenbedingten Lerneffekte, die die Suchmaschine erzielt,[524] können Suchanfragen in den meisten Fällen bedarfsgerecht beantwortet werden. Ebenso bieten die vertikalen Suchdienste und integrierten Angebote wie Google Maps ein hohes Maß an Suchkomfort. Für Suchende bestehen demnach mit Blick auf die Erreichung des optimalen Suchergebnisses

---

521 *Armstrong* hat ein anschauliches Beispiel aus dem analogen Bereich gegeben: Wenn alle französischsprachigen Personen auch englisch sprechen können, verringert sich der Anreiz für englischsprachige Personen, französisch zu lernen – es bietet schlicht nicht mehr den Mehrwert, eine Verständigungsmöglichkeit überhaupt erst zu schaffen, *Armstrong*, The RAND Journal of Economics 2006, 668 (669).

522 *Bundeskartellamt*, Beschl. v. 22.10.2015, B 6 – 57/15, Rn. 147 ff.; *Bundeskartellamt*, Fallbericht v. 25.06.2015, B6-39/15, S. 4 – Immowelt/Immonet; *Tamke*, NZKart 2018, 503 (506).

523 *Patterson*, Harvard Journal of Law & Technology Occasional Paper Series 2013, 1 (7); *Surblyté*, EuCML 2015, 170 (175). Laut *Volmar* führt die Wahl verschiedener Suchmaschinen in der Regel jedoch nicht zu unterschiedlichen Suchergebnissen, *Volmar*, S. 145.

524 Siehe hierzu: Kapitel 2: D.III.1. (S. 76 ff.).

kaum Anreize, eine andere Suchmaschine als Google Search zu nutzen. Zumindest bestehen Zweifel daran, dass alternative Dienste qualitativ gleichwertig sind.[525]

Hinzu kommt, dass – wie bereits angesprochen – Informationsasymmetrien bestehen, weil Suchende die Qualität der von Google Search gebotenen Suchergebnisse nicht nachvollziehen können.[526] Dies erschwert dem Nutzer die Einschätzung, ob eine alternative Suchmaschine das Informationsbedürfnis besser befriedigen könnte.[527] Somit bleibt es für den Suchmaschinenbereich dabei, dass kein relevanter Mehrwert einer Parallelnutzung vorliegt. Dies hilft Google Search, da die Marktanteile der Wettbewerber gering bleiben und nur wenige Suchnutzer einen möglichen Qualitätsanstieg dieser Dienste wahrnehmen würden.

f) Lock-In durch Vorinstallationen und Voreinstellungen

Ergänzend zu den bisher genannten Faktoren ergreift Google gezielt weitere Maßnahmen, um Kontrolle über die Zugangswege zu Suchenden auszuüben. Auf Android-Geräten und im Chrome-Browser ist Google Search vorinstalliert und als Standard-Suchmaschine eingestellt.[528] Sofern ein Nutzer nicht gezielt die URL einer Suchmaschine ansteuert, sondern einen bestimmten Begriff in die Omnibox[529] eingibt, wird demnach automatisch eine Google-Suche in Gang gesetzt.[530] Zwar lassen sich auch andere Suchmaschinen als

---

525 *Ezrachi/Stucke*, Virtual Competition, S. 135 f.; *Gesenhues* auf „Search Engine Land“, http://go.wwu.de/ssv-v.

526 *Lianos/Motchenkova*, Journal of Competition Law & Economics 2013, 419 (454); *Rath*, S. 73 f.; *Zingales*, The Competition Law Review 2013, 29 (44 f.). Zu Informationsasymmetrien auf digitalen Plattformen: *Künzler*, Schweizerische Juristen-Zeitung 2019, 407 (409 f.).

527 *Höppner*, Gatekeepers' Tollbooths for Market Access, S. 9 f.; *Weber*, S. 107.

528 *Bundeskartellamt*, Beschl. v. 08.09.2015, B6-126/14, Rn. 16 – Google/VG Media; *Lianos/Motchenkova*, Journal of Competition Law & Economics 2013, 419 (428 ff.); *Podszun*, in: Deutscher Juristentag (Hrsg.), F 1 (F 43). *Lévêque* bezeichnet Android mit Blick hierauf als Trojanisches Pferd, *Lévêque*, S. 123.

529 Bei der Omnibox handelt es sich um eine Kombination aus Adress- und Suchleiste. Gibt ein Nutzer eine gültige URL ein, wird er auf die jeweilige Webseite geleitet. Gibt er hingegen einen beliebigen Begriff ein, wird für diesen Begriff eine Suche durchgeführt. Der Nutzer kann einstellen, mit welchem Dienst er diese Suche durchführt. Voreingestellt ist jedoch im Regelfall eine Suche über Google Search: *Rixecker* auf „t3n“, http://go.wwu.de/oh4gv.

530 *Bundeskartellamt*, Beschl. v. 08.09.2015, B6-126/14, Rn. 16 – Google/VG Media.

Standard-Suchmaschine einstellen. Nutzer nehmen jedoch nur selten Änderungen an Voreinstellungen vor.[531] Dies ist auch darauf zurückzuführen, dass die Änderungen nicht mittels eines einzelnen Klicks durchgeführt werden können, sondern einen mehr als minimalen Aufwand des Nutzers erfordern.[532] Viele Suchmaschinen müssten zunächst als Add-on zum Browser hinzugefügt werden.[533]

In Zusammenarbeit mit anderen Unternehmen verschafft sich Google darüber hinaus auch in externen Anwendungen einen privilegierten Zugang zu Suchenden. Apple erhielt in den vergangenen Jahren jeweils Zahlungen zwischen acht und zwölf Milliarden US-Dollar dafür, dass Google Search als Standard auf iOS-Geräten eingestellt ist.[534] Mozilla werden 500 Millionen US-Dollar bezahlt, damit Google Search als voreingestellte Suchmaschine im Firefox-Browser integriert ist.[535] Dies führt dazu, dass Google Search auf dem Großteil aller PCs und Smartphones als Suchmaschine voreingestellt ist.[536] In Kombination mit dem Umstand, dass Nutzer selten Änderungen vornehmen, fördern die Voreinstellungen ein „Einschließen" der Nutzer in der Google-Suche.

---

531 *United States District Court for the District of Columbia*, No. 1:20-cv-03010, Rn. 3 – United States/Google LLC (mit Verweis darauf, dass die Bedeutung der Voreinstellungen im Besonderen für den Smartphone-Bereich gilt); *EU-Kommission*, Entsch. v. 24.03.2004, COMP/C-3/37.792, Rn. 858 – Microsoft; *Clemons/Madhani*, Journal of Management Information Systems 2010-2011, 43 (60); *Esayas*, International Data Privacy Law 2018, 181 (190); *Jachimowicz*, Behavioural Public Policy 2019, 159 (174 f.); *Lévêque*, S. 127; *Lewandowski*, in: Krah/Müller-Terpitz (Hrsg.), 35 (39); *White*, S. 76.

532 Dies kritisiert etwa DuckDuckGo und stellt in Bezug auf den von Google häufig bemühten Ausspruch „Competition is One Click Away" die Frage „So why is it 15+ on Android?", http://go.wwu.de/pwc-9.

533 Für den Firefox-Browser: http://go.wwu.de/kookg. Für Google Chrome: http://go.wwu.de/82t6v.

534 *United States District Court for the District of Columbia*, No. 1:20-cv-03010, Rn. 118 – United States/Google LLC; *Yale Tobin Center for Economic Policy*, Digital Regulation Project – More Competitive Search Through Regulation, S. 10.

535 *Lyons* auf „The Verge", http://go.wwu.de/9g6i7.

536 In den USA etwa ist Google Search auf 87 % aller Browser und auf 99 % aller Smartphones als Suchmaschine voreingestellt: *Subcommittee on Antitrust, Commercial and Administrative Law of the Committee on the Judiciary*, S. 81.

2. *Fazit für Suchnutzer*

Wechselkosten treten im Suchmaschinenbereich nur vereinzelt und sehr schwach auf. Sie stehen einem Multihoming von Suchnutzern nicht entgegen. Die ausschließliche Nutzung von Google Search wird vielmehr durch andere Faktoren begünstigt – insbesondere durch das Vertrauen der Suchnutzer in die Qualität der Suchergebnisse sowie durch den fehlenden Mehrwert einer parallelen Suchmaschinennutzung.[537] Darüber hinaus fällt auch eine gewisse Bequemlichkeit der Suchnutzer ins Gewicht.[538] Zusammenfassend betreiben diese im Ergebnis im Regelfall ein Singlehoming und verwenden nur eine einzige Suchmaschine.[539] Besondere Bedeutung kommt dabei auch der Tatsache zu, dass Google Search in den meisten Browsern und auf der überragenden Mehrheit aller Smartphones die voreingestellte Standard-Suchmaschine ist.

II. Geringe Angriffsfläche für Wettbewerber

Wie schon zuvor in Bezug auf das Phänomen der Winner-Takes-It-All-Märkte[540] stellt sich auch hinsichtlich des Nutzerzugangs aus Sicht der Wettbewerber das Problem, dass wenig Angriffsfläche vorhanden ist. Neben der Qualität ist der Preis ein entscheidender Faktor bei der Auswahlentscheidung eines Verbrauchers. Insofern können Wettbewerber in vielen Geschäftsbereichen über einen besseren Preis versuchen, ein Konkurrenzverhältnis aufzubauen. Aufgrund der unentgeltlichen Nutzung ist dies in Bezug auf Google Search jedoch nicht möglich.[541] In der Folge orientiert sich die Wahl der Nutzer ausschließlich an der Qualität des Dienstes.[542] Eine schlechtere Qualität des angebotenen Dienstes kann eine Suchmaschine nicht durch günstigere Preise ausgleichen.[543] Einen

---

537 Davon ausgehend, dass keine erheblichen Wechselbarrieren für Suchnutzer bestehen: *Edlin/Harris*, Yale Journal of Law & Technology 2013, 169 (212 f.).

538 *Podszun/Kreifels*, in: Mak/Tjong Tjin Tai/Berlee (Hrsg.), 183 (203).

539 *EU-Kommission*, Beschl. v. 27.06.2017, AT.39740, Rn. 306 ff. – Google Shopping; *Clemons/Madhani*, Journal of Management Information Systems 2010-2011, 43 (60); *Lichtenberg*, NZKart 2021, 286 (289); *Stark/Magin/Jürgens*, in: Stark/Dörr/Aufenanger (Hrsg.), 20 (46); *Volmar*, ZWeR 2017, 386 (392). Anderer Ansicht sind: *Heinemann*, S. 32; *Lerner*, S. 22; *Mauelshagen*, S. 229 f.

540 Siehe hierzu: Kapitel 2: B.I. (S. 47 ff.).

541 *Edelman*, Journal of Competition Law & Economics 2015, 365 (371); *Geradin/Kuschewsky*, S. 3; *Grothe*, S. 57 f.; *Körber*, NZKart 2016, 303 (305).

542 *Grothe*, S. 58; *Paal*, GRUR Int. 2015, 997 (1001).

543 *Grothe*, S. 58; *Körber*, NZKart 2016, 303 (305). *Zingales* weist zutreffend darauf hin, dass es im Bereich *spezieller* Suchmaschinen durchaus Bezahlmodelle gibt, etwa

besseren Dienst zu bieten, ist im Rahmen datengetriebener Geschäftsmodelle für neue und unbedeutende Wettbewerber schwierig, da es zumeist am erforderlichen Datenbestand und an den Analysefähigkeiten fehlt.[544]

Es bestünde die Möglichkeit, den Suchenden finanzielle Anreize zu bieten, die über einen „Null-Preis" hinausgehen. In einigen Bereichen der Plattformökonomie ist es durchaus üblich, dass Verbraucher „bezahlt" werden.[545] Für eine Suchmaschine dürfte dies jedoch nicht praktikabel sein. Theoretisch wären zwei Zahlungsmodelle denkbar. Eine Möglichkeit ist eine einmalige Zahlung. Dieses Modell ergibt jedoch nur Sinn, wenn ein Nutzer auf einer Plattform „eingeschlossen" werden kann. Im Fall einer Suchmaschine könnte ein Nutzer allerdings die Zahlung erhalten und in der Folge weiterhin über Google Search suchen, ohne dass die zahlende Suchmaschine einen Nutzen aus diesem Nutzer ziehen könnte. Alternativ ist denkbar, Nutzer für jede einzelne Suche zu bezahlen.[546] Hierdurch besteht ein konstanter Anreiz, seine Suchen bei ebendieser Suchmaschine durchzuführen. Allerdings würde dies für die Plattform bei einem Anstieg der Suchanfragen auch einen konstanten Anstieg der Kosten verursachen. Dies würde den auf dem Suchmaschinenmarkt positiv wirkenden Skaleneffekten[547] entgegenstehen.

Ein Beispiel für die Schwierigkeit, derartige Anreize zu schaffen, bietet Microsoft. Das Unternehmen hat mit seinem Loyalty-Programm Microsoft Rewards den Versuch gestartet, Personen für die Nutzung von Diensten zu belohnen.[548] Unter anderem sollten Suchende für die Nutzung von Bing Punkte erhalten, mit denen sie im Online-Store von Microsoft Filme, Apps oder weitere

bei der Recherche in juristischen Datenbanken, *Zingales*, The Competition Law Review 2013, 29 (32).

544 *Bundeskartellamt/Autorité de la concurrence*, S. 13; *Höppner*, Gatekeepers' Tollbooths for Market Access, S. 9 f.

545 So etwa im Kreditkartenbereich, siehe hierzu: *Agarwal/Chakravorti/Lunn*, S. 1 ff.

546 Verschiedene Entwicklungen deuten darauf hin, dass künftig auch großflächig Mikrozahlungen kostengünstig eingesetzt werden können, siehe etwa: *Konashevych/Khovayko*, Computers & Security 2020, 1 (1 ff.); *White et al.*, S. 1 ff.

547 *Dreher*, ZWeR 2009, 149 (152 ff.); *Engels*, S. 11; *Erhard*, S. 49 f.; *Evans*, Northwestern University Law Review 2008, 285 (292); *Höppner*, WRP 2012, 625 (627); *Hylton*, Nebraska Law Review 2019, 272 (275); *Pasquale/Bracha*, Cornell Law Review 2008, 1149 (1181); *White*, S. 16.

548 *Hylton*, Nebraska Law Review 2019, 272 (285 f., 293); *Priebe* auf „Online Marketing", http://go.wwu.de/66l1i.

Produkte vergünstigt erhalten können. Die Marktanteile von Bing erfuhren in der Folge jedoch keine relevante Steigerung.[549]

In gewisser Weise ist auf nicht-monetärer Ebene ein Preiswettbewerb denkbar, der mittels eines datenarmen Ansatzes betrieben wird.[550] DuckDuckGo wirbt beispielsweise damit, keine personenbezogenen Daten der Suchenden zu verarbeiten.[551] Sofern man davon ausgeht, dass Daten die „Währung des Internet" sind,[552] ließe sich anführen, dass für die Nutzung von DuckDuckGo ein geringerer Preis zu zahlen ist als etwa bei Google Search. Allerdings ist es unter diesen Bedingungen deutlich schwerer, die Qualität der Suchergebnisse weiterzuentwickeln.[553] Ebenso legen die Marktanteile der Suchmaschinen nahe, dass die Bedeutung von Datenschutz und Privatsphäre bei den Suchnutzern bislang keine ausschlaggebende Rolle einnimmt.[554] Die Suchmaschine Neeva bietet seit diesem Jahr ein Bezahlmodell an.[555] Für 4,95 US-Dollar im Monat soll den Nutzern nicht nur eine anonyme, sondern auch eine werbefreie Suche ermöglicht werden. Inwiefern dieses Modell von den Nutzern angenommen wird, bleibt abzuwarten.

III. Fazit

Die hohen Marktanteile von Google Search sind zu einem erheblichen Anteil darauf zurückzuführen, dass Suchnutzer ein Singlehoming betreiben und ausschließlich Google Search nutzen. Aus Sicht konkurrierender Suchmaschinen bietet sich nur wenig Angriffsfläche, um Suchnutzern Anreize zu einem Wechsel von Google Search zu setzen. Insbesondere gestaltet es sich für datensparsame Suchmaschinen angesichts der Bedeutung von datenbedingten Lerneffekten

549 Marktanteile der meistgenutzten Suchmaschinen auf dem Desktop nach Page Views weltweit von Januar 2016 bis Oktober 2021, http://go.wwu.de/q75sn.

550 So auch: *Zinndorf*, S. 219.

551 Informationen von DuckDuckGo zur Suche, http://go.wwu.de/eb8tx. Ähnlich verfahren auch Ecosia (http://go.wwu.de/4u3-c) und Startpage (http://go.wwu.de/d56cf).

552 *Hoeren*, WuW 2013, 463 (463); *Körber*, NZKart 2016, 303 (304). Laut *Grothe* liegt allerdings keine „Währung im Sinne von Geld" vor, da der Wert eines Datums – anders als bei Geld – von verschiedenen Faktoren abhängt und nicht einheitlich festgelegt ist, *Grothe*, S. 51 f.

553 *Körber*, NZKart 2016, 303 (305); *Körber*, in: Körber/Immenga (Hrsg.), 81 (87). Siehe zur Bedeutung datenbedingter Lerneffekte: Kapitel 2: D.III.1. (S. 76 ff.).

554 *Zinndorf*, S. 219.

555 Siehe FAQ auf der Webseite von Neeva, http://go.wwu.de/xz4rf.

schwierig, qualitativ ansprechende Suchergebnisse zu liefern.[556] Sofern sie deshalb auf Suchergebnisse von Google Search oder Bing zurückgreifen, entsteht hierdurch eine – insbesondere wirtschaftliche – Abhängigkeit, die es ebenfalls erschwert, Wettbewerbsdruck aufzubauen. In Kapitel 3 wird zu untersuchen sein, inwieweit dies im Rahmen der 10. GWB-Novelle Berücksichtigung gefunden hat. Insbesondere ist in den Blick zu nehmen, ob Änderungen vorgenommen wurden, durch welche nunmehr gesteigerte Anreize für ein Multihoming oder ein breiter auf unterschiedliche Dienste verteiltes Singlehoming bestehen.

F. Abbau von Wettbewerbsdruck durch Übernahmen

In den letzten Jahren hat sich im Start-up-Bereich der Trend gebildet, innovative Geschäftsansätze zu entwickeln und von dominierenden Digitalunternehmen aufgekauft zu werden.[557] Es macht nicht den Anschein, dass die Entstehung dieses Trends auf die Strategie der Start-ups zurückgeführt werden kann. Wahrscheinlicher ist, dass aus der Not eine Tugend gemacht wurde. Große Digitalunternehmen entziehen sich dem Wettbewerb, indem sie Start-ups übernehmen, bevor sich diese zu echten Konkurrenten auf dem Markt entwickeln.[558] Sich gegen Übernahmen „zu wehren" ist eine unternehmerische Entscheidung, die häufig schwer fällt. Lässt sich ein junges Unternehmen nicht übernehmen, so kann ein Big-Tech-Konzern wie Alphabet versuchen, einen ähnlichen Dienst anzubieten und seine schon vorhandenen Nutzer hieran anzubinden.[559] Dies erschwert es Start-ups, ihrerseits Nutzer zu akquirieren und in den Wettbewerb zu treten.

Hinzu kommt, dass maßgebliche Investitionen in Start-ups von Risikokapitalgebern getätigt werden.[560] Für diese entscheidet eine gute Exit-Strategie über die Frage, ob eine Investition getätigt wird. Die Exit-Strategie junger Unternehmen zielt in den letzten Jahren immer häufiger auf einen Verkauf als auf einen Börsengang ab.[561] Als Resultat verringert sich der Wettbewerbsdruck für die

---

556 *Zinndorf*, S. 220.

557 *Cunningham/Ederer/Ma*, Journal of Political Economy 2021, 649 (696); *Parker/Petropoulos/Van Alstyne*, S. 15; *Podszun/Kersting*, ZRP 2019, 34 (36); *Priddat*, in: Frambach et al. (Hrsg.), 71 (85); *Schweitzer et al.*, S. 152. Ebenfalls in diese Richtung: *Kuhn*, ZWeR 2020, 1 (34).

558 *Baker*, S. 3.

559 *Ramge/Mayer-Schönberger*, S. 62.

560 *Lemley/McCreary*, S. 5.

561 *Lemley/McCreary*, S. 15 f.; *Priddat*, in: Frambach et al. (Hrsg.), 71 (85).

großen Digitalunternehmen. Im Folgenden sollen – unter Beachtung der Übernahmepraxis von Alphabet – die wettbewerblichen Gefahren, die aus Übernahmen resultieren können, dargestellt werden.

I. Machtkonzentration durch Übernahmen

Mit zunehmender Marktmacht steigt der Anreiz, die Stellung am Markt durch Übernahmen potentieller Wettbewerber zu stärken.[562] Die großen Digitalunternehmen haben in den letzten Jahren eine enorme Akquisitionsanzahl erreicht.[563] Junge Wettbewerber werden häufig präventiv aufgekauft.[564] Dies passiert im besten Fall, bevor sich die Unternehmen zu relevanten Wettbewerbern entwickeln und in einem Stadium, in dem die Kartellbehörden noch keine Prüfung des Zusammenschlusses vornehmen.[565]

Bei Alphabet kommt hinzu, dass das Unternehmen konglomerate Strukturen hat und marktübergreifend tätig ist.[566] Im Folgenden wird geschildert, dass sich somit viele Übernahmen über einzelne Märkte hinaus auswirken. Um die mittels solcher Übernahmen erzeugte Machtkonzentration sachgerecht zu erfassen, ist darüber nachzudenken, ob das Kartellrecht in der Zusammenschlusskontrolle ebenfalls einen marktübergreifenden Ansatz verfolgen sollte.[567]

1. *Killer Acquisitions und Digital Conglomerates Acquisitions*

Die Strategie präventiver Übernahmen zur Absicherung von Marktmacht wird häufig unter dem Begriff Killer Acquisitions diskutiert.[568] Der Begriff ist aus dem pharmazeutischen Bereich bekannt.[569] Neue Unternehmen sollen in einem

---

562 *Hemphill/Wu*, University of Pennsylvania Law Review 2020, 1879 (1891 f.); *Shapiro*, International Journal of Industrial Organization 2018, 714 (741).

563 *Furman et al.*, S. 91; *Lear*, S. 11 ff.

564 *Stiglitz*, S. 60.

565 *Schweitzer et al.*, S. 152; *Yale Tobin Center for Economic Policy*, Digital Regulation Project – More Competitive Search Through Regulation, S. 32.

566 *Gasser*, S. 79; *Lim*, Journal of Korean Law 2020, 47 (53).

567 Siehe hierzu: Kapitel 3: F.II.2.b) (S. 306 ff.).

568 *Argentesi et al.*, Journal of Competition Law & Economics 2021, 95 (114 f.); *Bosch*, NJW 2020, 1713 (1714); *Cunningham/Ederer/Ma*, Journal of Political Economy 2021, 649 (650); *Fuchs*, in: Klose/Klusmann/Thomas (Hrsg.), 303 (307); *Gautier/Lamesch*, S. 25 ff.; *Gröss/Mersch*, NZKart 2020, 119 (123 f.); *Kredel/Kresken*, NZKart 2020, 2 (6); *Podszun/Kersting*, ZRP 2019, 34 (35 f.).

569 *Kuhn*, ZWeR 2020, 1 (33).

frühzeitigen Stadium übernommen werden, damit deren Forschungsarbeit sich nicht zu einer ernsthaften Konkurrenz für vorhandene Produkte oder Patente entwickelt.[570] Orientiert sich die Zusammenschlusskontrolle starr an Umsatzschwellen, würden derartige Übernahmen oftmals nicht erfasst. In der Pharmazie werden Umsätze teilweise erst mit zeitlicher Verzögerung generiert.[571] Ein klassisches Beispiel in diesem Zusammenhang sind Wirkstoffe, die noch keine Zulassung erhalten haben.[572] Auch im digitalen Bereich gibt es Plattformen, die in ihrer Anfangszeit keine Umsätze erzielen, aber dennoch einen Einfluss auf den Wettbewerb ausüben. WhatsApp ist hierfür ein anschaulicher Beispielsfall.[573] Da der Dienst nicht die erforderlichen Umsatzschwellen erreicht hatte, löste die Übernahme durch Facebook im Jahr 2014 nach den Regelungen des GWB keine Anmeldepflicht aus.[574] WhatsApp verfügte aber schon über eine große Anzahl an Nutzern.[575] Ein durch WhatsApp noch weiter zu entwickelndes soziales Netzwerk, welches mit Facebook hätte konkurrieren können, konnte von Facebook durch die Übernahme verhindert werden.[576]

Nicht zuletzt aus diesem Fall konnten die Big-Tech-Unternehmen die Lehre ziehen, dass potentielle Konkurrenten in einem frühen Stadium übernommen werden sollten.[577] Der Fall *Facebook/WhatsApp* – stellvertretend für viele Übernahmen der GAFA-Unternehmen – und zahlreiche Übernahmen im Pharmaziebereich weisen demnach eine Gemeinsamkeit auf:[578] Bei der kartellrechtlichen Erfassung allein auf den Umsatz abzustellen, würde das wettbewerbliche Potential dieser Zusammenschlüsse nicht hinreichend berücksichtigen.

Die sachgerechte Erfassung der Risiken, die mit Übernahmen durch die großen Digitalunternehmen für den Wettbewerb einhergehen, bedarf einer Schärfung der verwendeten Schlagwörter. *McLean* nimmt dahin gehend eine

---

570 *Haucap*, Wirtschaftsdienst 2020, 20 (26).

571 BT-Drucks. 18/10207, S. 71.

572 BT-Drucks. 18/10207, S. 71.

573 *Louven*, in: Specht-Riemenschneider/Werry/Werry (Hrsg.), § 7.2 Rn. 4.

574 *Louven*, S. 217. Auch die EU-Kommission konnte den Zusammenschluss nur aufgrund einer Verweisung gemäß Art. 4 Abs. 5 FKVO durch Großbritannien, Spanien und Zypern prüfen: *Podszun/Franz*, NZKart 2015, 121 (121).

575 Zu Beginn des Jahres 2014 waren es weltweit 430 Millionen monatlich aktive Nutzer, http://go.wwu.de/3kdh8.

576 *Haucap*, Wirtschaftsdienst 2020, 20 (26).

577 *Priddat*, in: Frambach et al. (Hrsg.), 71 (83); *Ramge/Mayer-Schönberger*, S. 77; *Sokol/Comerford*, in: Blair/Sokol (Hrsg.), 293 (303).

578 *Laitenberger*, in: Ellger/Schweitzer (Hrsg.), 109 (144).

wichtige Differenzierung zwischen Killer Acquisitions und Digital Conglomerates Acquisitions vor.[579] Killer Acquisitions sind danach solche Übernahmen, bei denen das übernehmende Unternehmen die vom übernommenen Unternehmen betriebene Geschäftsidee einstellt und nicht weiter umsetzt. Es geht dabei lediglich darum, einen Wettbewerber „vom Markt zu nehmen".[580] Bei Digital Conglomerates Acquisitions hingegen wird die Geschäftsidee vom übernehmenden Unternehmen aufgegriffen und im Kontext des Gesamtunternehmens weiterentwickelt.[581]

Die zweckorientierte Unterscheidung zwischen den beiden Übernahmearten ist gerade mit Blick auf Alphabet von Bedeutung. Denn oftmals steht es bei Übernahmen durch Alphabet nicht im Fokus, junge Wettbewerber zum Erliegen zu bringen.[582] Das Unternehmen ist vielmehr darauf aus, seine Datenmasse durch die Übernahme und Fortführung von kleineren Wettbewerbern zu vergrößern. Hierdurch lassen sich datenbezogene Größenvorteile steigern. Zum einen kann Google von einem beim übernommenen Unternehmen schon vorhandenen Datenbestand profitieren. Zum anderen kann eine hohe Anzahl an Nutzern Anlass zur Übernahme sein, da sich hieraus in der Folge enorme Datenmengen generieren lassen. Insofern konzentrieren sich die folgenden Ausführungen größtenteils auf Digital Conglomerates Acquisitions und in Kapitel 3 auf die Frage, wie sich diese durch das Kartellrecht sachgerecht erfassen lassen.

2. *Alphabets Übernahmepraxis*

Alphabet ist es aufgrund seiner finanziellen Ressourcen möglich, neben der Investition in die eigene Entwicklung[583] durch Übernahmen

---

579 *McLean*, Journal of Competition Law & Economics 2021, 141 (146).

580 So auch das Verständnis von: *Dolata*, S. 12.

581 Sofern das übernehmende Unternehmen auf dem jeweiligen Segment schon eigenständig tätig war und diese Tätigkeit bei Fortführung des übernommenen Dienstes einstellt, sprechen *Caffarra/Crawford/Valletti* von „Reverse Killer Acquisitions", *Caffarra/Crawford/Valletti* auf „VoxEU", http://go.wwu.de/knsel. Kuhn verwendet für solche Übernahmen den Begriff „Zombie Acquisitions", *Kuhn*, ZWeR 2020, 1 (33).

582 Wenngleich es auch bei Alphabet infolge von Übernahmen zu der Einstellung von Diensten kommt, siehe: *Lemley/McCreary*, S. 54. Nach einer Untersuchung von *Gautier/Lamesch* stellte Google etwa die Hälfte der übernommenen Dienste ein, *Gautier/Lamesch*, S. 24.

583 Hierfür gab Alphabet im Jahr 2020 mehr als 27 Milliarden US-Dollar aus, *Alphabet*, Annual Report Form 10-K, S. 33, http://go.wwu.de/q359n.

innovativer Unternehmen externes Wachstum zu generieren.[584] In den letzten Jahren wurden enorm viele Unternehmen vom GAFAM-Quintett übernommen. Im Zeitraum von 1987 bis 2019 waren es laut *Moss* insgesamt über 700 Unternehmen.[585]

Ein gewichtiger Teil dieser Übernahmen wurde von Alphabet getätigt.[586] Das Unternehmen hat seit dem Jahr 2008 über 25 Milliarden US-Dollar hierfür ausgegeben.[587] Die Strategie der Digital Conglomerates Acquisitions ermöglicht es, auf verschiedenen Geschäftsfeldern tätig zu sein.[588] Einige bedeutende Übernahmen von Alphabet dienten dem Ausbau der Marktmacht von Google Search. Im Jahr 2014 wurde Nest Labs für 3,2 Milliarden US-Dollar aufgekauft. Nest Labs stellt automatisierte Haushaltsgeräte her. Für Google dürfte hierbei insbesondere der Datenbestand und die Möglichkeit künftiger Datenerzeugung im Bereich Smart Home interessant gewesen sein.[589] Ähnlich verlief es bei DeepMind, das ebenfalls im Jahr 2014 übernommen wurde – allerdings für einen deutlich niedrigeren Preis von 500 Millionen US-Dollar.[590] Das Unternehmen hatte sich auf die Programmierung Künstlicher Intelligenz fokussiert. Google war durch die Übernahme in der Lage, seine Analysefähigkeit erheblich

---

584 *Bartlett*, S. 137; *Hoffmann-Riem*, in: Augstein (Hrsg.), 121 (130); *Podszun/Kreifels*, in: Mak/Tjong Tjin Tai/Berlee (Hrsg.), 183 (195); *Podszun/Schwalbe*, NZKart 2017, 98 (104); *Schweitzer et al.*, S. 152.

585 *Moss*, S. 4; *Ramge/Mayer-Schönberger*, S. 75. *Jean/Perrot/Philippon* kommen für einen Zeitraum von 1991 bis 2018 auf 634 Übernahmen mit Ausgaben in Höhe von 142 Milliarden US-Dollar, *Jean/Perrot/Philippon*, S. 8.

586 Im US-Congress-Bericht werden 256 Fusionen und Übernahmen für den Zeitraum von 2001-2020 angegeben: *Subcommittee on Antitrust, Commercial and Administrative Law of the Committee on the Judiciary*, S. 430 ff. *Hanley* kommt für den Zeitraum von 2000 bis 2019 auf 222 Übernahmen, *Hanley*, Conneticut Public Interest Law Journal 2020, 271 (349). Für den Zeitraum von 2008 bis 2018 zählen *Argentesi et al.* 168 Übernahmen, *Argentesi et al.*, Journal of Competition Law & Economics 2021, 95 (98 f.). Von 2008 bis 2018 liegt die Zahl der von *Lear* ermittelten Übernahmen bei, *Lear*, S. 15.

587 *Ramge/Mayer-Schönberger*, S. 77.

588 *Bourreau/de Streel*, S. 4.

589 *Buiten*, in: Mathis/Tor (Hrsg.), 265 (275); *Fricke/Novak*, S. 80; *GSMA*, S. 11; *Rolf/Sagawe*, S. 80 f.; *Rubinfeld/Gal*, Arizona Law Review 2017, 339 (352); *Srnicek*, S. 99 f.; *Stucke/Grunes*, Rn. 6.65 ff.

590 *Subcommittee on Antitrust, Commercial and Administrative Law of the Committee on the Judiciary*, S. 438.

zu steigern.[591] Beide Aspekte – Datenbestand und Datenerzeugung sowie Analysefähigkeit der Algorithmen – machen einen ganz erheblichen Faktor für den Erfolg von Google Search aus.[592]

Daneben führte Alphabet Übernahmen durch, in deren Folge das lukrative Zusammenspiel aus Google Search und den Werbediensten von Google optimiert werden konnte.[593] Die Dominanz im Online-Werbemarkt ist nicht zuletzt auf die 2007 erfolgte Übernahme von DoubleClick sowie AdMeld und AdMob zurückzuführen.[594] Eine weitere sehr wichtige Übernahme war die des Android-Systems im Jahr 2005.[595] Hierdurch ist es Google möglich, die Nutzer mittels Voreinstellungen und Vorinstallationen im Google-Ökosystem zu halten. Auf den beiden relevanten Smartphone-Betriebssystemen Android und iOS ist Google Search die voreingestellte Suchmaschine.[596] Potentiellen Konkurrenten wie etwa anderen Anbietern einer allgemeinen Suche wird der Zugang zu Nutzern hierdurch erheblich erschwert.[597] In die jüngere Vergangenheit fiel die Übernahme von Fitbit durch Alphabets Tochterunternehmen Google. Die EU-Kommission prüfte die Übernahme und genehmigte sie am 17. Dezember 2020 unter Auflagen.[598] Im Vorfeld war angesichts der Bedeutung von Fitness-Daten für den Bereich der Online-Werbung die Sorge geäußert worden, dass Google seine Machtposition in diesem Bereich weiter ausbauen könnte.[599] Google hat

---

591 *Rubinfeld/Gal* weisen generell auf die Investitionen hin, die Google in diesem Bereich (auch) in Form von Übernahmen tätigt, *Rubinfeld/Gal*, Arizona Law Review 2017, 339 (365).

592 Siehe hierzu: Kapitel 2: D.II.1. (S. 73 f.) sowie Kapitel 2: D.III. (S. 76 ff.).

593 *Lee*, S. 58.

594 *Buiten*, in: Mathis/Tor (Hrsg.), 265 (268 f.); *Devine*, North Carolina Journal of Law & Technology 2008, 59 (103); *Etro*, S. 12; *Srinivasan*, Stanford Technology Law Review 2020, 55 (88 ff.); *Subcommittee on Antitrust, Commercial and Administrative Law of the Committee on the Judiciary*, S. 392; *Zinndorf*, S. 53 f. Ausführlich zur Übernahme von DoubleClick: *Hahn/Singer*. Zu den rechtlichen Bedenken bezüglich der Genehmigung des Zusammenschlusses, die FTC-Ausschussmitglied *Pamela Jones Harbour* geäußert hatte, siehe: *Generaldirektion Interne Politikbereiche*, S. 33.

595 *Fricke/Novak*, S. 67; *Lee*, S. 58; *Schulz*, S. 60 f.

596 Siehe hierzu: Kapitel 2: E.I.1.f) (S. 90 ff.).

597 Siehe hierzu: Kapitel 2: E.I.1.f) (S. 90 ff.).

598 *EU-Kommission*, Pressemitteilung v. 17.12.2020, http://go.wwu.de/4svkt.

599 ZD-Aktuell 2020, 07259.

nunmehr zugesagt, für einen Zeitraum von zehn Jahren die Daten von Fitbit nicht zu Werbezwecken zu verwenden.[600]

Aus der Übernahmepraxis von Alphabet ergibt sich ein Bild, in dem die Stärkung der Machtstellung von Google Search einen bedeutenden Platz einnimmt. Google Search ist in Verbindung mit den Werbediensten Google Ads und Google AdSense die Haupteinnahmequelle von Alphabet.[601] Insofern erscheint es folgerichtig, dass viele Übernahmen die Optimierung von Google Search oder die Schwächung möglicher Konkurrenten bezwecken. Auch Übernahmen, die zunächst keinen direkten Zusammenhang zu Google Search aufweisen, können durch ihre Bedeutung für das Google-Ökosystem mittelbar auch für die Suchmaschine Relevanz entfalten. Beispielhaft ist die Übernahme von Waze zu nennen.[602] Waze bietet einen Kartendienst an, dessen Nutzer wertvolle Daten, etwa zum Straßenverkehr, erzeugen.[603] Der Übernahme lagen unterschiedliche Anreize für Google zugrunde. Zunächst endete hiermit der von Waze auf Google Maps ausgeübte Wettbewerbsdruck.[604] Daneben wurde anderen Big-Tech-Unternehmen die Möglichkeit genommen, ihrerseits Waze zu übernehmen und den Dienst zu einem noch stärkeren Wettbewerber weiterzuentwickeln.[605] Auch dieser Aspekt soll in die Übernahmeentscheidung von Google eingeflossen sein.[606]

Kaum ein Big-Tech-Unternehmen führt so viele Übernahmen durch wie Alphabet. Insbesondere aber übernimmt kein Big-Tech-Unternehmen in einer derartigen Bandbreite andere Unternehmen aus unterschiedlichsten Geschäftssegmenten.[607] Eine sachgerechte Erfassung der von Alphabet

---

600 *EU-Kommission*, Entsch. v. 17.12.2020, M.9660, Rn. 1–4 aus dem Annex „Commitments to the European Commission" – Google/Fitbit. Die *EU-Kommission* hat nach Rn. 37 f. die Möglichkeit, in begründeten Fällen den Zeitraum um weitere zehn Jahre zu verlängern.

601 Siehe hierzu: Kapitel 1: D. (S. 33 ff.).

602 *Argentesi et al.*, Journal of Competition Law & Economics 2021, 95 (126 ff.); *Stucke/Grunes*, Rn. 6.75 ff.

603 *Rolf/Sagawe*, S. 76; *Stucke/Grunes*, Rn. 6.76.

604 *Argentesi et al.*, Journal of Competition Law & Economics 2021, 95 (126 f.); *Subcommittee on Antitrust, Commercial and Administrative Law of the Committee on the Judiciary*, S. 392.

605 *Argentesi et al.*, Journal of Competition Law & Economics 2021, 95 (130); *Scott Morton/Dinielli*, S. 31.

606 *Scott Morton/Dinielli*, S. 31.

607 *Argentesi et al.*, Journal of Competition Law & Economics 2021, 95 (102); *Gautier/Lamesch*, S. 3.

getätigten Übernahmen ist somit für die zentrale Stellung von Google Search im Google-Ökosystem und für die Öffnung des Suchmaschinenmarktes von großer Bedeutung.

II. Auswirkungen auf den Wettbewerb

Zusammenschlüsse können sich sowohl aus Sicht der beteiligten Unternehmen als auch aus Sicht der Verbraucher durchaus als effizient erweisen, etwa wenn in der Folge Verbundvorteile genutzt werden können.[608] Solche Verbundvorteile können in digitalen Geschäftsmodellen insbesondere durch den Einsatz von Daten erzeugt werden.[609] Google ist es durch den Zusammenschluss mit anderen Unternehmen möglich, seinen Datenbestand zu erweitern. In einem zweiten Schritt lassen sich Dienste wie Google Search oder Google Maps im Sinne der Wahrscheinlichkeitsrechnung stärker auf die Bedürfnisse der Nutzer ausrichten. Daneben kann auch mit Blick auf noch zu entwickelnde Dienste von einem erhöhten Datenbestand profitiert werden. Diese Weiterentwicklung kann – auch in Form eines hierdurch möglichen technologischen Fortschritts – dem Verbraucher zugutekommen. Dabei spielen die finanziellen und infrastrukturellen Voraussetzungen der großen Digitalunternehmen eine Rolle. Mit Hilfe dieser Assets können die Unternehmen infolge einer Übernahme die von Start-ups entwickelten Innovationen massentauglich anbieten.[610] Dies führt zu einem Kreislauf. Durch die Übernahmen stärken die großen Digitalunternehmen ihre Machtposition und generieren Mehreinnahmen, welche sie zur Übernahme weiterer Unternehmen verwenden können.[611]

Mit Blick auf den Wettbewerb, die Nutzer sowie die technische Innovation können aus Übernahmen jedoch auch einige Gefahren resultieren. Übernahmen schaden dem Wettbewerb insofern, als dominante Unternehmen ihre Machtposition nicht durch Innovation absichern, sondern indem sie innovative Entwicklungen anderer Wettbewerber unterbinden.[612] Dies schadet neben

---

608 *Cunningham/Ederer/Ma*, Journal of Political Economy 2021, 649 (649 ff.); *Louven*, S. 226; *Schwalbe*, in: Oberender (Hrsg.), 63 (63 ff.). In diese Richtung auch: *Ewald*, in: Wiedemann (Hrsg.), § 7 Rn. 63.

609 *Fast/Schnurr/Wohlfarth*, in: Specht-Riemenschneider/Werry/Werry (Hrsg.), § 7.1 Rn. 57.

610 *Lemley/McCreary*, S. 57; *Podszun*, Stellungnahme für den Ausschuss für Wirtschaft und Energie des Deutschen Bundestags, S. 27; *Schwalbe*, in: Oberender (Hrsg.), 63 (81); *Schweitzer et al.*, S. 151 f.

611 *Makridakis*, Futures 2017, 46 (55 f.).

612 *Baker*, S. 161.

den Wettbewerbern auf lange Sicht auch der Gesamt- und Verbraucherwohlfahrt.[613] Eine Marktkonzentration erweist sich nur solange als effizient, wie die Verbraucher von den durch Verbundvorteile und Netzwerkeffekte erzeugten Effizienzvorteilen profitieren.[614] Findet kein wirksamer Wettbewerb statt, kann von den Nutzern ein höherer Preis verlangt werden.[615]

Damit sich die soeben dargestellten Gefahren nicht realisieren oder zumindest abgeschwächt werden können, ist die Angreifbarkeit beherrschter Märkte von grundlegender Bedeutung.[616] Die größte Gefahr, die von Übernahmen auf den Wettbewerb ausgeht, liegt im Entstehen einer unangreifbaren Machtposition. Die Aussicht, Marktpositionen angreifbar zu halten, schwindet, wenn ein dominantes Unternehmen wie Alphabet aussichtsreiche potentielle Wettbewerber übernimmt. Dies gilt umso mehr für Digital Conglomerates Acquisitions, da das Unternehmen – anders als im Fall der Killer Acquisitions – seine Stellung mit Blick auf hinzutretende Netzwerkeffekte und datenbedingte Größenvorteile weiter ausbaut. In Kapitel 3 wird somit zu untersuchen sein, ob die 10. GWB-Novelle Änderungen enthält, die eine Anwendung der Zusammenschlusskontrolle sowie eine mögliche Untersagung von Zusammenschlüssen erleichtern.

G. Gesamtbewertung zu Kapitel 2

Das Kapitel diente zur Identifizierung derjenigen Faktoren, die für die Machtkonzentration von Google Search von zentraler Bedeutung sind. Diese Faktoren sind nicht isoliert zu betrachten. Vielmehr verstärken sie einander. Die Anbindung von Google Search an das Google-Ökosystem führt dazu, dass die Suchmaschine auf einen viel größeren Datenbestand zugreifen kann als seine Wettbewerber. Dieser Datenbestand hilft, die Google-Suche weiterzuentwickeln, wodurch der Dienst für die Suchenden an Attraktivität gewinnt. Daneben können die Daten zur Personalisierung von Werbeanzeigen genutzt werden, was wiederum für Werbende die Anreize erhöht, Werbeanzeigen über Google Ads zu schalten.

---

613 Siehe hierzu: Kapitel 2: B.II.3. (S. 54 ff.).

614 *McLean*, Journal of Competition Law & Economics 2021, 141 (147).

615 Der Umkehrschluss – mehr Wettbewerb führt zu Innovation und in der Folge zu niedrigeren Preisen für Verbraucher – findet sich bei: *Hemphill/Wu*, University of Pennsylvania Law Review 2020, 1879 (1886).

616 Siehe zu den Folgen einer unangreifbaren Machtkonzentration: Kapitel 2: B.II. (S. 50 ff.).

Das Google-Ökosystem ist jedoch nicht nur für den Zugang zu Daten bedeutend, sondern auch für den Zugang zu Nutzern. Google verfügt über zahlreiche digitale Dienste und Anwendungen. Diese können genutzt werden, um Personen, die eine allgemeine Suchanfrage durchführen möchten, zur Nutzung von Google Search zu steuern. Dies kann beispielsweise durch die Voreinstellung oder Vorinstallation von Google Search im Rahmen von Google Android oder Google Chrome geschehen. Ein Suchnutzer muss in diesem Fall keine bewusste Auswahl einer Suchmaschine treffen. Vielmehr müsste er sich bewusst *gegen* die Nutzung von Google Search wenden und eine alternative Suchmaschine ansteuern. Nutzer digitaler Dienste nehmen jedoch vergleichsweise selten Änderungen an Voreinstellungen vor. Somit ist das Mittel der Voreinstellungen eines der wirkungsvollsten zur Absicherung der Machtkonzentration von Google Search.[617]

Während Google Android und Google Chrome für Google Search gewissermaßen als Gatekeeper fungieren, ist der bedeutendste Gatekeeper aller digitalen Dienste in Google Search selbst zu sehen.[618] Der Dienst ist für viele Personen der Ausgangspunkt einer im Internet durchgeführten Suche. Die Marktanteile von Google Search liegen seit Jahren konstant über 90 %.[619] Somit sind Werbende und Inhalteanbieter in hohem Maße von der Sichtbarkeit über die Google-Suche abhängig. Dies verleiht Google zum einen die Möglichkeit, Konditionen einzufordern, zu denen Werbende und Inhalteanbieter bei größerem Wettbewerbsdruck nicht zustimmen würden. Zum anderen bietet die Gatekeeper-Stellung gegenüber den Suchenden die Gelegenheit, eigene spezielle Vermittlungsdienste wie Google Shopping, Google Jobs oder auch Google News im Ranking bevorzugt anzuzeigen. Hierdurch lässt sich die Marktmacht von Google Search auf andere Märkte übertragen. Somit trägt die Gatekeeper-Stellung von Google Search erheblich zur Ausweitung und Absicherung des Google-Ökosystems bei.

Eine weitere Säule des Google-Ökosystems und der Machtkonzentration von Google Search liegt in der Übernahmepraxis von Alphabet und Google.[620] Es gibt keinen anderen Konzern auf der Welt, der in einem solchen Ausmaß – auch in einer solchen Breite hinsichtlich der Tätigkeitsbereiche – andere Unternehmen übernimmt. Zwar betraf dies in der Vergangenheit keine

---

617 Siehe hierzu: Kapitel 2: E.I.1.f) (S. 90 ff.).

618 Siehe hierzu: Kapitel 2: C. (S. 57 ff.).

619 Marktanteile der allgemeinen Suchmaschinen, http://go.wwu.de/a-anc.

620 Siehe hierzu: Kapitel 2: F.I.2. (S. 100 ff.).

Wettbewerber von Google Search. Es wurden jedoch zahlreiche Übernahmen durchgeführt, die sich erheblich auf Google Search ausgewirkt haben. Dies gilt etwa für Übernahmen, die den Datenbestand von Google vergrößern oder die Analysefähigkeiten hinsichtlich dieser Daten verbessern. Infolge solcher Übernahmen können datenbasierte Dienste wie Google Search optimiert werden. Darüber hinaus war die Übernahme des Android-Systems von großer Bedeutung. Hierdurch ließ sich – wie bereits dargestellt – Google Android als ein wesentliches Zugangstor zu Google Search entwickeln. Die Übernahmepraxis von Alphabet und Google dient somit dem Google-Ökosystem im Generellen und insbesondere Google Search im Speziellen.

Darüber hinaus ist die Machtkonzentration von Google Search auch auf die Eigenheiten digitaler Plattformmärkte und auf die bisherige Ausgestaltung der kartellrechtlichen Missbrauchsaufsicht zurückzuführen.[621] Bei Plattformmärkten handelt es sich in den meisten Fällen um Winner-Takes-It-All-Märkte, so auch beim Markt der allgemeinen Suche. Sobald sich ein Dienst – wie Google Search auf dem Markt der allgemeinen Suche – als dominant herausgebildet hat, ist es für Wettbewerber enorm schwer, diese Machtposition anzugreifen.[622] Den Suchenden kann kein „günstigerer" Dienst angeboten werden, da die Nutzung der Suchmaschine für Suchende ohnehin unentgeltlich ist. Privatsphäre als alternativer Qualitätsfaktor wird von einigen Anbietern wie DuckDuckGo oder Ecosia genutzt, um sich von Google Search abzugrenzen und Anreize zur Nutzung zu geben. Bislang hat sich dies jedoch nicht spürbar in den Marktanteilen niedergeschlagen, sodass in Zweifel zu ziehen ist, dass Privatsphäre für Suchende ein ausschlaggebendes Kriterium bei der Auswahl von Suchmaschinen ist. Auf herkömmlichen Märkten bietet sich Wettbewerbern als weiterer Hebel das Merkmal der Qualität. Um eine Suchmaschine mit hoher Qualität anbieten zu können, braucht man jedoch Zugriff auf den maßgeblichen Rohstoff, nämlich suchbezogene Daten. Den mit Abstand größten Datenbestand hat infolge der Marktanteile jedoch Google Search selbst. Aus alldem ergibt sich, dass es für die Wettbewerber ungemein schwierig ist, die Marktmacht von Google Search anzugreifen. Gerade auf solchen Winner-Takes-It-All-Märkten muss ein kartellrechtswidriges Verhalten der marktmächtigen Unternehmen schnell geahndet, abgestellt und sanktioniert werden. Andernfalls droht die Marktmacht weiter „zu verkrusten". Die Realität sah in der Vergangenheit jedoch eher gegenteilig aus. Gegen Google geführte Verfahren haben viel Zeit in Anspruch

621 Siehe hierzu: Kapitel 2: B. (S. 47 ff.).
622 Siehe hierzu: Kapitel 2: B.I.2. (S. 49 f.).

genommen – als Paradebeispiel dient das Google-Shopping-Verfahren der EU-Kommission, das sich von der Eröffnung bis zur Entscheidung über etwa fünf Jahre hinzog.[623] Über diese Zeit hinweg konnte Google fortlaufend von kartellrechtswidrigem Verhalten profitieren, was zur Konzentration der Machtverhältnisse beitrug. Somit sind das Phänomen der Winner-Takes-It-All-Märkte und eine (zu) langsame Kartellrechtsdurchsetzung ebenfalls als gewichtige Gründe für die Machtkonzentration von Google Search einzuordnen.

623 Siehe hierzu: Kapitel 3: B.II.3.b) (S. 176 ff.).

Kapitel 3: Tauglichkeit der 10. GWB-Novelle zum Abbau der Machtkonzentration von Google Search

Die in Kapitel 2 herausgearbeiteten Faktoren für die Machtkonzentration von Google Search geben den Rahmen für die folgende Untersuchung in Kapitel 3 vor. Es wird untersucht, inwiefern die im Rahmen der 10. GWB-Novelle erfolgten Gesetzesänderungen die sechs Faktoren beeinflussen werden. Im Wesentlichen geht es um die Frage, ob das GWB nach der Novelle die rechtlichen Mittel bereithält, um der in Kapitel 2 herausgearbeiteten Machtkonzentration entgegenzuwirken. Die einzelnen Abschnitte dieses Teils stehen dabei spiegelbildlich zu den jeweiligen Abschnitten in Kapitel 2.

A. Neue Missbrauchsaufsicht für digitale Ökosysteme

Die Einführung von § 19a GWB stellt das Herzstück der 10. GWB-Novelle dar.[624] Der Koalitionsvertrag der Bundesregierung in der 19. Legislaturperiode sah vor, das Wettbewerbsrecht insbesondere mit Blick auf die Machtkonzentration digitaler Plattformen effektiver zu gestalten.[625] Als Ziel wurde ausgegeben, dass die Kartellbehörden auf die rasanten Entwicklungen digitaler Märkte zügiger reagieren können.[626] Als Resultat der 10. GWB-Novelle rücken neben marktbeherrschenden Unternehmen (§ 19 GWB) und marktstarken Unternehmen (§ 20 GWB) nunmehr auch Unternehmen mit überragender marktübergreifender Bedeutung (§ 19a GWB) in den Fokus der Missbrauchsaufsicht.[627]

---

624 *Lettl* bezeichnet § 19a GWB als „das politische und rechtliche Kernstück der 10. GWB-Novelle", *Lettl*, WRP 2021, Heft 3, Editorial.

625 Koalitionsvertrag zwischen CDU, CSU und SPD zur 19. Legislaturperiode des Deutschen Bundestages, S. 61, http://go.wwu.de/1uwg8. Ebenfalls hierzu: *Käseberg*, NZKart 2018, 441 (441).

626 Koalitionsvertrag zwischen CDU, CSU und SPD zur 19. Legislaturperiode des Deutschen Bundestages, S. 61, http://go.wwu.de/1uwg8.

627 Aufgrund der Ausgestaltung als Ermächtigungsgrundlage für das Bundeskartellamt spricht *Lettl* davon, dass § 19a GWB „an sich zu den §§ 32 ff. GWB (Befugnisse der Kartellbehörden) und nicht zu den materiellen Missbrauchsvorschriften" gehöre, *Lettl*, WRP 2021, 413 (414).

Die Missbrauchsaufsicht erhält somit eine dritte Adressatenkategorie.[628] Dabei wird Abstand von einem marktspezifischen Ansatz genommen. Es sollen vielmehr vor allem die unternehmerischen Konstrukte in den Blick genommen werden, die marktübergreifend agieren und deren Verhaltensweisen demnach auch marktübergreifende Gefahren für den Wettbewerb mit sich bringen.

Im Folgenden wird die neue Missbrauchsaufsicht für digitale Ökosysteme, die § 19a GWB anstrebt, dargestellt. Nach einem kurzen Rückblick auf den Ursprung der Idee (I), wird mit Blick auf Alphabet und Google eine Einordnung als Normadressat vorgenommen (II). Im Anschluss wird ein kurzer Überblick zu den Untersagungsvarianten gegeben (III). Darüber hinaus wird die in der Literatur aufgeworfene Frage aufgegriffen, ob der deutsche Gesetzgeber den Entwurf zu § 19a GWB zur Notifizierung an die EU-Kommission hätte übermitteln müssen (IV). Das Kapitel schließt mit einem Fazit (V). Inwiefern der in § 19a GWB vorgesehene ex-ante-Ansatz geeignet ist, die Missbrauchskontrolle effizienter zu gestalten, wird im Abschnitt zur „Beschleunigung der Missbrauchsaufsicht" untersucht.[629]

I. Konzept der überragenden marktübergreifenden Bedeutung

Auch in Großbritannien ist ein intensiver Diskurs darüber im Gange, wie das Wettbewerbsrecht auf die neuen Fragestellungen der Digitalwirtschaft reagieren soll. Im März 2019 legte das „Digital Competition Expert Panel" unter Leitung von Jason Furman den Bericht „Unlocking digital competition" (im Folgenden: Furman-Report) vor. Die in § 19a GWB aufgenommene Idee einer neuen kartellrechtlich relevanten Machtposition war schon in diesem Bericht zu finden. Die beteiligten Experten schlugen die mittlerweile umgesetzte Einführung einer „Digital Markets Unit" vor.[630] Diese soll für Rahmenbedingungen sorgen, die einen Missbrauch von Marktmacht im Voraus verhindern.[631]

Die Idee der „Digital Markets Unit" liegt darin, dass – in Zusammenarbeit mit den Unternehmen – Regelungen und Leitlinien entwickelt werden, die

---

628 *Budzinski/Gaenssle/Stöhr* ordnen § 19a GWB als „systematische Marktmacht" ein, *Budzinski/Gaenssle/Stöhr*, List Forum für Wirtschafts- und Finanzpolitik 2020, 157 (170).

629 Siehe hierzu: Kapitel 3: B.I.1. (S. 146 ff.).

630 *Furman et al.*, S. 54 f. Die „Digital Markets Unit" wurde im April 2021 als Teil der Competition & Markets Authority eingerichtet: *Ukrow*, MMR-Aktuell 2021, 438549.

631 *Furman et al.*, S. 54.

Rechtssicherheit gewährleisten, Innovation fördern und insgesamt einen fairen Wettbewerb sichern.[632] Um hierdurch keine regulatorischen Hürden für kleinere Unternehmen zu errichten, sollen lediglich Unternehmen mit einem „Strategic Market Status" adressiert werden.[633] Hiermit sind Unternehmen gemeint, die als Gatekeeper die Zugangsmöglichkeiten zu Märkten bestimmen können.[634] Somit empfiehlt der Furman-Report – wenn auch nicht allzu konkret – eine Art ex-ante-Behandlung für Unternehmen mit einer hervorgehobenen Bedeutung für den Wettbewerb.[635] Diese Empfehlung dürfte Anstoß für die Idee einer überragenden marktübergreifenden Bedeutung gewesen sein. Wenngleich der Gesetzesentwurf nicht ausdrücklich hierauf Bezug nimmt, machten Vertreter des Bundesministeriums für Wirtschaft und Energie dies an anderer Stelle deutlich.[636]

II. Alphabet und Google als Normadressaten des § 19a Abs. 1 GWB

Das bisherige Recht kannte zwei Arten von Marktmacht, die für die Missbrauchskontrolle relevant sind. Zum einen kann nach § 19 GWB ein missbräuchliches Verhalten marktbeherrschender Unternehmen erfasst werden. Zum anderen gilt das Missbrauchsverbot nach § 20 GWB auch für Unternehmen mit relativer Marktmacht. Als neue Art relevanter Macht hat der Gesetzgeber durch die 10. GWB-Novelle die überragende marktübergreifende Bedeutung in § 19a GWB eingeführt.[637] Als Voraussetzung für die Annahme einer solchen Bedeutung formuliert § 19a Abs. 1 S. 1 GWB zunächst, dass das Unternehmen in erheblichem Umfang auf Märkten i.S.v. § 18 Abs. 3a GWB tätig sein muss. Darüber hinaus nennt § 19a Abs. 1 S. 2 GWB Kriterien, die zur Bestimmung der überragenden marktübergreifenden Bedeutung heranzuziehen sind.

---

632 *Furman et al.*, S. 55.

633 *Furman et al.*, S. 55.

634 *Furman et al.*, S. 41 f.

635 Die britische *Competition & Markets Authority* hat in zwei Berichten nochmal bekräftigt, ein Konstrukt des „Strategic Market Status" einzuführen, siehe: *Competition & Markets Authority*, A new pro-competition regime for digital markets, S. 4 ff.; *Competition & Markets Authority*, Online platforms and digital advertising, S. 328 ff.

636 *Käseberg*, in: Bien et al. (Hrsg.), Einleitung, Rn. 13; *Käseberg/Brenner/Fülling*, WuW 2021, 269 (270); *Steinberg/Wirtz*, WuW 2019, 606 (611). Ebenfalls hierauf hinweisend: *Podszun*, in: Deutscher Juristentag (Hrsg.), F 1 (F 70).

637 *BMWi*, Referentenentwurf zur 10. GWB-Novelle, S. 76; *Polley/Kaup*, NZKart 2020, 113 (116).

Insofern reicht die Tätigkeit in erheblichem Umfang auf Märkten im Sinne von § 18 Abs. 3a GWB für sich genommen noch nicht aus, um als Unternehmen mit marktübergreifender Bedeutung eingeordnet zu werden.[638] Die Bedeutung ist vielmehr im Rahmen einer Gesamtschau – unter besonderer Berücksichtigung der in § 19a Abs. 1 S. 2 aufgelisteten Kriterien – zu ermitteln.

Am 25. Mai 2021 eröffnete das Bundeskartellamt gegen Google und Alphabet ein Verfahren, das der Feststellung einer überragenden marktübergreifenden Bedeutung dienen soll.[639] Dass beide Unternehmen als Normadressaten geprüft werden,[640] steht in Einklang mit dem Vorgehen der EU-Kommission im Google-Shopping-Verfahren. Auch dort waren Google und Alphabet adressiert.[641] Für einen konzernorientierten Ansatz in § 19a GWB spricht ebenfalls das Kriterium der vertikalen Integration aus § 19a Abs. 1 S. 2 Nr. 4 GWB. Um die ökonomischen Wirkweisen innerhalb digitaler Ökosysteme angemessen berücksichtigen zu können, sollte der Unternehmensbegriff weit gefasst werden. Die folgende Untersuchung hinsichtlich der Normadressateneigenschaft richtet sich somit gegen Google und Alphabet. Zur besseren Lesbarkeit wird in diesem Kapitel jedoch lediglich Google genannt.

Inhaltlich teilen sich die Ausführungen in zwei Bereiche. Zunächst wird untersucht, ob Google in erheblichem Umfang auf Märkten i.S.v. § 18 Abs. 3a GWB tätig ist (1). Daran anschließend wird erörtert, ob Google eine überragende marktübergreifende Bedeutung zukommt (2).

1. *Tätigkeit in erheblichem Umfang auf Märkten i.S.v. § 18 Abs. 3a GWB*

Hinsichtlich der Feststellung einer überragenden marktübergreifenden Bedeutung eines Unternehmens setzt § 19a Abs. 1 S. 1 GWB voraus, dass dieses Unternehmen in erheblichem Umfang auf Märkten i.S.v. § 18 Abs. 3a GWB tätig ist.

a) *Tätigkeit auf Märkten i.S.v. § 18 Abs. 3a GWB*

Eine Tätigkeit auf Märkten i.S.v. § 18 Abs. 3a GWB liegt vor, wenn das Unternehmen auf mehrseitigen Märkten oder als Netzwerk agiert. Der Begriff der mehrseitigen Märkte ist dabei synonym zur Plattform zu verstehen.[642] Google

---

638 So auch zutreffend: *Lettl*, WRP 2021, 413 (415).

639 *Bundeskartellamt*, Pressemitteilung v. 25.05.2021, http://go.wwu.de/502pj.

640 Konkret richten sich die Verfahren gegen die Google Germany GmbH, Google Ireland Ltd. sowie Alphabet Inc.: *Bundeskartellamt*, Pressemitteilung v. 25.05.2021, http://go.wwu.de/502pj.

641 *EU-Kommission*, Beschl. v. 27.06.2017, AT.39740, Rn. 1 – Google Shopping.

642 Siehe hierzu: Kapitel 1: C.II. (S. 25 f.).

ist auf solchen Plattformmärkten tätig. Wie bereits erörtert, stellt Google Search eine dieser Plattformen dar.[643]

b) Tätigkeit in erheblichem Umfang

In einem zweiten Schritt wird gefordert, dass die Tätigkeit auf Märkten i.S.v. § 18 Abs. 3a GWB einen erheblichen Umfang ausmacht. Hieraus ergibt sich eine doppelte Erheblichkeitsprüfung.[644] Zum einen muss einem Unternehmen im Vergleich zu den anderen Wettbewerbern eine gewisse Marktbedeutung zukommen. Zum anderen muss zusätzlich der Schwerpunkt des unternehmerischen Handelns im digitalen Bereich liegen.[645] Dies überrascht mit Blick auf den Wortlaut der Norm. Aus diesem geht kein Anwendungsausschluss für solche Unternehmen hervor, die größtenteils auf analogen Geschäftsfeldern in Plattformmärkten tätig sind. Auch inhaltlich wird diese Einschränkung kritisiert.[646] In der Folge könne selbst ein Unternehmen, das einen betreffenden Markt beherrscht, vom Anwendungsbereich ausgenommen sein, sofern die Tätigkeit auf diesem (digitalen) Markt im ansonsten analog tätigen Unternehmen nur eine untergeordnete Rolle spielt.[647] Der Referentenentwurf geht allerdings davon aus, dass nur Unternehmen mit digitalem Schwerpunkt erfasst werden.[648]

2. Überragende marktübergreifende Bedeutung

§ 19a Abs. 1 S. 2 GWB nennt einige Kriterien, die zur Bewertung einer überragenden marktübergreifenden Bedeutung heranzuziehen sind. Diese Aufzählung ist jedoch nicht abschließend und die Anordnung soll keine Aussage über die Bedeutung der einzelnen Kriterien treffen.[649] Äußerungen von gesetzgeberischer Seite lassen darauf schließen, dass die Annahme einer überragenden marktübergreifenden Bedeutung sehr restriktiv getroffen werden soll. Hiernach sei die Zahl potentieller Adressaten als gering einzustufen.[650]

---

643 Siehe hierzu: Kapitel 1: C.II.2. (S. 31 ff.).

644 Dies wird aus dem Referentenentwurf deutlich: *BMWi*, Referentenentwurf zur 10. GWB-Novelle, S. 76 f.

645 *BMWi*, Referentenentwurf zur 10. GWB-Novelle, S. 76 f. So auch: *Hillmer*, S. 199.

646 *Studienvereinigung Kartellrecht*, Missbrauchsaufsicht/Digitalisierung, S. 30 f.

647 *Studienvereinigung Kartellrecht*, Missbrauchsaufsicht/Digitalisierung, S. 30 f.

648 *BMWi*, Referentenentwurf zur 10. GWB-Novelle, S. 76. Ebenfalls in diese Richtung: *Höppner/Weber*, K&R 2020, 24 (28); *Kredel/Kresken*, NZKart 2020, 2 (3).

649 *BMWi*, Referentenentwurf zur 10. GWB-Novelle, S. 77.

650 *BMWi*, Referentenentwurf zur 10. GWB-Novelle, S. 76.

Bezüglich der einzelnen Kriterien wurde insbesondere diskutiert, ob eine marktbeherrschende Stellung zwingende Voraussetzung für die überragende marktübergreifende Bedeutung ist. Im Folgenden wird zunächst diese Frage erörtert (a). Sodann wird das Vorliegen der weiteren Kriterien mit Blick auf Google überprüft (b).

a) Kriterium einer marktbeherrschenden Stellung

Rege Diskussionen verursachte die Frage, ob eine Feststellungsverfügung nach § 19a Abs. 1 GWB voraussetzt, dass das Unternehmen auf irgendeinem Markt beherrschend ist.[651] Gemäß § 19a Abs. 1 S. 2 Nr. 1 GWB ist bei der Feststellung insbesondere die marktbeherrschende Stellung auf einem oder mehreren Märkten zu berücksichtigen. Dem Wortlaut lässt sich keine eindeutige Aussage darüber entnehmen, ob eine marktbeherrschende Stellung zugleich ein zwingendes Erfordernis für das Bestehen einer überragenden marktübergreifenden Stellung ist.[652] Angesichts des unklaren Wortlauts ist eine Normauslegung erforderlich. Zur Klärung der Frage lässt sich der Sinn und Zweck der Norm (aa), ihre systematische Stellung (bb) sowie der Wille des Gesetzgebers (cc) untersuchen.

aa) Sinn und Zweck der Norm

Eine Auslegung nach Sinn und Zweck erfordert, den Blick auf die Zielrichtung des Kartellrechts zu richten. Ein wirksamer Wettbewerb ist dadurch gekennzeichnet, dass sich unter seinen Voraussetzungen kein Unternehmen von seinen Wettbewerbern unabhängig verhalten kann.[653] Sofern ein Unternehmen marktbeherrschend ist, kann es seine wirtschaftlichen Entscheidungen somit weitestgehend frei von derartigen Wettbewerbszwängen treffen. Damit geht die Möglichkeit einher, diese Stellung zu missbrauchen, indem unternehmerische Entscheidungen getroffen werden, die bei wirksamem Wettbewerb nicht möglich gewesen wären.[654] Hieraus ergibt sich, dass eine marktbeherrschende Stellung der maßgebliche Grund dafür ist, betreffende Unternehmen einer

---

651 *Höppner/Weber*, K&R 2020, 24 (28); *Körber*, S. 50 ff.; *Kredel/Kresken*, NZKart 2020, 2 (3); *Steinberg/Wirtz*, WuW 2019, 606 (611).

652 *Bitkom*, S. 3; *Degenhart*, WuW 2020, 308 (310); *Körber*, S. 51; *Kredel/Kresken*, NZKart 2020, 2 (3).

653 Loewenheim/Meessen/Riesenkampff/Kersting/Meyer-Lindemann/Bergmann/*Fiedler*, Art. 102 AEUV Rn. 116.

654 MüKo/*Wolf*, § 18 GWB Rn. 2.

Missbrauchsaufsicht nach § 19 GWB zu unterziehen.[655] In Bezug auf § 19a GWB stellt sich die Frage, ob ein Unternehmen, das keinen Markt beherrscht, über eine Stellung verfügen kann, die eine relevante Schädigung des Wettbewerbs ermöglicht.

Das Schutzziel der Norm besteht darin, einer wettbewerbsschädlichen Erweiterung von Marktmacht auf andere Märkte entgegenzutreten.[656] Die „Leveraging-Strategien" von Unternehmen wie Google werden durch § 19a GWB in den Blick genommen.[657] Mit Leveraging ist die „Hebelmacht" eines Unternehmens gemeint:[658] Die mächtige Stellung auf einem Markt wird dazu eingesetzt, die Stellung auf einem anderen Markt zu verbessern und sich hierdurch einen Vorteil zu verschaffen. Nach Ansicht von *Höppner/Weber* könne eine hierfür erforderliche Machtposition entweder aus einer marktbeherrschenden Stellung oder einer Intermediationsmacht[659] abgeleitet werden.[660] Es sei insofern ungerechtfertigt, eine unter dieser Schwelle liegende Marktstellung ausreichen zu lassen.[661] Eine derart niedrige Aufgreifschwelle verkenne die wettbewerblichen Realitäten, da einem Unternehmen in so einer Konstellation das Leveraging nicht exklusiv möglich sei.[662]

Gerade mit Blick auf das Ausdehnen von Marktmacht auf zusätzliche Märkte ist jedoch ein weiterer wichtiger Faktor zu beachten. § 19a GWB beabsichtigt eine beschleunigte Kartellrechtsdurchsetzung.[663] Sofern ein Unternehmen nicht zwingend marktbeherrschend sein muss, kann sich hieraus mit Blick auf die beabsichtigte Beschleunigung des Kartellrechts ein Vorteil ergeben. Das Bundeskartellamt müsste die aufwendige Marktabgrenzung und Marktmachtbestimmung nicht mehr zwangsläufig vornehmen.[664] In der Folge könnten wettbewerbsschädliche Verhaltensweisen zügiger untersagt werden. Dem wird

655 MüKo/*Wolf*, § 18 GWB Rn. 2.

656 *BMWi*, Referentenentwurf zur 10. GWB-Novelle, S. 75.

657 *Höppner/Weber*, K&R 2020, 24 (28).

658 *Khan*, Georgetown Law Technology Review 2018, 325 (328); *Nothhelfer*, S. 27 f.; *Paal*, GRUR Int. 2015, 997 (1001); *Rubinfeld*, GRUR Int. 1999, 479 (485); *Weber/Volz*, WuW 2015, 356 (363 f.); *Whinston*, The American Economic Review 1990, 837 (837).

659 Siehe zur Intermediationsmacht: Kapitel 3: C.I. (S. 180 ff.).

660 *Höppner/Weber*, K&R 2020, 24 (28).

661 *Höppner*, WuW 2020, 71 (75); *Höppner/Weber*, K&R 2020, 24 (28).

662 *Höppner/Weber*, K&R 2020, 24 (28).

663 Siehe hierzu: Kapitel 3: B.I. (S. 145 ff.).

664 *Körber*, S. 51. Siehe zur Marktabgrenzung am Beispiel der Suchmaschinen: *Dewenter/Rösch/Terschüren*, NZKart 2014, 387 (391 ff.). Ebenfalls zu den Schwierigkeiten

allerdings entgegengehalten, dass eine erhebliche Rechtsunsicherheit entstehe, sofern die überragende marktübergreifende Bedeutung ohne eine marktbeherrschende Stellung bestimmt werden soll.[665] Mit dieser Argumentation hat sich auch die Wettbewerbskommission 4.0 mit Blick auf eine mögliche Plattform-Verordnung im EU-Recht dafür ausgesprochen, eine marktbeherrschende Stellung als Voraussetzung für die Missbrauchsaufsicht zu normieren.[666]

bb) Systematische Stellung

Eine Missbrauchsaufsicht ohne marktbeherrschende Stellung war bisher lediglich in § 20 GWB geregelt. Insofern wird aus der Nähe des § 19a GWB zu § 19 GWB der Rückschluss gezogen, dass das Erfordernis einer marktbeherrschenden Stellung als zwingend vorausgesetzt werden sollte.[667] Aus Sicht von *Höppner* spricht auch die Integration von § 19a GWB in das System der §§ 19, 20 GWB dafür, eine marktbeherrschende Stellung – oder jedenfalls eine Intermediationsmacht i.S.v. § 18 Abs. 3b GWB – als notwendig vorauszusetzen.[668]

cc) Wille des Gesetzgebers

In einer Pressemitteilung des Bundesministeriums für Wirtschaft und Energie vom 24. Januar 2020 hieß es, dass beabsichtigt sei, „die Spielregeln für *marktbeherrschende* Plattformen strenger zu fassen und zugleich die Chancen für Innovation sowie Markt- und Datenzugang von Wettbewerbern zu erhöhen. Künftig kann es etwa Plattformunternehmen mit *marktübergreifender* Bedeutung untersagt werden, […]".[669] Das Bundesministerium für Wirtschaft und Energie stellte marktbeherrschende Plattformen und Plattformunternehmen mit marktübergreifender Bedeutung an dieser Stelle in einen engen Zusammenhang. Hieraus ließe sich ableiten, dass § 19a GWB marktbeherrschende Unternehmen adressieren soll. Im Referentenentwurf war ein dahin gehender Wille des Gesetzgebers allerdings nicht eindeutig zu ermitteln. Zwar war dort zu lesen, dass die Kriterien aus § 19a Abs. 1 S. 2 GWB lediglich als „Indizien" zu

---

bei der Abgrenzung digitaler Märkte: *Hoffer/Lehr*, NZKart 2019, 10 (13 f.); *Lohse*, ZHR 2018, 321 (328 ff.); *Podszun*, in: Deutscher Juristentag (Hrsg.), F 1 (F 23).

665 *Bundesverband Deutsche Startups*, Stellungnahme zum Referentenentwurf zur 10. GWB-Novelle, S. 2 f.; *Körber*, S. 51; *Steinberg/Wirtz*, WuW 2019, 606 (611).

666 *BMWi*, Ein neuer Wettbewerbsrahmen für die Digitalwirtschaft, S. 52 f.

667 *Studienvereinigung Kartellrecht*, Missbrauchsaufsicht/Digitalisierung, S. 32.

668 *Höppner*, WuW 2020, 71 (75).

669 *BMWi*, Pressemitteilung v. 24.01.2020, http://go.wwu.de/kx9uu (Hervorhebung durch Verfasser).

werten seien.[670] An anderer Stelle wurde jedoch formuliert, dass die betreffenden Unternehmen „häufig *nicht nur* eine beherrschende Stellung auf einzelnen Plattform- oder Netzwerkmärkten im Sinne des § 18 Abs. 3a GWB innehaben, sondern *darüber hinaus* [...]".[671] Dies kann so verstanden werden, dass die Normadressaten zwingend einen Markt i.S.v. § 18 Abs. 3a GWB beherrschen müssen – und darüber hinaus im Regelfall voraussichtlich noch weitere Kriterien aus § 19a Abs. 1 S. 2 GWB erfüllen werden.[672] Nach Veröffentlichung des Referentenentwurfs wurde dem Gesetzgeber in der Folge vereinzelt nachgesagt, dass dessen Wille auf eine marktbeherrschende Stellung als zwingende Voraussetzung gerichtet sei.[673]

Der Regierungsentwurf entwickelte den Referentenentwurf weiter und positionierte sich hinsichtlich der marktbeherrschenden Stellung eindeutig. Es heißt nun nicht mehr, dass „häufig *nicht nur* eine beherrschende Stellung" vorliege.[674] Stattdessen bestehe „nicht nur *häufig* eine beherrschende Stellung, [...]".[675] Somit erlaubt sich der Rückschluss, dass einem adressierten Unternehmen mitunter eben keine beherrschende Stellung zukommt. Ferner spricht der Regierungsentwurf davon, dass § 19a GWB „nicht nur an eine *etwaige*, auf Einzelmärkten bereits vorliegende Marktbeherrschung und daraus entstehende Verhaltensspielräume anknüpft, [...]".[676] Durch den Gebrauch von „etwaige" wird auch an dieser Stelle deutlich gemacht, dass die marktbeherrschende Stellung kein zwingendes Element einer überragenden marktübergreifenden Bedeutung sein soll.

Die im Regierungsentwurf getätigten Änderungen lassen noch an einer weiteren Stelle den klaren Willen des Gesetzgebers erkennen. Im Referentenentwurf hieß es mit Blick auf § 19a GWB, dass die betreffenden Unternehmen „für verschiedene Märkte von zentraler Bedeutung sein können, ohne notwendigerweise auf allen diesen Märkten jeweils die Schwelle zur Marktbeherrschung

---

670 *BMWi*, Referentenentwurf zur 10. GWB-Novelle, S. 77.

671 *BMWi*, Referentenentwurf zur 10. GWB-Novelle, S. 75 (Hervorhebung durch Verfasser).

672 So auch: *Steinberg/Wirtz*, WuW 2019, 606 (610).

673 *Studienvereinigung Kartellrecht*, Missbrauchsaufsicht/Digitalisierung, S. 32. *Körber* weist darauf hin, dass sich der Gesetzgeber an der einen oder anderen Stelle missverständlich ausgedrückt habe: *Körber*, S. 50 f.

674 *BMWi*, Referentenentwurf zur 10. GWB-Novelle, S. 75 (Hervorhebung durch Verfasser).

675 BT-Drucks. 19/23492, S. 73 (Hervorhebung durch Verfasser).

676 BT-Drucks. 19/23492, S. 73 (Hervorhebung durch Verfasser).

bereits überschritten zu haben."[677] Hieraus hätte zunächst der Umkehrschluss gezogen werden können, dass zumindest auf einem dieser Märkte eine marktbeherrschende Stellung vorhanden sein muss. Durch eine sprachliche Änderung wurde diesem Eindruck jedoch entgegengetreten. Im Regierungsentwurf heißt es, dass die Normadressaten „für verschiedene Märkte von zentraler Bedeutung sein können, ohne notwendigerweise auf diesen Märkten jeweils die Schwelle zur Marktbeherrschung bereits überschritten zu haben."[678] Der Gesetzgeber hat sich somit zwar nicht im Gesetzeswortlaut, aber in der Begründung klar positioniert: Für die Annahme einer überragenden marktübergreifenden Bedeutung i.S.v. § 19a Abs. 1 GWB solle nicht vorausgesetzt werden, dass das Unternehmen einen Markt beherrscht.

dd) Würdigung

Hinsichtlich Sinn und Zweck der Norm ist festzuhalten, dass insbesondere Leveraging unterbunden werden soll. Die Möglichkeit, ein solches Leveraging zu betreiben, muss aber nicht zwangsläufig an eine marktbeherrschende Stellung geknüpft werden. An dieser Stelle dient Google Search als interessantes Beispiel. Zurzeit ist die Plattform im Bereich der Suchmaschinen marktbeherrschend.[679] Doch auch unterhalb dieser Schwelle könnte eine sehr starke Position geeignet sein, Nutzer auf eigene speziellere Vermittlungsdienste umzuleiten.[680] Wird ein solcher Dienst auf einem anderen Markt in seiner Marktmacht gestärkt, kann dies wiederum positive Auswirkungen auf die Marktmacht im Ausgangsmarkt haben. So kann Google Search etwa davon profitieren, dass durch die vermehrte Nutzung vertikaler Suchdienste wie Google Shopping mehr Daten zur Verfügung stehen und die Nutzung noch enger an das Google-Ökosystem

---

677 *BMWi*, Referentenentwurf zur 10. GWB-Novelle, S. 76.

678 BT-Drucks. 19/23492, S. 73.

679 *EU-Kommission*, Beschl. v. 27.06.2017, AT.39740, Rn. 271 – Google Shopping; *Heinemann*, S. 41; *Juraschko*, in: Lewandowski (Hrsg.), Handbuch Internet-Suchmaschinen 3, 53 (72 f.); *Lichtenberg*, NZKart 2021, 286 (287); *Mauelshagen*, S. 238; *Nordemann/Wolters*, ZUM 2016, 846 (849 f.); *Paal*, GRUR Int. 2015, 997 (1000 f.); *Pohlmann/Lindhauer/Peter*, NZKart 2021, 466 (474); *Zinndorf*, S. 252 f. Gegen die Annahme einer marktbeherrschenden Stellung sprechen sich aus: *Klotz*, WuW 2016, 58 (64); *Brauneck*, GRUR Int. 2018, 103 (108). Zumindest Zweifel an einer solchen Stellung äußert: *Lohse*, ZHR 2018, 321 (346 f.). Siehe zur marktbeherrschenden Stellung von Google Search: Kapitel 3: D.II. (S. 242 ff.).

680 In diese Richtung auch: *Monopolkommission*, Sondergutachten 82, S. 17 f.

gebunden werden.[681] Ein erfolgreiches Leveraging kann demnach dazu führen, dass eine marktbeherrschende Stellung im Ausgangsmarkt gestärkt wird oder theoretisch sogar überhaupt erst entsteht.

Auch vor dem Hintergrund eines beschleunigten Verfahrens ist es ratsam, eine aufwendige Marktabgrenzung zu vermeiden. Dem kommt der Verzicht auf ein zwingendes Erfordernis einer marktbeherrschenden Stellung zugute. Insofern ist zu begrüßen, dass der Gesetzgeber sich in der finalen Gesetzesbegründung eindeutig geäußert hat. Die systematische Verknüpfung mit § 19 GWB mag als Argument für eine zwingende Marktbeherrschung dienen. Jedoch kann diesem Argument in Abwägung mit Sinn und Zweck der Norm sowie dem deutlichen Willen des Gesetzgebers kein Vorrang zukommen. Für die Annahme einer überragenden marktübergreifenden Bedeutung ist die Beherrschung irgendeines Marktes nicht erforderlich.[682]

b) Weitere Kriterien

In § 19a Abs. 1 S. 2 GWB werden neben der marktbeherrschenden Stellung weitere Kriterien für die Feststellung einer überragenden marktübergreifenden Bedeutung normiert. Namentlich sind dies die Finanzkraft und der Zugang zu sonstigen Ressourcen (Nr. 2), die vertikale Integration und die Tätigkeit auf in sonstiger Weise miteinander verbundenen Märkten (Nr. 3), der Zugang zu wettbewerbsrelevanten Daten (Nr. 4) sowie die Bedeutung der Tätigkeit für den Zugang Dritter zu Beschaffungs- und Absatzmärkten sowie der damit verbundene Einfluss auf die Geschäftstätigkeit Dritter (Nr. 5).

Es handelt sich hierbei ausschließlich um Kriterien, die auf die Erfassung von Wettbewerbsbeeinträchtigungen abzielen. Während der Entstehungsphase

---

681 *Lewandowski/Kerkmann/Sünkler*, in: Stark/Dörr/Aufenanger (Hrsg.), 75 (93). Abstrakt findet sich der Gedanke bei: *Höppner*, WuW 2020, 71 (72).

682 *Käseberg*, in: Bien et al. (Hrsg.), Kapitel 1, Rn. 188. So sieht das auch mit Blick auf den Referentenentwurf: *Körber*, S. 50. Nicht ganz eindeutig äußern sich: *Budzinski/Gaenssle/Stöhr*, List Forum für Wirtschafts- und Finanzpolitik 2020, 157 (163), die man auch dahin gehend verstehen kann, dass zumindest auf *irgendeinem* Markt eine beherrschende Stellung vorliegen muss. *Kahlenberg/Rahlmeyer/Giese* sind so zu deuten, dass zumindest irgendeine marktbeherrschende Stellung des Unternehmens bestehen muss, wenn sie schreiben, der „Wortlaut der untersagungsfähigen Verhaltensweisen nach § 19a Abs. 2 GWB könnte so zu verstehen sein, dass die Verhaltensweisen nicht auf einem Markt stattfinden müssen, auf dem das marktmächtige Unternehmen marktbeherrschend ist", *Kahlenberg/Rahlmeyer/Giese*, BB 2021, 579 (581).

der 10. GWB-Novelle wurde auf die Berücksichtigung von Effekten plädiert, die eine wettbewerbs*fördernde* Wirkung entfalten.[683] Hierzu ließe sich auf Netzwerkeffekte, Multihoming oder einen innovationsgetriebenen Wettbewerbsdruck abstellen.[684] Derartige „Negativ-Kriterien“, die gegen die Annahme einer überragenden marktübergreifenden Bedeutung streiten, nahm der Gesetzgeber allerdings nicht in § 19a Abs. 1 S. 2 GWB auf. Somit werden im Rahmen der Feststellungsverfügung – zumindest dem Wortlaut nach – keine wettbewerbsfördernden Merkmale berücksichtigt.

Im Folgenden werden die einzelnen Merkmale aus § 19a Abs. 1 S. 2 GWB dargestellt und eine Einordnung von Google vorgenommen (aa–dd). Das Kriterium der Nutzerzeit fand – entgegen einiger Vorschläge –[685] keinen Einzug in den Wortlaut der Norm (ee).

aa) Finanzkraft und Zugang zu sonstigen Ressourcen

Ein gewichtiger Wettbewerbsfaktor bei Konglomeraten ist deren finanzieller Spielraum („Deep Pockets“[686]).[687] Dieser ermöglicht es ihnen, aggressiv gegen potentielle Wettbewerber vorzugehen.[688] Das Kriterium der Finanzkraft wird in § 18 Abs. 3 Nr. 2 GWB als Faktor bei der Bewertung der Marktstellung eines Unternehmens aufgeführt. Der Gesetzgeber möchte hiermit alle „finanziellen Mittel und Möglichkeiten eines Unternehmens, insbesondere die Finanzierungsmöglichkeiten (Eigen- und Fremdfinanzierung)“ erfassen.[689] Besondere

---

683 *Studienvereinigung Kartellrecht*, Missbrauchsaufsicht/Digitalisierung, S. 33.

684 *Studienvereinigung Kartellrecht*, Missbrauchsaufsicht/Digitalisierung, S. 33.

685 *Bundesverband Deutsche Startups*, Stellungnahme zum Regierungsentwurf zur 10. GWB-Novelle, S. 2; *Podszun*, Stellungnahme für den Ausschuss für Wirtschaft und Energie des Deutschen Bundestags, S. 10; *Zalando SE*, S. 2. Ebenfalls zur rechtlichen Berücksichtigung von Nutzerzeit: *Competition & Markets Authority*, Online platforms and digital advertising, S. 47 f.

686 Zur Deep-Pocket-Theorie siehe: *Hanweck/Rhoades*, Journal of Economics and Business 1984, 391 (391 ff.).

687 Immenga/Mestmäcker/*Körber*, Art. 2 FKVO Rn. 264; *Scott Morton/Dinielli*, S. 14. *Höppner/Weber* davon aus, dass der Finanzkraft bei der Ermittlung marktübergreifender Bedeutung nur ein geringes Gewicht zukommt, *Höppner/Weber*, K&R 2020, 24 (29).

688 Dies kann sich auch in Form von Unternehmensübernahmen ausdrücken: *Hoffmann-Riem*, in: Augstein (Hrsg.), 121 (130).

689 BT-Drucks. 6/2520, S. 23.

Bedeutung für die Ermittlung der Finanzkraft haben der Umsatz[690], der Cashflow und die in den letzten Jahren erzielten Gewinne.[691] Bestätigung findet dies in der Gesetzesbegründung zur 10. GWB-Novelle, wo zusätzlich als sonstige Ressource die Nutzerzahl genannt wird.[692]

Das Kriterium der Finanzkraft sollte insbesondere dann Beachtung finden, wenn das Anbieten eines Dienstes enorme finanzielle Investitionen in eine Infrastruktur erfordert.[693] Der Umstand, dass außer Bing kein Wettbewerber in der Lage ist, eine Infrastruktur für den Suchmaschinenbetrieb aufzubauen,[694] deutet auf die Finanzkraft von Google hin.[695] An dieser Stelle zeigt sich auch der enge Zusammenhang zwischen der Finanzkraft und den sonstigen Ressourcen, die auch die technische Infrastruktur umfassen. Der Crawling- und Indexierungsprozess von Google Search erfordert ebenso wie die (Weiter-)Entwicklung des Bewertungsalgorithmus immense Serverkapazitäten, eine fortlaufende Datenanalyse und weiteres technisches Know-How. Vor dem Hintergrund dieser finanziellen und personellen Anforderungen verzichten die meisten Suchmaschinenanbieter auf eigene Indizes und Bewertungsalgorithmen und greifen stattdessen auf die Infrastruktur größerer Wettbewerber zurück.[696] Gerade dieser Umstand macht deutlich, welche Bedeutung den „sonstigen Ressourcen" im Bereich der Suchmaschinen zukommt. Die technische Infrastruktur und das Know-How kann Google nutzen, um darüber hinaus weitere Dienste zu entwickeln und gut skalierbar für eine breite Nutzermasse anzubieten.[697] Insofern gestalten sich der Aufbau neuer Dienste, der Eintritt in Märkte sowie das Skalieren der einzelnen Geschäftsmodelle deutlich einfacher als für kleinere Unternehmen.

Hinzu kommt die abschreckende Wirkung, die von einer enormen Finanzkraft ausgeht. Andere Unternehmen können hierdurch daran gehindert werden, einen innovativen Dienst anzubieten.[698] Das Risiko, von einem finanziell

---

690 *BGH*, GRUR 1986, 180 (183); Loewenheim/Meessen/Riesenkampff/Kersting/Meyer-Lindemann/*Kühnen*, § 18 GWB Rn. 89.

691 *Bechtold/Bosch*, § 18 GWB Rn. 46.

692 BT-Drucks. 19/23492, S. 75.

693 In diese Richtung auch: Immenga/Mestmäcker/*Fuchs*, § 18 GWB Rn. 125, der auf „hohe Aufwendungen für Forschung und Entwicklung" abstellt.

694 *Lewandowski/Kerkmann/Sünkler*, in: Stark/Dörr/Aufenanger (Hrsg.), 75 (82).

695 *Lichtenberg*, NZKart 2021, 286 (290).

696 Siehe hierzu: Kapitel 1: E. (S. 37 ff.).

697 *Hanley*, Conneticut Public Interest Law Journal 2020, 271 (277).

698 Loewenheim/Meessen/Riesenkampff/Kersting/Meyer-Lindemann/*Kühnen*, § 18 GWB Rn. 87.

starken Unternehmen wie Google verdrängt zu werden, könnte zu hoch sein.[699] Aus diesem Grund wird zur Bewertung von Finanzkraft – insbesondere im Rahmen der Zusammenschlusskontrolle –[700] oftmals die Abschreckungstheorie herangezogen.[701] Im Rahmen von § 18 GWB könne sich eine marktbeherrschende Stellung daraus ergeben, dass ein Unternehmen über eine hohe Finanzkraft verfügt, in deren Folge sich Wettbewerber nicht mehr zutrauen, mittels ihrer Dienste oder Produkte in den Wettbewerb zu treten.[702]

Dieses Argument sollte auch im Rahmen der überragenden marktübergreifenden Bedeutung nach § 19a Abs. 1 GWB berücksichtigt werden. Mit einem Umsatz von 182,53 Milliarden US-Dollar verfügt Alphabet als Mutterkonzern von Google über enorme finanzielle Ressourcen.[703] Mit deren Hilfe kann der Konzern die Entwicklung aufstrebender Wettbewerber und Start-ups unterbinden.[704] In der Folge können die Nutzer in Anbetracht einer geringeren Anzahl an Wettbewerbern für eine längere Zeit im Google-Ökosystem gehalten werden. Daneben lassen sich potentielle Nutzer umso leichter akquirieren, je weniger alternative Dienste ihnen zur Auswahl stehen.

Im Rahmen von § 18 GWB ist zur Bestimmung von Marktmacht neben der Finanzkraft des möglichen Marktbeherrschers auch die Finanzkraft der anderen Wettbewerber zu beachten. Sofern einer dieser Wettbewerber ebenfalls über eine erhebliche Finanzkraft verfügt, kann dies als Negativ-Kriterium dem Vorliegen von Marktbeherrschung entgegenstehen.[705] Diese Bewertung ist nicht auf die Idee der überragenden marktübergreifenden Bedeutung zu übertragen. Während es im Rahmen der Marktbeherrschung, abgesehen von Oligopolen,

---

699 Immenga/Mestmäcker/*Fuchs*, § 18 GWB Rn. 125.

700 *Bechtold/Bosch*, § 18 GWB Rn. 45; Immenga/Mestmäcker/*Fuchs*, § 18 GWB Rn. 125.

701 *Bechtold/Bosch*, § 18 GWB Rn. 45; Immenga/Mestmäcker/*Fuchs*, § 18 GWB Rn. 125; Loewenheim/Meessen/Riesenkampff/Kersting/Meyer-Lindemann/*Kühnen*, § 18 GWB Rn. 87.

702 *BGH*, GRUR 1986, 180 (183 f.); Loewenheim/Meessen/Riesenkampff/Kersting/Meyer-Lindemann/*Kühnen*, § 18 GWB Rn. 87.

703 Umsatz von Alphabet weltweit in den Jahren 2011 bis 2020, http://go.wwu.de/q955q. Ebenfalls von einer enormen Finanzkraft ausgehend: *Mauelshagen*, S. 232 f., die auf den Umsatz von Alphabet im Jahr 2015 verweist, der damals noch „nur" ca. 75 Milliarden US-Dollar betrug.

704 *Hoffmann-Riem*, in: Augstein (Hrsg.), 121 (130); *Podszun*, in: Deutscher Juristentag (Hrsg.), F 1 (F 43); *Podszun/Kreifels*, in: Mak/Tjong Tjin Tai/Berlee (Hrsg.), 183 (195).

705 *BGH*, GRUR 2004, 1048 (1050).

nur *ein* marktbeherrschendes Unternehmen geben kann, kommen bei § 19a GWB verschiedene nebeneinander bestehende Unternehmen mit überragender marktübergreifender Bedeutung in Betracht. Dies ist dem Umstand geschuldet, dass § 19a GWB keinen marktspezifischen Ansatz verfolgt, sondern den Einfluss eines Konzerns oder Unternehmens auf das wettbewerbliche Geschehen im Gesamten in den Blick nimmt. Die ebenfalls hohe Finanzkraft anderer GAFA-Unternehmen[706] spricht demnach nicht gegen die Annahme einer überragenden marktübergreifenden Bedeutung von Google.

bb) Vertikale Integration und Tätigkeit auf in sonstiger Weise miteinander verbundenen Märkten

Diese Variante dürfte auf den strukturellen Aufbau der Unternehmen als digitale Ökosysteme abzielen. Der Begriff des Ökosystems taucht zwar nicht im Wortlaut der Norm auf. Seine Bedeutung wurde aber von verschiedenen Seiten betont. Der Gesetzgeber hat den Begriff in der Gesetzesbegründung genannt.[707] Daneben betonte der Präsident des Bundeskartellamtes, *Andreas Mundt*, wiederholt die kartellrechtliche Bedeutung digitaler Ökosysteme.[708] Das Bundeskartellamt hat sich nunmehr auch im ersten Verfahren nach § 19a GWB dahin gehend geäußert. Typischerweise handele es sich bei Unternehmen mit überragender marktübergreifender Bedeutung um „ein sich über verschiedene Märkte erstreckendes Ökosystem".[709]

Wie in Kapitel 2 bereits herausgearbeitet wurde, verfügt Google als zentraler Bestandteil von Alphabet über ein weites – auf angebots- und nachfrageseitigen Faktoren aufgebautes – Ökosystem. Demnach liegt eine starke

---

706 Der Umsatz von Amazon stieg in den letzten Jahren kontinuierlich an und lag im Jahr 2020 bei 386,06 Milliarden US-Dollar, http://go.wwu.de/hwfiu. Apple hatte im Jahr 2021 einen Umsatz von 365,82 Milliarden US-Dollar, http://go.wwu.de/0yon1.

707 BT-Drucks. 19/23492, S. 73.

708 *Bundeskartellamt*, Stellungnahme zum Regierungsentwurf zur 10. GWB-Novelle, S. 6. Auch aus den Pressemitteilungen zu den bislang gegen Google, Amazon, Facebook und Apple eröffneten Verfahren wird die Bedeutung ersichtlich: *Bundeskartellamt*, Pressemitteilung v. 21.06.2021, http://go.wwu.de/l06hs; *Bundeskartellamt*, Pressemitteilung v. 04.06.2021, http://go.wwu.de/ud8dx; *Bundeskartellamt*, Pressemitteilung v. 25.05.2021, http://go.wwu.de/502pj; *Bundeskartellamt*, Pressemitteilung v. 18.05.2021, http://go.wwu.de/65q2v; *Bundeskartellamt*, Pressemitteilung v. 28.01.2021, http://go.wwu.de/4674b.

709 *Bundeskartellamt*, Pressemitteilung v. 28.01.2021, http://go.wwu.de/4674b.

vertikale Integration des Unternehmens vor.[710] Dieses Kriterium weist insoweit nicht nur eine große Nähe zum Ökosystem auf, sondern ebenfalls zur Gatekeeper-Stellung. Als wesentlicher Gatekeeper im Bereich der Informationsbeschaffung und Inhaltevermittlung ist Google Search mit etlichen Märkten verbunden und dient vielen Nutzern dabei als Vermittler.

cc) Zugang zu wettbewerbsrelevanten Daten

Das Kriterium „Zugang zu wettbewerbsrelevanten Daten" wurde im Rahmen der 9. GWB-Novelle in § 18 Abs. 3a Nr. 4 GWB eingeführt. Es ist dort bei der Frage nach dem Vorliegen einer marktbeherrschenden Stellung, insbesondere mit Blick auf Plattformmärkte und Netzwerke, zu berücksichtigen.[711] Der Hintergrund ist schnell erklärt: Aufgrund der Einordnung von Daten als vorherrschendem Innovationsfaktor ist der Zugang zu ihnen für die wettbewerbliche Stellung eines Unternehmens von großer Bedeutung.[712] Dies gilt insbesondere für Online-Dienste.[713]

Beim Zugang zu wettbewerbsrelevanten Daten soll in erster Linie auf einen hieraus resultierenden Vorteil gegenüber Wettbewerbern abgestellt werden.[714] Hierfür ist im Rahmen von § 18 Abs. 3a Nr. 4 GWB zu untersuchen, ob Wettbewerber über ähnliche Zugangsmöglichkeiten verfügen.[715] Dies könnte man bei Google Search aufgrund des immens hohen Marktanteils dahin gehend beantworten, dass die konkurrierenden Suchmaschinenanbieter de facto deutlich weniger Gelegenheit zur Datenerfassung haben. Jedoch ist zu beachten, dass bei § 19a GWB gerade keine marktbezogene Missbrauchsaufsicht beabsichtigt ist. Insofern sind die Erkenntnisse aus § 18 Abs. 3a Nr. 4 GWB nicht ohne

---

710 *Huppert*, S. 70. *Höppner/Weber* führen die Stärkung von Google Search durch die Voreinstellungen in Google Chrome und Google Android als Beispiel für die „Marktverflechtungen" an, die das Kriterium erfassen soll, *Höppner/Weber*, K&R 2020, 24 (29).

711 Im Zuge der 10. GWB-Novelle wurde das Kriterium nunmehr auch in § 18 Abs. 3 Nr. 3 GWB integriert, um klarzustellen, dass der Zugang zu wettbewerbsrelevanten Daten auch auf Märkten, die nicht unter § 18 Abs. 3a GWB zu subsumieren sind, Berücksichtigung finden soll: BT-Drucks. 19/23492, S. 69.

712 *Grave*, in: Kersting/Podszun (Hrsg.), Kapitel 2, Rn. 51.

713 Immenga/Mestmäcker/*Fuchs*, § 18 GWB Rn. 148.

714 Immenga/Mestmäcker/*Fuchs*, § 18 GWB Rn. 148a; Loewenheim/Meessen/Riesenkampff/Kersting/Meyer-Lindemann/*Kühnen*, § 18 GWB Rn. 110.

715 Immenga/Mestmäcker/*Fuchs*, § 18 GWB Rn. 148a; Loewenheim/Meessen/Riesenkampff/Kersting/Meyer-Lindemann/*Kühnen*, § 18 GWB Rn. 110.

Weiteres auf die Variante aus § 19a Abs. 1 S. 2 Nr. 4 GWB zu übertragen. Dies gilt auch für die Frage, unter welchen Voraussetzungen Daten als wettbewerbsrelevant einzustufen sind. Schon im Jahr 2008 hat sich die EU-Kommission im Beschluss *Google/DoubleClick* hierzu geäußert. Von der Anzahl vorhandener Daten dürfe kein einfacher Rückschluss auf die Wertigkeit des Datenbestands gezogen werden.[716] Vielmehr sei darauf abzustellen, welche Datenarten sich für die Zwecke der jeweiligen Datenverarbeitung am besten eignen.[717] Dies ist zur Feststellung einer überragenden marktübergreifenden Bedeutung ebenso zu beachten wie die Möglichkeit des Unternehmens, die zugänglichen Daten auch gewinnbringend durch eine Analyse in Wissen zu transformieren.[718]

Ein überlegener Zugang zu wettbewerbsrelevanten Daten kann sich insbesondere aus einem marktübergreifenden Tätigwerden und einem Zusammenführen der jeweils erfassten Daten ergeben.[719] Google bietet innerhalb einer konglomeraten Unternehmensstruktur datenbasierte Online-Dienste an.[720] Gerade dieser Umstand kann einen vorteilhaften Zugang zu wettbewerbsrelevanten Daten ermöglichen.[721] Insofern weist das Kriterium bei datengetriebenen Unternehmen einen engen Bezug zum Ökosystem und damit zum Kriterium aus § 19a Abs. 1 S. 2 Nr. 3 GWB auf. Der Wettbewerbsvorteil muss allerdings auch realisiert werden. Dies setzt voraus, dass die zur Datenanalyse erforderliche Kompetenz vorhanden ist, um den Wert der verfügbaren Daten auszuschöpfen.[722] Google verfügt über derartige Analysefähigkeiten. Schon im

---

716 *EU-Kommission*, Entsch. v. 11.03.2008, COMP/M.4731 – Google/Double Click. Aus Sicht von *Buchner* habe die EU-Kommission die möglichen Auswirkungen der „Datenmacht" in dem Verfahren jedoch nicht ausreichend untersucht, *Buchner*, DuD 2018, 724 (724 ff.). Ebenfalls gegen den Rückschluss, dass „Datenmacht" ohne Weiteres zu Marktmacht führt: *Gasser*, S. 76; *Grothe*, S. 136 ff.; *Körber*, NZKart 2016, 303 (306); *Paal*, GRUR 2019, 43 (46); *Telle*, WRP 2016, 814 (817 f.).

717 *EU-Kommission*, Entsch. v. 11.03.2008, COMP/M.4731, Rn. 730 – Google/Double Click.

718 BT-Drucks. 18/10207, S. 51; Immenga/Mestmäcker/*Fuchs*, § 18 GWB Rn. 148c; *Podszun*, Stellungnahme für den Ausschuss für Wirtschaft und Energie des Deutschen Bundestags, S. 14. Abstrakt hierzu: *Buiten*, in: Mathis/Tor (Hrsg.), 265 (274).

719 *Bundeskartellamt*, Beschl. v. 08.09.2015, B6-126/14, Rn. 161 – Google/VG Media.

720 Die Datenerfassung, die Google im Rahmen der Nutzung von Google-Diensten betreibt, ist derzeit Gegenstand eines auf § 19a Abs. 2 S. 1 Nr. 4 lit. a GWB gestützten Verfahrens: *Bundeskartellamt*, Pressemitteilung v. 25.05.2021, http://go.wwu.de/502pj.

721 Immenga/Mestmäcker/*Fuchs*, § 18 GWB Rn. 148b.

722 BT-Drucks. 18/10207, S. 51; *Tamke*, NZKart 2018, 503 (507).

Rahmen der Machtübernahme im Wettbewerb mit Yahoo war die Analyse des Datenbestands ein zentraler Faktor.[723] Zusammenfassend spricht der Zugang zu wettbewerbsrelevanten Daten, den Google aus zahlreichen Geschäftsbereichen generiert, im Zusammenspiel mit den Analysefähigkeiten des Unternehmens für die Annahme einer überragenden marktübergreifenden Bedeutung.

dd) Intermediationsmacht

Nach § 19a Abs. 1 S. 2 Nr. 5 ist für die Feststellung, ob einem Unternehmen eine überragende marktübergreifende Bedeutung zukommt, die Bedeutung seiner Tätigkeit für den Zugang Dritter zu Beschaffungs- und Absatzmärkten sowie sein damit verbundener Einfluss auf die Geschäftstätigkeit Dritter zu berücksichtigen. Mit diesem Kriterium ist ausweislich der Gesetzesbegründung die Intermediationsmacht einer Plattform gemeint.[724] Diese Intermediationsmacht ist nicht nur in § 19a Abs. 1 S. 2 Nr. 5 GWB normiert worden, sondern darüber hinaus auch im Bereich der Marktmachtprüfung aus § 18 GWB. Dort wurde das Kriterium in § 18 Abs. 3b GWB aufgenommen.

Die Intermediationsmacht besteht gegenüber anderen Unternehmen, auf deren Inhalte und Angebote ein Intermediär verweist. *Höppner/Weber* sehen hierin „das wesentlichste Kriterium“ zur Bestimmung eines Unternehmens mit überragender marktübergreifender Bedeutung.[725] Zur Ermittlung dieser Macht haben sie schon während des Gesetzgebungsprozesses vorgeschlagen, eine gesetzliche Vermutung zu normieren.[726] Sollte der Anteil an Singlehoming-Nutzern bei einem Dienst über 25 % liegen, sei von dem Vorliegen einer Intermediationsmacht auszugehen.[727] Bezogen auf den Suchmaschinenmarkt würde sich hieraus ergeben: Sollte der Anteil an Singlehoming-Suchnutzern bei Google Search über 25 % liegen, wäre von dem Bestehen einer Intermediationsmacht auszugehen. Angesichts der hohen Marktanteile von Google Search und der Neigung von Suchnutzern zum Singlehoming dürfte der vorgeschlagene Schwellenwert von 25 % bei Google Search jedenfalls überschritten sein. Wenngleich in der Praxis Wege gefunden werden müssten, ein Singlehoming nachweisen zu können, bietet die vorgeschlagene Regelung Vorteile. Zum einen

723 *Argenton/Prüfer*, Journal of Competition Law & Economics 2012, 73 (100). In diese Richtung auch: *Telang/Rajan/Mukhopadhyay*, Journal of Management Information Systems 2004, 137 (141).

724 BT-Drucks. 19/23492, S. 75.

725 *Höppner/Weber*, K&R 2020, 24 (29).

726 *Höppner/Weber*, K&R 2020, 24 (29).

727 *Höppner/Weber*, K&R 2020, 24 (29).

würde eine quantitative Anknüpfung das Merkmal der Intermediationsmacht konturieren, wodurch der Feststellung einer überragenden marktübergreifenden Bedeutung zu mehr Legitimität verholfen werden kann. Zum anderen könnte dies aus Sicht der potentiellen Normadressaten auch der Rechtssicherheit dienen – vorausgesetzt es ließe sich für den jeweiligen Geschäftsbereich eine Methodik entwickeln, mittels derer das Verhältnis von Singlehoming zu Multihoming wissenschaftlich fundiert ermittelt werden kann.

Google Search verfügt über enorm hohe Anteile im Markt allgemeiner Suchmaschinen. Viele Suchende betreiben in diesem Bereich ein Singlehoming.[728] Die Plattform ist somit für viele Gruppen – Werbende, Inhalteanbieter, Produktanbieter – ein wichtiger Intermediär. Dies führt dazu, dass Google die Möglichkeit hat, weitere vertikale Intermediäre wie Google Shopping oder auch Google Jobs zu platzieren und ihnen durch die marktbeherrschende Stellung von Google Search zu einer ihrerseits mächtigen Marktstellung zu verhelfen.[729] Insofern verfolgt auch dieses Kriterium keinen ausschließlich auf einzelne Märkte ausgelegten Blick. Vielmehr ergibt sich aus dem Zusammenspiel der verschiedenen Google-Dienste, dass Google für viele „Dritte“ in besonderem Maße als Intermediär in Erscheinung tritt.

ee) Vorschlag zur Aufnahme der Nutzerzeit

Von verschiedenen Seiten aus wurde im Gesetzgebungsprozess angeregt, die Nutzerzeit als weiteres Kriterium in § 19a Abs. 1 S. 2 GWB aufzunehmen.[730] *Rodenhausen* schlug in der Stellungnahme zum Kabinettsentwurf vor, auf die aktive Nutzerzeit abzustellen.[731] Diese umfasse die Zeit, in der eine Interaktion mit dem Nutzer stattfindet. Entscheidend sei hierbei, dass das Unternehmen als Ergebnis der Interaktion an Informationen des Nutzers gelangt.[732] Deshalb solle das Schauen von Filmen oder das Hören von Liedern nicht als aktive Nutzerzeit erfasst werden.[733] Ein quantitatives Kriterium wie die Nutzerzeit sei geeignet,

728 Siehe hierzu: Kapitel 2: E.I.2. (S. 92 f.).

729 *Hylton*, Nebraska Law Review 2019, 272 (279 f.); *Lianos/Motchenkova*, Journal of Competition Law & Economics 2013, 419 (433).

730 *Bundesverband Deutsche Startups*, Stellungnahme zum Regierungsentwurf zur 10. GWB-Novelle, S. 2; *Podszun*, Stellungnahme für den Ausschuss für Wirtschaft und Energie des Deutschen Bundestags, S. 10; *Zalando SE*, S. 2. Ebenfalls zur rechtlichen Berücksichtigung der Nutzerzeit: *Competition & Markets Authority*, Online platforms and digital advertising, S. 47 f.

731 *Zalando* SE, S. 2.

732 *Zalando SE*, S. 3.

733 *Zalando SE*, S. 3.

der bestehenden Rechtsunsicherheit im Umgang mit § 19a Abs. 1 S. 2 GWB entgegenzutreten.[734] Darüber hinaus wird angemerkt, dass eine hohe Nutzerzeit die Möglichkeit zum von der Norm in den Blick genommenen Leveraging erhöhe.[735] Den Unternehmen biete sich die Gelegenheit, ihre Nutzer in die Richtung weiterer eigener Dienste zu lenken.[736] Vor diesem Hintergrund sei es sinnvoll, das Kriterium der Nutzerzeit in § 19a Abs. 1 S. 2 GWB zu integrieren.[737]

Mundt hat sich in der Sachverständigenanhörung im Wirtschaftsausschuss ebenfalls positioniert.[738] Er rate deutlich davon ab, die Nutzerzeit als Kriterium festzulegen. Man könne hieraus keine klaren Rückschlüsse auf die Stellung eines Unternehmens ziehen. Gerade durch einen Blick auf Google Search werde dies deutlich. Häufig befinden sich die Nutzer im Rahmen einer Suchanfrage nur für wenige Sekunden auf der Plattform. Insofern drohe die Bedeutung einer Plattform wie Google Search verkannt zu werden.

Diesen Bedenken ist Rechnung zu tragen. Zwar kann es sich als sinnvoll erweisen, die aktive Nutzerzeit bei der Frage nach einer überragenden marktübergreifenden Bedeutung zu berücksichtigen. Allerdings sollte zwischen verschiedenen Plattformarten differenziert werden. Im Bereich sozialer Netzwerke spielt die Nutzerzeit eine Rolle, da der jeweilige Dienst mit fortlaufender Zeit, die ein Nutzer durch Beiträge scrollt, „Likes" verteilt oder Inhalte teilt, immer mehr Daten erfassen kann. Für Suchmaschinen hingegen gilt, dass ein guter Vermittlungsvorgang weniger Zeit in Anspruch nimmt als ein schlechter Vermittlungsvorgang. Stößt ein Suchnutzer in den oben eingeblendeten Werbeanzeigen oder den ersten organischen Suchergebnissen auf eine Webseite, die sein Interesse weckt und klickt er den Link zu dieser sodann an, verlässt er die Webseite der Suchmaschine relativ schnell. Dennoch hat der Vorgang aus Sicht der Suchmaschine einen relevanten Wert. Zum einen konnten Daten über den Suchnutzer erfasst werden. Zum anderen profitiert die Suchmaschine insofern von datenbedingten Lerneffekten, als die Beantwortung der Suchanfrage offensichtlich zufriedenstellend gelungen ist und sich die Beantwortung zukünftiger

734 *Zalando SE*, S. 3.

735 *Bundesverband Deutsche Startups*, Stellungnahme zum Regierungsentwurf zur 10. GWB-Novelle, S. 2.

736 *Bundesverband Deutsche Startups*, Stellungnahme zum Regierungsentwurf zur 10. GWB-Novelle, S. 2.

737 *Bundesverband Deutsche Startups*, Stellungnahme zum Regierungsentwurf zur 10. GWB-Novelle, S. 2.

738 Hierzu und zum weiteren Absatz: *Mundt* in der Sachverständigenanhörung zur 10. GWB-Novelle, 25.11.2020, ab Minute 22:03, http://go.wwu.de/6uu19.

Suchanfragen hieran orientieren kann. Allgemeine Suchmaschinen stellen demnach keine Plattformen dar, deren Wert sich aus der reinen aktiven Nutzerzeit ablesen lässt.

Darüber hinaus bedarf es jedenfalls keiner eigenständigen Normierung der Nutzerzeit in § 19a Abs. 1 GWB. Sofern dieses Merkmal für die Einordnung eines Unternehmens von Bedeutung ist, ermöglichen schon die normierten Kriterien eine Berücksichtigung. Da sich in vielen Fällen mit zunehmender Nutzerzeit die Möglichkeit erhöht, Nutzer für weitere Dienste zu begeistern,[739] ließe sich das Kriterium der Nutzerzeit gut in das Ökosystem-Kriterium (§ 19a Abs. 1 S. 2 Nr. 3 GWB) integrieren. Sofern durch die Nutzerzeit Informationen gewonnen werden, wird dieser Umstand darüber hinaus auch durch das Kriterium „Zugang zu wettbewerbsrelevanten Daten" (§ 19a Abs. 1 S. 2 Nr. 4 GWB) erfasst.

3. *Fazit*

Google kommt eine überragende marktübergreifende Bedeutung i.S.v. § 19a Abs. 1 GWB zu.[740] Hierfür spricht zunächst die marktbeherrschende Stellung auf dem Suchmaschinenmarkt. Diese wiederum verleiht dem Unternehmen eine erhebliche Intermediationsmacht, die eine Ausweitung der marktbeherrschenden Stellung auf weitere Märkte ermöglicht. Ebenso fällt das digitale Ökosystem ins Gewicht. Hierdurch ist das Unternehmen in etlichen Geschäftsbereichen tätig und in der Lage, daraus resultierende Verbundvorteile zu erzielen. Zum einen verfügt das Unternehmen in der Folge über eine hohe Anzahl an Nutzern. Zum anderen bietet sich eine gute Zugangsmöglichkeit zu wettbewerbsrelevanten Daten. Darüber hinaus helfen die enormen finanziellen Ressourcen dem Unternehmen, seine Position zu festigen. Dies gilt sowohl intern, in Form von Forschung und Weiterentwicklung der Dienste, als auch extern, in Form von Unternehmenszusammenschlüssen.

---

739 *Lettl*, WRP 2021, 413 (416).

740 *Bischke/Brack* gehen davon aus, dass § 19a GWB die großen Digitalunternehmen Google, Amazon und Facebook adressiert, *Bischke/Brack*, NZG 2020, 16 (16). *Lettl* rechnet zumindest damit, dass Google adressiert wird, *Lettl*, WRP 2021, 413 (416 f.). Nach Ansicht von *Gerpott* werden vor allem die „großen Digitalkonzerne(n) wie Google, Apple, Facebook, Amazon und Microsoft" durch § 19a GWB angesprochen, *Gerpott*, NZKart 2021, 273 (273). Davon gehen ebenfalls aus: *Lichtenberg*, NZKart 2021, 286 (290); *Pohlmann/Lindhauer/Peter*, NZKart 2021, 466 (478).

III. Untersagungsvarianten nach § 19a Abs. 2 GWB

Sowohl im Referentenentwurf als auch im Regierungsentwurf waren ursprünglich „nur" fünf Untersagungsvarianten vorgesehen. Bis zur finalen Fassung der 10. GWB-Novelle wurde noch einmal nachgearbeitet. Nunmehr sind in § 19a Abs. 2 GWB sieben Untersagungsvarianten normiert. Darüber hinaus wurden im Vergleich zu den Entwürfen bei den meisten Untersagungsvarianten auch noch Regelbeispiele mit aufgenommen.[741] Insoweit hat der Gesetzgeber den Rufen nach mehr Konkretisierung Rechnung getragen.[742]

Die einzelnen Untersagungsvarianten werden in der vorliegenden Arbeit an den Stellen erörtert, an denen sie Bezüge zur Machtkonzentration von Google Search aufweisen. Im Folgenden werden zwei Aspekte aufgegriffen, die über alle Untersagungsvarianten hinweg zu diskutieren sind: zum einen das Fehlen einer Generalklausel in § 19a Abs. 2 GWB (1) und zum anderen die Möglichkeit einer sachlichen Rechtfertigung, die den Normadressaten in jeder Untersagungsvariante zusteht (2).

1. Fehlende Generalklausel

Die Verhaltensweisen, die in den Untersagungsvarianten aus § 19a Abs. 2 GWB genannt werden, sind aus Sicht des Gesetzgebers in besonderem Maße geeignet, den Wettbewerb zu gefährden. Die enumerativ aufgeführten Varianten sind abschließend formuliert.[743] Sie orientieren sich zumeist an vergangenen Verfahren der deutschen oder europäischen Missbrauchsaufsicht.[744] Eine Generalklausel, die im Rahmen einer Abwägung auch alternative Verhaltensweisen adressieren kann, ist nicht vorgesehen.

Mit Blick auf die dynamischen Entwicklungen im Bereich digitaler Plattformen droht die Gefahr, dass (zu) konkrete Regelungen eine kurze Halbwertszeit haben. Schon „in wenigen Jahren" könnten sich Gegebenheiten einstellen,

---

741 Dies geschah laut *Käseberg* mit Blick auf die ersten Diskussionen zum DMA-E und den darin enthaltenen konkreten Verhaltensvorgaben, *Käseberg*, in: Bien et al. (Hrsg.), Kapitel 1, Rn. 192.

742 Auf konkreter gefasste Untersagungsvarianten plädierten: *Bundeskartellamt*, Stellungnahme zum Regierungsentwurf zur 10. GWB-Novelle, S. 6; *Podszun*, Stellungnahme für den Ausschuss für Wirtschaft und Energie des Deutschen Bundestags, S. 11 f.; *Polley/Kaup*, NZKart 2020, 113 (117).

743 *BMWi*, Referentenentwurf zur 10. GWB-Novelle, S. 78; *Kühnen*, WuW 2020, 173 (173).

744 *Kühling*, NZKart 2020, 630 (630).

die womöglich eine neue rechtliche Bewertung erfordern.[745] Mit einer Generalklausel könnte man hierauf flexibler reagieren als mit festgelegten Varianten.[746]

Dennoch ist zu begrüßen, dass in § 19a Abs. 2 GWB keine Generalklausel aufgenommen wurde. Die Norm hält für ihre Adressaten eine besondere Eingriffsintensität bereit. Durch die Normierung von Untersagungsvarianten besteht aus Adressatensicht ein gewisses Maß an Rechtssicherheit. An diesem würde es nach Integration einer Generalklausel mangeln. Hinzu kommt, dass § 19a GWB in seiner gesamten Konzeption dazu dienen soll, das Kartellrecht und seine Durchsetzung zu beschleunigen. Ein Verfahren, welches sich auf eine Generalklausel stützt, dürfte sowohl im behördlichen Prozess als auch im möglichen BGH-Verfahren[747] viel Zeit in Anspruch nehmen.[748] Insofern erscheint es vorteilhaft, statt der Normierung einer Generalklausel bei Bedarf Änderungen in § 19a GWB aufzunehmen.[749]

2. *Rechtfertigungsmöglichkeiten*

Sofern das Verhalten eines betroffenen Unternehmens sachlich gerechtfertigt ist, kann es nach § 19a Abs. 2 S. 2 GWB nicht untersagt werden. Der Erörterung einer möglichen Rechtfertigung soll eine Interessenabwägung vorausgehen.[750] Die Gesetzesbegründung gibt mit Blick darauf eine Tendenz vor. So soll im Rahmen einer solchen Abwägung „den langfristigen Gesetzeszielen der Begrenzung wirtschaftlicher Machtstellungen, der Offenhaltung von Märkten und des Schutzes wettbewerblicher Prozesschancen regelmäßig ein besonderes Gewicht“ zukommen.[751] Hieraus lässt sich eine gewisse „Vorprägung“ in Bezug auf eine mögliche Rechtfertigung der Verhaltensweisen erkennen.[752]

---

745 *Podszun*, Stellungnahme für den Ausschuss für Wirtschaft und Energie des Deutschen Bundestags, S. 13.

746 *Podszun*, Stellungnahme für den Ausschuss für Wirtschaft und Energie des Deutschen Bundestags, S. 13.

747 Siehe zur Verkürzung des Rechtswegs: Kapitel 3: B.I.2. (S. 157 ff.).

748 *Podszun*, Stellungnahme für den Ausschuss für Wirtschaft und Energie des Deutschen Bundestags, S. 13.

749 *Podszun*, Stellungnahme für den Ausschuss für Wirtschaft und Energie des Deutschen Bundestags, S. 13.

750 *BMWi*, Referentenentwurf zur 10. GWB-Novelle, S. 80. *Höppner/Weber* sprechen sich dafür aus, einen strengeren Maßstab anzulegen als im Rahmen von §§ 19, 20 GWB, *Höppner/Weber*, K&R 2020, 24 (33 f.).

751 *BMWi*, Referentenentwurf zur 10. GWB-Novelle, S. 80.

752 *Studienvereinigung Kartellrecht*, Missbrauchsaufsicht/Digitalisierung, S. 43.

Nach § 19a Abs. 2 S. 3 GWB obliegt die Darlegungs- und Beweislast den Unternehmen. Dies wurde in der Literatur sehr unterschiedlich bewertet.[753] Mit Blick auf die Beschleunigung der Verfahren ist es jedoch zu begrüßen, dass die Unternehmen durch die Beweislastumkehr angehalten sind, ihre Interessen aktiv in das Verfahren einzubringen. Eine ungerechtfertigte Verteilung der Beweislast zulasten der Unternehmen sieht § 19a GWB nicht vor. So gilt die Umkehr nicht für Umstände, die lediglich das Bundeskartellamt – dem Amtsermittlungsgrundsatz folgend – in Erfahrung bringen kann.[754] Inhaltlich wird in Zukunft aus Sicht der Unternehmen insbesondere zu klären sein, inwiefern Effizienzvorteile plattformübergreifend zu berücksichtigen sind.[755] Ein weiterer möglicher Rechtfertigungsgrund könnte in Nutzervorteilen sowie in einem gesamtwirtschaftlichen Fortschritt durch Innovation und Eröffnung neuer Märkte zu sehen sein.[756]

IV. Notifizierungspflicht aus Art. 5 Abs. 1 RL 2015/1535

In der Literatur wurde sowohl von *Schubert*[757] als auch von *Kruse/Maturana*[758] eine mögliche Verletzung der in Art. 5 Abs. 1 RL 2015/1535 festgelegten Notifizierungspflicht durch den deutschen Gesetzgeber diskutiert. Hieraus könnte sich eine Unanwendbarkeit von § 19a GWB ergeben, sodass die Frage nach dem Vorliegen der Notifizierungspflicht im Folgenden geklärt werden soll.

RL 2015/1535[759] sieht für bestimmte Normen der Mitgliedstaaten vor, dass im Vorfeld ein Notifizierungsverfahren durch die EU-Kommission erfolgen

---

753 Für eine Beweislastumkehr zulasten der Unternehmen: *Bundesverband Deutsche Startups*, Stellungnahme zum Regierungsentwurf zur 10. GWB-Novelle, S. 3. Gegen eine solche Beweislastumkehr: *Höppner/Weber*, K&R 2020, 24 (34); *Polley/Kaup*, NZKart 2020, 113 (118); *Studienvereinigung Kartellrecht*, Missbrauchsaufsicht/Digitalisierung, S. 44. Unentschieden zeigen sich die Bitkom-Mitglieder: *Bitkom*, S. 10 ff. Verfassungsrechtliche Bedenken äußert: *Degenhart*, WuW 2020, 308 (314).

754 *Käseberg*, in: Bien et al. (Hrsg.), Kapitel 1, Rn. 209. Insofern sind die Bedenken von *Körber*, MMR 2020, 290 (294) unberechtigt.

755 Hierzu *Höppner/Weber*, K&R 2020, 24 (34).

756 *Esser/Höft*, in: Bien et al. (Hrsg.), Kapitel 1, Rn. 277.

757 *Schubert*, NZKart 2021, 338 (338 ff.).

758 *Kruse/Maturana*, GRUR 2021, 1366 (1366 ff.).

759 Richtlinie (EU) 2015/1535 des Europäischen Parlaments und des Rates vom 9. September 2015 über ein Informationsverfahren auf dem Gebiet der technischen Vorschriften und der Vorschriften für die Dienste der Informationsgesellschaft.

muss. Konkret ist in Art. 5 Abs. 1 RL 2015/1535 normiert, dass Mitgliedstaaten jeden Entwurf einer technischen Vorschrift an die EU-Kommission übermitteln. Nach Art. 6 Abs. 1 RL 2015/1535 darf der Entwurf erst drei Monate nach Eingang der Mitteilung bei der EU-Kommission vom Mitgliedstaat angenommen werden. Der Zweck dieses Notifizierungsverfahrens liegt darin, dass die EU-Kommission die möglichen Folgen der geplanten Gesetzesänderungen für den EU-Binnenmarkt absehen kann.[760] Daneben weist Erwägungsgrund 7 RL 2015/1535 darauf hin, dass für die Unternehmen, die im EU-Binnenmarkt tätig sind, die Möglichkeit bestehen soll, sich zu gesetzgeberischen Vorhaben der Mitgliedstaaten zu positionieren.

1. *Rechtsfolge bei Verletzung der Notifizierungspflicht*

Sofern der Entwurf einer technischen Vorschrift nicht nach Art. 5 Abs. 1 RL 2015/1535 an die EU-Kommission übermittelt wird, folgt hieraus, dass sich ein Unternehmen im Gerichtsverfahren auf die Unanwendbarkeit der Vorschrift berufen kann.[761] Diesen Weg hatte das im Jahr 2013 in § 87f. UrhG-a.F. normierte Leistungsschutzrecht genommen. Der EuGH entschied im Jahr 2019, dass die Regelungen aufgrund eines Verstoßes gegen Art. 8 Abs. 1 Uabs. 1 RL 98/34/EG[762] europarechtswidrig seien.[763] Art. 8 RL 98/34/EG ist die Vorgängerregelung von Art. 5 Abs. 1 RL 2015/1535, sodass die Grundsätze für die Rechtsfolge übertragen werden können.

2. *Einordnung von § 19a GWB unter den Begriff der technischen Vorschrift*

Mit Blick auf § 19a GWB ist zu prüfen, ob es sich hierbei um eine technische Vorschrift im Sinne der RL 2015/1535 handelt. In diesem Fall hätte der deutsche Gesetzgeber den Entwurf der Vorschrift an die EU-Kommission übermitteln müssen. Dass dies nicht geschehen ist, legt ein Rückschluss aus der

---

760 *Schubert*, NZKart 2021, 338 (339). Ebenso: Erwägungsgrund 3 ff. RL 2015/1535.

761 *EuGH*, ZUM 2019, 838 (843); *EuGH*, Urt. v. 27.10.2016 – Az. C-613/14, Rn. 64; *EuGH*, Urt. v. 30.04.1996 – Az. C-194/94, Rn. 54; *EuGH*, Urt. v. 26.09.2000 – Az. C-443/98, Rn. 40 ff.

762 Richtlinie 98/34/EG des Europäischen Parlaments und des Rates vom 22. Juni 1998 über ein Informationsverfahren auf dem Gebiet der Normen und technischen Vorschriften.

763 *EuGH*, ZUM 2019, 838 (843). Siehe hierzu: Kapitel 3: C.III.1.a)aa) (S. 214 f.).

TRIS-Datenbank der EU-Kommission[764] nahe.[765] Hierin sind von Deutschland vorgenommene Notifizierungen aufgeführt. Es findet sich jedoch kein Eintrag zu § 19a GWB oder zur 10. GWB-Novelle im Gesamten.

Die Voraussetzungen dafür, wann eine technische Vorschrift vorliegt, werden in der RL 2015/1535 nicht eindeutig normiert. Aus den Legaldefinitionen aus Art. 1 Abs. 1 lit. e und f RL 2015/1535 ergibt sich jedoch folgendes Bild:[766] Die Norm muss Dienste der Informationsgesellschaft adressieren und auch konkret die rechtliche Kontrolle dieser Dienste in den Blick nehmen (a). Daneben wird vorausgesetzt, dass die Norm rechtlich oder faktisch verbindlich ist (b).

a) Dienste der Informationsgesellschaft als Regelungsgegenstand

Zunächst müssen Suchmaschinen als Dienste der Informationsgesellschaft zu qualifizieren sein. Bei diesen Diensten handelt es sich nach Art. 1 Abs. 1 lit. b RL 2015/1535 um in der Regel gegen Entgelt elektronisch im Fernabsatz und auf individuellen Abruf eines Empfängers erbrachte Dienstleistungen. Aus Sicht des EuGH besteht „kein Zweifel", dass Suchmaschinen als Dienste der Informationsgesellschaft einzuordnen sind.[767] Die Tatsache, dass Suchende die Suchmaschine unentgeltlich nutzen können, steht dem nicht entgegen.[768]

In einem weiteren Schritt ist die Frage zu beantworten, ob § 19a GWB Dienste der Informationsgesellschaft adressiert und speziell auf diese Dienste abzielt. Dies kann nach Art. 1 Abs. 1 lit. e RL 2015/1535 sowohl aus dem Wortlaut der Norm hervorgehen als auch aus der Gesetzesbegründung.[769] § 19a GWB gilt für Unternehmen, die in erheblichem Umfang auf Märkten i.S.v. § 18 Abs. 3a GWB tätig sind. Bei diesen Märkten handelt es sich um mehrseitige Märkte. Auf diesen agieren Unternehmen in der Vielzahl der Fälle über digitale Vertriebswege.[770] Hinzu kommt, dass die Gesetzesbegründung explizit darauf hinweist, dass von § 19a GWB nur solche Unternehmen erfasst werden sollen,

---

764 TRIS steht für Technical Regulation Information System. Hierin sind die Notifizierungsvorgänge der Mitgliedstaaten nach der RL 2015/1535 zu finden, http://go.wwu.de/3feo6.

765 So auch: *Kruse/Maturana*, GRUR 2021, 1366 (1369).

766 *EuGH*, ZUM 2019, 838 (842 f.). Hierauf weist auch *Schubert*, NZKart 2021, 338 (339) hin.

767 *EuGH*, ZUM 2019, 838 (842). Zustimmend: *Schubert*, NZKart 2021, 338 (339); *Kruse/Maturana*, GRUR 2021, 1366 (1367).

768 *Kruse/Maturana*, GRUR 2021, 1366 (1367).

769 So auch: *EuGH*, ZUM 2019, 838 (842); *EuGH*, BeckRS 2017, 136179, Rn. 33.

770 MüKo/*Wolf*, § 18 GWB Rn. 47; *Körber*, ZUM 2017, 93 (94).

deren Tätigkeitsschwerpunkt im Digitalen liegt.[771] Auch die Untersagungsvarianten aus § 19a Abs. 2 GWB adressieren Verhaltensweisen, die typischerweise durch digitale Plattformen verübt werden und zu großen Teilen auch an vergangene Untersuchungen gegen digitale Plattformen anknüpfen.[772] Die Beispiele, die der Gesetzgeber mit Blick auf die einzelnen Untersagungsvarianten und deren Regelbeispiele nennt, beziehen sich ebenfalls nahezu ausschließlich auf Dienste der Informationsgesellschaft.[773] Aus diesem Gesamtbild ergibt sich, dass § 19a GWB Dienste der Informationsgesellschaft betrifft und auch speziell auf diese Dienste abzielt.[774]

b) Rechtliche oder faktische Verbindlichkeit

Für die Annahme einer technischen Vorschrift nach Art. 1 Abs. 1 lit. f RL 2015/1535 müsste § 19a GWB darüber hinaus rechtlich oder faktisch verbindlich sein.

aa) Rechtliche Verbindlichkeit

Im Gegensatz zur Missbrauchsaufsicht aus § 19 GWB ergibt sich aus § 19a GWB für kein Unternehmen eine unmittelbare rechtliche Verbindlichkeit.[775] Sowohl für die Qualifizierung als Unternehmen mit überragender marktübergreifender Bedeutung nach Abs. 1 als auch für die Untersagung bestimmter Verhaltensweisen nach Abs. 2 ist das Ergehen einer behördlichen Verfügung erforderlich.

---

771 BT-Drucks. 19/23492, S. 77.

772 *Kühling*, NZKart 2020, 630 (630); *Kruse/Maturana*, GRUR 2021, 1366 (1367); *Schubert*, NZKart 2021, 338 (339).

773 Siehe etwa für eine mögliche Selbstbevorzugung im Rahmen von Google Search: BT-Drucks. 19/23492, S. 75. Für eine mögliche Vorinstallation oder Voreinstellung von Diensten wie Google Search: BT-Drucks. 19/25868, S. 114. Für die Möglichkeit, beim Betrieb einer Suchmaschine die Darstellung von Inhalteanbietern von der Einräumung von Rechten abhängig zu machen: BT-Drucks. 19/25868, S. 117 f.

774 So auch: *Kruse/Maturana*, GRUR 2021, 1366 (1367); *Schubert*, NZKart 2021, 338 (339).

775 *Schubert*, NZKart 2021, 338 (340). Eine rechtliche Verbindlichkeit komme aus Sicht von *Kruse/Maturana*, GRUR 2021, 1366 (1368) hingegen in Betracht.

bb) Faktische Verbindlichkeit

Sofern eine rechtliche Verbindlichkeit nicht gegeben ist, bleibt noch die Möglichkeit, dass eine Norm für die Erbringung eines Dienstes de facto verbindlich ist und somit nach Art. 5 Abs. 1 RL 2015/1535 an die EU-Kommission übermittelt werden muss. *Kruse/Maturana* begründen eine faktische Verbindlichkeit von § 19a GWB unter anderem mit einem Verweis auf die drei, in Art. 1 Abs. 1 lit. f RL 2015/1535 normierten, Regelbeispiele einer De-facto-Vorschrift.[776] Diese Beispiele zielen jedoch ausweislich des zur RL 2015/1535 veröffentlichten Leitfadens der EU-Kommission in andere Richtungen.[777] Insofern ergibt sich hieraus kein Rückschluss für die Einordnung von § 19a GWB.

Des Weiteren wird auf eine faktische Verbindlichkeit von § 19a GWB plädiert, da damit zu rechnen sei, dass sich die potentiellen Normadressaten der Vorschrift entsprechend verhalten werden. *Schubert* nimmt etwa eine faktische Verbindlichkeit an, da § 19a GWB schon im Vorfeld einer möglichen Untersagungsverfügung „tatsächlich verhaltensregelnd" sei.[778] Dem kann aus mehreren Gründen entgegengetreten werden. Zum einen werden die Verhaltensweisen aus § 19a Abs. 2 GWB erst durch die jeweilige Untersagungsverfügung konkretisiert. Es erscheint unwahrscheinlich, dass sich die potentiellen Normadressaten schon im Vorfeld auf alle erdenkbaren Untersagungsverfügungen einrichten und ihr Verhalten daran ausrichten. Zum anderen ist § 19a GWB so konzipiert, dass das Verhalten – vorbehaltlich der Missbrauchsaufsicht aus § 19 GWB – bis zum Erlass einer Untersagungsverfügung und dem Verstreichen einer Umsetzungsfrist gerade nicht kartellrechtswidrig ist. Dies verringert den Anreiz für potentielle Normadressaten, sich im Vorfeld um eine unternehmerische Ausrichtung zu bemühen, welche im besten Fall gar nicht erst eine Untersagungsverfügung nach sich zieht.

Für die Annahme einer De-facto-Verbindlichkeit wird weiter darauf verwiesen, dass die Rechtfertigungsmöglichkeiten aus Sicht der potentiellen Normadressaten gering seien.[779] Es besteht jedoch – wie bereits dargestellt – durchaus die Möglichkeit, ein unter § 19a Abs. 2 GWB genanntes Verhalten zu rechtfertigen.[780] Den Unternehmen steht es etwa offen, ihrerseits Effizienzvorteile nachzuweisen. Auch der Hinweis auf die Möglichkeit, nach § 19a Abs. 3 S. 4 i.V.m.

776 *Kruse/Maturana*, GRUR 2021, 1366 (1368).
777 Leitfaden zur RL 2015/1535, S. 20, http://go.wwu.de/-s3ys.
778 *Schubert*, NZKart 2021, 338 (340).
779 *Kruse/Maturana*, GRUR 2021, 1366 (1368).
780 Siehe hierzu: Kapitel 3: A.III.2. (S. 135 f.).

§ 81 Abs. 2 Nr. 2 lit. a GWB ein Bußgeld auferlegt zu bekommen,[781] spricht nicht dafür, dass die potentiellen Normadressaten sich intensiv um die Anpassung ihres Verhaltens an § 19a Abs. 2 GWB bemühen werden. Die in der Vergangenheit gegen Google verhängten Geldbußen haben insofern keine spürbare Wirkung erzielt, als miteinbezogen werden muss, welchen Gewinn das Unternehmen infolge kartellrechtswidriger Verhaltensweisen erzielt hat.[782]

Wenngleich durchaus Argumente für eine faktische Verbindlichkeit von § 19a GWB bestehen, ist eine solche Annahme im Ergebnis abzulehnen. Eine De-facto-Verbindlichkeit, wie sie in Art. 1 Abs. 1 lit. f RL 2015/1535 gefordert wird, ist nicht gegeben.

c) Ergebnis

§ 19a GWB ist für die Erbringung von Diensten der Informationsgesellschaft weder rechtlich noch faktisch verbindlich. Somit war der deutsche Gesetzgeber nicht dazu verpflichtet, die Norm nach Art. 5 Abs. 1 RL 2015/1535 der EU-Kommission zu übermitteln. Es liegt keine Verletzung einer Notifizierungspflicht vor, die zur Unanwendbarkeit der Norm führen könnte.

V. Bewertung der neuen Missbrauchsaufsicht

Die neue Regelung wird teilweise als eindeutige Kampfansage in Richtung der GAFA-Unternehmen verstanden.[783] Aus Sicht des Bundeskartellamtes ist sie „ein überzeugender Ansatz“, um den großen Plattformunternehmen und den damit einhergehenden Gefahren für den Wettbewerb zu begegnen.[784] Einige Stimmen haben hingegen davor gewarnt, § 19a GWB im Zuge der 10. GWB-Novelle einzuführen.[785] Es drohe eine Überregulierung[786] und mit Blick auf das Bestreben nach einem einheitlichen EU-Binnenmarkt ein deutscher Alleingang.[787]

---

781 *Kruse/Maturana*, GRUR 2021, 1366 (1368).

782 Siehe hierzu: Kapitel 3: B.II.3.b) (S. 176 ff.).

783 *Polley/Kaup*, NZKart 2020, 113 (116).

784 *Bundeskartellamt*, Stellungnahme zum Referentenentwurf zur 10. GWB-Novelle, S. 1.

785 *Körber*, S. 86; *Polley/Kaup*, NZKart 2020, 113 (118 f.); *Studienvereinigung Kartellrecht*, Missbrauchsaufsicht/Digitalisierung, S. 29.

786 *Polley/Kaup*, NZKart 2020, 113 (118 f.).

787 In diese Richtung: *Brinker*, NZKart 2021, 1 (2 f.); *Grünwald*, MMR 2020, 822 (826).

Diese Bedenken können nicht geteilt werden. Mit Blick auf das EU-Recht ist davon auszugehen, dass Deutschland und dem neu geschaffenen § 19a GWB eine „Vorreiterrolle“ zukommen wird.[788] Angesichts dessen hat die Monopolkommission im Gesetzgebungsprozess darauf plädiert, eine zwingende Evaluation von § 19a GWB vorzusehen.[789] Dem ist der Gesetzgeber nachgekommen. In § 19a Abs. 4 GWB ist geregelt, dass nach Ablauf von vier Jahren über die Erfahrungen mit der Vorschrift berichtet wird. Dies ist insbesondere vor dem Hintergrund der dynamischen Entwicklungen im Bereich digitaler Plattformen zu begrüßen. Es ist davon auszugehen, dass nach Ablauf der vier Jahre einige Korrekturen an § 19a GWB vorzunehmen sein werden. Die Evaluation kann hierfür wertvolle Vorarbeit leisten.

Als weitere Befürchtung wurden mit Blick auf § 19a GWB negative Auswirkungen auf die Innovation geäußert.[790] § 19a GWB biete eine niedrige Eingriffsschwelle, die unzählige Digitalunternehmen als mögliche Normadressaten in Frage kommen lasse.[791] Für die Unternehmen entstehe somit eine Rechtsunsicherheit, in deren Folge der Anreiz innovativer Entwicklungen sinke.[792] Diese Argumentation überzeugt nicht. Die Konzentration der Big-Tech-Unternehmen bezieht sich nicht nur auf Nutzer und Daten, sondern generell auf die technologische Infrastruktur.[793] Hieraus kann sich kurzfristig zwar ein Vorteil für Nutzer ergeben. Langfristig betrachtet nehmen die Innovationsanreize jedoch sowohl für die dominierenden Unternehmen als auch für die Wettbewerber ab.[794] Insofern ist davon auszugehen, dass ein härteres Vorgehen gegen die Unternehmen mit überragender marktübergreifender Bedeutung langfristig zu einem Gewinn an Innovation führt.[795] Des Weiteren scheint sich die Annahme, Verfahren nach § 19a GWB würden gegen eine überschaubare

---

788 *Brandenburger/Janssens*, in: Klose/Klusmann/Thomas (Hrsg.), 3 (11); *Immenga*, K&R 2021, Heft 3, Editorial; *Jovanovic/Greiner*, MMR 2021, 678 (678); *Kopf*, MMR 2021, 449 (449); *Lettl*, WRP 2021, Heft 3, Editorial. Weitere Zuschreibungen lauten „Pionierwirkung“, (*Hoeren*, MMR-Aktuell 2021, 442061), „Eisbrecher“ (*Käseberg/Brenner/Fülling*, WuW 2021, 269 (270)) sowie „Testlabor“ (*Kühling*, NZKart 2020, 157 (157)).

789 *Kühling*, NZKart 2020, 630 (631).

790 *Polley/Kaup*, NZKart 2020, 113 (116).

791 *Polley/Kaup*, NZKart 2020, 113 (116).

792 *Polley/Kaup*, NZKart 2020, 113 (116).

793 *Lemley/McCreary*, S. 53.

794 Siehe hierzu: Kapitel 2: B.II.3. (S. 54 ff.).

795 *Hubbard*, S. 208.

Anzahl an Unternehmen durchgeführt,[796] zu bestätigen. Das Bundeskartellamt hat bislang lediglich Verfahren gegen die GAFA-Unternehmen eröffnet: gegen Google[797], gegen Apple[798], gegen Facebook[799] und gegen Amazon[800]. Dass diese Verfahren innerhalb kurzer Zeit nach Inkrafttreten der Norm eingeleitet wurden, zeigt, dass sich das Bundeskartellamt bei der Anwendung von § 19a GWB nicht in Zurückhaltung übt.[801]

Angesichts der Machtkonzentration von Google und anderen digitalen Konglomeraten ist die Einführung von § 19a GWB und die Eröffnung erster Verfahren jedenfalls zu begrüßen. Die bisherige Missbrauchsaufsicht, die einen marktspezifischen Ansatz verfolgt, war nicht geeignet, die marktübergreifenden Zusammenhänge und Wechselwirkungen angemessen zu erfassen. Angesichts der großen Dynamik der Regelungsmaterie werden im Laufe der Zeit einige Nachbesserungen vorzunehmen sein. Die (Weiter-)Entwicklung der Norm sollte im Wege der Fallpraxis durch das Bundeskartellamt und die Gerichte erfolgen. Ergänzend hierzu könnten die Untersagungsvarianten aus § 19a Abs. 2 GWB vom Gesetzgeber an neue, wettbewerbsschädliche Verhaltensweisen angepasst werden.[802]

B. Beschleunigung der Missbrauchsaufsicht

Ein wichtiger Aspekt bei der Offenhaltung digitaler Plattformmärkte liegt in der Effektivität der Missbrauchsaufsicht. Die bislang geltenden Normen und ihre Anwendung in der Praxis waren nicht ausreichend, um den Gefahren

---

796 *Bischke/Brack* gehen davon aus, dass § 19a GWB die großen Digitalunternehmen Google, Amazon und Facebook adressiert, *Bischke/Brack*, NZG 2020, 16 (16). *Lettl* rechnet zumindest damit, dass Google adressiert wird, *Lettl*, WRP 2021, 413 (416 f.). Nach Ansicht von *Gerpott* werden vor allem die „großen Digitalkonzerne(n) wie Google, Apple, Facebook, Amazon und Microsoft" (GAFAM) durch § 19a GWB angesprochen, *Gerpott*, NZKart 2021, 273 (273). Davon gehen ebenfalls aus: *Lichtenberg*, NZKart 2021, 286 (290); *Pohlmann/Lindhauer/Peter*, NZKart 2021, 466 (478).

797 *Bundeskartellamt*, Pressemitteilung v. 04.06.2021, http://go.wwu.de/ud8dx; *Bundeskartellamt*, Pressemitteilung v. 25.05.2021, http://go.wwu.de/502pj.

798 *Bundeskartellamt*, Pressemitteilung v. 21.06.2021, http://go.wwu.de/l06hs.

799 *Bundeskartellamt*, Pressemitteilung v. 28.01.2021, http://go.wwu.de/4674b.

800 *Bundeskartellamt*, Pressemitteilung v. 18.05.2021, http://go.wwu.de/65q2v.

801 So befürchtete es *Kühnen*, der dadurch das Ziel, Verstöße effektiv und schnell zu ahnden, wieder gefährdet sah, *Kühnen*, WuW 2020, 173 (173).

802 *Podszun*, in: Deutscher Juristentag (Hrsg.), F 1 (F 63 f.).

wettbewerbsschädlicher Verhaltensweisen großer Digitalunternehmen wie Google zu begegnen. Im Zuge der 10. GWB-Novelle wurde in § 19a GWB nun als Ergänzung zur ex-post-Missbrauchsaufsicht aus §§ 19, 20 GWB für Unternehmen mit überragender marktübergreifender Bedeutung ein ex-ante-Ansatz normiert. Im Folgenden wird erörtert, inwiefern dieser Ansatz zu einer effizienteren und schnelleren Missbrauchsaufsicht beitragen kann (I). Daneben wird der Blick auf die Anordnung einstweiliger Maßnahmen gerichtet (II). Von diesem rechtlichen Instrument machten die Kartellbehörden in letzter Zeit wenig Gebrauch.[803] Hinsichtlich der Anordnung wurden nun durch die 10. GWB-Novelle die Voraussetzungen modifiziert. Die Änderungen werden untersucht, um festzustellen, ob einstweilige Maßnahmen mit Blick auf digitale Plattformmärkte ein sinnvolles Mittel für die Beschleunigung der Kartellrechtsdurchsetzung darstellen können.

I. Beschleunigung durch § 19a GWB

Im Rahmen der bisherigen Missbrauchsaufsicht stellen die Kartellbehörden Verstöße gegen kartellrechtliche Regelungen mittels §§ 19, 20 GWB ex post fest. In § 19a GWB ist nun mehr ein ergänzender ex-ante-Ansatz vorgesehen. Zunächst wird erörtert, inwiefern dieser Ansatz eine Beschleunigung der Missbrauchsaufsicht ermöglichen kann (1). Im Anschluss wird die Verkürzung des Instanzenzugs für Verfahren nach § 19a GWB bewertet. (2).

1. Ex-ante-Ansatz

Sofern einem Unternehmen nach § 19a Abs. 1 GWB durch das Bundeskartellamt eine überragende marktübergreifende Bedeutung attestiert wurde, können die in § 19a Abs. 2 GWB aufgelisteten Verhaltensweisen untersagt werden. Hierfür ist – anders als in § 19 GWB – kein missbräuchliches Verhalten des Normadressaten erforderlich. Vielmehr liegt die Legitimation der Untersagung aus Sicht des Gesetzgebers darin, dass die jeweilige Verhaltensweise enorme Gefahren für den Wettbewerb birgt, sofern sie durch das adressierte Unternehmen ausgeführt wird.[804] § 19a GWB bietet dem Bundeskartellamt demnach die Möglichkeit, präventiv tätig zu werden.[805] Hierzu gliedert sich das Verfahren in

---

803 Langen/Bunte/*Bornkamm/Tolkmitt*, § 32a GWB Rn. 2; MüKo/*Keßler*, § 32a GWB Rn. 2; *Bernhard*, in: Bien et al. (Hrsg.), Kapitel 2, Rn. 137 ff.

804 BT-Drucks. 19/23492, S. 73.

805 *Paal/Kumkar*, ZfDR 2021, 97 (114 f.). *Gerpott* sieht dies als „Gefährdungsabwehr", *Gerpott*, NZKart 2021, 273 (277).

zwei Stufen. Dieser zweistufige Aufbau wird im Folgenden erläutert (a) und der ex-ante-Ansatz sodann auf seine Legitimation untersucht (b).

a) Zweistufiges Verfahren in § 19a GWB

Die Rechtswidrigkeit von Verhaltensweisen folgt im Rahmen von § 19a GWB nicht unmittelbar aus den gesetzlichen Regelungen.[806] Vielmehr folgt die Norm einem zweistufigen Verfahren.[807] In einem ersten Schritt wird die überragende marktübergreifende Bedeutung eines Unternehmens festgestellt. Sofern das Bundeskartellamt eine solche Bedeutung annimmt, kann es nach Abs. 1 eine hierauf gerichtete Feststellungsverfügung treffen. Nach Abs. 2 kann dem Unternehmen darauf aufbauend durch eine zweite Verfügung (Untersagungsverfügung) ein bestimmtes Verhalten untersagt werden. Der zweistufige Aufbau der Norm stand während des Gesetzgebungsprozesses im Fokus zahlreicher Debatten. Zunächst wird im Folgenden der Alternativvorschlag, § 19a GWB als Verbotsgesetz auszuformulieren, diskutiert (aa). Anschließend wird dargelegt, durch welche konkreten Ausformungen der zweistufige Aufbau zur Rechtssicherheit beitragen soll (bb–dd).

aa) „Aktivierung" statt Verbotsgesetz

Im Laufe des Gesetzgebungsprozesses plädierten verschiedene Stimmen darauf, § 19a GWB als unmittelbare Verbotsnorm auszugestalten.[808] Die gewünschte vorbeugende Wirkung könne durch § 19a GWB nicht erreicht werden, sofern einer Verbotswirkung für den Normadressaten ein langwieriges Verfahren vorangeht.[809] Daneben müssen sich die Untersagungsverfügungen nach § 19a Abs. 2 GWB als Verwaltungsakte am Bestimmtheitsgebot aus § 37 Abs. 1 VwVfG messen lassen. Angesichts dessen droht die Gefahr, dass die Untersagungsverfügungen derart konkret gefasst werden, dass darin enthaltene Verbote von den Unternehmen umgangen werden können.[810]

---

806 *Kühnen*, WuW 2020, 173 (173).

807 Nach *Höppner/Weber* handelt es sich um ein dreistufiges Verfahren, *Höppner/Weber*, K&R 2020, 24 (27). Ebenso: *Höppner*, WuW 2020, 71 (73).

808 *DGB*, S. 6; *Höppner*, WuW 2020, 71 (77 f.); *Podszun*, in: Deutscher Juristentag (Hrsg.), F 1 (F 77 f.); *Verbraucherzentrale Bundesverband*, Fairen Wettbewerb in digitalen Märkten sicherstellen, S. 12; *Wiggerthale/Tangens*, Informatik Spektrum 2020, 186 (188). Für die Fraktion DIE LINKE: BT-Drucks. 19/23698(neu), S. 2. Für die Fraktion BÜNDNIS 90/DIE GRÜNEN: BT-Drucks. 19/23701, S. 4.s

809 *Höppner*, WuW 2020, 71 (77).

810 *Höppner*, WuW 2020, 71 (77).

Das Bundesministerium für Wirtschaft und Energie hatte zunächst die Überlegung gehabt, § 19a GWB als eine derartige Verbotsnorm zu konzipieren.[811] Aufgrund der „Neuheit der Norm" sowie der „Notwendigkeit, die Verbote trotz ihrer größeren Konkretheit durch behördliches Enforcement gegen Unternehmen anwenden und durchsetzen zu müssen", sah der Referentenentwurf allerdings das zweistufige Verfahren vor.[812] Dieses Vorgehen ist dem Grunde nach zu begrüßen. Eine Konzipierung als Verbotsnorm ließe unberücksichtigt, dass die Verhaltensweisen aus § 19a Abs. 2 GWB nicht per se wettbewerbsschädlich sind. Dem Bundeskartellamt soll lediglich die Möglichkeit offenstehen, diese Verhaltensweisen für diejenigen Unternehmen mit überragender marktübergreifender Bedeutung zu untersagen, bei denen das Verhalten erhebliche Schäden für den Wettbewerb erzeugen würde. Eine individuelle Behandlung der Normadressaten ist sachgerecht, da diese voneinander abweichende Geschäftsmodelle verfolgen.[813] Die Untersagungsvarianten werden demnach erst durch eine entsprechende Verfügung des Bundeskartellamtes „aktiviert".[814]

§ 19a GWB würde mehr Durchschlagskraft zukommen, wenn sich der Gesetzgeber an § 19 TKG orientiert hätte.[815] Durch § 19 TKG wird die Bundesnetzagentur dazu berechtigt, Betreibern eines öffentlichen Telekommunikationsnetzes mit beträchtlicher Marktmacht unterschiedliche Verpflichtungen aufzuerlegen. Diese Systematik auf § 19a GWB übertragen, könnte das Bundeskartellamt einem Unternehmen mit überragender marktübergreifender Bedeutung etwa auferlegen, eigene und externe Dienste gleich zu behandeln. Der Vorteil läge darin, dass in einem abstrakt-generellen Ansatz Vorgaben gemacht werden können. Es bestünde somit nicht das zuvor genannte Problem, dass (zu) konkret formulierte Untersagungsverfügungen Platz für alternative – gleichermaßen wettbewerbsschädliche – Verhaltensweisen bieten.[816]

---

811 *Käseberg*, in: Bien et al. (Hrsg.), Kapitel 1, Rn. 182; *Käseberg/Brenner/Fülling*, WuW 2021, 269 (270).

812 *Käseberg*, in: Bien et al. (Hrsg.), Einleitung, Rn. 15. Hiermit identisch: *Käseberg/Brenner/Fülling*, WuW 2021, 269 (270).

813 *Haucap/Schweitzer*, S. 11.

814 *Lettl*, WRP 2021, 413 (417). Nach *Höppner/Weber* ist jedoch aufgrund des drittschützenden Charakters der Norm unter bestimmten Voraussetzungen eine Ermessensreduzierung auf Null denkbar, *Höppner/Weber*, K&R 2020, 24 (35).

815 *Höppner*, WuW 2020, 71 (78 f.).

816 *Höppner*, WuW 2020, 71 (78 f.).

bb) Rechtssicherheit durch zweistufigen Aufbau

Das Zusammenspiel von der nach § 19a Abs. 1 GWB zu treffenden Feststellungsverfügung und einer Untersagungsverfügung nach § 19a Abs. 2 GWB zeigt den schmalen Grat zwischen einer effizienten Missbrauchskontrolle und der Gewährleistung von Rechtssicherheit für potentielle Adressaten auf. Eine Untersagungsverfügung nach § 19a Abs. 2 GWB kann nicht ergehen, ohne dass eine Feststellungsverfügung nach § 19a Abs. 1 GWB getroffen wurde.[817] Den Normadressaten soll es möglich sein, sich auf die Umsetzung der in Abs. 2 aufgezählten Untersagungsvarianten vorzubereiten. Aus ihrer Sicht soll demnach ein gewisses Maß an Rechtssicherheit bestehen.[818] Die beiden Verfügungen können gemäß § 19a Abs. 2 S. 5 GWB allerdings auch miteinander verbunden werden. Mit Blick hierauf wird negativ angemerkt, dass den Unternehmen in einem solchen Fall wenig Zeit bliebe, sich auf mögliche Einschränkungen durch eine Untersagungsverfügung vorzubereiten.[819] Das zweistufige Verfahren und die zeitliche Abstufung von Feststellungs- und Untersagungsverfügung werden insofern positiv bewertet.

Andere Stimmen hingegen kritisieren, dass das mehrstufige Verfahren der beabsichtigten Effektivität der Norm zuwiderlaufe.[820] Den in Abs. 2 normierten Verhaltensweisen komme hierdurch nicht die erwünschte abschreckende Wirkung zu.[821] Mit Blick auf diesen Einwand erscheint die Verbindungsmöglichkeit aus § 19a Abs. 2 S. 5 GWB als gelungener Kompromiss. Die Gefahr der Rechtsunsicherheit sollte darüber hinaus schon dadurch auf ein erträgliches Maß reduziert sein, dass die betroffenen Unternehmen im Verfahren nach § 56 Abs. 1 GWB anzuhören sind.[822] Ferner wurden im Gesetzgebungsprozess noch weitere Untersagungsvarianten und insbesondere Regelbeispiele in § 19a Abs. 2

---

817 *BMWi*, Referentenentwurf zur 10. GWB-Novelle, S. 76.

818 *Bundeskartellamt*, Stellungnahme zum Referentenentwurf zur 10. GWB-Novelle, S. 6.

819 *Körber*, S. 47.

820 *Höppner/Weber*, K&R 2020, 24 (30); *Höppner*, WuW 2020, 71 (77 ff.).

821 *Höppner*, WuW 2020, 71 (77 ff.).

822 *Bernhard*, in: Bien et al. (Hrsg.), Kapitel 2, Rn. 172. § 56 GWB ist als speziellere Norm dem allgemeinen § 28 VwVfG vorzuziehen: Immenga/Mestmäcker/*Schmidt*, § 56 GWB Rn. 2. Facebook wurde etwa im Verfahren des Bundeskartellamtes (B6-22/16) am 19.12.2017 vom Bundeskartellamt ein Schreiben zur Anhörung übersendet: Körber, NZKart 2019, 187 (187). Die Entscheidung der Behörde erging erst über ein Jahr später, am 06.02.2019, siehe: Bundeskartellamt, Beschl. v. 06.02.2019, B6-22/16.

GWB aufgenommen.[823] Hiermit wollte der Gesetzgeber Rechtssicherheit schaffen und zum Ausdruck bringen, dass die Norm lediglich „auf einen kleinen Kreis von Unternehmen bzw. digitalen Ökosystemen“ abzielen soll.[824]

cc) Rechtssicherheit durch Befristung der Feststellungsverfügung

In der Begründung zum Referentenentwurf wurde angeregt, die Feststellungsverfügungen auf fünf bis zehn Jahre zu befristen.[825] Eine solche Regelung fand sich aber zunächst weder im Normtext des Referentenentwurfs noch im Normtext des Regierungsentwurfs. Das Bundesministerium für Wirtschaft und Energie äußerte sich dahin gehend, dass die Feststellungsverfügung „zur Gewährleistung der Verhältnismäßigkeit regelmäßig“ mit einer Befristung ergehen solle.[826] An anderer Stelle wurde dem entgegnet, dass eine Befristung der Verfügung nicht nur regelmäßig erforderlich sei, sondern in jedem einzelnen Fall.[827]

Aufgrund der dynamischen Vorgänge auf digitalen Plattformmärkten sei die vom Bundesministerium für Wirtschaft und Energie in Aussicht gestellte Befristung von fünf bis zehn Jahren darüber hinaus als zu lang anzusehen.[828] Stattdessen wurde eine Regelung entsprechend des § 14 Abs. 2 TKG angeregt.[829] Dort ist eine Frist von drei Jahren vorgesehen, wobei diese Frist nach § 14 Abs. 2 S. 2 TKG in Ausnahmefällen um weitere drei Jahre verlängert werden kann. *Körber* plädierte darauf, die Geltungsdauer einer Feststellungsverfügung auf fünf Jahre zu begrenzen.[830] An anderer Stelle wurde hingegen gefordert, die Befristung „großzügig“ zu bestimmen.[831] Erstens sei nur so eine dauerhafte Sicherung wettbewerblicher Strukturen möglich. Zweitens lege die Feststellungsverfügung den Unternehmen gerade noch keine Pflichten auf. Darüber hinaus sei die Befristung umso länger zu bemessen, je länger die überragende marktübergreifende Bedeutung schon besteht.[832] Dieser simple Rückschluss

---

823 Dies geschah laut *Käseberg* mit Blick auf die ersten Diskussionen zum DMA-E und zu den darin enthaltenen konkreten Verhaltensvorgaben, *Käseberg*, in: Bien et al. (Hrsg.), Kapitel 1, Rn. 192.

824 BT-Drucks. 19/25868, S. 113.

825 *BMWi*, Referentenentwurf zur 10. GWB-Novelle, S. 77.

826 *BMWi*, Referentenentwurf zur 10. GWB-Novelle, S. 77.

827 *Studienvereinigung Kartellrecht*, Missbrauchsaufsicht/Digitalisierung, S. 45.

828 *Studienvereinigung Kartellrecht*, Missbrauchsaufsicht/Digitalisierung, S. 45.

829 *Studienvereinigung Kartellrecht*, Missbrauchsaufsicht/Digitalisierung, S. 45.

830 *Körber*, S. 54.

831 *Höppner/Weber*, K&R 2020, 24 (30).

832 *Höppner/Weber*, K&R 2020, 24 (30).

von vergangenen Verhältnissen auf künftige Gefahren für den Wettbewerb überzeugt nicht. Über Umwege ließe sich mit dieser Bemessungsart eine – § 19a GWB nicht immanente – ex-tunc-Wirkung herstellen, da ein Unternehmen aufgrund von wettbewerblichen Machtverhältnissen in der Vergangenheit für einen längeren Zeitraum potentieller Adressat von den nach § 19a Abs. 2 GWB möglichen Untersagungsverfügungen wäre. Die Befristungsdauer sollte sich stattdessen daran orientieren, wie gesichert die überragende marktübergreifende Bedeutung ist. Dies lässt sich nicht ohne Weiteres aus den vergangenen Machtverhältnissen ablesen. Sollte ein Unternehmen mit überragender marktübergreifender Bedeutung etwa einem hohen innovationsgetriebenen Wettbewerbsdruck ausgesetzt sein, müsste eine kürzere Befristung gewählt werden. Eine Befristung, die allein auf vergangene Wettbewerbsverhältnisse gestützt wird, würde dem Grundsatz der Verhältnismäßigkeit nicht gerecht.

Im Ergebnis nahm der Gesetzgeber im Zuge letzter Anpassungen an der 10. GWB-Novelle eine Befristungsregelung in den Wortlaut der Norm auf. Nach § 19a Abs. 1 S. 3 GWB ist die Feststellungsverfügung auf fünf Jahre nach Eintritt der Bestandskraft zu befristen. Im Einzelfall kann es mit Blick auf die Verhältnismäßigkeit auch geboten sein, eine kürzere Befristung vorzunehmen.[833] Die Aufnahme einer Befristungsregelung ist zu begrüßen. Für Unternehmen mit überragender marktübergreifender Bedeutung sieht § 19a Abs. 2 GWB die Möglichkeit verschiedener Untersagungstatbestände vor. Das Gesetz erlegt den Unternehmen an dieser Stelle eine gegenüber Wettbewerbern gesteigerte Verantwortlichkeit auf. Insofern ist es zumutbar und sachgerecht, das Bestehen der Voraussetzungen hinsichtlich einer überragenden marktübergreifenden Bedeutung regelmäßig neu prüfen zu müssen.

dd) Rechtssicherheit durch Übergangsfrist

Sofern eine Untersagungsverfügung ergeht, muss festgelegt werden, in welchem Zeitraum dieser Folge zu leisten ist. Ein Verwaltungsakt kann mit einer aufschiebenden Befristung erlassen werden.[834] In einem solchen Fall wird er zwar mit Erlass wirksam – sein rechtlicher Gehalt entfaltet sich allerdings erst bei Eintritt des als maßgeblich bestimmten Zeitpunktes.[835] Im Google-Shopping-Verfahren räumte die EU-Kommission Google und Alphabet beispielsweise

---

833 *Lettl*, WRP 2021, 413 (417).

834 *Krüger*, VR 2014, 162 (164 f.).

835 BeckOK VwVfG/*Tiedmann*, § 36 VwVfG Rn. 40; *Stelkens*/Bonk/Sachs, § 36 VwVfG Rn. 73.

eine Umsetzungsfrist von 90 Tagen ein.[836] *Körber* fordert eine solche „gesicherte Übergangsfrist“ zwischen der Feststellungsverfügung aus § 19a Abs. 1 GWB und der Erfüllung einer Untersagungsverfügung aus § 19a Abs. 2 GWB.[837] Die Übergangsfrist an die Feststellungsverfügung anzuknüpfen, überzeugt allerdings nicht, sofern nicht zeitgleich hiermit auch die Unterlassungsverfügung ergeht. In diesem Fall sollte sich die Übergangsfrist an der Untersagungsverfügung orientieren. Erst hierdurch wird dem Unternehmen final mitgeteilt, welches Verhalten oder Unterlassen konkret gefordert wird. Bei Knüpfung der Übergangsfrist an die Feststellungsverfügung wäre das Unternehmen gezwungen, sich auf die Umsetzung sämtlicher Untersagungsvarianten aus § 19a Abs. 2 GWB vorzubereiten. Ziel von § 19a ist es jedoch, dass die Varianten gerade nicht pauschal für ein Unternehmen mit überragender marktübergreifender Bedeutung gelten, sondern je nach Bedarf zur Anwendung gebracht werden.[838]

ee) Fazit

Das zweistufige Verfahren bietet die Möglichkeit, einem ausgewählten Unternehmen mit überragender marktübergreifender Bedeutung diejenigen Verhaltensweisen zu untersagen, die sich bei Anwendung durch das Unternehmen als besonders wettbewerbsschädlich erweisen könnten. Aufgrund der unterschiedlichen Ausrichtungen der potentiellen Normadressaten bedingen nicht alle der in § 19a Abs. 2 GWB enthaltenen Verhaltensweisen bei Ausübung durch die Unternehmen zwingend einen Schaden für den Wettbewerb. Dies spricht dagegen, § 19a GWB als Verbotsgesetz zu konzipieren. Gleichwohl wäre es der Effektivität zuträglich gewesen, § 19a Abs. 2 GWB in Anleihe an § 19 TKG positiv zu formulieren. Das Bundeskartellamt hätte sodann die Möglichkeit, die Normadressaten zum Einhalten eines bestimmten – genereller formulierten – Rahmens zu verpflichten. Das nunmehr verabschiedete System der Untersagungsverfügungen droht angesichts des Bestimmtheitsgebots in konkret gefassten Verwaltungsakten zu münden, die Umgehungsversuche durch die jeweiligen Adressaten erwarten lassen.

Mit Blick auf potentielle Normadressaten sollte auch bei einer Verbindung von Feststellungs- und Untersagungsverfügung gemäß § 19a Abs. 2 S. 5 GWB durch die Anordnung einer Übergangsfrist zur Umsetzung hinreichend

---

836 *EU-Kommission*, Beschl. v. 27.06.2017, AT.39740, Rn. 701 – Google Shopping.

837 *Körber*, S. 47.

838 *Haucap/Schweitzer*, S. 11; *Kühling*, NZKart 2020, 630 (630); *Lettl*, WRP 2021, 413 (417).

Rechtssicherheit bestehen. Aus Gründen der Rechtssicherheit ist ebenfalls zu begrüßen, dass in die finale Fassung des Gesetzestextes eine Befristung der Feststellungsverfügung aufgenommen wurde.

b) Legitimation des ex-ante-Ansatzes

In vielen Geschäftsbereichen kann ein finanzstarkes Unternehmen A von Unternehmen B überholt werden, sofern dieses entweder eine bessere Geschäftsidee oder aber günstigere Preise anbietet. Beide Wege sind im Bereich digitaler Plattformen wie Google Search jedoch kaum zu beschreiten. Maßgeblicher Rohstoff für die Entwicklung innovativer Dienste wie der Online-Suche sind Daten.[839] Diese stehen – zumindest in großer Anzahl – Google Search zur Verfügung und nicht den kleineren Suchmaschinenanbietern. Denen ist es ebenfalls nicht möglich, mittels besserer Konditionen Nutzer zu gewinnen, da Google Search zumindest für die Suchenden unentgeltlich angeboten wird.[840] An dieser Stelle zeigt sich eine Besonderheit der werbefinanzierten Suchmaschinen gegenüber anderen digitalen Plattformen wie etwa Amazon Marketplace. Während die Attraktivität von Amazon Marketplace aus Sicht der Käufer und Verkäufer davon abhängt, dass die jeweils andere Nutzergruppe möglichst groß ist, sind die Suchnutzer in erster Linie an den auffindbaren Inhalten interessiert und nicht an den Werbeanzeigen. Es besteht für konkurrierende Suchmaschinenanbieter demnach nicht die Möglichkeit, die Nutzergruppe der Werbenden für die Plattform zu gewinnen und hierdurch aus Sicht der Suchenden eine höhere Attraktivität zu erreichen. Die Nutzergruppe der Webseitenbetreiber dient ebenfalls nicht als Hebel. Der Crawling-Vorgang durch Google Search vollzieht sich, ohne dass die Webseitenbetreiber aktiv werden müssen. Die Webseiten sind über Google Search – die meistgenutzte Suchmaschine – aufzufinden, ohne dass die Webseitenbetreiber hierfür zahlen müssen. Um einen Anreiz zur Nutzung einer alternativen Suchmaschine zu setzen, müsste diese die Nutzergruppe der Webseitenbetreiber dazu bewegen, lediglich über die alternative Suchmaschine und nicht auch über Google Search auffindbar zu sein. Zurzeit ist kein wirtschaftlicher Anreiz ersichtlich, der einen Webseitenbetreiber hierzu verleiten könnte. Somit ist es für konkurrierende Suchmaschinenanbieter schwierig, die verschiedenen Nutzergruppen zu akquirieren und eigenständig Netzwerkeffekte zu erzeugen. Gerade die Netzwerkeffekte stellen jedoch einen

839 Siehe hierzu: Kapitel 2: D.III. (S. 76 ff.).

840 *Körber*, NZKart 2016, 303 (305). Allgemein formuliert dies *Künzler*, Zeitschrift für Schweizerisches Recht 2018, 507 (519).

wesentlichen Grund für die dominante Stellung von Google Search dar.[841] Im Ergebnis ergibt sich hieraus, dass die Machtposition von Google Search für konkurrierende Suchmaschinenanbieter kaum angreifbar ist.

Kartellrechtswidriges Verhalten wirkt sich demnach auf Märkten wie dem Suchmaschinenmarkt nachhaltiger aus, da der Markt selbst nicht in der Lage ist, wirksame Wettbewerbsbedingungen wiederherzustellen. Mit Blick auf § 19a GWB treten zwei weitere Aspekte hinzu: Zum einen dient ein Ökosystem wie das von Google dazu, die Angreifbarkeit der jeweiligen Marktpositionen weiter zu verringern – etwa durch das Entstehen von Verbundvorteilen, die Übernahme anderer Unternehmen oder das dienstübergreifende Verarbeiten von Daten. Zum anderen bietet sich in der Rolle als Intermediär die Möglichkeit, das Geschäftsmodell ohne große Investitionen auf weitere Märkte auszuweiten und auf diesen zügig eine dominante Stellung einzunehmen. Als Paradebeispiel hierfür kann der Google-Shopping-Fall dienen. Hier war es Google gelungen, über die Gatekeeper-Stellung von Google Search dem eigenen Dienst Google Shopping zu einer dominanten Position im Markt der Shopping-Vergleichsdienste zu verhelfen.[842] Das hierauf folgende Verfahren der EU-Kommission konnte die strukturellen Wettbewerbsschäden nicht mehr rückgängig machen.[843]

Die Dienste der GAFA-Unternehmen folgen komplexen Strukturen. Diese technisch nachzuvollziehen und ökonomisch zu bewerten, erfordert auf Seiten der Behörden eine hohe Kompetenz und eine spezifische Analyse des jeweiligen Unternehmens.[844] Dies gilt umso mehr, als Geschäftsvorgänge mitunter gezielt intransparent abgebildet werden. In der Folge kommt es aufgrund der Vielschichtigkeit der Vorgänge und dem Erfordernis einer Marktabgrenzung[845] zu langen Verfahren. an deren Ende der Markt durch ein Tipping schon zugunsten

841 Zur Bedeutung der Netzwerkeffekte bei Suchmaschinen: *Erhard*, S. 52 f.; *Haucap/Stühmeier*, in: Bauer/Latzer (Hrsg.), 183 (185); *Paal*, GRUR Int. 2015, 997 (1001); *Stucke/Ezrachi*, The Yale Journal of Law & Technology 2016, 70 (81 ff.); *Zinndorf*, S. 207.

842 *EU-Kommission*, Beschl. v. 27.06.2017, AT.39740, Rn. 591 – Google Shopping.

843 *Höppner*, Google's (Non-) Compliance with the EU Shopping Decision, S. 50 f.

844 *Höppner/Weber*, K&R 2020, 24 (26 f.).

845 Siehe zur Marktabgrenzung am Beispiel der Suchmaschinen: *Dewenter/Rösch/Terschüren*, NZKart 2014, 387 (391 ff.). Ebenfalls zu den Schwierigkeiten bei der Abgrenzung digitaler Märkte: *Hoffer/Lehr*, NZKart 2019, 10 (13 f.); *Lohse*, ZHR 2018, 321 (328 ff.); *Podszun*, in: Deutscher Juristentag (Hrsg.), F 1 (F 23).

der dominanten Plattform gekippt ist.[846] Vor diesem Hintergrund wird empfohlen, die großen Digitalunternehmen wie Google in einem früheren Stadium einer behördlichen Kontrolle zuzuführen.[847]

Durch § 19a GWB wird nicht intendiert, eine überragende marktübergreifende Bedeutung der Unternehmen „zu bestrafen“. Ein Handlungsbedarf ergibt sich vielmehr aus den ökonomischen Eigenheiten der Plattformmärkte. Die Norm soll dazu dienen, Märkte offenzuhalten. Für diejenigen Unternehmen, die aufgrund ihrer außergewöhnlichen Bedeutung marktübergreifend Wettbewerb ausschließen können, ist es sinnvoll und gerechtfertigt, in einem ex-ante-Ansatz über die herkömmliche Missbrauchsaufsicht hinausgehend Verantwortung aufzuerlegen. Dies gilt insbesondere in Kombination mit der Eigenschaft als Gatekeeper.[848] Ein Unternehmen ist umso stärker zur Verantwortung für den Wettbewerb und zur Rücksichtnahme verpflichtet, je gewichtiger seine Tätigkeiten die Möglichkeiten anderer Unternehmen beeinflussen.[849] Die Angreifbarkeit der Machtpositionen ist – missbrauchsunabhängig – maßgeblich, sofern ein wirksamer Wettbewerb stattfinden soll.[850] Es ist demnach zu begrüßen, dass der Gesetzgeber durch § 19a GWB einen ex-ante-Ansatz in die Missbrauchskontrolle eingeführt hat.

---

846 *Höppner*, WuW 2020, 71 (72); *Schwalbe*, in: Klose/Klusmann/Thomas (Hrsg.), 389 (397). Zum Ergebnis, dass der Markt für allgemeine Suchmaschinen im Jahr 2004 zugunsten von Google Search gekippt ist, kommen: *Höppner*, Gatekeepers' Tollbooths for Market Access, S. 6; *Zinndorf*, S. 251. *Argenton/Prüfer* nahmen 2012 ebenfalls an, dass der allgemeine Suchmaschinenmarkt (in den USA) zu Gunsten von Google Search gekippt sei, *Argenton/Prüfer*, Journal of Competition Law & Economics 2012, 73 (100). *Lerner* äußerte 2014 hingegen mit Blick auf die stagnierenden Marktanteile von Google Search in den USA die Ansicht, es liege kein Tipping vor, *Lerner*, S. 48 f.

847 *Höppner/Weber*, K&R 2020, 24 (27); *Podszun*, in: Deutscher Juristentag (Hrsg.), F 1 (F 71). Ebenso: *Lettl*, WRP 2021, 413 (414), der jedoch schreibt, dass § 19a GWB in seiner konkreten Ausgestaltung nicht geeignet sei, die Missbrauchsaufsicht effizienter zu gestalten. Mit Blick auf das EU-Recht: Staudenmayer, IWRZ 2020, 147 (155).

848 *Höppner/Weber*, K&R 2020, 24 (29); *Podszun*, in: Deutscher Juristentag (Hrsg.), F 1 (F 70 f.).

849 *Höppner/Weber*, K&R 2020, 24 (29).

850 *Grave*, in: Kersting/Podszun (Hrsg.), Kapitel 2, Rn. 29; *Arrow*, in: National Bureau of Economic Research (Hrsg.), 609 (619 ff.); *Wurmnest*, S. 163 ff. Ein Definitionsansatz für „Contestable Markets“ findet sich bei *Baumol*, American Economic Review 1982, 1 (3). Zur Theorie der angreifbaren Märkte siehe auch: *Höppner*, Netzveränderungen im Zugangskonzept, S. 55 f.

2. *Verkürzter Instanzenzug*

Eine zusätzliche Beschleunigung erfährt die Missbrauchsaufsicht aus § 19a GWB durch die Verkürzung des Instanzenzugs. Gemäß § 73 Abs. 5 Nr. 1 GWB entscheidet über Beschwerden gegen die nach § 19a GWB erlassenen Verfügungen als einzige Instanz der BGH. Die Änderung wurde in die finale Beschlussfassung zur 10. GWB-Novelle aufgenommen, um die durch § 19a GWB intendierte Beschleunigung der Missbrauchsaufsicht zu stützen und um Rechtssicherheit zu schaffen.[851] Aus Sicht des Bundesministeriums für Wirtschaft und Energie besteht kein Bedarf nach erstinstanzlichen Entscheidungen.[852] Von einer Filterfunktion sei nicht auszugehen, da sowohl das Bundeskartellamt als auch das betroffene Unternehmen die Verfahren aller Voraussicht nach letztinstanzlich geklärt wissen möchten.[853]

In der Literatur ist die Verkürzung des Rechtswegs teilweise auf Kritik gestoßen.[854] *Esser/Höft* weisen darauf hin, dass eine Beschwerde gegen eine gemäß § 19a GWB erteilte Verfügung nicht zu einer aufschiebenden Wirkung führt.[855] Dies ergibt sich aus einem Umkehrschluss aus § 66 GWB.[856] Ließe man also eine erstinstanzliche Verhandlung vor dem OLG Düsseldorf zu, würde dies mangels aufschiebender Wirkung nichts daran ändern, dass die Verfügung umgesetzt werden muss. Lediglich sofern das OLG Düsseldorf zum Schluss gelange, dass – wie im Facebook-Verfahren geschehen – „ernstliche Zweifel an der Rechtmäßigkeit" bestehen, könnte nach § 67 Abs. 3 S. 3 GWB i.V.m. §§ 67 Abs. 3 S. 1 Nr. 2 GWB die aufschiebende Wirkung angeordnet werden.[857] Da in einem solchen Fall kein Bedürfnis nach einer zeitnahen Umsetzung der Verfügung bestehe, liege auch kein Bedürfnis nach einer Verkürzung des Rechtswegs vor.[858] Dies gelte umso mehr, als gemäß § 19a Abs. 2 S. 4 GWB

---

851 BT-Drucks. 19/25868, S. 19. Im Referentenentwurf und im Regierungsentwurf war eine derartige Änderung noch nicht vorgesehen.

852 *Käseberg*, in: Bien et al. (Hrsg.), Einleitung, Rn. 32; *Käseberg/Brenner/Fülling*, WuW 2021, 269 (271).

853 *Käseberg*, in: Bien et al. (Hrsg.), Einleitung, Rn. 32; *Käseberg/Brenner/Fülling*, WuW 2021, 269 (271).

854 *Esser/Höft*, in: Bien et al. (Hrsg.), Kapitel 1, Rn. 280 ff.; *Bechthold*, NZKart 2021, 3 (4).

855 *Esser/Höft*, in: Bien et al. (Hrsg.), Kapitel 1, Rn. 282.

856 *Bodenstein*, in: Bien et al. (Hrsg.), Kapitel 2, Rn. 456.

857 *Esser/Höft*, in: Bien et al. (Hrsg.), Kapitel 1, Rn. 282.

858 *Esser/Höft*, in: Bien et al. (Hrsg.), Kapitel 1, Rn. 283.

auch einstweilige Maßnahmen nach § 32a GWB ergriffen werden könnten.[859] Dieses Argument verfängt jedoch nicht. Die Anordnung einstweiliger Maßnahmen nach § 32a GWB setzt voraus, dass eine Zuwiderhandlung i.S.v. § 32 Abs. 1 GWB überwiegend wahrscheinlich erscheint. Dabei kann es sich zwar auch um Zuwiderhandlungen gegen § 19a GWB handeln. Eine solche Zuwiderhandlung gegen eine Untersagungsverfügung nach Abs. 2 bedingt jedoch, dass die Untersagungsverfügung gegenüber dem Unternehmen bereits rechtskräftig ist.[860] Erst dann kann das Unternehmen hiergegen verstoßen.[861] Insofern ist das Mittel der einstweiligen Maßnahmen nicht geeignet, als Argument gegen eine Verkürzung des Rechtswegs zu dienen.

Zutreffend ist, dass die Verkürzung des Rechtswegs auf nur eine einzige Instanz auf Ausnahmefälle beschränkt bleiben sollte.[862] Im Grundsatz fungieren die in Art. 95 Abs. 1 GG genannten obersten Gerichtshöfe als *letzt*instanzliche Institution.[863] Eine Ausnahme sei hiervon zu machen, wenn eine oberste Bundesbehörde eine Entscheidung von allgemeiner Relevanz trifft, an deren zügiger Klärung ein öffentliches Interesse besteht.[864] Dies ist mit Blick auf die enorme Bedeutung der Normadressaten für den digitalen Geschäftsbereich und mit Blick auf das Interesse an einer schnellen Konturierung der neuen Norm für Entscheidungen nach § 19a GWB gegeben. Aus einer zügigen letztinstanzlichen Entscheidung ergibt sich eine Orientierungswirkung für weitere Verfahren.[865] Das dürfte auch im Interesse potentieller Normadressaten liegen, weil hierdurch Rechtsunsicherheiten abgebaut werden.

Verfassungsrechtlich betrachtet ist zwar in Art. 19 Abs. 4 GG die Rechtsweggarantie verankert. Dies heißt jedoch nicht, dass man auch einen Anspruch auf mehrinstanzliche Verfahren hat.[866] Auch durch Art. 103 Abs. 1 GG sowie Art. 95 Abs. 1 GG wird ein Gang durch die Instanzen nicht garantiert.[867] Somit

---

859 *Esser/Höft*, in: Bien et al. (Hrsg.), Kapitel 1, Rn. 283.

860 *Höppner*, WuW 2020, 71 (76).

861 *Höppner*, WuW 2020, 71 (76).

862 *BVerwG*, Beschl. v. 27.06.1984 – Az. 9 A 1/84, Rn. 3; *BVerfG*, NJW 1958, 2011 (2012 f.).

863 *Bodenstein*, in: Bien et al. (Hrsg.), Kapitel 2, Rn. 455.

864 *BVerfG*, NJW 1958, 2011 (2012). Beispiele für einen verkürzten Rechtsweg sind etwa § 50 VwGO und § 39 Abs. 2 SGG: *Bodenstein*, in: Bien et al. (Hrsg.), Kapitel 2, Rn. 452; *Bunte*, NZKart 2021, 74 (75 f.).

865 So auch: *Bunte*, NZKart 2021, 74 (76).

866 *BVerfG*, NJW 1996, 185 (190); *BVerfG*, NJW 1991, 1283 (1284); *BVerfG*, NJW 1983, 2929 (2929).

867 *BVerfG*, NJW 1983, 2929 (2929); BeckOK VwGO/*Berstermann*, § 50 VwGO Rn. 3.

bestehen auch keine verfassungsrechtlichen Bedenken, die eine Verkürzung des Rechtswegs als unzulässig erscheinen lassen.

Durch den verkürzten Rechtsweg können Verfahren nach § 19a GWB vergleichsweise schnell zum Abschluss gebracht werden. Dies beschleunigt die Missbrauchsaufsicht erheblich und dient einer effektiveren Förderung von Wettbewerb. In seiner Rolle als einzige Instanz ist der BGH jedoch dazu verpflichtet, mehr noch als sonst besondere Sorgfalt bei der Wahrheitsfindung walten zu lassen.[868] Hierbei kann er auf die Kompetenz der Monopolkommission zurückgreifen. Gemäß § 75 Abs. 5 GWB, der ebenfalls im Zuge der 10. GWB-Novelle ins Gesetz implementiert wurde, kann diese mit der Anfertigung einer Stellungnahme beauftragt werden.[869] Der BGH kann sich somit die erforderliche „ökonomische Expertise" für die Vorbereitung seiner Entscheidungen einholen.[870]

II. Beschleunigung durch einstweilige Maßnahmen

Als weiteres Mittel für eine Beschleunigung der Missbrauchsaufsicht wird die Anordnung einstweiliger Maßnahmen diskutiert.[871] Bislang kommt den Behörden keine bedeutende Steuerungswirkung hinsichtlich der schnelllebigen Entwicklungen der Digitalwirtschaft zu.[872] Angesichts dieser Zustandsbeschreibung vereinbarten *SPD* und *CDU/CSU* schon im Koalitionsvertrag zur 19. Legislaturperiode, dass den Kartellbehörden im Sinne eines effektiven Wettbewerbsschutzes der Erlass einstweiliger Maßnahmen erleichtert werden sollte.[873] Aufgrund der „dynamischen Entwicklungen der digitalen Märkte" sieht die 10. GWB-Novelle nunmehr vor, den zuständigen Kartellbehörden

---

868 *BVerfG*, NJW 1991, 1283 (1284).

869 *Kühling* sieht dies als „partielle Kompensation" des verkürzten Rechtswegs, *Kühling*, WuW 2021, 137 (137).

870 Laut *Kühling* kommt Deutschland durch diese institutionelle Einbringung ökonomischer Fachkenntnisse eine mögliche „Vorreiterrolle" für andere Länder zu, *Kühling*, WuW 2021, 137 (137).

871 *Newman*, Yale Journal on Regulation 2014, 401 (452 ff.); *Podszun/Kersting*, ZRP 2019, 34 (35).

872 *Karbaum/Schulz*, NZKart 2019, 407 (412); *Podszun/Kersting*, ZRP 2019, 34 (38). Ähnlich sieht dies der BRICS-Report für die Länder Brasilien, Russland, Indien, China und Südafrika, *BRICS*, S. 421 f.

873 Koalitionsvertrag zwischen CDU, CSU und SPD zur 19. Legislaturperiode des Deutschen Bundestages, S. 61, http://go.wwu.de/1uwg8.

Instrumente zur schnelleren Antwort auf womöglich wettbewerbsschädliches Verhalten an die Hand zu geben.[874]

Zunächst werden sogleich die in § 32a GWB vorgenommenen Änderungen dargestellt (1). Sodann fokussiert die Untersuchung auf die Änderungen zum Anordnungsgrund und unterzieht diese einer kritischen Würdigung (2). Im Anschluss wird unter Einbeziehung zweier konkreter Verfahren diskutiert, inwiefern sich einstweilige Maßnahmen generell zur Anwendung auf dynamische Geschäftsmodelle eines Digitalunternehmens wie Google eignen (3).

1. Änderungen in § 32a GWB

Nach § 32a Abs. 1 GWB kann eine Kartellbehörde in dringenden Fällen einstweilige Maßnahmen anordnen. Im Wesentlichen bestehen zwei Normvoraussetzungen. Zunächst muss der Anordnungs*anspruch* der Hauptsache glaubhaft gemacht werden (a). Als Untersuchungsgegenstand ist ein Verhalten heranzuziehen, das möglicherweise einen Verstoß gegen §§ 1, 19–21 GWB oder gegen Art. 101, 102 AEUV darstellt.[875] Darüber hinaus muss ein Anordnungs*grund* vorliegen (b). Bislang nutzten die deutschen Kartellbehörden nur selten die Möglichkeit einstweiliger Maßnahmen.[876] Auch aus diesem Grund hat der Gesetzgeber im Zuge der 10. GWB-Novelle die Anordnungsvoraussetzungen herabgesetzt. Die Änderungen sollen im Folgenden dargestellt werden.

a) Anordnungsanspruch

Nach § 32a Abs. 1 GWB-a.F. lag ein Anordnungsanspruch vor, wenn eine summarische Prüfung des betreffenden Verhaltens ergab, dass von einem Verstoß i.S.v. § 32 GWB auszugehen sei.[877] Dem System der einstweiligen Maßnahmen ist immanent, dass keine abschließende Bewertung des jeweiligen Sachverhaltes vorgenommen werden kann. Insofern wird hinsichtlich der Gefahr für den Wettbewerb – anders als für Entscheidungen nach § 32 GWB – keine „Gewissheit“ vorausgesetzt.[878] In Art. 8 VO 1/2003 ist explizit benannt, dass der in Rede

---

874 BT-Drucks. 19/23492, S. 56.

875 *Bechtold/Bosch*, § 32a GWB Rn. 3. Zum Anwendungsbereich von § 32 GWB: MüKo/*Keßler*, § 32 GWB Rn. 23.

876 Loewenheim/Meessen/Riesenkampff/Kersting/Meyer-Lindemann/*Otto*, § 32a GWB Rn. 1.

877 MüKo/*Keßler*, § 32a GWB Rn. 10.

878 Immenga/Mestmäcker/*Bach*, § 32a GWB Rn. 5; Loewenheim/Meessen/Riesenkampff/Kersting/Meyer-Lindemann/*Otto*, § 32a GWB Rn. 3; MüKo/*Keßler*, § 32a GWB Rn. 10. Auf EU-Ebene: *EuGH*, Urt. v. 24.01.1992 – Az. T-44/90, Rn. 61.

stehende Verstoß prima facie anzunehmen ist. Der überwiegende Teil der Literatur vertritt die Ansicht, dass dieser Maßstab auch für § 32a GWB-a.F. galt.[879]

Nach der neuen Fassung des § 32a GWB können einstweilige Maßnahmen dem Wortlaut nach schon dann angeordnet werden, wenn eine Zuwiderhandlung im Sinne des § 32 Abs. 1 *überwiegend wahrscheinlich* erscheint. Hierin ist eine Absenkung des Wahrscheinlichkeitsmaßstabs zu sehen.[880]

b) Anordnungsgrund

Neben dem Anordnungsanspruch muss ein Anordnungsgrund gegeben sein. Dieser zeigt die Eilbedürftigkeit eines behördlichen Handelns an. Der Anordnungsgrund kann in zwei Prüfungsschritte aufgeteilt werden. Zunächst ist in den Blick zu nehmen, welche Schutzrichtung die einstweiligen Maßnahmen entfalten sollen (aa). In einem zweiten Schritt muss hinsichtlich dieser Schutzrichtung eine hinreichende Dringlichkeit bestehen (bb).

aa) Schutzrichtung

Der Schutz von § 32a Abs. 1 GWB-a.F. zielte auf den Wettbewerb als solchen ab. Eine Gefahr für den Wettbewerb liegt vor, wenn das betreffende Verhalten einen Verstoß gegen kartellrechtliche Regelungen[881] darstellt und sich sowohl derzeit als auch im zeitlichen Fortlauf auswirkt.[882] Ist in naher Zukunft von einem derartigen Verstoß auszugehen, genügt auch dies zur Annahme einer relevanten Gefahr.[883]

Geht von einem bestimmten Verhalten lediglich eine Gefahr für einen einzelnen Wettbewerber aus, so konnte nach § 32a GWB-a.F. nicht ohne Weiteres die Anordnung einstweiliger Maßnahmen erfolgen.[884] Dies war nur möglich, wenn sich aus der drohenden Schädigung eines einzelnen Unternehmens eine

---

879 *Bechtold/Bosch*, § 32a GWB Rn. 4; Immenga/Mestmäcker/*Bach*, § 32a GWB Rn. 5; Langen/Bunte/*Bornkamm/Tolkmitt*, § 32a GWB Rn. 4; *Pflüger/Schedereit/Vázquez Cardeñoso*, EuZW 2021, 661 (666).

880 *Bechtold/Bosch*, § 32a GWB Rn. 4; *Steinberg/Wirtz*, WuW 2019, 606 (611). Anderer Ansicht ist: *Bernhard*, in: Bien et al. (Hrsg.), Kapitel 2, Rn. 153 f.

881 Wie oben erläutert, sind hierfür Verstöße gegen §§ 1, 19–21 GWB sowie gegen Art. 101, 102 AEUV relevant.

882 *Bechtold/Bosch*, § 32a GWB Rn. 6.

883 *Bechtold/Bosch*, § 32a GWB Rn. 6.

884 Immenga/Mestmäcker/*Bach*, § 32a GWB Rn. 12; Langen/Bunte/*Bornkamm/Tolkmitt*, § 32a GWB Rn. 3.

Gefahr für den gesamten Wettbewerb ergeben konnte.[885] Hierfür waren die auf einem Markt herrschenden Strukturen heranzuziehen. Ein Beispiel war etwa die Schädigung eines Unternehmens, das als einzig relevanter Wettbewerber eines Marktbeherrschers fungierte.[886]

Der geänderte Wortlaut von § 32a GWB ist weiter gefasst. Zum einen wird weiterhin der Wettbewerb als solcher geschützt. Hierfür muss der Wettbewerb in seiner Struktur betroffen sein.[887] Daneben bezieht sich § 32a GWB nunmehr auch auf einzelne Wettbewerber. Ein Mindestmaß an wettbewerblicher Bedeutung muss dem Unternehmen dabei nicht zukommen.[888] Allerdings ist für die Betroffenheit eines Wettbewerbers eine besondere Beeinträchtigungsintensität erforderlich: Es muss eine schwerwiegende Beeinträchtigung unmittelbar drohen, um den Erlass einstweiliger Maßnahmen hierauf zu stützen. Die Unmittelbarkeit umfasst neben dem kurz bevorstehenden Eintritt auch eine bereits erfolgte Beeinträchtigung.[889] Die erforderliche Intensität der Beeinträchtigung soll nach der Gesetzesbegründung gegeben sein, wenn ein Ausscheiden aus dem Markt droht oder das Unternehmen einen dauerhaften Schaden erleidet.[890] Eine Erweiterung des Schutzzwecks sei der Änderung nach Ansicht des Gesetzgebers jedoch nicht zu entnehmen.[891] Die Referenz zu einzelnen Unternehmen könnte vielmehr als Nachweiserleichterung für die Behörden dienen. Eine Schädigung für Unternehmen sei mitunter weniger komplex herzuleiten als die Betroffenheit des Wettbewerbs an sich.[892] Oberstes Schutzgut der Norm soll allerdings der Wettbewerb bleiben.[893] Dies lasse sich auch dem Wortlaut entnehmen, wonach zum Schutz des Wettbewerbs eingegriffen werden kann,

---

885 Immenga/Mestmäcker/*Bach*, § 32a GWB Rn. 12; Langen/Bunte/*Bornkamm/Tolkmitt*, § 32a GWB Rn. 3; Loewenheim/Meessen/Riesenkampff/Kersting/Meyer-Lindemann/*Otto*, § 32a GWB Rn. 5.

886 Immenga/Mestmäcker/*Bach*, § 32a GWB Rn. 12.

887 *Podszun/Deuschle*, WuW 2019, 613 (617).

888 *Podszun/Deuschle*, WuW 2019, 613 (617).

889 *BMWi*, Referentenentwurf zur 10. GWB-Novelle, S. 88.

890 *BMWi*, Referentenentwurf zur 10. GWB-Novelle, S. 88.

891 *BMWi*, Referentenentwurf zur 10. GWB-Novelle, S. 88 f. Die Wichtigkeit der Wettbewerber für das Wettbewerbsgeschehen betonend: *Podszun/Deuschle*, WuW 2019, 613 (617). Ebenfalls zum Schutzzweck: *Bernhard*, in: Bien et al. (Hrsg.), Kapitel 2, Rn. 161 f.

892 *BMWi*, Referentenentwurf zur 10. GWB-Novelle, S. 89.

893 Loewenheim/Meessen/Riesenkampff/Kersting/Meyer-Lindemann/*Otto*, § 32a GWB Rn. 7; *BMWi*, Referentenentwurf zur 10 GWB-Novelle, S. 88 f.; *Studienvereinigung Kartellrecht*, Verwaltungsverfahren/Schadensersatz/Fusionskontrolle, S. 6.

aber nicht zum Schutz anderer Unternehmen, sondern lediglich aufgrund einer möglichen Beeinträchtigung für diese.[894]

bb) Anforderungen an den drohenden Schaden

Die Anordnung einstweiliger Maßnahmen setzt eine Fallkonstellation voraus, die ein dringendes Handeln erfordert. Die Anforderungen waren bislang enorm. Wie aus dem Wortlaut von § 32a GWB-a.F. ersichtlich wird, musste ein ernster, nicht wieder gutzumachender Schaden drohen. Aus dem Zusammenspiel zwischen einstweiligen Maßnahmen und dem Verfahren in der Hauptsache ergibt sich, dass ein derartiger Schaden anzunehmen ist, sofern dieser durch die Entscheidung in der Hauptsache nicht wieder rückgängig gemacht werden könnte.[895] Andernfalls wäre dem Wettbewerbsschutz dadurch genüge getan, eine Entscheidung in der Hauptsache abzuwarten.[896] Nach den Änderungen im Zuge der 10. GWB-Novelle genügt es nunmehr, dass die Maßnahmen zum Schutz des Wettbewerbs oder aufgrund einer unmittelbar drohenden, schwerwiegenden Beeinträchtigung eines anderen Unternehmens geboten sind.

2. Kritische Würdigung der Änderungen zum Anordnungsgrund

a) Schutzrichtung

Zunächst stellt sich die Frage, wie sich die Aufnahme der Wettbewerber in den Wortlaut des § 32a GWB in der Praxis auswirkt. Im französischen Recht ist es der nationalen Wettbewerbsbehörde möglich, zum Schutz eines einzelnen Unternehmens Maßnahmen zu ergreifen.[897] Der Fall *Amadeus/Google* zeigt anschaulich, wie von dieser Möglichkeit Gebrauch gemacht werden kann.[898] Die Ausgangssituation des Verfahrens bestand darin, dass Google Ads für den Telefonauskunftsdienst Amadeus als Intermediär fungierte und Nutzern mittels von Amadeus geschalteten Werbeanzeigen den Zugang zu diesem Dienst vermittelte. Im Jahr 2018 verkündete Google, dass Amadeus nicht den

---

894 Loewenheim/Meessen/Riesenkampff/Kersting/Meyer-Lindemann/*Otto*, § 32a GWB Rn. 7.

895 *EuGH*, Urt. v. 24.01.1992 – Az. T-44/90, Rn. 79 f.; *EuG*, Beschl. v. 26.10.2001 – Az. T-184/01 R, Rn. 70; Immenga/Mestmäcker/*Bach*, § 32a GWB Rn. 15; Loewenheim/Meessen/Riesenkampff/Kersting/Meyer-Lindemann/*Otto*, § 32a GWB Rn. 6.

896 Umkehrschluss aus: Immenga/Mestmäcker/*Bach*, § 32a GWB Rn. 15.

897 Article L-464-1 aus dem Code de Commerce.

898 *Ruiz Feases*, European Competition Journal 2020, 404 (423 f.).

Vorgaben von Google Ads entspreche und gesperrt würde.[899] In der Folge verzeichnete Amadeus innerhalb eines Jahres einen Umsatzrückgang von mehr als 90 %.[900] Dies nahm die französische Wettbewerbsbehörde zum Anlass, auf Grundlage des Kartellrechts einstweilige Maßnahmen gegen Google zu erlassen.[901] Sie nahm keine tiefergehende Analyse anderer Wettbewerber vor, sondern stützte sich lediglich auf den Schaden von Amadeus.

Auch auf Grundlage der Neufassung des § 32a GWB ist nicht zu erwarten, dass deutsche Kartellbehörden fortan nach diesem Vorbild agieren. Wie bereits erwähnt, ist § 32a GWB so formuliert, dass einstweilige Maßnahmen zum Schutz des Wettbewerbs, aber nicht zum Schutz einzelner Wettbewerber angeordnet werden können. Es besteht lediglich die Möglichkeit, aufgrund einer für ein einzelnes Unternehmen drohenden Beeinträchtigung tätig zu werden. Aus diesem Wortlaut lässt sich ableiten, dass im Zentrum der Norm das Verhalten des Normadressaten steht, und weniger der konkrete Schaden einzelner Wettbewerber.[902] In Einklang hiermit steht, dass auch nach den Änderungen durch die 10. GWB-Novelle für einzelne Unternehmen mit Blick auf die Anordnung einstweiliger Maßnahmen kein Antragsrecht vorgesehen ist,[903] welches für eine Individualschutzkomponente spräche.

b) *Anforderungen an den drohenden Schaden*

Wie zuvor dargestellt, enthält § 32a GWB nicht länger das Erfordernis eines ernsten, nicht wieder gutzumachenden Schadens für den Wettbewerb. Stattdessen ist nunmehr die Rede davon, dass eine Maßnahme zum Schutz des Wettbewerbs oder aufgrund einer unmittelbar drohenden, schwerwiegenden Beeinträchtigung eines anderen Unternehmens geboten sein muss. Somit stellt sich die Frage, wann nach dem neuen Wortlaut der Norm ein drohender Schaden so hoch ist, dass der derzeitige Zustand nicht bis zur Hauptverhandlung unverändert belassen werden kann.

---

899 *Ruiz Feases*, European Competition Journal 2020, 404 (423).

900 *Autorité de la concurrence*, Entsch. v. 31.01.2019, 19-MC-01, Rn. 171 f. – Google/Amadeus.

901 *Autorité de la concurrence*, Entsch. v. 31.01.2019, 19-MC-01 – Google/Amadeus.

902 Loewenheim/Meessen/Riesenkampff/Kersting/Meyer-Lindemann/*Otto*, § 32a GWB Rn. 7; *Studienvereinigung Kartellrecht*, Verwaltungsverfahren/Schadensersatz/Fusionskontrolle, S. 6.

903 *Bernhard*, in: Bien et al. (Hrsg.), Kapitel 2, Rn. 171.

Teilweise wird gefordert, es solle weiterhin ein ernster, unumkehrbarer Schaden als Kriterium gelten.[904] Andernfalls würden die Belange des Unternehmens, dem ein Verstoß vorgeworfen wird, nicht hinreichend berücksichtigt.[905] Das Unternehmen selbst könnte durch die einstweilige Maßnahme bezüglich seines Geschäftsmodells zu einer Umstellung gezwungen sein. Nach einem abgeschlossenen Verfahren, an dessen Ende die Rechtmäßigkeit des bisherigen Geschäftsmodells festgestellt wurde, ist die Rückkehr zu diesem womöglich nur schwer zu realisieren. Insofern sei das Erfordernis eines nicht wiedergutzumachenden Schadens Ausdruck des hohen Schutzbedürfnisses, das der Wettbewerb vortragen muss, um die Eingriffe in die grundrechtlichen Positionen des Unternehmens zu rechtfertigen.[906]

Dieser Argumentation ist zunächst entgegenzuhalten, dass der zurückhaltende Umgang der Kartellbehörden mit dem Mittel der einstweiligen Maßnahmen nahelegt, dass die Hürde des ernsten, unumkehrbaren Schadens zu hoch angesetzt ist. Hinzu kommt, dass durch § 32a Abs. 1 S. 2 GWB eine Härtefallklausel aufgenommen wurde. Die Anordnung einstweiliger Maßnahmen ist danach nicht möglich, wenn das betroffene Unternehmen Tatsachen glaubhaft macht, nach denen die Anordnung eine unbillige, nicht durch überwiegende öffentliche Interessen gebotene Härte zur Folge hätte. Nach dem Willen des Gesetzgebers sollen potentielle Normadressaten hierdurch vor unumkehrbaren negativen Folgen bewahrt werden, die die jeweiligen Unternehmen in ihrer Existenz bedrohen könnten.[907] Zu Recht wird darauf hingewiesen, dass ein derartiger Schutz potentieller Normadressaten auch in § 32a Abs. 1 GWB im Rahmen der Verhältnismäßigkeit hierauf gestützter Anordnungen zu gewährleisten ist.[908] Jedenfalls ist ein Schutz vor unverhältnismäßigen Anordnungen gegeben. Eine Herabsenkung der an den drohenden Schaden gestellten Anforderungen

---

904 *Studienvereinigung Kartellrecht*, Verwaltungsverfahren/Schadensersatz/Fusionskontrolle, S. 4. Ähnlich äußert sich die *Wettbewerbskommission 4.0* mit Blick auf das EU-Recht, *BMWi*, Ein neuer Wettbewerbsrahmen für die Digitalwirtschaft, S. 76. Ebenfalls in diese Richtung: *Bernhard*, in: Bien et al. (Hrsg.), Kapitel 2, Rn. 136.

905 Aus Sicht von *Bernhard* drohe in diesem Fall ein „overenforcement", *Bernhard*, in: Bien et al. (Hrsg.), Kapitel 2, Rn. 136.

906 *Studienvereinigung Kartellrecht*, Verwaltungsverfahren/Schadensersatz/Fusionskontrolle, S. 4.

907 BT-Drucks. 19/23492, S. 86.

908 Loewenheim/Meessen/Riesenkampff/Kersting/Meyer-Lindemann/*Otto*, § 32a GWB Rn. 9 f.; *Bernhard*, in: Bien et al. (Hrsg.), Kapitel 2, Rn. 163 ff.

kann demnach nicht unter Verweis auf „Härtefallentscheidungen" gegen die betroffenen Unternehmen abgelehnt werden.

Speziell mit Blick auf digitale Märkte wie den Suchmaschinenmarkt und die weiteren mit Google Search verwobenen Märkte sprechen weitere Gründe dafür, die Anforderungen hinsichtlich der Dringlichkeit herabzusetzen.[909] Gerade auf diesen Märkten sind Auswirkungen von Wettbewerbsverstößen regelmäßig von Dauer. Den Behörden ist es nicht ohne Weiteres möglich, durch Abhilfemaßnahmen eine Wiederherstellung des Wettbewerbs zu erreichen. Das Google-Shopping-Verfahren der EU-Kommission[910] dient als Beispiel für Sanktionen, die im Rahmen der ex-post-Missbrauchsaufsicht verhängt wurden und die nicht geeignet waren, den Wettbewerb wieder zu öffnen.[911] Auch eine umfassende Durchsetzung von Schadensersatzansprüchen könnte in einer solchen Wettbewerbskonstellation nichts an der Marktmacht ändern, die Google Shopping im Zusammenspiel mit Google Search zwischenzeitlich generiert hatte. Für Fälle, in denen eine derartige Unsicherheit im Hinblick auf die Effektivität möglicher Abhilfemaßnahmen herrscht, sollte ein weniger enges Verständnis eines nicht wiedergutzumachenden Schadens praktiziert werden.[912] Der Gesetzgeber verfolgt mit der 10. GWB-Novelle insbesondere das Ziel, diesen soeben dargestellten Schwierigkeiten im digitalen Raum zu begegnen. Die historische Auslegung von § 32a Abs. 1 GWB spricht insofern eindeutig dagegen, weiterhin einen ernsten, nicht wiedergutzumachenden Schaden vorauszusetzen.

In seiner Begründung hat der Gesetzgeber explizit darauf hingewiesen, dass die Regelungen im britischen und französischen Recht die Anordnung einstweiliger Maßnahmen leichter gestalten als es nach § 32a GWB-a.F. möglich war.[913] Ein Blick auf diese Regelungen bietet demnach eine Orientierung, wann von einem dringenden Fall i.S.v. § 32a GWB ausgegangen werden sollte.

aa) Regelung im britischen Recht

Im britischen Recht wurde das Erfordernis eines nicht wiedergutzumachenden Schadens schon im Jahr 2014 durch die „Verhinderung eines erheblichen

---

909 So *Ruiz Feases* mit Blick auf das EU-Recht, das – ebenso wie § 32a GWB-a.F. – einen nicht wiedergutzumachenden Schaden fordert, *Ruiz Feases*, European Competition Journal 2020, 404 (417).

910 *EU-Kommission*, Beschl. v. 27.06.2017, AT.39740 – Google Shopping.

911 Siehe hierzu: Kapitel 3: C.II.1. (S. 185 ff.).

912 *Ruiz Feases*, European Competition Journal 2020, 404 (416 ff.).

913 BT-Drucks. 19/23492, S. 86.

Schadens“ abgelöst.[914] Nach den Leitlinien der Competition & Markets Authority liegt ein erheblicher Schaden vor, wenn Unternehmen daran gehindert werden, auf einem Markt wirksam zu konkurrieren und sie hierdurch einen substantiellen wirtschaftlichen Schaden erleiden oder ein derartiger Schaden wahrscheinlich eintreten wird.[915] Trotz der Herabsetzung der Voraussetzungen scheint die Competition & Markets Authority bei der Anordnung einstweiliger Maßnahmen noch zurückhaltend.[916] Auch aufgrund der hohen Anforderungen an die Beweisführung ist damit zu rechnen, dass ein Antrag auf einstweilige Maßnahmen eine Ausnahmesituation für eindeutige Sachverhalte bleibt.[917]

bb) Regelung im französischen Recht

In Frankreich besteht mehr Erfahrung hinsichtlich der Anordnung einstweiliger Maßnahmen.[918] Das französische Recht ist dahin gehend weniger restriktiv als es § 32a GWB-a.F. war. Die französische Wettbewerbsbehörde kann bei ernsthaften und unmittelbaren Schäden, die dem Wettbewerb drohen, einstweilige Maßnahmen ergreifen.[919] Von diesem rechtlichen Instrument machte sie im Jahr 2020 in der Entscheidung *Press Publishers/Google* Gebrauch. Der Entscheidung ging die Umsetzung der EU-Richtlinie über das Urheberrecht und die verwandten Schutzrechte im digitalen Binnenmarkt durch den französischen Gesetzgeber voraus.[920] Hierdurch sollte es Presseverlegern ermöglicht werden, in Verhandlungen mit Suchmaschinenanbietern eine Vergütung für die Verwendung sogenannter Snippets[921] zu erzielen. Google verweigerte dies mit Verweis darauf, dass eine wirtschaftliche Verbindung mit den Presseverlegern dazu führen würde, dass die Suchenden das Vertrauen in die Integrität der Suche verlieren könnten.[922] Als Reaktion hierauf riefen die Presseverleger die

---

914 *Chisholm/Long/Parker*, S. 1 f.; *Furman et al.*, S. 104; *Ruiz Feases*, European Competition Journal 2020, 404 (417).

915 *Competition & Markets Authority*, Guidance on the CMA’s investigation procedures in Competition Act 1998 cases: CMA8, Rn. 8.14, http://go.wwu.de/s2k4r.

916 *Furman et al.*, S. 104. In diese Richtung auch: *Chisholm/Long/Parker*, S. 3.

917 *Chisholm/Long/Parker*, S. 11.

918 *BRICS*, S. 422; *Chisholm/Long/Parker*, S. 10; *Pflüger/Schedereit/Vázquez Cardeñoso*, EuZW 2021, 661 (666).

919 Article L-464-1 aus dem Code de Commerce.

920 *Ruiz Feases*, European Competition Journal 2020, 404 (418).

921 Snippets sind kurze Auszüge aus Presseerzeugnissen, die zur Veranschaulichung im Rahmen der Suchergebnisse angezeigt werden, *Hopf*, S. 145.

922 *Autorité de la concurrence*, Entsch. v. 09.04.2019, 20-MC-01, Rn. 94. Siehe zu der Entscheidung auch MMR-Aktuell 2019, 421429.

französische Wettbewerbsbehörde an, einstweilige Maßnahmen gegen Google zu ergreifen. Dem kam die Behörde nach. Aufgrund der zeitnah anstehenden Einführung der von Google angestrebten Bedingungen und der wirtschaftlich angespannten Situation der Presseverleger bejahte die Behörde einen ernsten und unmittelbar drohenden Schaden für den Pressesektor.[923] Mögliche nachträgliche Entschädigungsansprüche der Presseverleger gegen Google konnte die Behörde außer Acht lassen. Unter der Voraussetzung eines nicht wiedergutzumachenden Schadens wäre dies hingegen nicht möglich gewesen.

cc) Schlussfolgerung

Wie vom deutschen Gesetzgeber beabsichtigt, kann der einstweilige Rechtsschutz aus dem britischen und französischen Recht bei der Anwendung und Auslegung von § 32a GWB eine Orientierung bieten. Im Vergleich zum britischen Recht bietet die französische Rechtspraxis dabei einen größeren Fundus an Erfahrungswerten. Hieran können deutsche Kartellbehörden anknüpfen. Die auslegungsbedürfte Formulierung aus § 32a GWB, eine einstweilige Maßnahme könne angeordnet werden, wenn sie „zum Schutz des Wettbewerbs [...] geboten ist", lässt sich „im französischen Licht" betrachten. Die neue Fassung von § 32a GWB ist somit dahin gehend auszulegen, dass ein ernster und unmittelbar drohender Schaden erforderlich ist. Insbesondere hinsichtlich der Anwendung einstweiliger Maßnahmen auf tipping-gefährdeten oder bereits gekippten Märkten wie den Suchmaschinenmarkt darf an einer Irreparabilität des drohenden Schadens nichts festgehalten werden.

3. Schwierigkeiten bei der Anordnung einstweiliger Maßnahmen bei dynamischen Geschäftsmodellen

Unabhängig von den zuvor gewürdigten konkreten Änderungen stellt sich die Frage, inwiefern sich einstweilige Maßnahmen generell zum Gebrauch in dynamischen Märkten wie dem der Suchmaschinen eignen. Einige Stimmen wiesen im Vorfeld der Gesetzesänderungen darauf hin, dass dem Instrument der einstweiligen Maßnahmen gerade im Bereich digitaler Plattformen eine bedeutende Rolle zukäme.[924] Kartellrechtswidrig agierende Unternehmen können regelmäßig versuchen, den Abschluss eines Kartellverfahrens hinauszuzögern,

---

923 *Autorité de la concurrence*, Entsch. v. 09.04.2019, 20-MC-01, Rn. 273 ff.

924 *Furman et al.*, S. 104; *Karbaum/Schulz*, NZKart 2019, 407 (412 ff.); *Monopolkommission*, Sondergutachten 68, S. 169; *Verbraucherzentrale Bundesverband*, Fairen Wettbewerb in digitalen Märkten sicherstellen, S. 13.

um über längere Zeit von ihrem Verhalten wirtschaftlich zu profitieren. Bis eine Entscheidung nach § 32 GWB angeordnet wird, ist davon auszugehen, dass das in Rede stehende Verhalten fortgesetzt wird. Auch die Aussicht auf ein Bußgeld vermag oftmals keine ausreichend präventive Wirkung zu entfalten.[925] Das betreffende Unternehmen wird stets eine wirtschaftliche Abwägung anstellen, ob der aufgrund der Verhaltensweise erzielte Gewinn den Betrag eines möglichen Bußgeldes übersteigt.[926] Mit Blick hierauf wird vertreten, dass mittels der Anordnung einstweiliger Maßnahmen Abhilfe geschaffen werden könne.[927]

Eine Reihe von Gründen spricht jedoch gegen die Annahme, dass einstweilige Maßnahmen einen wesentlichen Schlüssel zur Bewältigung der kartellrechtlichen Herausforderungen auf digitalen Märkten bereithalten. Während die Dynamik auf digitalen Märkten und die Tendenz zur Machtkonzentration einen Bedarf nach einstweiligen Maßnahmen begründen, ist es ebenfalls dieser Dynamik geschuldet, dass die Tauglichkeit einstweiliger Maßnahmen für die Kontrolle innovativer digitaler Märkte in Zweifel gezogen wird.[928] Wie soeben beschrieben, liegt die Hoffnung einiger darin, dass einstweilige Maßnahmen einer Verfestigung von Machtstrukturen in digitalen Märkten entgegenwirken können. Hiergegen ist jedoch einzuwenden, dass gerade die Einordnung neuartiger und komplexer ökonomischer Zusammenhänge auf solchen digitalen Märkten für die Kartellbehörden eine Herausforderung darstellt. Nur selten lassen sich Fallkonstellationen einem altbekannten Muster zuordnen. Aufgrund der schnelllebigen Entwicklungen in digitalen Geschäftsbereichen fällt es schwer, hinsichtlich rechtlich noch unbewerteter Fallkonstellationen eine ausreichende Beurteilungsgrundlage zu schaffen, die Orientierung zur Anordnung einstweiliger Maßnahmen bieten könnte.[929]

Hinzu kommt, dass Kartellbehörden bei digitalen Plattformen teilweise das Geschäftsmodell in seiner Gesamtheit als potentiellen Verstoß gegen kartellrechtliche Regelungen untersuchen.[930] Dies ist insofern ein Hindernis, als die Anordnung einstweiliger Maßnahmen die Entscheidung in der Hauptsache

---

925 *Karbaum/Schulz*, NZKart 2019, 407 (409).

926 *Karbaum/Schulz*, NZKart 2019, 407 (409).

927 *Podszun/Deuschle*, WuW 2019, 613 (614).

928 Loewenheim/Meessen/Riesenkampff/Kersting/Meyer-Lindemann/*Otto*, § 32a GWB Rn. 2; *Podszun*, WuW 2017, 577 (577); *Podszun/Deuschle*, WuW 2019, 613 (618).

929 *Podszun/Deuschle*, WuW 2019, 613 (615).

930 *Höppner/Weber*, K&R 2020, 24 (50).

nicht vorwegnehmen darf.[931] Eine solche Vorwegnahme droht, wenn einstweilige Maßnahmen auf das komplette Geschäftsmodell abzielen.[932] Daneben kann es auch im Rahmen einer Zugangsgewährung zu Daten über § 19 Abs. 2 Nr. 4 GWB oder §§ 20 Abs. 1a, Abs. 1 i.V.m. 19 Abs. 2 Nr. 1 GWB zu einer Vorwegnahme kommen.[933] Die Daten werden nach Zugangsgewährung genutzt und weiterverwendet. Dies ließe sich im Nachhinein nicht mehr rückgängig machen.[934]

Ein weiteres Argument dafür, dass einstweilige Maßnahmen für die Öffnung digitaler Märkte keinen wesentlichen Faktor darstellen, liegt in dem Wesenszug dieses rechtlichen Konstrukts. Im Rahmen der Dringlichkeit ist der mögliche Schaden bei Fortführung des betreffenden Verhaltens zu ermitteln.[935] Hierzu muss die zuständige Kartellbehörde hypothetische Verläufe entwickeln und diese bewerten – in gewisser Weise „ein Blick in die Glaskugel". Hierin liegt zum einen der Ausnahmecharakter der Norm begründet.[936] Zum anderen ist dies ein zentrales Problem bei der Anwendung auf die Geschehnisse in digitalen Märkten. Aufgrund der technischen Entwicklung ergeben sich regelmäßig neue Innovationssprünge. Diese vorauszusehen und im Verfahren die nötigen Szenarien zu entwickeln, um einen Bedarf nach einstweiligen Maßnahmen herauszuarbeiten, ist schwierig.

Die bisherigen Reaktionen des Bundeskartellamtes lassen ebenfalls vermuten, dass mit der Anordnung einstweiliger Maßnahmen restriktiv verfahren wird. Zwar seien einige der vorgenommenen Änderungen durchaus zu begrüßen.[937] Gerade bei „neuartigen Fragestellungen und weitgehenden Eingriffen in das Geschäftsmodell der betroffenen Unternehmen" sei es jedoch grundsätzlich nicht angezeigt, einstweilige Maßnahmen anzuordnen.[938] Insofern ist

931 Langen/Bunte/*Bornkamm/Tolkmitt*, § 32a GWB Rn. 5; MüKo/*Keßler*, § 32a GWB Rn. 1.

932 *Höppner/Weber*, K&R 2020, 24 (50).

933 *Bernhard*, in: Bien et al. (Hrsg.), Kapitel 2, Rn. 167. Zu dieser Ansicht gelangt man auch durch einen Umkehrschluss aus: *Kurgan*, S. 179.

934 *Studienvereinigung Kartellrecht*, Verwaltungsverfahren/Schadensersatz/Fusionskontrolle, S. 5 f.

935 *Podszun/Deuschle*, WuW 2019, 613 (615).

936 *Podszun/Deuschle*, WuW 2019, 613 (615).

937 So lobte das *Bundeskartellamt* die Norm im Entstehungsprozess, *Bundeskartellamt*, Stellungnahme zum Regierungsentwurf zur 10. GWB-Novelle, S. 8.

938 *Bundeskartellamt*, Stellungnahme zum Regierungsentwurf zur 10. GWB-Novelle, S. 9.

hinsichtlich der Bewertung von Google Search und vergleichbarer Dienste eher von einer Zurückhaltung seitens des Bundeskartellamtes auszugehen.[939]

Anhand zweier Beispielsfälle wird im Folgenden aufgezeigt, unter welchen Voraussetzungen einstweilige Maßnahmen zur Verfahrensbeschleunigung eingesetzt werden können und wann nicht. Als Beispielsfälle dienen die Verfahren der EU-Kommission zu Broadcom[940] (a) sowie zu Google Shopping[941] (b).

a) Beispielsfall Broadcom

Auf EU-Ebene wird – ähnlich wie in Deutschland – von der dort in Art. 8 VO 1/2003 vorgesehenen Möglichkeit der Anordnung einstweiliger Maßnahmen kaum Gebrauch gemacht. Erstmals seit beinahe 20 Jahren wurde dieses rechtliche Instrument im Broadcom-Verfahren mal wieder angewandt.[942] Mitunter wird dieses Verfahren als Indiz herangezogen, dass einstweiligen Maßnahmen künftig ein höherer Stellenwert zukommen könnte.[943]

In einer Pressemitteilung vom 16.10.2019 gab die EU-Kommission bekannt, dass sie gemäß Art. 8 VO 1/2003 gegen das Unternehmen Broadcom einstweilige Maßnahmen verhängt hat.[944] Broadcom ist ein Technologieunternehmen, das insbesondere im Bereich kritischer Infrastrukturen Software- und Halbleiterlösungen anbietet. Aus Sicht der EU-Kommission beherrschte Broadcom zum damaligen Zeitpunkt die Märkte für TV-Set-Top-Boxen, Glasfasermodems und ADSL-Modems.[945] Die EU-Kommission untersuchte, ob das Verwenden von Exklusivitätsvereinbarungen[946] einen Verstoß gegen Art. 102 AEUV darstellte. Der Erlass einstweiliger Anordnungen war nach Ansicht der EU-Kommission erforderlich, da der Wettbewerb bei fortlaufender Verwendung

---

939 So auch *Bernhard*, in: Bien et al. (Hrsg.), Kapitel 2, Rn. 141.

940 *EU-Kommission*, Entsch. v. 16.10.2019, AT.40608 – Broadcom.

941 *EU-Kommission*, Beschl. v. 27.06.2017, AT.39740 – Google Shopping.

942 *BMWi*, Ein neuer Wettbewerbsrahmen für die Digitalwirtschaft, S. 74; *Bischke/Brack*, NZG 2019, 1099 (1101); *Mantzari*, Journal of European Competition Law & Practice 2020, 487 (487). Ausführlich zum Verfahren: *Pflüger/Schedereit/Vázquez Cardeñoso*, EuZW 2021, 661 (661 ff.).

943 *Pflüger/Schedereit/Vázquez Cardeñoso*, EuZW 2021, 661 (667); *Ruiz Feases*, European Competition Journal 2020, 404 (405).

944 *EU-Kommission*, Pressemitteilung v. 16.10.2019, http://go.wwu.de/bivor.

945 *Mantzari*, Journal of European Competition Law & Practice 2020, 487 (488).

946 Es ging hierbei um Vereinbarungen, die Bestimmungen vorsahen, mit deren Hilfe Broadcom die Marktstellung bezüglich TV-Set-Top-Boxen, xDSLModems, Glasfasermodems und Kabelmodems stärken wollte, *EU-Kommission*, Pressemitteilung v. 07.10.2020, http://go.wwu.de/x0y-2.

der Vereinbarungen zum Erliegen hätte kommen können.[947] Das Unternehmen musste somit binnen dreißig Tagen das Verwenden der Exklusivitätsvereinbarungen einstellen und die Kunden hierüber informieren.[948]

Als Reaktion auf die Anordnung einstweiliger Maßnahmen legte Broadcom der EU-Kommission Verpflichtungsangebote vor. Hierzu holte die EU-Kommission im April 2020 Stellungnahmen interessierter Akteure ein.[949] Nachdem Broadcom auf in diesem Zuge geäußerte Kritikpunkte eingegangen war und die Verpflichtungsangebote noch einmal nachgearbeitet hatte, nahm die EU-Kommission diese an und erklärte sie am 7. Oktober 2020 gemäß Art. 9 VO 1/2003 für rechtlich bindend.[950] Somit war in weniger als einem Jahr nach Anordnung der einstweiligen Maßnahmen ein Zustand hergestellt worden, der – zumindest nach Ansicht der EU-Kommission – einen fairen Wettbewerb ermöglicht und den Verbrauchern günstige Konditionen sowie ein innovatives Angebot bietet.[951] Hieraus kann aber nicht ohne Weiteres der Schluss gezogen werden, dass einstweilige Maßnahmen auch in anderen Verfahren gewinnbringend eingesetzt werden können. Zur richtigen Einordnung lohnt sich ein Blick auf die Ausgangslage, in der sich die EU-Kommission in diesem Verfahren befand. Ihr waren die maßgeblichen Verhältnisse des Unternehmens und des Marktes durch die Zusammenschlusskontrolle im Fall *Broadcom/Brocade* bekannt.[952] Dies erleichterte die Anordnung einstweiliger Maßnahmen. Deutlich schwerer hingegen ist sich dieses Mittels zu bedienen, sofern zunächst ein Markt abzugrenzen ist.[953] Daneben war der Gegenstand des Missbrauchsverfahrens im Broadcom-Fall ein kartellrechtlich bekanntes Thema: das Verbot, andere Unternehmen zu diskriminieren und nachgelagerte Märkte zu verschließen.[954] Insofern folgern *Podszun/Deuschle* zu Recht, dass die Erfahrungen aus dem Broadcom-Verfahren nicht als allgemeingültige Blaupause dienen können.[955]

---

947 *EU-Kommission*, Pressemitteilung v. 16.10.2019, http://go.wwu.de/bivor; *Pflüger/Schedereit/Vázquez Cardeñoso*, EuZW 2021, 661 (663 f.).

948 *EU-Kommission*, Pressemitteilung v. 16.10.2019, http://go.wwu.de/bivor.

949 *EU-Kommission*, Pressemitteilung v. 27.04.2020, http://go.wwu.de/jsk2c.

950 *EU-Kommission*, Pressemitteilung v. 07.10.2020, http://go.wwu.de/x0y-2.

951 *EU-Kommission*, Pressemitteilung v. 07.10.2020, http://go.wwu.de/x0y-2.

952 *EU-Kommission*, Entsch. v. 12.05.2017, M.8314 – Broadcom/Brocade.

953 *Podszun/Deuschle*, WuW 2019, 613 (613).

954 *Podszun/Deuschle*, WuW 2019, 613 (613).

955 *Podszun/Deuschle*, WuW 2019, 613 (613 f.).

b) *Beispielsfall Google Shopping*

Im Zuge der Diskussionen um ein „schnelleres“ Kartellrecht wurde von Seiten des Gesetzgebers auf das Google-Shopping-Verfahren verwiesen.[956] Dieses eröffnete die EU-Kommission am 30. November 2010.[957] Wenngleich schon frühzeitig angemerkt wurde, dass ein zügiger Abschluss zur Sicherung des Wettbewerbs erforderlich sei,[958] erging die Entscheidung der EU-Kommission erst am 27. Juni 2017.[959] Über die hiergegen eingelegte Beschwerde von Google entschied das EuG am 10. November 2021 und bestätigte in seinem Urteil die Entscheidung der EU-Kommission sowie die damit einhergehenden Sanktionen für Google.[960] Gegen dieses Urteil besteht für Google noch die Möglichkeit des Einspruchs beim EuGH.[961] Insofern ist das Google-Shopping-Verfahren mehr als zehn Jahre nach der Eröffnung durch die EU-Kommission noch immer nicht abschließend entschieden.

Die von der EU-Kommission angeordnete Geldbuße in Höhe von 2,42 Milliarden Euro mag auf viele Beobachter Eindruck gemacht haben. Sie war jedoch nicht in der Lage, den für den Wettbewerb entstandenen Schaden auszugleichen.[962] Darüber hinaus ist davon auszugehen, dass die Höhe der Geldbuße nicht den durch die beanstandeten Verhaltensweisen erreichten Gewinn von Google widerspiegelt. Die Werbeumsätze von Google steigen jährlich an –[963] nicht zuletzt infolge solcher Verhaltensweisen, wie sie dem Google-Shopping-Verfahren zugrunde lagen. Eine abschreckende Wirkung üben derartige finanzielle Sanktionen auf Google demnach nicht aus.

Im Google-Shopping-Verfahren ordnete die EU-Kommission seinerzeit keine einstweiligen Maßnahmen an.[964] Sie hatte zunächst verschiedene Beschwerden nach Art. 7 Abs. 2 VO 1/2003 sowie Verweisungen nationaler Wettbewerbsbehörden erhalten und daraufhin das Verfahren eröffnet.[965] Dieses

---

956 *BMWi*, Pressemitteilung v. 24.01.2020, http://go.wwu.de/kx9uu.

957 *Nazzini*, Journal of European Competition Law &Practice 2015, 301 (303).

958 Statement aus dem Jahr 2012 vom damaligen EU-Wettbewerbskommissar *Joaquín Almunia*, http://go.wwu.de/pf20v

959 *EU-Kommission*, Beschl. v. 27.06.2017, AT.39740 – Google Shopping.

960 *EuG*, Urt v. 10.11.2021, T 612/17.

961 MMR-Aktuell 2021, 443694.

962 *Karbaum/Schulz*, NZKart 2019, 407 (409).

963 Werbeumsätze von Google in den Jahren 2001 bis 2020, http://go.wwu.de/he09h.

964 Verwundert darüber, dass dies offenbar nicht in Erwägung gezogen wurde: *Art*, Italian Antitrust Review 2015, 55 (56).

965 *EU-Kommission*, Beschl. v. 27.06.2017, AT.39740, Rn. 38, 43 – Google Shopping.

hatte mit dem Markt der allgemeinen Suchmaschinen sowie dem Markt der Preisvergleichsdienste Märkte zum Gegenstand, die damals noch nicht lange bestanden. Google bietet seinen Preisvergleichsdienst in Deutschland erst seit 2008 an.[966] In vielen EU-Ländern führte Google den Dienst sogar erst im Laufe des Verfahrens ein.[967] Aus diesem Gesamtbild ergibt sich, dass Erkenntnisse, die heutzutage als gegeben hingenommen werden, zur damaligen Zeit noch nicht hinreichend gesichert waren.

Die EU-Kommission kam zu dem Ergebnis, dass die Zugriffe auf Google Shopping in Deutschland um das 35-fache zugenommen hatten.[968] Die Seitenaufrufe der Wettbewerber hatten dagegen um 92 % abgenommen.[969] Aufgrund der ökonomischen Merkmale von Plattformmärkten[970] kann an dieser Stelle von einem nicht wieder gutzumachenden Schaden ausgegangen werden. Allerdings erscheint fraglich, ob eine solche Annahme schon zum damaligen Zeitpunkt hätte getroffen werden können. Der Umstand, dass ein tiefergehendes Verständnis für Plattformmärkte und gerade für die Gatekeeper-Rolle großer Dienste wie Google Search erst in den letzten Jahren gewachsen ist,[971] spricht dagegen. Hieraus ergibt sich, dass die Anordnung einstweiliger Maßnahmen in dynamischen Geschäftsbereichen oftmals mit einer enormen Ungewissheit verbunden ist. Aus dem Google-Shopping-Verfahren ließe sich allenfalls für weitere derartige „Aufrollversuche" durch Google Search lernen. An dieser Stelle kann Google Jobs als Beispiel ins Feld geführt werden.[972] Allerdings ist darauf hinzuweisen, dass für diese Konstellationen die Untersagungsvariante des § 19a Abs. 2 S. 1 Nr. 1 lit. a GWB geschaffen wurde. Zumindest mit Blick auf Google, das als Normadressat von § 19a GWB einzuordnen ist,[973] stellt eine Untersagung nach § 19a Abs. 2 S. 1 Nr. 1 lit. a GWB gegenüber der Anordnung einstweiliger Maßnahmen die effizientere und vorzugswürdige Herangehensweise zur Offenhaltung der Märkte dar.

---

966 *EU-Kommission*, Pressemitteilung v. 27.06.2017, http://go.wwu.de/6sbu0.
967 *EU-Kommission*, Pressemitteilung v. 27.06.2017, http://go.wwu.de/6sbu0.
968 *EU-Kommission*, Pressemitteilung v. 27.06.2017, http://go.wwu.de/6sbu0.
969 *EU-Kommission*, Pressemitteilung v. 27.06.2017, http://go.wwu.de/6sbu0.
970 Siehe hierzu: Kapitel 1: C. (S. 13 ff.).
971 *Larouche/de Streel*, S. 18; *Schweitzer/Gutmann*, S. 34.
972 *Höppner* auf „Focus Online", http://go.wwu.de/tk1dr.
973 Siehe hierzu: Kapitel 3: A.II. (S. 111 ff.).

c) Fazit

Die beiden Beispielsfälle zeigen auf, dass die Änderungen hinsichtlich der Anordnung einstweiliger Maßnahmen der Ineffizienz der Missbrauchskontrolle auf digitalen Plattformmärkten nicht erheblich entgegenwirken werden. Im Broadcom-Verfahren hat sich insofern ein Vorteil einstweiliger Maßnahmen gezeigt, als das Unternehmen an einer für den Wettbewerb positiven Lösung mitgewirkt hat. Allerdings bietet die spezielle Konstellation nur in einem begrenzten Rahmen Orientierung für künftige Verfahren.

4. Fazit zu den einstweiligen Maßnahmen

Der Gesetzgeber hat im Rahmen der 10. GWB-Novelle die Voraussetzungen zur Anordnung einstweiliger Maßnahmen nach § 32a GWB spürbar verändert. Diese Änderungen werden jedoch auf dynamische Bereiche wie den Suchmaschinenmarkt ohne nennenswerte Auswirkungen bleiben. Zunächst erwächst aus der Erweiterung des Wortlauts auf Maßnahmen „aufgrund einer unmittelbar drohenden, schwerwiegenden Beeinträchtigung eines anderen Unternehmens“ keine Erweiterung der Schutzrichtung. Ein konkreter Schutz einzelner Wettbewerber, wie ihn das französische Recht vorsieht, ist in § 32a GWB nicht enthalten.

Die Anforderungen an den drohenden Schaden wurden zumindest dem Wortlaut nach herabgesetzt. Es wird sich jedoch erst noch zeigen, wie der neue Maßstab – „zum Schutz des Wettbewerbs [...] geboten“ – ausgelegt wird. Es empfiehlt sich an dieser Stelle eine Orientierung an der französischen Regelung, wonach ein ernster und unmittelbar drohender Schaden gefordert wird. Jedenfalls darf an dem zuvor in § 32a GWB-a.F. normierten „nicht wiedergutzumachenden Schaden“ nicht weiter festgehalten werden. Unter dieser Vorgabe wäre eine effektive Anwendung des § 32a GWB von vornherein nicht zu erreichen. Die Beispielsfälle Broadcom und Google Shopping zeigen darüber hinaus, dass das Mittel einstweiliger Maßnahmen bei dynamischen Geschäftsmodellen generell nur bedingt geeignet ist.

III. Fazit zur Beschleunigung der Missbrauchsaufsicht

Während sich die Änderungen im Bereich der einstweiligen Maßnahmen nicht auf die (In-)Effizienz der Missbrauchsaufsicht auswirken werden, bietet der ex-ante-Ansatz aus § 19a GWB ein vielversprechendes Mittel zur Beschleunigung der Kartellrechtsdurchsetzung. Die Legitimität dieses Mittels ist aufgrund der überragenden marktübergreifenden Bedeutung der in § 19a GWB adressierten Unternehmen gegeben. Sofern diese Unternehmen von den in § 19a Abs. 2 GWB geregelten Verhaltensweisen Gebrauch machen, können sich erhebliche Gefahren für den Wettbewerb ergeben. Als Ergänzung zum bisherigen ex-post-Ansatz aus §§ 19, 20 GWB erscheint es sinnvoll, der Missbrauchsaufsicht einen ex-ante-Ansatz hinzuzufügen. Hierdurch kann der Machtkonzentration von Google Search effektiv begegnet werden.

C. Erfassung von Google Search als Gatekeeper

In Kapitel 2 wurde dargestellt, inwiefern Google Search von seiner Stellung als Gatekeeper profitiert und welche Gefahren sich hieraus mit Blick auf den Wettbewerb ergeben.[974] Im Folgenden wird untersucht, welche – durch die 10. GWB-Novelle vorgenommenen – Änderungen diese Gefahren adressieren und ob sie geeignet sind, der Machtkonzentration von Google Search entgegenzuwirken.

Zunächst wird das neu in § 18 Abs. 3b GWB aufgenommene Konzept der Intermediationsmacht vorgestellt (I). Im Anschluss daran werden zwei konkrete Problemstellungen erörtert, die im Zusammenhang mit der Gatekeeper-Stellung von Google Search besonders virulent sind: die Möglichkeit der Bevorzugung eigener Dienste im Rahmen der allgemeinen Suche (II) sowie das Fordern unangemessener Konditionen, das insbesondere mit Blick auf Presseverleger diskutiert wird (III).

I. Konzept der Intermediationsmacht in § 18 Abs. 3b GWB

Auf herkömmlichen Märkten finden mit der Angebots- und der Nachfrageseite zwei Gruppen zueinander.[975] Bisher ging das GWB somit von zwei Marktmachtformen aus: Angebotsmacht und Nachfragemacht. Eine marktmächtige Stellung eröffne dem jeweiligen Anbieter oder Nachfrager, „das Ziel der individuellen Gewinnmaximierung zu einem gewissen Grad unabhängig und unkontrolliert von anderen Anbietern bzw. Nachfragern zu verfolgen."[976] Plattformen wie Google Search bieten den beiden Gruppen einen digitalen Raum, um miteinander in Verbindung zu treten und gegebenenfalls eine Transaktion einzuleiten.[977] Somit entsteht ein Mehrparteienverhältnis, das auf der

974 Siehe hierzu: Kapitel 2: C. (S. 57 ff.).

975 *Dewenter/Lüth*, S. 23 f.

976 *Ewald*, in: Wiedemann (Hrsg.), § 7 Rn. 20.

977 *Engert*, AcP 2018, 304 (305); *Evans/Schmalensee*, The Antitrust Analysis of Multi-Sided Platform Businesses, S. 2.

Vermittlungsleistung einer digitalen Plattform basiert. Die Studie zur Modernisierung der Missbrauchsaufsicht[978] unterbreitete mit Blick auf diesen Umstand den Vorschlag, die vermittelnden Tätigkeiten hinreichend zu berücksichtigen.[979] Neben Angebotsmacht und Nachfragemacht solle die Intermediationsmacht als dritte Marktmachtform ins Kartellrecht eingeführt werden.[980] Der Referentenentwurf griff diese Idee auf[981] und die Intermediationsmacht wurde schließlich im Rahmen der 10. GWB-Novelle § 18 Abs. 3b GWB als neues Konzept eingeführt.[982] Hiernach soll bei der Bewertung der Marktstellung eines Unternehmens, das als Vermittler auf Plattformmärkten tätig ist, insbesondere auch die Bedeutung der von ihm erbrachten Vermittlungsdienstleistungen für den Zugang zu Beschaffungs- und Absatzmärkten berücksichtigt werden.

1. Position der Intermediationsmacht

Die Studie zur Modernisierung der Missbrauchsaufsicht hatte für die Normierung der Intermediationsmacht eine Ergänzung von § 18 Abs. 1 GWB sowie § 18 Abs. 3a GWB empfohlen.[983] Der Gesetzgeber ist dem nicht gefolgt und hat schon im Referentenentwurf die Schaffung von § 18 Abs. 3b GWB vorgesehen.[984]

Hinsichtlich dieser Positionierung wurden während der Entstehungsgeschichte der GWB-Novelle vereinzelt Korrekturen vorgeschlagen. Das Bundeskartellamt hatte angeregt, die Intermediationsmacht innerhalb des § 18 Abs. 3 GWB zu verorten.[985] Sie könne dort in Nr. 3 neben den eigenen Zugang

---

978 Im Dezember 2017 hatte das *BMWi Heike Schweitzer, Justus Haucap, Wolfgang Kerber* und *Robert Welker* um die Erstellung dieser Studie gebeten: *Käseberg*, in: Bien et al. (Hrsg.), Einleitung, Rn. 5.

979 Die Bedeutung der Intermediationsmacht wurde zuletzt auch in anderen Ländern betont: *Huppert* weist auf die Bedeutung der Intermediationsmacht im Gesamtkonzept der britischen Idee des Strategic Market Status hin, *Huppert*, S. 43 f. Eine Studie der BRICS-Staaten (Brasilien, Russland, Indien, China und Südafrika) ordnet die Intermediationsmacht als eine von mehreren nicht-strukturellen Machtformen (jenseits von Angebots- und Nachfragemacht) ein, *BRICS*, S. 322 ff.

980 *Schweitzer et al.*, S. 92 f. Ebenfalls von einer dritten Machtform ausgehend: *Bischke/Brack*, NZG 2019, 58 (59); *Huppert*, S. 29.

981 *BMWi*, Referentenentwurf zur 10. GWB-Novelle, S. 71.

982 *Steinberg/Roser*, Wirtschaftsdienst 2020, 54 (55).

983 *Schweitzer et al.*, S. 92.

984 *BMWi*, Referentenentwurf zur 10. GWB-Novelle, S. 71 f.

985 *Bundeskartellamt*, Stellungnahme zum Regierungsentwurf zur 10. GWB-Novelle, S. 4 f.

des Unternehmens zu Beschaffungs- und Absatzmärkten nach § 18 Abs. 3 Nr. 4 GWB eingeordnet werden.[986] Dies würde sich insofern anbieten, als beide Kriterien mitunter in Zusammenhang stehen können. An anderer Stelle wurde – dem Impuls der Studie zur Modernisierung der Missbrauchsaufsicht folgend – darauf plädiert, die Intermediationsmacht in § 18 Abs. 3a GWB zu integrieren, da die jeweils genannten Kriterien zweckdienlicher gemeinsam behandelt werden könnten.[987]

Sowohl für eine Aufnahme in § 18 Abs. 3 GWB als auch für eine Integration in § 18 Abs. 3a GWB lagen demnach plausible Argumente vor. Wenig überzeugend ist hingegen der vom Gesetzgeber gewählte Lösungsweg, einen komplett neuen § 18 Abs. 3b GWB zu schaffen. Kartellrechtlich relevante Intermediationsmacht wird regelmäßig von digitalen Plattformen ausgeübt. Gerade mit Blick auf diese Plattformen wurden im Rahmen der 9. GWB-Novelle durch § 18 Abs. 3a GWB neue Kriterien zur Bewertung der Marktstellung normiert. Der vermittelnde Charakter der Plattformen hätte dadurch berücksichtigt werden können, dass der Gesetzgeber als weiteres Kriterium aufnimmt, *ob das Unternehmen als Vermittler auf mehrseitigen Märkten tätig ist und welche Bedeutung ihm dabei mit Blick für den Zugang zu Beschaffungs- und Absatzmärkten zukommt.*[988]

2. *Meinungsbild zur Normierung der Intermediationsmacht*

Die Auswirkungen der Norm werden nach Ansicht einiger Kommentatoren nicht allzu groß sein.[989] Die Vermittlungstätigkeit digitaler Plattformen würde durch die bestehende kartellrechtliche Rechtsordnung hinreichend berücksichtigt.[990] Weitere hierauf gerichtete Änderungen der gesetzlichen Vorschriften zur Bestimmung von Marktmacht seien nicht erforderlich. Der Ansatz hinsichtlich der Normierung von Intermediationsmacht gleiche der wissenschaftlichen Diskussion zu competitive bottlenecks.[991] Die Berücksichtigung

986 *Bundeskartellamt*, Stellungnahme zum Regierungsentwurf zur 10. GWB-Novelle, S. 4 f. Dem zustimmend: *Ackermann*, in: Bien et al. (Hrsg.), Kapitel 1, Rn. 333.

987 *Studienvereinigung Kartellrecht*, Missbrauchsaufsicht/Digitalisierung, S. 7 f.

988 In diese Richtung schon zuvor: *Studienvereinigung Kartellrecht*, Missbrauchsaufsicht/Digitalisierung, S. 7 f.

989 *Louven*, WRP 2020, 433 (436); *Podszun/Kersting*, ZRP 2019, 34 (34).

990 *Körber*, MMR 2020, 290 (292 f.); *Volmar*, S. 460.

991 *Volmar*, S. 459 f.

der competitive bottlenecks könne jedoch schon nach derzeitiger Rechtslage erfolgen.[992]

Auch das Bundeskartellamt und der Gesetzgeber sind der Ansicht, dass der Einfluss, den digitale Plattformen durch ihre Vermittlungstätigkeiten ausüben, schon bisher in der Gesamtabwägung zu § 18 Abs. 3 GWB berücksichtigt werden konnte.[993] Allerdings entfalte die neu geschaffene Norm eine positive Wirkung dahin gehend, dass die ökonomischen Realitäten – Angebot und Nachfrage treffen erst durch die verbindenden Intermediäre aufeinander – angemessen gewürdigt werden.[994] § 18 Abs. 3b GWB könne zum einen die erhebliche Bedeutung der Vermittlungsleistung im Gesetz verankern und zum anderen auch die Einordnung innovativer und noch nicht zu definierender Geschäftsmodelle ermöglichen.[995]

3. *Fazit*

Google ist mit Blick auf Google Search, aber auch in Bezug auf weitere speziellere Vermittlungsdienste wie Google Shopping oder Google Jobs ein Unternehmen, dem in besonderem Maße Intermediationsmacht zukommt. Die daraus resultierende wettbewerbliche Bedeutung konnte zwar schon nach bisheriger Rechtslage berücksichtigt werden. Dennoch verdient es Zustimmung, dass der Gesetzgeber die Intermediationsmacht explizit in das GWB aufgenommen hat. Dies hilft, das Bewusstsein für solche Verhaltensweisen zu schärfen, die erst aufgrund der vermittelnden Stellung möglich sind und eine Anfälligkeit für negative wettbewerbliche Auswirkungen aufweisen. Zu kritisieren ist, wie bereits erläutert, lediglich die Verortung in § 18 Abs. 3b GWB.

---

992 *Volmar*, S. 460.

993 *BMWi*, Referentenentwurf zur 10. GWB-Novelle, S. 71 f.; *Bundeskartellamt*, Stellungnahme zum Referentenentwurf zur 10. GWB-Novelle, S. 3; *Käseberg/Brenner/Fülling*, WuW 2021, 269 (271).

994 *Bundeskartellamt*, Stellungnahme zum Referentenentwurf zur 10. GWB-Novelle, S. 3; *Podszun*, Digitale Fairness durchsetzen, S. 30; *Podszun/Kersting*, ZRP 2019, 34 (35). Kritisch zeigt sich hingegen der *Bundesverband der Deutschen Industrie*, nach dessen Ansicht die Normierung von § 18 Abs. 3b GWB „lediglich die Komplexität der Missbrauchsaufsichtsregelungen“ erhöhe, *Bundesverband der Deutschen Industrie*, S. 8.

995 *BMWi*, Referentenentwurf zur 10. GWB-Novelle, S. 72.

II. Bevorzugung eigener Dienste

In der ersten Hälfte des 18. Jahrhunderts war Andrew Bradford Herausgeber der Zeitung „American Weekly Mercury" und zugleich Postmeister von Philadelphia.[996] In dieser Rolle konnte er entscheiden, welche Zeitungen kostenlos versendet wurden und hierbei die von ihm herausgegebene Zeitung bevorzugt berücksichtigen. Derartige Muster haben bis heute überlebt und tauchen in der digitalen Welt noch folgenschwerer auf. Paradebeispiel hierfür ist der Sachverhalt, der dem Google-Shopping-Verfahren der EU-Kommission[997] vorausging. Die Ausgangslage lässt sich in abgewandelter Form zum oben genannten Beispiel darstellen: Google baute mit Google Shopping einen Shopping-Vergleichsdienst auf und verfügte zugleich mit Google Search über eine beherrschende Stellung auf dem Markt für allgemeine Suchmaschinen. In dieser Rolle konnte das Unternehmen entscheiden, welche Shopping-Vergleichsdienste im Rahmen der allgemeinen Suche an prominenter Stelle in den Suchergebnissen angezeigt wurden und hierbei den von ihm angebotenen Shopping-Vergleichsdienst bevorzugt berücksichtigen.

Das Beispiel veranschaulicht Googles Möglichkeit, in der Rolle als Gatekeeper die beherrschende Position auf dem Markt für allgemeine Suchmaschinen auszunutzen, um nachgelagerte Märkte zu betreten oder die Marktstellung auf diesen auszubauen.[998] Diese Vorgehensweise wird unter dem Begriff der Selbstbegünstigung[999] oder Selbstbevorzugung[1000] diskutiert.

Zur Veranschaulichung werden im Folgenden zunächst das Google-Shopping-Verfahren der EU-Kommission und der im Anschluss daran von Google gewählte Compliance-Mechanismus dargestellt (1). Sodann wird

---

996 Beispiel aus: *Ramge/Mayer-Schönberger*, S. 10 f. Ausführlich hierzu: *Thomas*, S. 360 ff.

997 *EU-Kommission*, Beschl. v. 27.06.2017, AT.39740 – Google Shopping.

998 *Edelman*, Journal of Competition Law & Economics 2015, 365 (365 ff.); *Heinemann*, S. 42 ff.; *Hylton*, Nebraska Law Review 2019, 272 (279 f.); *Mazzucato*, S. 285; *Zinndorf*, S. 203. *Lianos/Motchenkova* führen als Beispiele neben Google Shopping auch Google Jobs und Google Maps an, *Lianos/Motchenkova*, Journal of Competition Law & Economics 2013, 419 (433).

999 *Hoffer/Lehr*, NZKart 2019, 10 (16); *Körber*, MMR 2020, 290 (294); *Polley/Kaup*, NZKart 2020, 113 (115).

1000 BeckOK Informations- und Medienrecht/*Paal*, § 19a GWB Rn. 15 ff.; *Esser/Höft*, in: Bien et al. (Hrsg.), Kapitel 1, Rn. 231 ff.; *Busch*, GRUR 2019, 788 (794); *Condorelli/Padilla*, Journal of Competition Law & Economics 2020, 143 (152 f.); *Kredel/Kresken*, NZKart 2020, 2 (4); *Paal/Kumkar*, NJW 2021, 809 (812).

erörtert, inwiefern die neue Regelung aus § 19a Abs. 2 S. 1 Nr. 1 GWB gegenüber Unternehmen mit überragender marktübergreifender Bedeutung die Untersagung selbstbevorzugender Verhaltensweisen ermöglicht (2).

1. *Google-Shopping-Verfahren der EU-Kommission*

Laut den Untersuchungen des US-Kongresses hat Google im Jahr 2005 die wirtschaftliche Bedrohung durch vertikale Suchmaschinen wahrgenommen.[1001] In der Folge entwickelte das Unternehmen Strategien, um dem Abwandern von Nutzern zu spezielleren Suchmaschinen entgegenzuwirken. Google Search soll sich dabei vornehmlich auf zwei Ansätze konzentriert haben:[1002] zum einen auf das Aneignen fremder Inhalte und zum anderen auf die Bevorzugung eigener Dienste. Letzteres war Gegenstand des Google-Shopping-Verfahrens der EU-Kommission.[1003] Den hierin angenommenen Verstoß durch Google und die daraufhin verhängten Sanktionen hat das EuG mittlerweile bestätigt.[1004]

Das Verfahren der EU-Kommission wird im Folgenden erörtert. Zunächst wird die Entscheidung aufbereitet (a). Daran schließt sich die Darstellung des im Verfahren gewählten Compliance-Mechanismus an (b).

a) *Entscheidung*

Die EU-Kommission hatte im Verfahren einen Verstoß gegen Art. 102 AEUV festgestellt. Diesen sah sie darin begründet, dass Google Shopping im Rahmen der allgemeinen Suche auf Google Search gegenüber anderen Shopping-Vergleichsdiensten von einer besseren Positionierung und einer bevorzugten Anzeige profitiert hat.[1005] Für den Dienst Google Shopping hat die EU-Kommission dabei zwei Erscheinungsarten ausgemacht:[1006] zum einen die freistehende Google-Shopping-Seite, die auf Google Search oben in der Registerkarte neben anderen Diensten wie Google Maps oder Google News

---

1001 *Subcommittee on Antitrust, Commercial and Administrative Law of the Committee on the Judiciary*, S. 183 f.

1002 *Subcommittee on Antitrust, Commercial and Administrative Law of the Committee on the Judiciary*, S. 184.

1003 *EU-Kommission*, Beschl. v. 27.06.2017, AT.39740, Rn. 594 – Google Shopping.

1004 *EuG*, Urt. v. 10.11.2021, T-612/17. Siehe hierzu: MMR-Aktuell 2021, 443694.

1005 *EU-Kommission*, Beschl. v. 27.06.2017, AT.39740, Rn. 2 – Google Shopping. Kritisch gegenüber eines „manipulativen" Vorgehens durch Google: *Bork/Sidak*, Journal of Competition Law & Economics 2012, 663 (674 ff.).

1006 *EU-Kommission*, Beschl. v. 27.06.2017, AT.39740, Rn. 26 ff. – Google Shopping.

angezeigt wird; zum anderen die Shopping Unit[1007], die bei Suchbegriffen mit kommerzieller Relevanz angeboten wird. Bei der Shopping Unit handelt es sich um eine weit oben auf der Ergebnisseite der allgemeinen Suche befindliche Box, in der verschiedene Artikel mit Bild und Preis angezeigt werden.[1008] In dieser Box zeigt Google Shopping ausgewählte Inhalte an. Bei der Bevorzugung des aus diesen beiden Elementen – freistehende Google-Shopping-Seite sowie Shopping Unit – bestehenden Shopping-Vergleichsdienstes gegenüber den Wettbewerbern hat die EU-Kommission zwischen zwei Verhaltensweisen differenziert:[1009] Positionierung sowie Art und Weise der Anzeige.

aa) Positionierung der Suchergebnisse

Zunächst betonte die EU-Kommission mit Blick auf die Positionierung in den Suchergebnissen, dass Wettbewerber durch die Bewertungsalgorithmen gegenüber Google Shopping abgewertet worden seien.[1010] Es lagen interne E-Mails vor, die belegen, dass Googles Shopping-Vergleichsdienst unter Anwendung allgemeiner Rankingkriterien im Vergleich zu den bestehenden Wettbewerbern eine schlechtere Platzierung erhalten hätte.[1011] Des Weiteren habe Google insbesondere durch den Aufbau der Suchergebnis-Seite seinen eigenen Dienst Google Shopping bevorzugt. Seit Mai 2012 erschien die Shopping Unit bei bestimmten Suchbegriffen im Rahmen der allgemeinen Suche ganz oben auf der Ergebnisseite.[1012] Schon zuvor war dieses Vorgehen von Google für den Fall angedacht, dass das erste organische Suchergebnis von einem konkurrierenden Shopping-Vergleichsdienst stammt.[1013]

1007 Vormals auch als „Product Universal“ und „Commercial Unit“ bezeichnet: *EU-Kommission*, Beschl. v. 27.06.2017, AT.39740, Rn. 31 – Google Shopping.

1008 *EU-Kommission*, Beschl. v. 27.06.2017, AT.39740, Rn. 32 – Google Shopping. Eine anschauliche Darstellung findet sich bei: *Höppner*, Google's (Non-) Compliance with the EU Shopping Decision, S. 38 f.

1009 *EU-Kommission*, Beschl. v. 27.06.2017, AT.39740, Rn. 379 ff. – Google Shopping.

1010 *EU-Kommission*, Beschl. v. 27.06.2017, AT.39740, Rn. 380 – Google Shopping.

1011 *EU-Kommission*, Beschl. v. 27.06.2017, AT.39740, Rn. 381 f. – Google Shopping. Siehe hierzu auch: *Edelman*, Journal of Competition Law & Economics 2015, 365 (376); *Künzler*, Journal of Competition Law & Economics 2019, 500 (506); *Subcommittee on Antitrust, Commercial and Administrative Law of the Committee on the Judiciary*, S. 190 f.

1012 *EU-Kommission*, Beschl. v. 27.06.2017, AT.39740, Rn. 395 – Google Shopping.

1013 *EU-Kommission*, Beschl. v. 27.06.2017, AT.39740, Rn. 390 – Google Shopping.

bb) Art und Weise der Anzeige

Als zweite Verhaltensweise neben der Positionierung ging die EU-Kommission auf die Art und Weise der Anzeige ein. Google gestaltete diese bei Google Shopping anschaulicher als bei Wettbewerbern. Zur Darstellung griff der Dienst auf Bilder und sichtbare Zusatzfunktionen zurück.[1014] Ein hieraus resultierender Anstieg der Klickrate zeigte sich aus Sicht der EU-Kommission unter anderem in den Ergebnissen zweier Eye-Tracking-Studien.[1015]

cc) Von der EU-Kommission angenommener Schaden

Der aus den Verhaltensweisen resultierende Schaden bestand nach Ansicht der EU-Kommission aus drei Komponenten.[1016] Zunächst sei davon auszugehen, dass die Händler infolge einer dominanten Stellung von Google Shopping höhere Gebühren zu entrichten haben.[1017] Hieraus folge in einem zweiten Schritt die Umlage auf den Verbraucher.[1018] Insofern trete in Form erhöhter Produktpreise mittelbar ein Nachteil für den Verbraucher ein.[1019] Als dritte Komponente sah die EU-Kommission Auswirkungen auf den Innovationsanreiz. Dieser nehme sowohl für die Wettbewerber als auch für Google selbst ab. Für die Wettbewerber bestehe nur ein Anreiz, ihren Dienst weiterzuentwickeln, wenn die Aussicht besteht, im Wettbewerb erfolgreich zu sein.[1020] Dies ist im Google-Shopping-Fall nicht möglich gewesen.

b) Compliance-Mechanismus

In einigen Ländern hatte Google neben der Shopping Unit noch eine eigenständige Google-Shopping-Webseite.[1021] Im Anschluss an das Verfahren der EU-Kommission hat Google diese beiden Teile voneinander getrennt und einzig

---

1014 *EU-Kommission*, Beschl. v. 27.06.2017, AT.39740, Rn. 397 – Google Shopping.

1015 *EU-Kommission*, Beschl. v. 27.06.2017, AT.39740, Rn. 401 – Google Shopping.

1016 *EU-Kommission*, Beschl. v. 27.06.2017, AT.39740, Rn. 591 ff. – Google Shopping.

1017 *EU-Kommission*, Beschl. v. 27.06.2017, AT.39740, Rn. 594 – Google Shopping; *Edelman*, Journal of Competition Law & Economics 2015, 365 (377).

1018 *EU-Kommission*, Beschl. v. 27.06.2017, AT.39740, Rn. 594 – Google Shopping. Siehe hierzu auch: *Weyl/Fabinger*, Journal of Political Economy 2013, 528 (528 ff.).

1019 *EU-Kommission*, Beschl. v. 27.06.2017, AT.39740, Rn. 594 – Google Shopping. Es handelt sich somit aus Sicht der Verbraucher bei der bevorzugten Darstellung des eigenen Dienstes nicht um „ein attraktives Angebot“, so aber: *Lettl*, WRP 2021, 413 (419). Kritisch gegenüber der Annahme höherer Produktpreise: *White*, S. 121.

1020 *EU-Kommission*, Beschl. v. 27.06.2017, AT.39740, Rn. 595 – Google Shopping.

1021 *Höppner*, Antitrust Remedies in Digital Markets, S. 1 f.

die eigenständige Webseite als Shopping-Vergleichsdienst eingeordnet.[1022] Das Unternehmen berief sich darauf, dass zur Umsetzung der Entscheidung lediglich erforderlich sei, den konkurrierenden Shopping-Vergleichsdiensten einen Zugang zur Shopping Unit zu ermöglichen.[1023] Nach Ansicht von *Höppner* stellt die Shopping Unit jedoch den Frontend-Teil eines nicht in Einzelteile zu zerlegenden Shopping-Vergleichsdienstes dar.[1024] Der Compliance-Mechanismus taugt demnach schon insoweit nicht zur Abstellung wettbewerbswidrigen Verhaltens, als er die Anforderungen an eine gleiche und faire Behandlung konkurrierender Dienste außerhalb der Shopping Unit außer Acht lässt.[1025]

Hinsichtlich Aufbau und Gestaltung der Shopping Unit sah der Compliance-Mechanismus keine wesentlichen Änderungen vor.[1026] Unterhalb vom Produktfoto und von weiteren Informationen findet sich nunmehr ein Link zum Shopping-Vergleichsdienst, der das jeweilige Produkt in die Shopping Unit eingebracht hat. Dieser Link ist in blauer Farbe gehalten und aufgrund der kleinen Schrift recht unscheinbar. Sofern ein Suchender auf diesen Link klickt, wird er an den jeweiligen Shopping-Vergleichsdienst weitergeleitet.[1027] Klickt er auf das Produktfoto oder andere Informationen, tritt er unmittelbar zur Webseite des Händlers über.

Während Google am Design der Shopping Unit nicht viel verändert hat, hat der Compliance-Mechanismus eine Neuerung hinsichtlich der Zusammenstellung der Shopping-Unit-Inhalte mit sich gebracht. Bis dato waren Händler angehalten, ihre Produkte über Google Shopping in die Shopping Unit einzubringen.[1028] Nunmehr ist dies auch über konkurrierende Shopping-Vergleichsdienste möglich.[1029] Den konkurrierenden Shopping-Vergleichsdiensten steht es nicht offen, ihrerseits eine Shopping Unit in den Suchergebnissen von Google-Search anzuzeigen.[1030] Sie können

---

1022 *Höppner*, Antitrust Remedies in Digital Markets, S. 3.

1023 *Höppner*, Google's (Non-) Compliance with the EU Shopping Decision, S. 47; *Vesterdorf/Fountoukakos*, Journal of European Competition Law & Practice 2018, 3 (3 ff.).

1024 *Höppner*, Google's (Non-) Compliance with the EU Shopping Decision, S. 59 sowie mit einer sehr anschaulichen Darstellung auf S. 36.

1025 *Höppner*, Google's (Non-) Compliance with the EU Shopping Decision, S. 15.

1026 *Höppner*, Google's (Non-) Compliance with the EU Shopping Decision, S. 80.

1027 *Höppner*, Google's (Non-) Compliance with the EU Shopping Decision, S. 80.

1028 *Höppner*, Google's (Non-) Compliance with the EU Shopping Decision, S. 85.

1029 *Höppner*, Google's (Non-) Compliance with the EU Shopping Decision, S. 85 f.

1030 *Höppner*, Google's (Non-) Compliance with the EU Shopping Decision, S. 86.

im Rahmen eines Auktionsmodells für die Aufnahme von Produktanzeigen bieten. Allerdings richtet sich die Auktion auf das angebotene Produkt als solches. Die Shopping-Vergleichsdienste haben keinen Einfluss darauf, bei welchem Suchbegriff das jeweilige Angebot erscheint.[1031]

Der Compliance-Mechanismus führte zunächst nicht zu einem signifikanten Anstieg an konkurrierenden Shopping-Vergleichsdiensten.[1032] Aus diesem Grund setzte Google den Händlern Anreize, ihre Angebote über andere Shopping-Vergleichsdienste einstellen zu lassen.[1033] Es entstanden zahlreiche Webseiten, die nicht zum eigenständigen Produktvergleich genutzt wurden, sondern die den Betreibern lediglich ermöglichen sollten, als Shopping-Vergleichsdienste Angebote von Händlern in die Shopping Unit einzubringen.[1034] Derartige Shopping-Vergleichsdienste stellen mangels eigenständiger Webseite keine tatsächliche Konkurrenz zu Google Shopping dar. Eine Studie aus dem Jahr 2019 ergab, dass in Deutschland lediglich 15,9 % der Angebote über herkömmliche Shopping-Vergleichsdienste eingestellt wurden.[1035] 33,7 % stammten hingegen von Marketing-Agenturen und „Fake CSSs" – also den soeben beschriebenen Shopping-Vergleichsdiensten, die kein oder nur ein sehr eingeschränktes eigenständiges Angebot auf ihren Webseiten bieten.[1036] Wie gering die Relevanz dieser Webseiten für Suchende ist, ergibt sich auch daraus, dass die Webseiten im Rahmen der organischen Suchergebnisse von Google Search im Regelfall nicht sichtbar in Erscheinung treten.[1037]

In Anbetracht dieser Umstände führte der von Google gewählte Compliance-Mechanismus aus Sicht der (tatsächlich) konkurrierenden Shopping-Vergleichsdienste keine Verbesserungen herbei. Vielmehr kann konstatiert werden, dass die Wettbewerber durch das derzeitige Modell stärker benachteiligt werden als zuvor.[1038]

1031 *Höppner*, Google's (Non-) Compliance with the EU Shopping Decision, S. 89 f.
1032 *Höppner*, Google's (Non-) Compliance with the EU Shopping Decision, S. 91.
1033 *Höppner*, Google's (Non-) Compliance with the EU Shopping Decision, S. 91 ff.
1034 *Höppner*, Google's (Non-) Compliance with the EU Shopping Decision, S. 94.
1035 *Searchmetrics*, S. 8.
1036 *Searchmetrics*, S. 8.
1037 *Höppner*, Google's (Non-) Compliance with the EU Shopping Decision, S. 99.
1038 *Höppner*, Antitrust Remedies in Digital Markets, S. 5 f.; Joint Letter von 41 Shopping-Vergleichsdiensten an Margrethe Vestager, http://go.wwu.de/-39h7.

2. *Neue ex-ante-Untersagung der Selbstbevorzugung*

Der soeben geschilderte Google-Shopping-Fall lehrt zwei Lektionen. Zum einen muss ermöglicht werden, derartige Verhaltensweisen zügiger unterbinden zu können. Zum anderen bedarf es eines tauglichen Compliance-Mechanismus, durch den die Wettbewerbsmöglichkeiten für konkurrierende Unternehmen gestärkt werden.

Im Folgenden wird somit zunächst erörtert, inwiefern die Bevorzugung eigener Dienste durch die in § 19a Abs. 2 S. 1 Nr. 1 GWB normierte Untersagungsvariante erfasst wird (a). Anschließend wendet sich der Blick hin zu einem möglichen Alternativverhalten von Google – beispielhaft orientiert am Google-Shopping-Verfahren (b).

a) *Selbstbevorzugung nach § 19a Abs. 2 S. 1 Nr. 1 GWB*

Die Selbstbevorzugung wurde durch die 10. GWB-Novelle als eine der Untersagungsvarianten in § 19a Abs. 2 GWB aufgenommen.[1039] Das Bundeskartellamt kann einem Unternehmen mit überragender marktübergreifender Bedeutung demnach gemäß § 19a Abs. 2 S. 1 Nr. 1 GWB untersagen, „beim Vermitteln des Zugangs zu Beschaffungs- und Absatzmärkten die eigenen Angebote gegenüber denen von Wettbewerbern bevorzugt zu behandeln". Nach der ersten Formulierung aus dem Referentenentwurf zielte die Untersagungsvariante noch darauf ab, „beim Vermitteln des Zugangs zu Beschaffungs- und Absatzmärkten die Angebote von Wettbewerbern *anders* zu behandeln als eigene Angebote".[1040] Dagegen wurde eingewendet, dass die Formulierung zu neutral sei und jegliche Form der Anders-Behandlung erfasst sein könne.[1041] Im Regierungsentwurf wurde der Wortlaut dahin gehend geändert, dass es nunmehr maßgeblich ist, ob eigene Dienste *bevorzugt* behandelt werden. Hierdurch ist klargestellt, dass lediglich ein für Wettbewerber negativ abweichendes Verhalten erfasst ist.

§ 19a Abs. 2 S. 1 Nr. 1 GWB wird nachfolgend näher erläutert. Auf die beiden Regelbeispiele (aa) wird ebenso eingegangen wie auf den Aspekt, dass der Begriff der Behinderung im Wortlaut der Norm fehlt (bb). Um eine inhaltliche Schärfung der Untersagungsvariante vorzunehmen, erfolgt eine Abgrenzung

---

1039 BeckOK Informations- und Medienrecht/*Paal*, § 19a GWB Rn. 15; *von Wallenberg*, ZRP 2020, 238 (239).

1040 Ohne weitere Aufteilung in Regelbeispiele als eine einheitliche Nr. 1 in § 19a Abs. 2 GWB-RefE: *BMWi*, Referentenentwurf zur 10. GWB-Novelle, S. 10 (Hervorhebung durch Verfasser).

1041 *Studienvereinigung Kartellrecht*, Missbrauchsaufsicht/Digitalisierung, S. 34.

zur bekannten Missbrauchsaufsicht aus § 19 GWB (cc). Abschließend stellt sich die Frage, unter welchen Voraussetzungen eine sachliche Rechtfertigung in Betracht kommt (dd).

aa) Regelbeispiele

§ 19 Abs. 2 Nr. 1 GWB wurde in der finalen Beschlussfassung um zwei Regelbeispiele ergänzt.[1042] Diese adressieren verfahrenserprobte Verhaltensweisen. Mit lit. a wird auf das Google-Shopping-Verfahren der EU-Kommission Rekurs genommen.[1043] Das Verfahren bietet insofern eine Annäherung an die Ausprägung der Selbstbevorzugung, die in diesem Kapitel behandelt wird: die Selbstbevorzugung im Rahmen der Google-Suche.

Daneben bestehen weitere Möglichkeiten für Google, eigene Dienste zu bevorzugen, so etwa im Rahmen von Voreinstellungen auf Android-Geräten. Wird Google Search als Standard-Suchmaschine eingestellt, kann dies den Zugang zu Nutzern erleichtern. Darauf zielte das Google-Android-Verfahren der EU-Kommission ab.[1044] Die Erfahrungen dieses Verfahrens hat der Gesetzgeber durch die Schaffung von lit. b berücksichtigt.[1045] Allerdings liegt dieser Konstellation nicht die Gatekeeper-Stellung von Google Search zugrunde. Vielmehr nehmen Google Android oder auch Google Chrome eine vermittelnde Position beim Zugang zu allgemeinen Suchmaschinen ein. Das Regelbeispiel aus lit. b wird demnach hinsichtlich der Vorinstallation von Google Search und der Einstellung als Standard-Suchmaschine im Kapitel zum „Zugang zu Suchnutzern“ untersucht.[1046]

bb) Immanente Behinderung der Wettbewerber

Anders als in den Untersagungsvarianten aus § 19a Abs. 2 S. 1 Nr. 2, 3, 4 und 5 GWB fehlt in § 19a Abs. 2 S. 1 Nr. 1 GWB der Begriff der „Behinderung“ im Wortlaut. Die in § 19a Abs. 2 GWB erfassten Verhaltensweisen sollten jedoch lediglich dann untersagt werden, wenn sie eine Behinderung des Wettbewerbs verursachen können.[1047] Andernfalls könne eine „überschießende Anwendung der kartellrechtlichen Interventionsinstrumente“ drohen.[1048] Mit Blick hierauf

---

1042 BeckOK Informations- und Medienrecht/*Paal*, § 19a GWB Rn. 17.
1043 BT-Drucks. 19/25868, S. 114.
1044 *EU-Kommission*, Entsch. v. 18.07.2018, AT.40099 – Google Android.
1045 BT-Drucks. 19/25868, S. 114.
1046 Siehe hierzu: Kapitel 3: E.II. (S. 282 ff.).
1047 *Kühling*, NZKart 2020, 630 (630 f.).
1048 *Kühling*, NZKart 2020, 630 (630).

wurde kritisiert, dass § 19a Abs. 2 S. 1 Nr. 1 GWB gerade keinen ausreichenden „besonders schweren Wettbewerbsverstoß" normiere.[1049] Hierfür bedürfe es weiterer Umstände, die schon im Wortlaut der Norm nicht angemessen niedergelegt seien.[1050]

Dieser Standpunkt lässt jedoch außer Acht, dass der Gesetzgeber im Fall der Selbstbevorzugung nach Nr. 1 davon ausgeht, dass hiermit generell eine relevante wettbewerbliche Gefahr einhergeht.[1051] Vorbehaltlich einer sachlichen Rechtfertigung soll dieses Verhalten demnach durch § 19a Abs. 2 S. 1 Nr. 1 GWB erfasst werden. In Einklang damit steht, dass eine Bevorzugung eigener Dienste schon vom Wortsinn her gleichbedeutend mit einer Benachteiligung externer Dienste ist. Auch im Rahmen von § 19 Abs. 2 Nr. 1 GWB ist anerkannt, dass eine Ungleichbehandlung im Regelfall auch eine Behinderung der benachteiligten Unternehmen bedeutet.[1052] Den Begriff der „Behinderung" in den Wortlaut von Nr. 1 mit aufzunehmen, ist insoweit nicht erforderlich.

cc) Abgrenzung zur Missbrauchsaufsicht aus § 19 GWB

Die Missbrauchsaufsicht aus § 19 GWB untersagt nicht die marktbeherrschende Stellung per se, sondern lediglich den Missbrauch dieser Stellung.[1053] Insofern verfolgt § 19 GWB einen ex-post-Ansatz. Die neue Missbrauchsaufsicht aus § 19a GWB bestreitet einen hiervon abweichenden Weg. Die wettbewerbliche Bedeutung, an die angeknüpft wird, muss marktübergreifender Natur sein. Daneben wird für die Erteilung einer Untersagungsverfügung nach Abs. 2 kein missbräuchliches Verhalten des Normadressaten vorausgesetzt. Vielmehr wird vom Bundeskartellamt eine hinreichend konkrete Untersagung mit Wirkung für die Zukunft getroffen. Das Missbrauchsverbot, das in § 19 GWB gesetzlich normiert ist, wird in § 19a GWB somit erst durch das Bundeskartellamt „scharf gestellt".

Um die Abgrenzung von § 19a GWB zu § 19 GWB zu verdeutlichen und die in § 19a Abs. 2 S. 1 Nr. 1 GWB enthaltene Selbstbevorzugung inhaltlich

---

1049 *Lettl*, WRP 2021, 413 (419 f.).

1050 *Lettl*, WRP 2021, 413 (419 f.).

1051 BT-Drucks. 19/25868, S. 114.

1052 *BGH*, NJW 1998, 3778 (3779); *BGH*, NJW 1969, 1716 (1717); *BGH*, NJW 1968, 400 (401); Immenga/Mestmäcker/*Markert/Fuchs*, § 19 GWB Rn. 83; Langen/Bunte/*Nothdurft*, § 19 GWB Rn. 122 ff.; MüKo/*Westermann*, § 19 GWB Rn. 40.

1053 *Loewenheim*/Meessen/Riesenkampff/Kersting/Meyer-Lindemann, § 19 GWB Rn. 1; *Körber*, MMR 2020, 290 (290 f.); *Körber*, NZKart 2021, 379 (379); *Lettl*, WRP 2021, 413 (418).

zu schärfen, wird zunächst die marktübergreifende Relevanz der Selbstbevorzugung herausgearbeitet (1). Im Anschluss erfolgt eine Abgrenzung zum Diskriminierungsverbot aus § 19 Abs. 2 S. 1 Nr. 1 Var. 2 GWB (2) sowie zur Zugangsverweigerung aus § 19 Abs. 2 S. 1 Nr. 4 GWB (3).

(1) Marktübergreifende Relevanz der Selbstbevorzugung

Die Missbrauchsaufsicht aus § 19 GWB verfolgt einen marktorientierten Ansatz. § 19a Abs. 2 S. 1 Nr. 1 lit. a GWB schafft hingegen je nach wettbewerblicher Gefahrenlage die Möglichkeit, einem Unternehmen mit überragender markt*übergreifender* Bedeutung eine Selbstbevorzugung zu untersagen. Hinsichtlich des genauen Verständnisses einer ahndungswürdigen Selbstbevorzugung sollte hierbei nicht pauschal auf die bestehenden Ausführungen zu § 19 GWB abgestellt werden. Dies gilt ebenso für Art. 102 AEUV und die Bewertung des Google-Shopping-Verfahrens[1054], das einen Verstoß gegen diese Norm zum Gegenstand hatte. Vielmehr sollte bei der Beurteilung einer Selbstbevorzugung ausgehend vom Sinn und Zweck des § 19a GWB argumentiert werden. Zwar adressieren § 19a GWB sowie § 19 GWB und Art. 102 AEUV teilweise die gleichen Unternehmen. Die Herleitung kartellrechtlicher Verantwortlichkeit ist jedoch eine andere. Nach der Gesetzesbegründung[1055] und den Äußerungen des Bundeskartellamtes im Zuge bereits eröffneter Verfahren[1056] ist das Ökosystem einer der maßgeblichen Begriffe, an denen sich die Möglichkeit einer Feststellungsverfügung nach § 19a Abs. 1 GWB orientiert. Daneben zielt § 19a GWB auf die Gatekeeper-Stellung der großen digitalen Plattformen ab.[1057]

Diese beiden Begriffe finden in § 19a Abs. 2 S. 1 Nr. 1 lit. a GWB zueinander. Google beherrscht mit Google Search den Markt der allgemeinen Suche und ist hierdurch Gatekeeper im Bereich der Inhaltevermittlung.[1058] In dieser Rolle sollten, etwa bei der Suchanfrage „Kaufmännischer Angestellter“, die Inhalte angezeigt werden, die für den Suchenden die größte Relevanz aufweisen

---

1054 Siehe hierzu: Kapitel 3: C.II.1. (S. 185 ff.).

1055 BT-Drucks. 19/23492, S. 73.

1056 *Bundeskartellamt*, Pressemitteilung v. 21.06.2021, http://go.wwu.de/l06hs; *Bundeskartellamt*, Pressemitteilung v. 04.06.2021, http://go.wwu.de/ud8dx; *Bundeskartellamt*, Pressemitteilung v. 25.05.2021, http://go.wwu.de/502pj; *Bundeskartellamt*, Pressemitteilung v. 18.05.2021, http://go.wwu.de/65q2v; *Bundeskartellamt*, Pressemitteilung v. 28.01.2021, http://go.wwu.de/4674b.

1057 BT-Drucks. 19/23492, S. 73. Dies wird insbesondere durch die in § 19a Abs. 2 S. 1 Nr. 1, 2 und 7 GWB genannten Verhaltensweisen deutlich.

1058 Siehe zur marktbeherrschenden Stellung von Google Search: Kapitel 3: D.II. (S. 242 ff.).

dürften. Google Search kann diese Position jedoch nutzen, um die Aufmerksamkeit der Suchenden auf seinen eigenen Job-Vermittlungsdienst Google Jobs zu lenken.[1059] Dies führt dazu, dass Suchende länger im Google-Ökosystem gehalten werden können. Sofern ein Suchender über ein organisches Suchergebnis auf die Seite eines konkurrierenden Job-Vermittlungsdienstes gelangt, verdient Google daran kein Geld und kann auch die Nutzeraktivität nicht mehr weiterverfolgen. Insofern besteht für Google ein Anreiz, die Jobsuche in das Auswahl- und Filtersystem von Google Jobs zu verlagern. Das Nutzerverhalten lässt sich hierdurch über eine längere Zeit und spezifischer erfassen, da im Beispiel der Jobsuche die Auswahl interessanter Stellenanzeigen und etwaige Suchkriterien wie der gewünschte Arbeitsort oder die wöchentliche Arbeitszeit über das Google-Ökosystem erfolgt und nicht auf der Webseite eines konkurrierenden Job-Vermittlungsdienstes. Das Wissen über die einzelnen Nutzer und das Bilden von Nutzergruppen für die zielgerichtete Vermittlung von Inhalten und Werbeanzeigen nimmt hierdurch zu.

Dieses Zusammenspiel von Gatekeeping und Ökosystem ist ein anschauliches Beispiel dafür, welche Konstellationen von § 19a GWB im Generellen und Abs. 2 Nr. 1 lit. a im Speziellen erfasst werden sollen: marktübergreifende Konstrukte, die ihre Macht auf einem Markt aufgrund einer fehlenden Möglichkeit anderer Unternehmen zur wettbewerblichen Gegenwehr auf andere Märkte ausweiten können.

(2) Abgrenzung zu § 19 Abs. 2 S. 1 Nr. 1 Var. 2 GWB

In seiner Entstehungsgeschichte wurde § 19a Abs. 2 S. 1 Nr. 1 GWB als „Diskriminierungsverbot" eingeordnet.[1060] Ein solches Diskriminierungsverbot ist aus der etablierten Missbrauchsaufsicht aus § 19 Abs. 2 Nr. 1 S. 1 Var. 2 GWB bekannt. Einem marktbeherrschenden Unternehmen ist es danach verboten, ein anderes Unternehmen ohne sachlich gerechtfertigten Grund anders zu behandeln als gleichartige Unternehmen.

Körber argumentiert mit Blick auf die unternehmerische Beziehung von Google Search und Google Shopping, der BGH habe in verschiedenen Verfahren betont, dass Tochterunternehmen durchaus günstiger behandelt werden können als andere Unternehmen.[1061] Hierzu verweist er auf ein BGH-Urteil aus dem Jahr 2011.[1062] In diesem Urteil machte ein Grossist eine Ungleichbehandlung

1059 Siehe hierzu: *Höppner* auf „Focus Online", http://go.wwu.de/tk1dr.

1060 *Polley/Kaup*, NZKart 2020, 113 (117).

1061 *Körber*, S. 61. Ähnlich argumentieren: *Polley/Kaup*, NZKart 2020, 113 (117).

1062 *BGH*, NJW 2012, 773 (773 ff.). In eine ähnliche Richtung zielte ein BGH-Urteil aus dem Jahr 2012. Hierin sprach sich der BGH dagegen aus, eine Selbstbevorzugung

durch die Bauer Media Group geltend. Diese hatte zwar ihr Konzernunternehmen, die Pressevertrieb Nord KG (PVN), mit Publikationen beliefert, jedoch nicht die mit PVN konkurrierende Klägerin. Aus Sicht des BGH sprach die „wirtschaftliche Einheit" zwischen der Bauer Media Group und der PVN gegen eine ahndungswürdige Ungleichbehandlung.[1063] Im Verhältnis zur Klägerin liege für die PVN aufgrund der Zugehörigkeit zur Bauer Media Group keine – in § 19 Abs. 2 Nr. 1 S. 1 Var. 2 GWB geforderte – Gleichartigkeit vor.[1064]

Aus dem Urteil lassen sich jedoch keine wertvollen Rückschlüsse für eine rechtliche Bewertung nach § 19a Abs. 2 S. 1 Nr. 1 lit. a GWB gewinnen. Ein Zweck des neuen § 19a GWB besteht gerade darin, solche Lücken zu füllen, die im Zusammenhang mit der Anwendung von § 19 GWB sichtbar geworden sind.[1065] Zum einen zielt § 19a Abs. 2 S. 1 Nr. 1 GWB nicht auf „gleichartige Unternehmen" ab. Der Wortlaut ist weniger restriktiv formuliert und umfasst die Bevorzugung eigener Dienste gegenüber Diensten von Wettbewerbern. Zum anderen muss diese Bevorzugung „beim Vermitteln des Zugangs zu Beschaffungs- und Absatzmärkten" erfolgen. Das Unternehmen wird demnach in seiner Rolle als Intermediär tätig. Hieraus kann sich eine gesteigerte wettbewerbliche Verantwortlichkeit ergeben. Diese liegt ebenso darin begründet, dass § 19a Abs. 2 S. 1 Nr. 1 lit. a GWB – anders als die Missbrauchsaufsicht aus § 19 GWB – lediglich für Unternehmen mit überragender marktübergreifender Bedeutung gilt.

Daneben zeigt der Sachverhalt, der dem Google-Shopping-Verfahren[1066] zugrunde lag, dass nicht etwa eine Diskriminierung einzelner Abnehmer zur Rede steht, sondern vielmehr die Verlagerung und Erweiterung von Marktmacht auf andere Märkte.[1067] Das Verhalten von Google stellte nach Ansicht der EU-Kommission keine Diskriminierung anderer Unternehmen dar. Sie ordnete es vielmehr als Marktmachterweiterung ein.[1068] Die bevorzugte Behandlung

---

von Tochtergesellschaften als unbillige Behinderung zu werten, *BGH*, NJW 2012, 2110 (2112).

1063 *BGH*, NJW 2012, 773 (775).

1064 *BGH*, NJW 2012, 773 (775).

1065 *Käseberg*, in: Bien et al. (Hrsg.), Kapitel 1, Rn. 191. Anderer Ansicht sind: *Esser/Höft*, die § 19a GWB im Lichte der bisherigen BGH-Rechtsprechung ausgelegt sehen möchten, *Esser/Höft*, in: Bien et al. (Hrsg.), Kapitel 1, Rn. 232 f.

1066 Siehe hierzu: Kapitel 3: C.II.1. (S. 185 ff.).

1067 *Höppner*, K&R 2016, Beilage Heft 9, 59 (61).

1068 *EU-Kommission*, Beschl. v. 27.06.2017, AT.39740, Rn. 334 – Google Shopping; *Höppner*, WuW 2017, 421 (421). Anderer Ansicht ist: *White*, S. 90 ff.

des eigenen Dienstes war aus Sicht von Google ein Mittel zum Zweck, die bestehende Marktmacht auf andere Märkte auszuweiten.[1069] Insofern unterscheidet sich die Variante in § 19a Abs. 2 S. 1 Nr. 1 GWB von § 19 Abs. 2 S. 1 Nr. 1 Var. 2 GWB, der gerade die abweichende Behandlung anderer Unternehmen in den Blick nimmt.[1070] Angesichts dieser inhaltlichen Abgrenzung zur bisherigen Missbrauchsaufsicht aus § 19 Abs. 2 S. 1 Nr. 1 Var. 2 GWB erscheint es sinnvoll, Selbstbevorzugungspraktiken marktübergreifend zu untersuchen und für § 19a Abs. 2 S. 1 Nr. 1 lit. a GWB eine eigenständige Anwendungspraxis herauszuarbeiten.

Insoweit hilft auch der Verweis auf das BGH-Urteil „Radio Cottbus" aus dem Jahr 2020 nicht weiter.[1071] Der BGH habe in dieser Entscheidung „die Freiheit auch eines marktbeherrschenden Intermediäres ausdrücklich betont".[1072] Zwar trifft es zu, dass es einem Intermediär nach Ansicht des Gerichts offenstehe, „seine geschäftliche Tätigkeit und sein Absatzsystem nach eigenem Ermessen so zu gestalten, wie er dies für wirtschaftlich sinnvoll und richtig erachtet".[1073] Dies gilt allerdings nur für den Fall, dass die vom Unternehmen festgelegten Voraussetzungen für die Aufnahme in den Vermittlungsdienst „einheitlich und diskriminierungsfrei" angewendet werden.[1074] Auf Google Search bezogen, bedeutet dies, dass die Voraussetzungen zur Aufnahme in den Index für alle Inhalteanbieter einheitlich berücksichtigt werden müssen. Dies gilt darüber hinaus auch für die Listung der einzelnen Suchergebnisse. Aus dem BGH-Urteil „Radio Cottbus" ergibt sich nicht, dass es einem Intermediär wie Google Search offenstehe, die Vermittlungstätigkeit willkürlich vorzunehmen. Vielmehr muss ein einheitlicher Standard geschaffen werden, an dem sich die Frage nach einer Aufnahme sowie die Frage nach einer Gewichtung im Ranking der Suchergebnisse orientiert.

(3) Abgrenzung zu § 19 Abs. 2 S. 1 Nr. 4 GWB

Mit Blick auf das Google-Shopping-Verfahren wurde das Verhältnis zwischen der Essential-Facilities -Doktrin und einer möglicherweise kartellrechtswidrigen

1069 *Höppner*, CoRe 2017, 208 (212 ff.); *Höppner*, WuW 2017, 421 (421).

1070 *Höppner/Weber*, K&R 2020, 24 (31). *Polley/Kaup* ordnen § 19a Abs. 2 S. 1 Nr. 1 GWB hingegen als „Diskriminierungsverbot" ein, *Polley/Kaup*, NZKart 2020, 113 (117).

1071 Hierauf bezieht sich: *Lettl*, WRP 2021, 413 (419).

1072 *Lettl*, WRP 2021, 413 (419).

1073 *BGH*, GRUR 2021, 631 (633).

1074 *BGH*, GRUR 2021, 631 (633).

Selbstbevorzugung diskutiert.[1075] Die Essential- Facilities-Doktrin wurde im US-amerikanischen Recht entwickelt.[1076] Sie wird in Europa über Art. 102 AEUV und in Deutschland über Art. 19 Abs. 2 Nr. 4 GWB auf Fälle angewandt, in denen ein marktbeherrschendes Unternehmen über den Zugang zu einer wesentlichen Einrichtung bestimmen kann und andere Unternehmen auf diesen Zugang angewiesen sind, um auf einem bestimmten Markt agieren zu können.[1077] Sofern die Zugangsverweigerung nicht sachlich gerechtfertigt ist, kann das marktbeherrschende Unternehmen zur Zugangsgewährung verpflichtet werden.[1078]

Google selbst argumentierte im Laufe des Verfahrens, dass das Verhalten des Unternehmens am Maßstab der Doktrin zu messen sei – in der Hoffnung, dass die strengen Vorgaben, die die EU-Rechtsprechung zur Doktrin entwickelt hat,[1079] zur Anwendung kämen und dem Unternehmen kein kartellrechtswidriges Verhalten nachgewiesen würde.[1080] Die EU-Kommission ging in ihrer Entscheidung jedoch nicht näher auf die Essential-Facilities-Doktrin ein.[1081] Eine Bevorzugung eigener Dienste, wie sie die EU-Kommission im Google-Shopping-Verfahren auf ihre kartellrechtliche Zulässigkeit untersucht

---

1075 Siehe *Vesterdorf*, Competition Law & Policy Debate 2015, 4 (4 ff.) sowie die Antwort hierauf von *Petit*, Theories of Self-Preferencing under Article 102 TFEU: A Reply to Bo Versterdorf. Ebenso: *Bork/Sidak*, Journal of Competition Law & Economics 2012, 663 (678 ff.); *Iacobucci/Ducci*, European Journal of Law and Economics 2019, 15 (22 ff.); *Kurgan*, S. 120 ff.; *Lettl*, WRP 2021, 413 (419); *Lianos/Motchenkova*, Journal of Competition Law & Economics 2013, 419 (434 ff.); *Zinndorf*, S. 268 ff.

1076 *Loewenheim*/Meessen/Riesenkampff/Kersting/Meyer-Lindemann, § 19 GWB Rn. 82; Immenga/Mestmäcker/*Fuchs*, § 19 GWB Rn. 253; *Höppner*, Netzveränderungen im Zugangskonzept, S. 124; *Schweitzer*, GRUR 2019, 569 (576). Sie verweisen alle auf die erste Entscheidung hierzu: *U.S. Supreme Court*, Urt. v. 22.04.1912, 224 U.S. 383 – United States/Terminal Railroad Ass'n.

1077 *EuGH*, NJW 1999, 2259 (2261); *EuGH*, NJW 1986, 654 (656); *EuGH*, Urt. v. 06.03.1974 – Az. 6/73, Rn. 25; *Bechtold/Bosch*, § 19 GWB Rn. 66 f.; Immenga/Mestmäcker/*Fuchs*, § 19 GWB Rn. 283 ff.; *Loewenheim*/Meessen/Riesenkampff/Kersting/Meyer-Lindemann, § 19 GWB Rn. 82

1078 Siehe zur sachlichen Rechtfertigung: Kapitel 3: D.III.3. (S. 255 ff.).

1079 *EuGH*, NJW 1999, 2259 (2261); *EuGH*, NJW 1986, 654 (656); *EuGH*, Urt. v. 06.03.1974 – Az. 6/73, Rn. 25. Siehe hierzu auch: *Höppner*, Netzveränderungen im Zugangskonzept, S. 216 ff.

1080 *EU-Kommission*, Beschl. v. 27.06.2017, AT.39740, Rn. 645 – Google Shopping; *Höppner*, Antitrust Remedies in Digital Markets, S. 6 f.

1081 *Schweitzer et al.*, S. 127.

hat, ist mit einer Zugangsverweigerung eines marktbeherrschenden Unternehmens auch nicht gleichzusetzen.[1082] Dies passt schon insoweit nicht, als die Wettbewerber von Google Shopping jederzeit Zugang zu Google Search hatten.[1083]

Daneben wird angeführt, dass ein Unternehmen, das über keine Essential Facility verfügt, nicht anderweitig verpflichtet werden sollte, seine Wettbewerber an Vorteilen partizipieren zu lassen.[1084] Nach *Vesterdorf* sei mit einem Erst-Recht-Schluss bei Nicht-Anwendbarkeit der Essential- Facilities-Doktrin nicht zulässig, einem marktbeherrschenden Unternehmen aufzuerlegen, externe Dienste so zu behandeln wie eigene Dienste.[1085] Der EuGH hat hierzu allerdings klargestellt, dass ein solcher Erst-Recht-Schluss die Anwendbarkeit der Missbrauchskontrolle aus Art. 102 AEUV unverhältnismäßig beschränken würde.[1086] Für die Annahme einer kartellrechtswidrigen Marktmachterweiterung wird nicht vorausgesetzt, dass die Nutzung eines Dienstes unerlässlich ist, um auf einem anderen Markt tätig zu sein.[1087] Insofern kann eine Marktmachterweiterung nicht aus dem Grund abgelehnt werden, dass Wettbewerber von Google Shopping eine Alternative zu Google Search aufbauen könnten, um mittels dieser selber einen Marktmachttransfer zu bewirken.[1088]

(4) Schlussfolgerung

Im Verhältnis zur etablierten Missbrauchsaufsicht muss § 19a Abs. 2 S. 1 Nr. 1 GWB eine eigenständige Auslegung und Bewertung durch die Rechtsprechung zukommen. Zunächst zeigt gerade die Nähe von Google Search zu weiteren Märkten vertikaler Suchmaschinen, dass es für solche Konstellationen sinnvoll

---

1082 *Bork/Sidak*, Journal of Competition Law & Economics 2012, 663 (678 ff.); *Hoffer/Lehr*, NZKart 2019, 10 (16 f.); *Iacobucci/Ducci*, European Journal of Law and Economics 2019, 15 (23); *Lianos/Motchenkova*, Journal of Competition Law & Economics 2013, 419 (436). Für eine Gleichsetzung argumentiert: *Lettl*, WRP 2021, 413 (419). *Hillmer* hält die Anwendung der Essential-Facilities-Doktrin auf einen Sachverhalt, wie er der Google-Shopping-Entscheidung zugrunde lag, für denkbar, *Hillmer*, S. 158.

1083 *Höppner*, CoRe 2017, 208 (220); *Lianos/Motchenkova*, Journal of Competition Law & Economics 2013, 419 (436); *Schweitzer/Fetzer/Peitz*, S. 50.

1084 *Vesterdorf*, Competition Law & Policy Debate 2015, 4 (7).

1085 *Vesterdorf*, Competition Law & Policy Debate 2015, 4 (7). Ebenfalls in diese Richtung: *Lettl*, WRP 2021, 413 (419). Anderer Ansicht ist: *Petit*, Theories of Self-Preferencing under Article 102 TFEU: A Reply to Bo Versterdorf, S. 2 ff.

1086 *EuGH*, Urt. v. 17.02.2011 – Az. C-52/09, Rn. 58.

1087 *EuGH*, Urt. v. 17.02.2011 – Az. C-52/09, Rn. 60 ff.

1088 So aber im Ergebnis: *Lettl*, WRP 2021, 413 (419).

sein kann, anstelle einer reinen marktorientierten Missbrauchsaufsicht einen marktübergreifenden Ansatz zu verfolgen. Aufgrund der überragenden Intermediationsmacht, die Google Search angesichts seiner Marktanteile zukommt, muss die Suchmaschine einer gesteigerten kartellrechtlichen Verantwortlichkeit gerecht werden, die sich in § 19a Abs. 2 S. 1 Nr. 1 GWB niederschlägt. Insbesondere kann für eine Bewertung nach dieser Norm nicht pauschal auf Bewertungen zum Diskriminierungsverbot aus § 19 Abs. 2 Nr. 1 S. 1 Var. 2 GWB verwiesen werden. Der dort genannten Gleichartigkeit von Unternehmen kommt in § 19a Abs. 2 S. 1 Nr. 1 GWB keine Bedeutung zu, weshalb sich neue Maßstäbe herausbilden müssen. Diese Maßstäbe dürfen auch insoweit höher angelegt werden, als es sich im Rahmen von § 19a GWB ausschließlich um Unternehmen mit überragender marktübergreifender Bedeutung handelt. Aus dieser Position heraus ergibt sich eine Wettbewerbsmacht, die über die reine – in § 19 GWB vorausgesetzte – marktbeherrschende Stellung hinausgeht. Des Weiteren ist im Fall einer durch Google Search vorgenommenen Bevorzugung eigener Dienste die Essential-Facilities-Doktrin schon nicht anwendbar, wenn den Unternehmen, die mit dem bevorzugten Dienst konkurrieren, ein – wenn auch schlechterer – Zugang gewährt wird.

dd) Möglichkeit der sachlichen Rechtfertigung

Das Bundeskartellamt kann Google die soeben herausgearbeitete Bevorzugung eigener Dienste nach § 19a Abs. 2 S. 2 GWB nicht untersagen, wenn sie sachlich gerechtfertigt ist. Ob eine solche Rechtfertigung anzunehmen ist, wird im Rahmen einer Interessenabwägung erörtert.[1089] Dabei stehen dem Ziel des GWB – der Gewährleistung von freiem Wettbewerb – unternehmerische Belange gegenüber.[1090] Der Gesetzgeber sieht hierfür eine Vorprägung vor, nach der den mit § 19a GWB verfolgten Zielen gegenüber kurzfristigen Effizienzvorteilen für das betroffene Unternehmen oder für Verbraucher „ein besonderes Gewicht einzuräumen" ist.[1091]

Mit Blick auf die Bevorzugung eigener Dienste im Rahmen der Google-Suche könnte Google argumentieren, dass sich durch die enge Anbindung weiterer Google-Dienste (z.B. Google-eigener Shopping-Vergleichsdienste, Job-Vermittlungsdienste, Kartendienste etc.) Verbundvorteile[1092] einstellen,

---

1089 BT-Drucks. 19/23492, S. 77.
1090 BT-Drucks. 19/23492, S. 77.
1091 BT-Drucks. 19/23492, S. 77.
1092 Siehe zu Verbundvorteilen: Kapitel 2: A. (S. 42 ff.).

die den Verbrauchern zugutekommen. *Lettl* äußert in Bezug auf eine derartige Selbstbevorzugung, es liege aus Sicht der Suchenden „ein attraktives Angebot" vor.[1093] Dieser Bewertung ist entgegenzuhalten, dass es gerade kein verbraucherfreundliches Handeln darstellt, wenn die Reihenfolge der Suchergebnisse der errechneten Relevanz für den jeweils Suchenden widerspricht. Sofern ein Google-Dienst den Nutzern die beste Leistung bietet, kann es gerechtfertigt sein, zu diesem Dienst einen schnellen Zugang zu bieten. Dahin gehend argumentiert auch *Todd* mit Blick auf das Streetmap-Verfahren am England and Wales High Court[1094.1095] Google Maps sei schon zur Zeit der Integration in Google Search der beste Kartendienst gewesen.[1096] Aus diesem Grund hätten die Nutzer von der Einbindung in die Suchergebnisseite profitiert.[1097] Es ist allerdings darauf hinzuweisen, dass eine derartige Rechtfertigung auf bestehenden Verbundvorteilen beruhen muss. Eine Rechtfertigung liegt nicht vor, sofern sich der Google-eigene Dienst erst infolge einer Selbstbevorzugung zu einem relevanten Dienst entwickelt –[1098] so etwa geschehen im Fall von Google Shopping.[1099]

Neben der Anordnung organischer und gesponserter Suchergebnisse steht als Folge des Google-Shopping-Verfahrens noch immer die Shopping Unit im Fokus des kartellrechtlichen Diskurses zur Selbstbevorzugung. Durch die Anzeige von Produkten in der Shopping Unit wird den Suchenden ein zugänglicher Weg zur Produktsuche und zum Produktvergleich geboten. Dieses – die ursprüngliche Google-Suche ergänzende – Element bietet durchaus Effizienzvorteile für Verbraucher. Allerdings kann Google hierauf keine sachliche Rechtfertigung der derzeitigen Praxis stützen. Es ist nicht ersichtlich, inwiefern es für das Angebot an die Suchenden erforderlich ist, dass lediglich Google die für die Auswahl der angezeigten Produkte maßgeblichen Parameter festlegen kann.[1100] Vielmehr würden die Suchenden davon profitieren, wenn die Werbeplätze in der Shopping Unit in einem freien Leistungswettbewerb vergeben werden würden und die einzelnen Shopping-Vergleichsdienste mit Blick hierauf

1093 *Lettl*, WRP 2021, 413 (419).
1094 *High Court of Justice*, Entsch. v. 12.02.2016, EWHC 253 – Streetmap.EU Ltd./ Google Inc. & Ors.
1095 *Todd*, Nebraska Law Review 2019, 486 (526 f.).
1096 *Todd*, Nebraska Law Review 2019, 486 (526 f.). Anderer Ansicht ist: *Zinndorf*, S. 356 f.
1097 *Todd*, Nebraska Law Review 2019, 486 (526 f.).
1098 In diese Richtung auch: *Zinndorf*, S. 356 f.
1099 Siehe hierzu: Kapitel 3: C.II.1. (S. 185 ff.).
1100 *Höppner*, CoRe 2017, 208 (219 f.).

gute Angebote unterbreiten müssten, um eine möglichst hohe Click-Through-Rate[1101] zu erzielen. Eine sachliche Rechtfertigung der zuvor genannten selbstbevorzugenden Verhaltensweisen ist demnach nicht ersichtlich.

b) Mögliches Alternativverhalten

Im Folgenden wird aufgezeigt, wie eine mögliche Untersagung nach § 19a Abs. 2 S. 1 Nr. 1 GWB umgesetzt werden könnte. Der Blick fällt dabei sowohl auf die Anordnung der Suchergebnisse (aa) als auch auf den Betrieb der Shopping Unit (bb).

aa) Anordnung der eingeblendeten Suchergebnisse

Zunächst stellt sich die Frage, an welchen Faktoren sich der inhaltliche Aufbau der Suchergebnisseite orientieren sollte. Eine an der Netzneutralität orientierte „Suchneutralität" ist aufgrund der Eigenheiten einer Suchmaschine nicht sinnvoll.[1102] Die Sortierung und Gewichtung von Suchergebnissen ist zwingende Voraussetzung einer Suchmaschine, um dem jeweils Suchenden die erwünschte Erleichterung beim Auffinden von Inhalten zu bieten.[1103] Insofern kann nicht allen indexierten Webseiten in gleichem Maße Aufmerksamkeit verschafft werden.[1104]

Eine Untersagungsverfügung nach § 19a Abs. 2 S. 1 Nr. 1 GWB zielt vielmehr darauf ab, dass für eigene Inhalte und Angebote bezüglich der Anzeige auf der Suchergebnisseite dieselben Kriterien gelten wie für externe Inhalte. Eigenen Diensten kann somit weiterhin Vorrang eingeräumt werden, wenn dies auf „objektiven leistungsgerechten Kriterien" beruht.[1105]

1101 Hiermit wird angegeben, wie oft eine Webseite im Rahmen der Suchergebnisse angezeigt wird und wie oft Suchende daraufhin dieses Ergebnis anklicken: *Rutz/Bucklin*, S. 11.

1102 *Bork/Sidak*, Journal of Competition Law & Economics 2012, 663 (687); *Heinemann*, S. 54 f.; *Körber*, WRP 2012, 761 (770); *Paal*, AfP 2011, 521 (533) *Paal*, GRUR Int. 2015, 997 (999); *Paal*, ZRP 2015, 34 (35); *von Engelhardt/Freytag/Köllmann*, ZfW 2013, 311 (325). Dies gilt zumindest, sofern man die Netzneutralität absolut versteht, siehe: *Guggenberger*, S. 88 f., 112.

1103 *Bork/Sidak*, Journal of Competition Law & Economics 2012, 663 (687 f.); *Körber*, WRP 2012, 761 (770); *Paal*, GRUR Int. 2015, 997 (999); *Paal*, ZRP 2015, 34 (35); *Podszun*, in: Deutscher Juristentag (Hrsg.), F 1 (F 75).

1104 *Danckert/Mayer*, MMR 2010, 219 (221 f.); *Höppner*, K&R 2017, Heft 7/8, Editorial.

1105 *Esser/Höft*, in: Bien et al. (Hrsg.), Kapitel 1, Rn. 233; *Lambert*, S. 31 f.

bb) Einsatz der Shopping Unit

Bislang legt ausschließlich Google die für die Auswahl und Anzeige der Produkte maßgeblichen Kriterien fest.[1106] Google kann demnach frei auswählen, welche Produkte in der Shopping Unit erscheinen sollen. Hierzu bedient sich das Unternehmen auch an Inhalten, die andere Shopping-Vergleichsdienste zur Verfügung stellen. Diese Inhalte werden mit folgenden Elementen optisch dargestellt: Produktbild, Produktname, Preis, Händlername sowie am unteren Ende einer Shopping-Unit-Kachel der Name des Shopping-Vergleichsdienstes, von dem das Angebot stammt. Auf dessen Seite gelangt ein Suchender nur, wenn er auf den ganz unten angezeigten Namen klickt.[1107] Sofern er auf andere Elemente der Shopping-Unit-Kachel klickt, landet er direkt beim Händler. Dieser zahlt bei dem Übertritt eines Suchenden je nach Vereinbarung eine Provision an den Shopping-Vergleichsdienst, der sein Angebot gelistet hat.[1108] Der Shopping-Vergleichsdienst wiederum muss in diesem Fall eine Zahlung an Google leisten.[1109] Hier liegt der elementare Unterschied zu der Konstellation, in der lediglich organische Suchergebnisse angezeigt würden. In diesem Fall würden die Suchenden einen der angezeigten Shopping-Vergleichsdienste ansteuern, was – im Fall organischer Suchergebnisse – keine Zahlung dieses Dienstes an Google auslösen würde. Wenn der Nutzer im Anschluss von der Seite des Shopping-Vergleichsdienstes auf die Seite eines Händlers übertritt, zahlt der Händler an den Shopping-Vergleichsdienst, ohne dass dieser wiederum eine Zahlungspflicht gegenüber Google hätte.

Das Interesse von Google ist demnach darauf gerichtet, dass beim Austritt aus dem Google-Ökosystem eine Zahlung ausgelöst wird.[1110] Der Austritt soll demnach nicht über organische Suchergebnisse erfolgen. Die Shopping-Vergleichsdienste hingegen befinden sich in einem Dilemma: Die jetzige Praxis führt dazu, dass Google bei jedem Übertritt über die Shopping Unit mitverdient.

Eine Bevorzugung eigener Dienste ließe sich zunächst dadurch verhindern, dass die Shopping Unit nicht mehr eingeblendet wird (1). Darüber hinaus besteht die Möglichkeit, die gesamte Shopping Unit über ein Auktionsverfahren (2) oder mittels anderer Faktoren zu besetzen (3).

1106 *Künzler*, Journal of Competition Law & Economics 2019, 500 (535 f.).
1107 *Höppner*, Google's (Non-) Compliance with the EU Shopping Decision, S. 80.
1108 *Höppner*, Google's (Non-) Compliance with the EU Shopping Decision, S. 91.
1109 *Höppner*, Google's (Non-) Compliance with the EU Shopping Decision, S. 91.
1110 *Devine*, North Carolina Journal of Law & Technology 2008, 59 (93).

(1) Entfernung der Shopping Unit

Eine mögliche Umsetzung einer nach § 19a Abs. 2 S. 1 Nr. 1 GWB ausgesprochenen Untersagung selbstbevorzugender Verhaltensweisen in Bezug auf die Shopping Unit wäre die Entfernung dieses Elements aus der Suchergebnisseite. In Bezug auf die Türkei hat sich Google Search im Juli 2020 zu diesem Schritt entschieden.[1111] Dem war eine Entscheidung der Turkish Competition Authority vorausgegangen.[1112] Aus Sicht der türkischen Behörde eignete sich das auf das Verfahren der EU-Kommission folgende Auktionsverfahren zur Besetzung der Shopping-Unit-Kacheln nicht, um die festgestellte Selbstbevorzugung abzustellen.[1113] Insbesondere entstünde durch die Zahlungen, die Shopping-Vergleichsdienste an Google zu leisten hätten, ein Abhängigkeitsverhältnis.[1114] Unter dieser Auffassung gelangten Behörden und Unternehmen zu keiner Einigung hinsichtlich eines möglichen Compliance-Mechanismus und Google entschloss sich, die Shopping Unit nicht weiter einzusetzen. Eine Entfernung der Shopping Unit würde auch in Deutschland der nach derzeitiger Ausgestaltung damit verbundenen Selbstbevorzugung abhelfen.

(2) Vergabe der gesamten Shopping Unit über Auktionsverfahren

Für die Besetzung einzelner Shopping Units könnte ein „Auction Screen“ geschaffen werden. Ein solcher wird bislang schon an anderer Stelle verwendet, um Nutzern die Auswahl einer Suchmaschine zu ermöglichen. Darin liegt eine Reaktion auf das Google-Android-Verfahren der EU-Kommission[1115]. Wettbewerber von Google Search haben danach die Möglichkeit, Gebote abzugeben. Bis zu einer bestimmten Anzahl an Suchmaschinen werden die höchsten Gebote ausgewählt und dem Nutzer, etwa im Android-Betriebssystem, neben Google Search zur Auswahl gestellt.[1116] Ein derartiges Verfahren könnte auch auf die Shopping Unit angewendet werden. Shopping-Vergleichsdienste könnten per Gebot somit die Möglichkeit erhalten, eine komplette Shopping Unit oder auch einzelne Boxen daraus nach eigenständig ausgewählten Parametern mit Produkten zu besetzen.[1117]

1111 *Gassler* auf „Kluwer Competition Law Blog“, http://go.wwu.de/5my22.

1112 *Turkish Competition Authority*, Entsch. v. 13.02.2020, 20-10/119-69. Siehe zu dem Verfahren: *Baş*, Journal of European Competition Law & Practice 2021, 116 (116 ff.).

1113 *Gassler* auf „Kluwer Competition Law Blog“, http://go.wwu.de/5my22.

1114 *Turkish Competition Authority*, Entsch. v. 13.02.2020, 20-10/119-69.

1115 *EU-Kommission*, Entsch. v. 18.07.2018, AT.40099 – Google Android.

1116 Siehe zu diesem Auswahlverfahren: Kapitel 3: E.II.2. (S. 289 ff.).

1117 Hierzu abstrakt gefasst: *Feasey/Krämer*, S. 44.

Bei der Diskussion zum Auction Screen im Rahmen der Einstellung als Standard-Suchmaschine wird die Kritik geäußert, dass Suchmaschinen, die die Nutzer gerne verwenden würden, nicht so viel Geld aufbringen können wie andere Wettbewerber.[1118] Insbesondere sei es für Suchmaschinen, die keine oder wenig personenbezogene Daten verarbeiten und wenig Werbeanzeigen einblenden, schwieriger, Einnahmen zu generieren. Daraus resultierend, sei es für diese kaum möglich, sich in Auktionen gegen Wettbewerber durchzusetzen.[1119] Insofern gehe der Auktionsmodus zulasten der Suchqualität und somit zulasten der Suchnutzer.[1120]

Diese Argumentation kann auf die Shopping Unit nicht übertragen werden. Sollten sich Anbieter durchsetzen, die schlechte Vermittlungsleistungen erbringen, würden die Verbraucher entsprechend (nicht) darauf reagieren. Werden teure Produkte angezeigt, entsteht geringeres Interesse auf Seiten der Verbraucher. Dies gilt ebenso, wenn der Vermittlungsdienst nicht in der Lage ist, in der Shopping Unit Produkte zu platzieren, die der Suchanfrage entsprechen. Aus diesem Grund dürften qualitativ schlechte Vermittlungsdienste entsprechend wenig Klicks generieren und beim nächsten Auktionsturnus aus wirtschaftlicher Perspektive ein niedrigeres Gebot abgeben.

Sofern man sich für einen Auktionsmodus entscheidet, bei dem auch Google-eigene Dienste ein Gebot abgeben müssen, sollte sichergestellt werden, dass diese bei Erteilung des Zuschlags den gebotenen Preis nicht einfach vom Mutterkonzern Google zurückerhalten.[1121] Andernfalls würde dem Dienst gegenüber den Konkurrenten ein Vorteil entstehen.[1122]

(3) Weitere Alternativen

Neben den bisher genannten Alternativen sind noch weitere denkbar. Eine wäre das Besetzen der Shopping Unit mittels einer Orientierung an den Marktanteilen. Dies erfordert jedoch eine klare Herausarbeitung dieser Marktanteile – und zwar fortlaufend.[1123] Die Einteilung der Shopping-Unit-Boxen könnte auch

1118 *Ostrovsky*, S. 11 f.

1119 *Ostrovsky*, S. 4 f.; Artikel von DuckDuckGo zu „Search Preference Menus: No Auctions Please", http://go.wwu.de/9ujpq.

1120 *Ostrovsky*, S. 4 f.; Artikel von DuckDuckGo zu „Search Preference Menus: No Auctions Please", http://go.wwu.de/9ujpq.

1121 *Feasey/Krämer*, S. 43; *Höppner*, K&R 2017, Heft 7/8, Editorial.

1122 *Feasey/Krämer*, S. 43.

1123 Ebenfalls kritisch: *Feasey/Krämer*, S. 43.

nach dem Zufallsprinzip erfolgen. Darüber hinaus könnten mehrere komplette Shopping-Units angezeigt werden.

(4) Bewertung

Der Verzicht auf den Einsatz der Shopping Unit würde einer darin bestehenden Selbstbevorzugung zwar ein Ende bereiten. Jedoch stehen andere Wege zur Umsetzung einer hypothetischen Untersagungsverfügung zur Wahl, durch die weniger intensiv in die unternehmerische Freiheit von Google eingegriffen würde. Hierzu zählt insbesondere die Alternative, die Verwaltung einer gesamten Shopping Unit per Auktionsverfahren zuzuteilen.

Die in (3) genannten Alternativen überzeugen nicht. Eine Orientierung an den Marktanteilen berücksichtigt vom Grundgedanken her zwar das Interesse der Verbraucher. Allerdings gilt dies nur, sofern bei Anwendung des Modells die bestehenden Marktanteile nicht ihrerseits schon auf wettbewerbswidrigem Verhalten beruhen. Hinzu kommt, dass die fortlaufende Ermittlung der Marktanteile komplex ist. Insbesondere scheint es unzumutbar, diesen Aufwand Google aufzuerlegen.

Eine zufällige Anordnung der Suchergebnisse läuft dem Interesse der Verbraucher zuwider und liegt auch nicht im Interesse der Wettbewerber. Ebenso abzulehnen ist das Schalten mehrerer kompletter Shopping Units. Dieses Vorgehen wäre der Übersichtlichkeit der Suchergebnisseite abträglich. *Körber* bewertet das Szenario, das alle konkurrierenden Shopping-Vergleichsdienste ebenfalls eine eigene Shopping Unit erhalten, mit Blick auf den Suchkomfort zutreffend als inakzeptabel.[1124]

c) Fazit zur Untersagung der Selbstbevorzugung

Der Grundsatz, Wettbewerber nicht fördern zu müssen, ist im kartellrechtlichen Bewusstsein tief verwurzelt.[1125] Dies hat der Gesetzgeber bei Schaffung der Norm explizit berücksichtigt.[1126] Jedoch muss die Gültigkeit des Grundsatzes stets am Einzelfall bemessen werden.[1127] In der zuvor diskutierten Bevorzugung eigener Dienste im Rahmen der Google-Suche ist die Grenze des Leistungswettbewerbs überschritten.[1128] Für den wirtschaftlichen Erfolg eines Unternehmens

---

1124 *Körber*, NZKart 2015, 415 (422).

1125 *BGH*, WM 2005, 1720 (1726); *BGH*, GRUR 1995, 287 (292); *BGH*, GRUR 1992, 199 (201); *KG Berlin*, MMR 2004, 243 (245); *OLG München*, ZUM-RD 2004, 361 (365).

1126 BT-Drucks. 19/23492, S. 76.

1127 BT-Drucks. 19/23492, S. 76.

1128 *BMWi*, Ein neuer Wettbewerbsrahmen für die Digitalwirtschaft, S. 53 f. Mit Blick hierauf fordert auch *Podszun*, dass Intermediäre dazu verpflichtet sein sollen,

ist in erster Linie nicht die Leistung des angebotenen Dienstes maßgeblich. Entscheidender Faktor zugunsten von Googles Shopping-Vergleichsdienst war und ist die Gatekeeper-Stellung von Google Search. Ohne diese hätte Google im Bereich der Shopping-Vergleichsdienste nicht die derzeitige Machtposition erreicht.

Andere Beispiele wie Google Jobs legen nahe, dass Google mittels der Gatekeeper-Stellung von Google Search unzählige weitere Märkte erschließen und erobern könnte. Der Fall Google Shopping sollte eine Lehre sein, dass die bisherige Missbrauchsaufsicht nicht geeignet war, irreversible Schäden für den Wettbewerb zu verhindern.[1129] Eine gesteigerte kartellrechtliche Verantwortlichkeit von Google Search erscheint auch insofern sachgerecht, als der Dienst aus der Indexierung und Listung von Webseiten und externen Inhalten einen wirtschaftlichen Wert generiert.[1130] Aufgrund der Kombination von überragender marktübergreifender Bedeutung und einer derart weitreichenden Gatekeeper-Stellung ist es gerechtfertigt, den Grundsatz, Wettbewerber nicht fördern zu müssen, einzuschränken. Dies gilt zumindest mit Blick auf § 19a GWB. Eine gleichlautende Bewertung in Bezug auf § 19 GWB oder Art. 102 AEUV ist hiermit nicht zwangsläufig verbunden.

Angesichts der zahlreichen Möglichkeiten, die Google Search zur Bevorzugung eigener Dienste offenstehen, ist mit *Höppner/Weber* davon auszugehen, dass es sich um eine der praxisrelevantesten Änderungen der gesamten GWB-Novelle handelt.[1131] Die Umsetzung der Norm wird zeigen, inwieweit Google Search seine Rolle als Inhalteanbieter ausbauen kann oder ob die Inhaltevermittlung wieder verstärkt in den Fokus gerückt wird. Eine konsequente Anwendung von § 19a Abs. 2 S. 1 Nr. 1 GWB kann dazu führen, dass Google die Gatekeeper-Stellung von Google Search nicht mehr wie bislang dazu nutzen kann, Märkte aufzurollen und sein digitales Ökosystem abzusichern.

III. Unangemessene Konditionen für Inhalteanbieter

Google Search ist für die Umsetzung des Geschäftsmodells auf Werbende und Webseitenbetreiber angewiesen. Das Mitwirken von Werbenden ist notwendig,

---

alle Unternehmen (auch sich selbst) einheitlich zu behandeln, *Podszun*, Digitale Fairness durchsetzen, S. 25.

1129 *Budzinski/Gaenssle/Stöhr*, List Forum für Wirtschafts- und Finanzpolitik 2020, 157 (175).

1130 *Hoffer/Lehr*, NZKart 2019, 10 (16 f.).

1131 *Höppner/Weber*, K&R 2020, 24 (30).

da diese das Geschäftsmodell finanzieren. Die Basis für eine sinnvolle Inhaltsvermittlung bieten jedoch die Webseitenbetreiber als Inhalteanbieter, die dafür sorgen, dass das Informationsbedürfnis der Suchenden befriedigt werden kann. Diese Inhalteanbieter sind wiederum von Google Search abhängig.[1132] Aufgrund der hohen Marktanteile von Google Search können viele Suchende nur über diese Suchmaschine auf die Inhalte der Webseitenbetreiber aufmerksam gemacht werden. Insofern ist es ausschlaggebend, in den dortigen Suchergebnissen möglichst weit oben angezeigt zu werden.

Diese Ausgangslage birgt die Gefahr, dass im Verhältnis von Google Search zu den Inhalteanbietern ein Machtgefälle entsteht. Google Search könnte für die Integration der Inhalte in die Suchergebnisse Konditionen aufstellen, die unangemessen sind und ein kartellrechtliches Eingreifen erfordern. Mit Blick hierauf hat der Ausschuss für Wirtschaft und Energie in seiner Beschlussempfehlung die Einführung von § 19a Abs. 2 S. 1 Nr. 7 GWB initiiert.[1133] Hiernach kann das Bundeskartellamt einem Unternehmen mit überragender marktübergreifender Bedeutung untersagen, für die Behandlung von Angeboten eines anderen Unternehmens Vorteile zu fordern, die in keinem angemessenen Verhältnis zum Grund der Forderung stehen. Dies wird durch die Regelbeispiele in lit. a und lit. b noch konkretisiert. Lit. a behandelt den Fall, dass für die *Darstellung* von Angeboten die Übertragung von Daten oder Rechten gefordert wird, ohne dass dies für die Darstellung erforderlich ist. Lit. b widmet sich der *Qualität*, mit welcher die Angebote dargestellt werden.[1134]

Im Folgenden wird erörtert, inwiefern sich § 19a Abs. 2 S. 1 Nr. 7 GWB auf das Verhältnis von Google Search zu den Inhalteanbietern auswirkt. Hierfür wird beispielhaft die Anzeige von Snippets im Rahmen der Google-Suche auf ihre rechtliche Zulässigkeit nach § 19a Abs. 2 S. 1 Nr. 7 GWB geprüft (1). Daran anknüpfend wird eine kurze Einordnung des Verfahrens vorgenommen, das das Bundeskartellamt nach § 19a GWB mit Blick auf Google News Showcase eröffnet hat (2).

1. Anzeige von Snippets zu Presseveröffentlichungen

Google Search zeigt seine Suchergebnisse unter Nutzung sogenannter Snippets (Schnipsel) an. Dabei handelt es sich um kurze Teasertexte, die den Suchenden einen Eindruck davon vermitteln sollen, ob das jeweilige Suchergebnis zur

1132 *Pohlmann/Lindhauer/Peter*, NZKart 2021, 466 (467).
1133 BT-Drucks. 19/25868, S. 117 f.
1134 BeckOK Informations- und Medienrecht/*Paal*, § 19a GWB Rn. 32.

Befriedigung des Informationsbedürfnisses beitragen kann.[1135] Google Search greift hierfür auf die vom Presseverleger online gestellten Inhalte zurück. Daraus ergeben sich zwei Fragen: Zum einen, unter welchen Voraussetzungen die Snippets der Presseverleger dem Leistungsschutzrecht aus § 87g UrhG unterliegen (a). Zum anderen, ob es Google nach § 19a Abs. 2 S. 1 Nr. 7 GWB untersagt werden kann, gegenüber den Presseverlegern auf die kostenlose Nutzung leistungsschutzrechtlich geschützter Presseveröffentlichungen hinzuwirken (b).

a) Leistungsschutzrecht für Presseverleger

Seit einem guten Jahrzehnt wird diskutiert, inwiefern das kostenlose Anzeigen von Snippets durch Google Search die Presseverleger unangemessen benachteiligt.[1136] Hieraus entwickelte sich die Idee, ein Leistungsschutzrecht für Presseverleger zu normieren. Leistungsschutzrechte sind synonym zum Begriff der verwandten Schutzrechte zu verstehen und in §§ 70 ff. UrhG normiert.[1137] Geschützt werden sollen Leistungen, die nicht als persönlich geistige Schöpfung i.S.v. § 2 Abs. 2 UrhG einzuordnen sind, aber denen gleichermaßen ein Schutzbedürfnis zugeschrieben wird.[1138] Schon seit 1966 existiert ein solches Recht gemäß § 85f. UrhG etwa für Tonträgerhersteller. Hiermit ist beabsichtigt, die Investitionen des Herstellers angemessen gegen eine unbefugte Nutzung und Weiterverbreitung zu schützen.[1139] Ein derartiger Schutz für die vergleichbare Situation der Presseverleger wurde am 1. März 2013 in §§ 87 ff. UrhG verabschiedet.[1140]

aa) Vorgängerregelung aus § 87f UrhG-a.F.

Vor dem Hintergrund, dass § 87f UrhG-a.F. eine wirtschaftliche Partizipation der Presseverleger an den Werbeeinnahmen von Suchmaschinen und insbesondere von Google beabsichtigte,[1141] wurde die Regelung von vielen Seiten als

---

1135 *LG Berlin*, MMR 2016, 620 (621); *Höppner*, WRP 2012, 625 (626); *Kühne*, CR 2013, 169 (169).

1136 Siehe hierzu: BeckOK Urheberrecht/*Graef*, § 87 f UrhG Rn. 1 ff. Das Bedürfnis nach einem Leistungsschutzrecht formulierten Zeitungsverleger jedoch schon im 19. Jahrhundert, lange vor der Verlagerung in den digitalen Bereich, siehe: BT-Drucks. 17/11470, S. 6.

1137 *Dreier*/Schulze, Vorbemerkung zu §§ 70 ff. UrhG Rn. 1.

1138 *Dreier*/Schulze, Vorbemerkung zu §§ 70 ff. UrhG Rn. 1.

1139 BeckOK Urheberrecht/*Stang*, § 85 UrhG Rn. 1 f.; Schricker/Loewenheim/*Vogel*, § 85 UrhG Rn. 10.

1140 BeckOK Urheberrecht/*Graef*, § 87 f UrhG Rn. 4.

1141 *Dreier*/Schulze, § 87 f UrhG Rn. 1; *Paal*, GRUR Int. 2015, 997 (1003 f.).

„Lex Google" bezeichnet.[1142] Sie richtete sich zum einen gegen Suchmaschinen wie Google Search und zum anderen gegen News-Aggregatoren wie Google News.[1143] Nach § 87f Abs. 1 S. 1 UrhG-a.F. stand Presseverlegern das ausschließliche Recht zur öffentlichen Zugänglichmachung ihrer Erzeugnisse zu. Dies galt mit Ausnahme kleinster Textausschnitte oder einzelner Wörter.

Im Jahr 2019 hat der EuGH allerdings die Regelungen zum deutschen Leistungsschutzrecht aufgrund eines Verstoßes gegen die Notifizierungspflicht aus Art. 8 Abs. 1 Uabs. 1 RL 98/34/EG[1144] als europarechtswidrig eingeordnet.[1145] Ein solcher Verstoß hindert die Anwendbarkeit der Norm.[1146] Demnach kam den Presseveröffentlichungen kein leistungsschutzrechtlicher Schutz mehr zu.

bb) Neues Leistungsschutzrecht aus § 87g UrhG

Als Reaktion hierauf und als Umsetzungsakt der am 6. Juni 2019 in Kraft getretenen DMS-Richtlinie[1147] gilt seit dem 7. Juni 2021 ein neues Leistungsschutzrecht für Presseverleger, das in § 87f–87k UrhG normiert ist.[1148] Nach § 87g UrhG haben Presseverleger das ausschließliche Recht, ihre Presseveröffentlichungen für die Online-Nutzung durch Anbieter von Diensten der Informationsgesellschaft öffentlich zu machen und zu vervielfältigen. Google Search darf geschützte Ausschnitte aus Presseveröffentlichungen demnach nur nutzen, sofern der jeweilige Presseverleger der Suchmaschine Nutzungsrechte eingeräumt hat.

1142 *Flechsig*, AfP 2012, 427 (428); *Peifer*, GRUR-Prax 2013, 149 (150); *Schack*, Rn. 718c; *Schack*, ZUM 2020, 165 (165); *Stieper*, ZUM 2020, 166 (168).

1143 *Heine/Stang*, AfP 2013, 177 (177); *Kreutzer*, CR 2014, 542 (545).

1144 Mittlerweile ersetzt durch Art. 5 RL 2015/1535.

1145 *EuGH*, ZUM 2019, 838 (843). Gegen das Bestehen einer Notifizierungspflicht sprach sich das *OLG München* aus, *OLG München*, MMR 2017, 114 (116). Schon früh zum Ergebnis, dass die Notifizierungspflicht verletzt wurde, gelangten: *Ackermann*, ZUM 2019, 375 (378 f.); *Hoeren*, S. 10 f.; *Kühne*, CR 2013, 169 (175). Gegen das Bestehen einer Notifizierungspflicht: *Mauelshagen*, S. 163 ff.

1146 *EuGH*, Urt. v. 04.02.2016 – Az. C-336/14, Rn. 67; *EuGH*, Urt. v. 30.04.1996 – Az. C-194/94, Rn. 45 ff.

1147 Richtlinie (EU) 2019/790 des Europäischen Parlaments und des Rates vom 17. April 2019 über das Urheberrecht und die verwandten Schutzrechte im digitalen Binnenmarkt und zur Änderung der Richtlinien 96/9/EG und 2001/29/EG.

1148 BT-Drucks. 19/27426, S. 111.

(1) Begriff der Presseveröffentlichung

In der neuen Regelung in § 87g UrhG wird der Begriff der „Presseveröffentlichung" verwendet. Das vorherige – vom EuGH als unwirksam erklärte –[1149] Leistungsschutzrecht bezog sich noch auf den Begriff des „Presseerzeugnisses". Hieraus ergeben sich mit Blick auf die von Google Search verwendeten Snippets jedoch keine Änderungen. Unter „Presseveröffentlichungen" fallen nach § 87f Abs. 1 UrhG Sammlungen, die hauptsächlich aus journalistischen Schriftwerken bestehen und darüber hinaus Teil einer regelmäßig erscheinenden oder erweiterten Veröffentlichung sind (Nr. 1), der Information der Öffentlichkeit dienen (Nr. 2) sowie auf Initiative des Presseverlegers im Angesicht seiner redaktionellen Verantwortung und unter Aufsicht veröffentlicht werden (Nr. 3). Wissenschaftliche Publikationsmedien sind nach § 87f Abs. 1 S. 2 UrhG hingegen nicht als Presseveröffentlichungen einzuordnen. Dies deckt sich mit dem zuvor geltenden Maßstab aus § 87 Abs. 2 UrhG-a.F.[1150]

(2) Kleinteileausnahme

Das Leistungsschutzrecht des Presseverlegers aus § 87g Abs. 1 UrhG umfasst nach Abs. 2 Nr. 4 nicht die Nutzung einzelner Wörter oder sehr kurzer Auszüge aus einer Presseveröffentlichung. Eine ähnlich lautende Einschränkung war schon zuvor in § 87f Abs. 1 S. 1 UrhG-a.F. vorgesehen.[1151] Danach galt das Leistungsschutzrecht nicht für die Übernahme einzelner Wörter oder kleinster Textausschnitte. Vor dem Hintergrund, dass Google Snippets in verschiedenem Ausmaß nutzt,[1152] ist zu klären, unter welchen Voraussetzungen ein Snippet vom Ausschluss nach § 87g Abs. 2 Nr. 4 UrhG erfasst ist.

(a) Meinungsstand zu § 87f Abs. 1 S. 1 UrhG-a.F.

In Bezug auf § 87f Abs. 1 S. 1 UrhG-a.F. hatte sich der Rechtsausschuss in seiner Beschlussempfehlung unter anderem auf die BGH-Rechtsprechung zu den

---

1149 Siehe hierzu: Kapitel 3: C.III.1.a)aa) (S. 214 f.).

1150 Zum Ausschluss wissenschaftlicher Beiträge, die in der Legaldefinition nicht erwähnt waren: Fromm/Nordemann/*Czychowski*/*J. B. Nordemann*, § 87f UrhG Rn. 21.

1151 Zur dogmatischen Begründung dieser Kleinteileausnahme siehe: *Koroch*, S. 120 ff.

1152 Per Snippet werden beispielsweise organische Suchergebnisse angezeigt, aber auch auf der Ergebnisseite der allgemeinen Google-Suche erscheinende News-Kästen oder eben die Suchergebnisse bei Google News.

Google-Vorschaubildern[1153] bezogen.[1154] Diesem Rekurs dürfte der Gedanke zugrunde gelegen haben, dass bei der Auslegung unbestimmter Rechtsbegriffe im Kontext von § 87f Abs. 1 S. 1 UrhG-a.F. die Funktionsweise von Suchmaschinen Berücksichtigung finden sollte.[1155] Für das Anbieten einer Bildersuche ist etwa das Anzeigen von Thumbnails erforderlich. Hierdurch können die Suchenden einschätzen, ob das Bild dem Suchbegehren entspricht. Einer Bildersuche ohne Anzeige derartiger Thumbnails würde es an einem vermittelnden Mehrwert für die Suchenden fehlen.[1156] Dieser Gedanke lässt sich auf eine Nachrichtensuche übertragen, die ohne nähere Angaben zum Inhalt der Texte auskommen muss.[1157] Es solle für Suchmaschinen und Aggregatoren möglich sein, dem Suchenden eine inhaltliche Verbindung zu den Suchergebnissen anzubieten.[1158] Als ein Beispiel für „kleinste Textausschnitte" hat der Rechtsausschuss in seiner Beschlussempfehlung zu § 87f Abs. 1 S. 1 UrhG-a.F. „Bayern schlägt Schalke" genannt.[1159]

Auch diese Ausführungen des Gesetzgebers beantworteten die Frage, wann vom Vorliegen der Kleinteileausnahme auszugehen ist, freilich nicht abschließend. In der Literatur und der Rechtsprechung entwickelten sich in der Folge zahlreiche Konkretisierungsvorschläge.

Einige Stimmen sprachen sich dafür aus, Snippets von mehr als zwei Zeilen oder mehr als 15 Wörtern nicht mehr unter die Kleinteileausnahme aus § 87f Abs. 1 S. 1 UrhG-a.F. zu subsumieren.[1160] Nach Ansicht des OLG München sind zumindest Snippets von mindestens 25 Wörtern nicht mehr vom Merkmal der „kleinsten Textausschnitte" erfasst.[1161] *Heine/Stang* ordneten als „kleinste

---

1153 *BGH*, NJW 2010, 2731 (2731 ff.). Daneben verwies der Gesetzgeber auch auf das Urteil zu „Vorschaubilder II", das einen möglichen Verstoß durch AOL zum Gegenstand hatte: *BGH*, NJW 2012, 1886 (1886 ff.).

1154 BT-Drucks. 17/12534, S. 5. Vom im Regierungsentwurf vorgesehenen Schutz auch kleinster Teile im Lichte der „Metall-auf-Metall"-Entscheidung des BGH wurde hiermit abgewichen, siehe dazu: BT-Drucks. 17/11470, S. 8.

1155 *Alexander*, WRP 2013, 1122 (1128).

1156 *Alexander*, WRP 2013, 1122 (1128).

1157 *Alexander*, WRP 2013, 1122 (1128).

1158 BT-Drucks. 17/12534, S. 5.

1159 BT-Drucks. 17/12534, S. 5.

1160 *Alexander*, WRP 2013, 1122 (1128); *Hossenfelder*, ZUM 2013, 374 (376). *Koroch* sieht „bis zu zehn Wörter neben der Suchphrase nicht per se ungeeignet", *Koroch*, S. 132. Nach Ansicht von *Mauelshagen* war die Verwendung von bis zu 12 Wörtern von der Ausnahmeregelung gedeckt, *Mauelshagen*, S. 185.

1161 *OLG München*, MMR 2017, 114 (116 f.).

Textausschnitte“ nur die Überschriften eines Presseerzeugnisses ein.[1162] Zum einen reiche diese im Regelfall aus, um Rückschlüsse auf den Inhalt ziehen zu können; zum anderen diene eine Orientierung hieran der Rechtssicherheit.[1163] Als Gegenentwurf hierzu wurde vertreten, auch Auszüge aus dem eigentlichen Text der Presseveröffentlichung sollten als zulässiger Snippet in Betracht kommen.[1164] Insbesondere könne hierdurch zwischen verschiedenen Texten zum selben Thema besser unterschieden werden als anhand der Überschrift.[1165]

Das Bundesverfassungsgericht ist in einem Beschluss auf die von Yahoo eingereichte Verfassungsbeschwerde gegen das eingeführte Leistungsschutzrecht für Presseverleger auf §§ 87f, 87g UrhG-a.F. eingegangen.[1166] Bei der Frage, wann von „kleinste(n) Textausschnitte(n)“ auszugehen ist, solle das Interesse der Suchmaschinenbetreiber beachtet werden, den Suchenden das Entdecken von für sie wesentlichen Inhalten zu erleichtern.[1167] *Stieper* weist mit Blick auf die Auslegung der Kleinteileausnahme und bezugnehmend auf den Beschluss des Bundesverfassungsgerichts ebenfalls darauf hin, dass es den Suchmaschinen möglich sein müsse, ihre Funktion als effizienter Vermittler von Informationen beizubehalten.[1168]

(b) Auslegung von § 87g Abs. 2 Nr. 4 UrhG

Die frühere Fassung der Kleinteileausnahme hat nunmehr in § 87g Abs. 2 Nr. 4 UrhG ihren Nachfolger gefunden. § 87g Abs. 2 Nr. 4 UrhG ist die Umsetzung von Art. 15 Abs. 1 Uabs. 4 DSM-RL,[1169] worin ebenfalls von einzelnen Wörtern oder sehr kurzen Auszügen die Rede ist. Mit Art. 15 DSM-RL wird ausweislich Erwägungsgrund 55 das Ziel verfolgt, „die Tragfähigkeit des Verlagswesens zu erhalten“.[1170] Hierfür sei erforderlich, den organisatorischen und finanziellen Aufwand, den Presseverleger betreiben, angemessen zu würdigen.[1171] Dazu

---

1162 Wandtke/Bullinger/*Jani*, § 87 f UrhG Rn. 17 f.; *Heine/Stang*, AfP 2013, 177 (180 f.). Nach Ansicht von *Schack* sei es in jedem Fall erlaubt, die Überschrift einer Presseveröffentlichung zu nutzen, *Schack*, Rn. 718d.

1163 *Heine/Stang*, AfP 2013, 177 (180 f.).

1164 Schricker/Loewenheim/*Stieper*, § 87f UrhG Rn. 44; *Kersting/Dworschak*, ZUM 2016, 840 (844).

1165 Schricker/Loewenheim/*Stieper*, § 87f UrhG Rn. 44.

1166 *BVerfG*, GRUR 2017, 159 (159 ff.). Siehe zur Verfassungsbeschwerde: *Mauelshagen*, S. 194.

1167 *BVerfG*, GRUR 2017, 159 (160).

1168 Schricker/Loewenheim/*Stieper*, § 87f UrhG Rn. 43.

1169 BT-Drucks. 19/27426, S. 113.

1170 Erwägungsgrund 55 DSM-RL.

1171 Erwägungsgrund 55 DSM-RL.

gehöre allerdings auch, dass Snippets, durch deren Anzeige die vom Presseverleger erbrachten Investitionen nicht zunichte gemacht werden, kein leistungsschutzrechtlicher Schutz zukommt.[1172] Dieser Aspekt ist bei der Auslegung der Merkmale „einzelner Wörter“ und „sehr kurzer Auszüge“ zu berücksichtigen.

Mit Blick auf die Auslegungsschwierigkeiten in Bezug auf § 87f Abs. 1 S. 1 UrhG-a.F. schlägt Google vor, die Kleinteileausnahme von einer explizit festgelegten Länge abhängig zu machen.[1173] Snippets, die aus bis zu 200 Zeichen bestehen, sollten unter den Ausschluss nach § 87f Abs. 2 Nr. 4 UrhG fallen.[1174] Zum einen schaffe dies Rechtssicherheit für die Diensteanbieter.[1175] Zum anderen diene dies dazu, den Kontext zu eingegebenen Suchbegriffen hinreichend klar darstellen zu können.[1176] Eine Substitution der Presseveröffentlichungen liege nicht vor. Die in Erwägungsgrund 58 DSM-RL genannten maßgeblichen Investitionen der Presseverleger würden vielmehr dadurch gewürdigt werden, dass die Snippets Zugriffe der Suchenden auf die Presseveröffentlichungen förderten.[1177] Allein die Verwendung der Überschrift reiche jedenfalls nicht aus, um dem Nutzer Auskunft darüber zu geben, ob dessen Informationsbedürfnis durch diesen Text gedeckt werden kann.[1178]

(c) Bewertung

Es überzeugt nicht, lediglich die Überschrift einer Presseveröffentlichung unter die Kleinteileausnahme zu subsumieren. Die Verwendung „sehr kurzer Auszüge“ legt nahe, dass es sich auch um irgendeine – aus dem Text „herausgerissene“ – Passage handeln kann. Andernfalls hätte der Gesetzgeber sich deutlicher festlegen können. Hinzu kommt, dass eine Überschrift allein dem Leser nicht immer eine zutreffende Vorstellung von dem bietet, was der Text beinhaltet. Dem Leser wäre in diesem Fall mit der Überschrift nicht geholfen

1172 Erwägungsgrund 58 DSM-RL. In diese Richtung auch: *Google*, S. 9.

1173 *Google*, S. 9. In der Literatur wurde ebenfalls darauf plädiert, die in der DSM-RL verwendeten Merkmale „einzelne(r) Wörter“ und „sehr kurze(r) Auszüge“ in quantitativer Hinsicht zu konkretisieren: *Jani*, ZUM 2020, 169 (171).

1174 *Google*, S. 9 f. In diese Richtung auch: *Kühne*, der in Bezug auf § 87 Abs. 1 S. 1 UrhG-a.F. der Ansicht war, dass bis zu 250 Zeichen als „kleinste Textausschnitte“ einzuordnen seien, *Kühne*, CR 2013, 169 (169).

1175 *Google*, S. 9.

1176 *Google*, S. 9.

1177 *Google*, S. 10.

1178 *Google*, S. 9.

und der Snippet könnte die Aufgabe der Inhaltevermittlung nicht hinreichend erfüllen.[1179]

Maßgeblich bei der Anwendung der Kleinteileausnahme sollte sein, ob der konkrete Snippet das Potential bietet, das Interesse des Suchenden bereits zu befriedigen.[1180] In diesem Fall ist er nicht unter die Ausnahme von § 87g Abs. 2 Nr. 4 UrhG einzuordnen.[1181] Dabei muss berücksichtigt werden, dass vom Snippet oftmals auch eine Anreizwirkung auf den Suchenden ausgehen kann. Hierdurch wird dazu beigetragen, die finanziellen Investitionen der Presseverleger in die Erstellung der Presseveröffentlichungen zu retournieren.[1182]

Um eine klare Abgrenzung „einzelner Wörter oder sehr kurzer Auszüge" vornehmen zu können, ließe sich eine bestimmte Anzahl höchstens zu nutzender Wörter oder Zeichen festlegen. Diese sollte mit Abstufungen versehen sein, die sich am Gesamtumfang der jeweiligen Presseveröffentlichung orientieren. Die Überschrift sollte in der Zählung der Wörter unberücksichtigt bleiben. Eine solche Festlegung von Schwellwerten würde erheblich zur Rechtssicherheit beitragen.

b) Untersagung einer Snippet-Nutzung nach § 19a Abs. 2 S. 1 Nr. 7 GWB

Für den Fall, dass Snippets in ihrer konkreten Ausgestaltung unter das Leistungsschutzrecht zu subsumieren sind, hat Google Search in der Vergangenheit versucht, die Presseverleger zur kostenlosen Einräumung von Nutzungsrechten zu bewegen.[1183] Sowohl das LG Berlin als auch das Bundeskartellamt haben dies nicht als Marktmachtmissbrauch nach § 19 GWB eingeordnet.[1184] Das Meinungsbild in der Literatur war zwiegespalten.[1185] Losgelöst von der bisherigen

1179 *Mauelshagen*, S. 184.

1180 So schon zur Kleinteileausnahme nach § 87f Abs. 1 S. 1 UrhG-a.F.: Schricker/Loewenheim/*Stieper*, § 87f UrhG Rn. 44; *Kreutzer*, MMR 2014, 512 (515).

1181 So schon zur Kleinteileausnahme nach § 87f Abs. 1 S. 1 UrhG-a.F.: Schricker/Loewenheim/*Stieper*, § 87f UrhG Rn. 44; *Kreutzer*, MMR 2014, 512 (515).

1182 Erwägungsgrund 55 DSM-RL.

1183 *LG Berlin*, MMR 2016, 620 (621).

1184 *LG Berlin*, MMR 2016, 620 (623 f.); *Bundeskartellamt*, Beschl. v. 08.09.2015, B6-126/14, Rn. 140 – Google/VG Media. Siehe zum Verfahren des *LG Berlin*: *Mauelshagen*, S. 191 ff.

1185 Einen Missbrauch bejahend: *Koenig/Meyer*, K&R 2014, 765 (769). Gegen die Annahme eines Missbrauchs: *Kersting/Dworschak*, NZKart 2013, 46 (46 ff.); *Kersting/Dworschak*, ZUM 2016, 840 (840 ff.); *Körber*, ZUM 2017, 93 (101); *Lohse*, ZHR 2018, 321 (353 f.); *Mauelshagen*, S. 312 f., 320.

Missbrauchsaufsicht könnte es dem Bundeskartellamt nunmehr jedoch möglich sein, ein solches Vorgehen nach § 19a Abs. 2 S. 1 Nr. 7 GWB zu untersagen.

Die Untersagungsvariante setzt zunächst das Fordern von Vorteilen durch den Normadressaten voraus (aa). Diese Vorteile müssen sodann in einem unangemessenen Verhältnis zum Grund der Forderung stehen (b). Wie bei allen Untersagungsvarianten aus § 19a Abs. 2 GWB verbleibt dem Unternehmen mit überragender marktübergreifender Bedeutung dabei die Möglichkeit der sachlichen Rechtfertigung (c).

aa) Das Fordern von Vorteilen

§ 19a Abs. 2 S. 1 Nr. 7 GWB setzt voraus, dass das Unternehmen mit überragender marktübergreifender Bedeutung einen Vorteil fordert. Für die rechtliche Einordnung ist diese Voraussetzung in zwei Merkmale zu separieren. Zunächst ist zu klären, wann ein „Vorteil" i.S.v. § 19a Abs. 2 S. 1 Nr. 7 GWB vorliegt (1). In einem zweiten Schritt stellt sich die Frage, welches Verhalten als „Forderung" zu werten ist (2).

(1) Vorteil

Bezüglich des Begriffs „Vorteil" bietet § 19 Abs. 2 Nr. 5 GWB eine Orientierung. Ein Vorteil in diesem Sinne ist anzunehmen, sofern sich die Stellung des Unternehmens infolge der Gewährung objektiv betrachtet verbessern würde.[1186] Es handelt sich nicht um einen Vorteil, wenn der Forderung ein Austausch von Leistung und Gegenleistung zugrunde liegt.[1187] Die Gegenleistung des auffordernden Unternehmens muss dabei mit dem Einräumen der geforderten Leistung in unmittelbarem Zusammenhang stehen.[1188] Eine derartige Gegenleistung liegt nicht vor, wenn der Leistungsinhalt dem Forderungsadressaten schon zuvor zuteilwurde.[1189]

Google präsentiert die Inhalte der Presseverleger in den Suchergebnissen. Dabei nutzte die Suchmaschine zunächst erstmals sämtliche Snippets zur Anzeige der Suchergebnisse. Nach Geltung des Leistungsschutzrechts bietet § 87g Abs. 1 UrhG für die Presseverleger nun mit Blick auf solche Snippets,

---

1186 *BGH*, NZKart 2018, 136 (141); Langen/Bunte/*Nothdurft*, § 19 GWB Rn. 240; *Köhler*, WRP 2006, 139 (141 f.). Mit Blick auf § 20 Abs. 3 GWB: *Säcker/Mohr*, WRP 2010, 1 (20).

1187 *BGH*, NZKart 2018, 136 (141); MüKo/*Westermann*, § 19 GWB Rn. 183; *Säcker/Mohr*, WRP 2010, 1 (20).

1188 MüKo/*Westermann*, § 19 GWB Rn. 183.

1189 MüKo/*Westermann*, § 19 GWB Rn. 183.

die vom Leistungsschutzrecht umfasst werden, das ausschließliche Recht, diese öffentlich zugänglich zu machen und zu vervielfältigen. Angesichts dieser Regelung ist aus Sicht von Google „die Aufrechterhaltung des Status quo bereits ein Vorteil".[1190] Wenn Google die Einräumung kostenloser Nutzungsrechte einfordert, liegt darin keine neue, hinzutretende Leistung, die gegenüber den Presseverlegern erbracht wird. Vielmehr würde in den Suchergebnissen wie bisher auf die Presseveröffentlichungen hingewiesen werden. Die Suchmaschine möchte lediglich darauf einwirken, dass die Presseverleger ihre Rechtsposition nicht nutzen und Google Search weiterhin nicht für die Einräumung von Nutzungsrechten zahlen muss.

Hinzu kommt, dass Google rechtlich nicht dazu verpflichtet ist, auf die Einräumung kostenloser Nutzungsrechte mit einer Gegenleistung – etwa in Form der Aufnahme in die Suchergebnisse – zu reagieren.[1191] Auch insofern liegt kein Austauschverhältnis von Leistung und Gegenleistung vor.[1192] Das Einräumen kostenloser Nutzungsrechte würde aus Sicht von Google einen Vorteil i.S.v. § 19a Abs. 2 S. 1 Nr. 7 GWB darstellen. Dies ergibt sich auch daraus, dass Google andernfalls entweder für die Nutzung der Presseveröffentlichungen zahlen oder aber von der Nutzung absehen müsste, was die Qualität der Suchmaschine reduzieren würde.

(2) Forderung

Durch die Anknüpfung an den Begriff „fordern", möchte der Gesetzgeber eine Nähe zum „Anzapfverbot" aus § 19 Abs. 2 Nr. 5 GWB betonen.[1193] Das dort normierte „Auffordern" beschreibt ein Verhalten, mit dem ein Unternehmen derart auf eine andere Partei einwirkt, dass ihm Vorteile gewährt werden.[1194] Eine Forderung kann sowohl in Verhandlungssituationen gestellt werden als auch außerhalb einer derartigen Beziehung zwischen verschiedenen Unternehmen.[1195]

Nach Einführung des alten Leistungsschutzrechts aus § 87f Abs. 1 UrhG-a.F. wirkte Google auf einige Presseverleger ein, um die Einräumung kostenloser Nutzungsrechte zur Anzeige geschützter Snippets zu erreichen.[1196]

1190 *Pohlmann/Lindhauer/Peter*, NZKart 2021, 466 (475).

1191 *Kersting/Dworschak*, NZKart 2013, 46 (53).

1192 *Kersting/Dworschak*, NZKart 2013, 46 (53). Anderer Ansicht ist: *Körber*, ZUM 2017, 93 (101).

1193 BT-Drucks. 19/25868, S. 117; *Käseberg*, in: Bien et al. (Hrsg.), Kapitel 1, Rn. 206.

1194 *BGH*, NZKart 2018, 136 (142).

1195 *BGH*, NZKart 2018, 136 (142).

1196 *Koenig/Meyer*, K&R 2014, 765 (765).

Andernfalls würden die Presseveröffentlichungen nur noch als organische Suchergebnisse angezeigt werden.[1197] Ein derartiges Vorgehen ist unzweifelhaft als „Fordern" i.S.v. § 19a Abs. 2 S. 1 Nr. 7 GWB einzuordnen. Dies gilt unabhängig davon, ob die Presseverleger auf die Forderung eingehen oder nicht – das „Fordern" ist insofern kein erfolgsbezogenes Merkmal.[1198] Ebenso ist es nicht notwendig, dass einzelne Unternehmen explizit mit einer Forderung adressiert werden. Vielmehr kann ein Vorteil auch konkludent gefordert werden.[1199] Der Gesetzgeber hat hierfür explizit das Beispiel der Suchmaschinen genannt.[1200] Eine „Forderung" liege schon vor, wenn „die Anzeige bestimmter Treffer von der Einräumung von Rechten oder Daten abhängig gemacht wird".[1201] Sofern Google Presseveröffentlichungen, für deren Nutzung dem Unternehmen keine Rechte zustehen, in einem reduzierten Ausmaß darstellt, ist demnach – auch ohne einen konkreten Aufruf zur Erteilung kostenloser Nutzungsrechte – von einem „Fordern" i.S.v. § 19a Abs. 2 S. 1 Nr. 7 GWB auszugehen.

Dieses Ergebnis steht in Einklang mit der Gesetzesbegründung, die darauf hindeutet, dass der Begriff der Forderung weit auszulegen ist.[1202] Zustimmung verdient eine weite Auslegung insofern, als den Normadressaten von § 19a GWB im Vergleich zu reinen marktbeherrschenden Unternehmen nach § 19 GWB eine stärkere kartellrechtliche Verantwortung zukommen muss. Am Beispiel Google zeigt sich dies in der Kombination aus der Macht des marktübergreifenden Ökosystems und der Position von Google Search und Google News als Gatekeeper für die Presseverleger. Hierdurch ist Google in der Lage, deutlich subtiler auf die Presseverleger einzuwirken als im Szenario ausgeglichener Verhandlungspositionen.[1203] Eine weite Auslegung des Merkmals „Forderung" schadet auch insofern nicht, als die Prüfung eines unangemessenen Verhältnisses die Anwendung von § 19a Abs. 2 S. 1 Nr. 7 GWB ausreichend begrenzt.

1197 *Koenig/Meyer*, K&R 2014, 765 (765).

1198 *Esser/Höft*, in: Bien et al. (Hrsg.), Kapitel 1, Rn. 268; BT-Drucks. 19/25868, S. 117; *Koenig/Meyer*, K&R 2014, 765 (769).

1199 *Esser/Höft*, in: Bien et al. (Hrsg.), Kapitel 1, Rn. 268; *Koenig/Meyer*, K&R 2014, 765 (769).

1200 BT-Drucks. 19/25868, S. 117.

1201 BT-Drucks. 19/25868, S. 117.

1202 BT-Drucks. 19/25868, S. 117.

1203 In diese Richtung auch: *Pohlmann/Lindhauer/Peter*, NZKart 2021, 466 (477).

bb) Unangemessenes Verhältnis zwischen den Vorteilen und dem Grund der Forderung

Nach § 19a Abs. 2 S. 1 Nr. 7 GWB ist erforderlich, dass die geforderten Vorteile in keinem angemessenen Verhältnis zum Grund der Forderung stehen. Google fordert die Einräumung kostenloser Nutzungsrechte an Presseveröffentlichungen. Der Grund der Forderung liegt darin, dass die Suchmaschine den Suchenden einen möglichst attraktiven Dienst zur Verfügung stellen möchte – ohne, dass Google hierfür zusätzliche Kosten anfallen.

Zur Klärung des Verhältnisses sind die Interessen der beteiligten Unternehmen untereinander und mit den Schutzzielen des GWB in Einklang zu bringen. Eine derartige Interessenabwägung ist – wie auch die Begriffe „Vorteil" und „fordern" – aus § 19 Abs. 2 Nr. 5 GWB bekannt. Zunächst wird die Beurteilung anhand abstrakt gefasster Kriterien durchgeführt (1). Im Anschluss wird auf die Konkretisierung eingegangen, die der Gesetzgeber hinsichtlich des Verhältnisses in § 19a Abs. 2 S. 1 Nr. 7 lit. a GWB vorgenommen hat (2).

(1) Abstrakte Kriterien zur Beurteilung des Verhältnisses

Das Verhältnis zwischen gefordertem Vorteil und Grund der Forderung kann zunächst nach abstrakten Kriterien beurteilt werden. Eine Orientierung bieten dabei sowohl die Angemessenheit der Vergütung (a) als auch eine Interessenabwägung im Rahmen einer Gesamtschau (b).

(a) Angemessene Vergütung

Ein unangemessenes Verhältnis kann im Rahmen von § 19a Abs. 2 S. 1 Nr. 7 GWB vorliegen, wenn das Unternehmen mit überragender marktübergreifender Bedeutung der Marktgegenseite nicht hinreichend Gelegenheit zu Verhandlungen bietet.[1204] Beispielhaft wird der Fall aufgeführt, dass nicht „über eine angemessene Vergütung für die geforderten Vorteile" verhandelt wird.[1205] Dies ist mit Blick auf bestehende Urheberrechte nachvollziehbar. Für die Einräumung von Nutzungsrechten steht dem Urheber nach § 32 Abs. 1 UrhG ein Anspruch auf eine angemessene Vergütung zu. Dem Leistungsschutzrecht

---

1204 BT-Drucks. 19/25868, S. 117 f. In Frankreich hat die *Autorité de la concurrence* im Juli 2021 entschieden, dass Google 500 Millionen Euro zahlen muss, da das Unternehmen mit Presseverlegern nicht ausreichend über eine angemessene Vergütung für die Nutzung von Presseerzeugnissen verhandelt habe, *Autorité de la concurrence*, Pressemitteilung v. 13.07.2021, http://go.wwu.de/ylose.

1205 BT-Drucks. 19/25868, S. 118.

für Presseverleger ist ein solcher Anspruch jedoch fremd.[1206] Insofern ist dem Leistungsschutzrecht nicht die Wertung zu entnehmen, dass für die Nutzung leistungsschutzrechtlich geschützter Werke ein Entgelt zu erbringen ist.[1207] Ob eine (angemessene) Vergütung vereinbart wird, entscheidet sich im Rahmen des Wettbewerbs anhand der jeweiligen Wettbewerbsposition der beteiligten Parteien.[1208]

Das spanische Recht sieht in Art. 32.2 TRLPI vor, dass für die Nutzung von Presseerzeugnissen ein Entgelt erbracht werden muss, wenn die Nutzung durch News-Aggregatoren wie Google News erfolgt.[1209] Ein solches Modell hat der deutsche Gesetzgeber allerdings nicht gewählt. Insofern ist mit dem Leistungsschutzrecht nach § 87g Abs. 1 UrhG keine Aussage darüber verbunden, ob die Einräumung von Nutzungsrechten gegen Entgelt zu erfolgen hat.[1210] Hieraus ließe sich der Schluss ziehen, dass aus einer fehlenden Vergütung nicht gleich ein unangemessenes Verhältnis i.S.v. § 19a Abs. 2 S. 1 Nr. 7 GWB resultiert.

Mit Blick auf das Leistungsschutzrecht ist jedoch anzunehmen, dass wirksame Wettbewerbsverhältnisse erforderlich sind, um dem Rechteinhaber zumindest die Möglichkeit zu geben, im Rahmen von Verhandlungen das Leistungsschutzrecht zu monetarisieren. Bei Beteiligung eines Unternehmens mit überragender marktübergreifender Bedeutung, das darüber hinaus auch noch als Gatekeeper tätig wird, kann eine derartige Verhandlungsmöglichkeit im Vorhinein ausgeschlossen sein.[1211] Das Urheberrecht verfügt nicht über einen Mechanismus, der das Unterlaufen von Leistungsschutzrechten unterbinden kann. Die Begründung zur 10. GWB-Novelle kann dahin gehend gedeutet werden, dass der Gesetzgeber in diese Lücke stoßen möchte. Zumindest für Unternehmen mit überragender marktübergreifender Bedeutung kann somit vorgegeben werden, dass die Nutzung leistungsschutzrechtlich geschützter

---

1206 *Ackermann*, ZUM 2019, 375 (381); *Pohlmann/Lindhauer/Peter*, NZKart 2021, 466 (477).

1207 *Ackermann*, ZUM 2019, 375 (380 f.); *Pohlmann/Lindhauer/Peter*, NZKart 2021, 466 (477). Eine solche Wertung sei nach Ansicht von *Nordemann/Wolters* jedoch getroffen worden, *Nordemann/Wolters*, ZUM 2016, 846 (850 ff.).

1208 *Ackermann*, ZUM 2019, 375 (380 f.).

1209 Siehe hierzu auch: *Ackermann*, ZUM 2019, 375 (382); *Xalabarder*, Revista de internet, derecho y política 2015, 121 (125 f.). Suchmaschinen wie Google Search sind von dieser Regelung nicht umfasst: *Busqué García*, GRUR Int. 2015, 417 (419). Ausführlich zu Art. 32.2 TRLPI siehe: *Koroch*, S. 268 ff.

1210 *Ackermann*, ZUM 2019, 375 (381); *Mauelshagen*, S. 309.

1211 *Fricke/Novak*, S. 204 f.; *Pohlmann/Lindhauer/Peter*, NZKart 2021, 466 (477).

Presseveröffentlichungen zu Konditionen erfolgen soll, die das Unternehmen unter wirksamen Wettbewerbsbedingungen zu erbringen hätte. Hiernach kann aus der kostenlosen Einräumung von Nutzungsrechten durchaus ein Indiz für das Vorliegen eines unangemessenen Verhältnisses gezogen werden.

(b) Verhältnis in der Gesamtschau

Die Beurteilung der Angemessenheit muss das Resultat einer Gesamtschau sein.[1212] Gerade in digitalen Geschäftsbereichen können sich hierbei komplexe und vielfältige wirtschaftliche Zusammenhänge zeigen, die angemessen gewürdigt werden müssen.[1213] Neben der Höhe der Vergütung sind weitere Aspekte zu berücksichtigen. Im Rahmen der 9. GWB-Novelle hat der Gesetzgeber mit Blick auf § 19 Abs. 2 Nr. 5 GWB als mögliches Beispiel für ein unangemessenes Verhältnis den Fall angeführt, dass der angestrebte Vorteil und die gebotene Gegenleistung in einem eindeutigen Missverhältnis zueinander stehen.[1214] Zwar liegt bei der möglichen Einräumung kostenloser Nutzungsrechte keine synallagmatische Leistungsbeziehung vor, da sich für Google keine rechtliche Verpflichtung ergibt, die Inhalte zu nutzen und auch tatsächlich anzuzeigen. Dennoch ist in einen Vergleich zu setzen, welchen Nutzen Google aus der kostenlosen Verwendung der Snippets zieht und welcher Nutzen sich aus Sicht der Presseverleger bietet.[1215] Dies entspricht auch dem „Hochzeitsrabatte"-Urteil des BGH.[1216] Das Gericht hatte hierin die sachliche Rechtfertigung im Rahmen von § 19 Abs. 2 Nr. 5 GWB anhand des Prinzips der Leistungsgerechtigkeit beurteilt. Leistungsgerechtigkeit kann nach Ansicht des Gesetzgebers unter anderem gegeben sein, wenn die geforderten Vorteile auf gebotene Leistungen oder auf „andere[n] betriebswirtschaftlich kalkulierbare[n] Gegenleistungen des Nachfragers" zurückzuführen sind.[1217]

Google betreibt eine kostenintensive Infrastruktur, welche die erforderlichen Kapazitäten zur Bereitstellung der Suchmaschine schafft.[1218] Die Presseverleger profitieren davon, dass Google ihnen mittels dieser Suchmaschine Aufmerksamkeit verschafft.[1219] Dies ist auch an den Erfahrungen abzulesen,

1212 *BGH*, NZKart 2018, 136 (138).
1213 *Esser/Höft*, in: Bien et al. (Hrsg.), Kapitel 1, Rn. 271.
1214 BT-Drucks. 18/10207, S. 52.
1215 *Koenig/Meyer*, K&R 2014, 765 (767 f.).
1216 *BGH*, NZKart 2018, 136 (136 ff.).
1217 BT-Drucks. 8/2136, S. 25. Hierauf verweist auch: *BGH*, NZKart 2018, 136 (137).
1218 *Kersting/Dworschak*, NZKart 2013, 46 (53); *Max-Planck-Institut*, S. 3.
1219 *Kersting/Dworschak*, NZKart 2013, 46 (53); *Pohlmann/Lindhauer/Peter*, NZKart 2021, 466 (475); *Suwelack*, MMR 2018, 582 (584).

die das spanische Leistungsschutzrecht mit sich brachte. In Art. 32.2 TRLPI normierte der Gesetzgeber, dass die Nutzung von Presseveröffentlichungen durch News-Aggregatoren eine zwingende Vergütung nach sich zieht.[1220] Google hat daraufhin den Dienst Google News in Spanien abgeschaltet.[1221] Infolgedessen nahmen die Zugriffszahlen im Online-Nachrichtenmarkt um 13 % ab.[1222] Die Presseverleger selbst haben in einem Verfahren vor dem LG Berlin[1223] damit argumentiert, dass das Anzeigen von Snippets zu einer höheren Click-Through-Rate führt.[1224] Mit Blick hierauf hat das Gericht die Forderung nach einer kostenlosen Einräumung von Nutzungsrechten zum Zeigen von Snippets nicht als unangemessenen Vorteil eingeordnet.[1225]

Der wirtschaftliche Nutzen, der vordergründig aus einer prominenten Listung in den Google-Suchergebnissen resultiert, darf aber nicht mit einer Angemessenheit des Verhältnisses zwischen eingefordertem Vorteil und Grund der Forderung gleichgesetzt werden. Dass Inhaber von Leistungsschutzrechten aus der Verwertung dieser Rechte durch Dritte einen wirtschaftlichen Nutzen ziehen, liegt in der Natur der Sache.[1226] Es rechtfertigt jedoch im Regelfall nicht, ihnen für die Einräumung von Nutzungsrechten aus diesem Grund keinerlei Vergütung zuzusprechen.[1227] Dies kann zwar im Einzelfall aus der Abwägung aller Interessen resultieren, etwa bei der Veröffentlichung von Dissertationen.[1228] In diesem Beispiel liegt die Veröffentlichung im Interesse des Autors und es sind regelmäßig keine relevanten Gewinne durch die Veröffentlichung zu erwarten. Insofern kann eine unentgeltliche Rechteeinräumung angemessen sein.[1229] Im Fall von Presseveröffentlichungen besteht jedoch ein allgemeines Interesse an der Veröffentlichung und Verbreitung. Ebenso lässt sich hieraus

1220 Deshalb wird die Norm auch als „Google-Abgabe“ bezeichnet: *Busqué García*, GRUR Int. 2015, 417 (419); *Xalabarder*, Revista de internet, derecho y política 2015, 121 (123).

1221 *Paal*, GRUR Int. 2015, 997 (1004); *Paal*, ZRP 2015, 34 (36); *Steinbrecher*, MMR 2019, 639 (641).

1222 *Ackermann*, ZUM 2019, 375 (382).

1223 *LG Berlin*, MMR 2016, 620 (620 ff.).

1224 *LG Berlin*, MMR 2016, 620 (621).

1225 *LG Berlin*, MMR 2016, 620 (624).

1226 *Koenig/Meyer*, K&R 2014, 765 (769).

1227 *Koenig/Meyer*, K&R 2014, 765 (769).

1228 Dreier/*Schulze*, § 32 UrhG Rn. 20; Schricker/Loewenheim/*Haedicke/Peifer*, § 32 UrhG Rn. 36.

1229 Dreier/*Schulze*, § 32 UrhG Rn. 20; Schricker/Loewenheim/*Haedicke/Peifer*, § 32 UrhG Rn. 36.

ein erheblicher wirtschaftlicher Nutzen generieren. Andernfalls würde sich Google Search auch nicht um die Nutzung möglichst langer Snippets bemühen.

Der Hinweis, die Presseverleger würden von einer unentgeltlichen Vermittlungsleistung durch Google Search profitieren,[1230] muss ebenfalls eingeordnet werden. Zwar müssen Inhalteanbieter nicht zahlen, um von Google Search indexiert und in den Suchergebnissen gelistet zu werden. Durch die Anzeige von langen Snippets kann das Informationsbedürfnis von Suchnutzern allerdings schon auf der Google-Seite bedient werden.[1231] In diesem Fall tritt der Suchnutzer nicht auf die Webseite des Presseverlegers über. Dieser Übertritt ist für die Presseverleger jedoch von essentieller Bedeutung. Nur in diesem Fall besteht die Möglichkeit, dass Suchnutzer auf Werbeanzeigen klicken und die Presseverleger hierdurch Einnahmen generieren oder dass Suchnutzer auf das breite Angebot des Presseverlegers aufmerksam werden und womöglich eine kostenpflichtige Premium-Version des Presseverlegers beziehen. Demnach trifft es auf den ersten Blick zwar zu, dass die Vermittlungsleistung von Google Search unentgeltlich erfolgt. Für die Presseverleger können hiermit jedoch – zumindest bei Snippets, die über einen der Kleinteileausnahme entsprechenden Umfang hinausgehen – finanzielle Einbußen auf mittelbarem Wege einhergehen. Die besseren Argumente sprechen nach Vornahme der Gesamtschau somit dafür, vom Vorliegen eines unangemessenen Verhältnisses auszugehen.

(2) Konkretisierung der Unangemessenheit

Die abstrakte Ermittlung einer möglichen Unangemessenheit zwischen gefordertem Vorteil und Grund der Forderung wurde durch den Gesetzgeber in § 19a Abs. 2 S. 1 Nr. 7 lit. a GWB konkretisiert. Im Folgenden wird zunächst die Konkretisierung dargestellt (a) und sodann auf die diskutierte Snippet-Konstellation angewendet (b).

(a) Konkretisierung durch das Erforderlichkeitsmerkmal in lit. a

Der Gesetzgeber hat den Begriff des unangemessenen Verhältnisses in § 19a Abs. 2 S. 1 Nr. 7 lit. a GWB durch das Merkmal der Erforderlichkeit konkretisiert. Danach kann einem Unternehmen mit überragender marktübergreifender Bedeutung untersagt werden, für die Darstellung von Angeboten die Übertragung von Daten oder Rechten zu fordern, die dafür nicht zwingend erforderlich sind. Ein darüber hinausgehendes unangemessenes Verhältnis setzt das Regelbeispiel dem Wortlaut nach nicht voraus. Offensichtlich soll die

1230 *Kersting/Dworschak*, NZKart 2013, 46 (53); *Suwelack*, MMR 2018, 582 (584).

1231 *Pohlmann/Lindhauer/Peter*, NZKart 2021, 466 (475).

Voraussetzung des unangemessenen Verhältnisses aus der Untersagungsvariante nach § 19a Abs. 2 S. 1 Nr. 7 GWB auch nicht in das Regelbeispiel hineingelesen werden. Dies ergibt sich daraus, dass es in dem Regelbeispiel aus lit. b explizit genannt wird. Dieser Umstand deutet darauf hin, dass nach der Ansicht des Gesetzgebers in jeder von lit. a erfassten Konstellation ein unangemessenes Verhältnis vorliegt.

(b) Anwendung von lit. a auf die Snippet-Konstellation

In der Begründung zur 10. GWB-Novelle hat der Gesetzgeber darauf hingewiesen, dass eine Unangemessenheit grundsätzlich nur unter engen Voraussetzungen anzunehmen sei.[1232] Diese Voraussetzungen seien gegeben, wenn es für die geleistete Vermittlungstätigkeit nicht erforderlich ist, den geforderten Vorteil auch wirklich eingeräumt zu bekommen.[1233] Die Vermittlungstätigkeit durch Google Search funktioniert auch, indem lediglich Snippets angezeigt werden, die unter die Kleinteileausnahme fallen. Mit Blick hierauf ist die Kleinteileausnahme gerade dahin gehend auszulegen, dass Snippets in einem solchen Umfang frei genutzt werden können, der es Suchnutzern erlaubt, eine Einschätzung vorzunehmen, ob die Presseveröffentlichung ihr Informationsbedürfnis befriedigen kann.[1234] Ein darüber hinausgehender Snippet ist nach enger Auslegung für die Vermittlungstätigkeit von Google Search nicht erforderlich.

Mitunter wurde argumentiert, dass für die Anzeige von leistungsschutzrechtlich geschützten Snippets die Einräumung von Nutzungsrechten *erforderlich* sei, da andernfalls ein Verstoß gegen urheberrechtliche Vorschriften begangen würde.[1235] Dies ist jedoch unter Zuhilfenahme der historischen Auslegung abzulehnen. Der Gesetzgeber hatte bei Normierung des Regelbeispiels insbesondere die Anzeige urheber- und leistungsschutzrechtlicher Inhalte im Blick.[1236] Würde man der soeben genannten Argumentation folgen, wären diese Inhalte von der Norm nicht erfasst. Für die rechtskonforme Anzeige von urheber- und leistungsschutzrechtlichen Inhalten ist – vorbehaltlich gesetzlicher Schranken – in jedem Fall das Mitwirken des Rechteinhabers erforderlich. Daraus ergibt sich, dass sich die „Erforderlichkeit" i.S.v. lit. a nicht daran

1232 BT-Drucks. 19/25868, S. 117; *Esser/Höft*, in: Bien et al. (Hrsg.), Kapitel 1, Rn. 271 ff.

1233 BT-Drucks. 19/25868, S. 117.

1234 Siehe hierzu: Kapitel 3: C.III.1.a)bb)(2)(cc) (S. 220 f.).

1235 In diese Richtung: *Pohlmann/Lindhauer/Peter*, NZKart 2021, 466 (479). Darauf hat auch *Körber* mit Blick auf §§ 87 f ff. UrhG-a.F. hingewiesen, *Körber*, ZUM 2017, 93 (101).

1236 BT-Drucks. 19/25868, S. 118.

orientieren kann, ob die Übertragung für ein gesetzeskonformes Verhalten notwendig ist. Somit spricht auch die vom Gesetzgeber vorgenommene Konkretisierung in § 19a Abs. 2 S. 1 Nr. 7 lit. a GWB dafür, dass in der untersuchten Snippet-Konstellation ein unangemessenes Verhältnis besteht.

(3) Fazit

In der an dieser Stelle diskutierten Konstellation liegt zwischen dem von Google geforderten Vorteil und dem Grund der Forderung ein unangemessenes Verhältnis vor. Insbesondere deutet der Wortlaut von lit. a darauf hin, dass ein derartiger gesetzgeberischer Wille bei Schaffung der Norm bestand.

cc) Möglichkeit der sachlichen Rechtfertigung

Wie bei allen Untersagungsvarianten des § 19a Abs. 2 GWB besteht für die Normadressaten die Möglichkeit der sachlichen Rechtfertigung.[1237] Hierbei sind sowohl der Schutz wirksamen Wettbewerbs als auch berechtigte Interessen der Normadressaten in Einklang zu bringen.[1238] Die Unternehmen tragen dabei gemäß § 19a Abs. 2 S. 3 GWB die Darlegungs- und Beweislast.

(1) Aufrechterhaltung des Geschäftsmodells

In einem Urteil aus dem Jahr 2016 äußerte das LG Berlin mit Blick auf das Anzapfverbot aus § 19 Abs. 2 Nr. 5 GWB, dass die Forderung nach einer kostenlosen Einräumung von Nutzungsrechten zum Zeigen von Snippets keinen Verstoß hiergegen darstelle.[1239] Vielmehr diene das Ansinnen von Google dazu, das Geschäftsmodell aufrechterhalten zu können.[1240] Googles Geschäftsmodell ist darauf aufgebaut, dass Suchende und Webseitenbetreiber den Dienst kostenlos nutzen können, während durch den Verkauf von Werbefläche an Werbende Einnahmen generiert werden.[1241] Es ist nicht vorgesehen, Inhalteanbieter zu vergüten.[1242]

Vor diesem Hintergrund argumentierten *Kersting/Dworschak* – schon Jahre vor dem Urteil des LG Berlin –, dass das Geschäftsmodell in seinem Kernbereich betroffen sei, würde Google dazu verpflichtet, für die Anzeige von Inhalten zu zahlen.[1243] Damit gehe eine „umgekehrte Zwangslizenz"

1237 Siehe hierzu: Kapitel 3: A.III.2. (S. 135 f.).

1238 BeckOK Informations- und Medienrecht/*Paal*, § 19a GWB Rn. 33.

1239 *LG Berlin*, MMR 2016, 620 (624).

1240 *LG Berlin*, MMR 2016, 620 (624). Anderer Ansicht sind: *Pohlmann/Lindhauer/Peter*, NZKart 2021, 466 (475 f.).

1241 Siehe hierzu: Kapitel 1: D.I. (S. 34 ff.).

1242 *LG Berlin*, MMR 2016, 620 (624).

1243 *Kersting/Dworschak*, NZKart 2013, 46 (51).

einher.[1244] Eine „normale" Zwangslizenz kennt das Kartellrecht aus solchen Konstellationen, in denen ein marktbeherrschender Lizenzgeber gegenüber einem anderen Unternehmen das Erteilen der Lizenz missbräuchlich verweigert.[1245] Eine Art „umgekehrte Zwangslizenz" ist im Kartellrecht hingegen nicht vorgesehen.[1246] Einem privaten Unternehmen kann nicht aufgezwungen werden, bestimmte Leistungen zu beziehen.[1247]

In der untersuchten Konstellation liegt aus Sicht von Google jedoch keine „umgekehrte Zwangslizenz" vor. Dem Unternehmen steht es frei, eine generelle Abkehr vom Anzeigen leistungsschutzrechtlich geschützter Teile von Presseveröffentlichungen vorzunehmen. Der Dienst könnte also keinerlei derartige Inhalte von Presseverlegern in den Ergebnissen anzeigen, sondern für alle Presseverleger nur solche Snippets, die von der Kleinteileausnahme gedeckt sind.[1248] Auf Kritik stößt hierbei, dass dies auch für Inhalte gelten würde, die die jeweiligen Presseverleger unter Einräumung eines kostenlosen Nutzungsrechts zur Verfügung stellen möchten.[1249] Dieses Ergebnis widerspreche nicht nur dem Interesse von Google, sondern auch dem Interesse der Presseverleger und der Zielsetzung des Kartellrechts.[1250] Insbesondere mit Blick auf die Interessen der Presseverleger ist dieser Annahme jedoch zu widersprechen.[1251] Wie sogleich dargestellt, kommt den Presseverlegern langfristig zugute, dass ein Unterbietungswettbewerb in Form von unentgeltlich zur Verfügung gestellten Nutzungsrechten unterbunden wird.

(2) Abgrenzung zwischen Inhaltevermittler und Inhalteanbieter

Die Nicht-Anzeige vom Leistungsschutzrecht umfasster Teile von Presseveröffentlichungen würde der Vermittlungstätigkeit von Google Search und Google

---

1244 Immenga/Mestmäcker/*Fuchs*, § 19 GWB Rn. 277; *Kersting/Dworschak*, NZKart 2013, 46 (50, 52); *Mauelshagen*, S. 302.

1245 *Kersting/Dworschak*, NZKart 2013, 46 (50); *Mauelshagen*, S. 299 ff.

1246 *BGH*, GRUR 2009, 694 (696); *Mauelshagen*, S. 302. *Kersting/Dworschak* sehen im Urteil des *LG Berlin* (MMR 2016, 620 (624)) „ein beredtes Schweigen", mit dem das Gericht ausdrücke, dass umgekehrte Zwangslizenzen kein legitimes kartellrechtliches Mittel sind, *Kersting/Dworschak*, ZUM 2016, 840 (845).

1247 *Kersting/Dworschak*, NZKart 2013, 46 (50). Ebenfalls in diese Richtung: *Mauelshagen*, S. 302.

1248 So schlagen es vor: *Koenig/Meyer*, K&R 2014, 765 (771); *Nordemann/Wolters*, ZUM 2016, 846 (851).

1249 *Kersting/Dworschak*, NZKart 2013, 46 (52).

1250 *Kersting/Dworschak*, NZKart 2013, 46 (52).

1251 In diese Richtung auch: *Pohlmann/Lindhauer/Peter*, NZKart 2021, 466 (475 f.).

News nicht erheblich schaden.[1252] Schließlich gilt das Leistungsschutzrecht für Snippets nur unter der Bedingung, dass diese geeignet sind, die Presseveröffentlichung zu substituieren und das daran bestehende Informationsbedürfnis bereits zu befriedigen.[1253] Snippets, die der Inhaltevermittlung dienen, kann Google auch weiterhin kostenlos anzeigen. Von Umfang und Aussagekraft darüber hinausgehende Snippets nutzt Google in seiner Rolle als Inhalteanbieter. Die Absicht dahinter ist, Suchende möglichst lange im Google-Ökosystem zu halten.[1254] Hierbei handelt es sich allerdings nicht um ein legitimes Interesse, das im Rahmen der Interessenabwägung gegenüber der beabsichtigten Offenhaltung der Märkte bestehen kann. Vielmehr zeigt sich hierin, dass § 19a Abs. 2 S. 1 Nr. 7 GWB nicht allein der Offenhaltung des Suchmaschinenmarktes dient. Google Search vermittelt die Suchenden zu Inhalten verschiedenster digitaler Märkte. Dabei besteht die Gefahr, dass sich Google Search lediglich als helfender Vermittler geriert, tatsächlich jedoch immer mehr Inhalte auf der eigenen Seite zur Verfügung stellt. Dies könnte zur Verlagerung zahlreicher Märkte in das Google-Ökosystem führen. Die Sichtbarkeit von Presseveröffentlichungen etwa könnte dann von dem durch Google Search festgelegten Regelwerk abhängen.

Mit Blick darauf dient § 19a Abs. 2 S. 1 Nr. 7 GWB auch der Offenhaltung solcher Märkte, die von der Vermittlung durch Google Search abhängig sind. Es ist erforderlich, hinsichtlich möglicher Untersagungsverfügungen nach § 19a Abs. 2 S. 1 Nr. 7 GWB eine Differenzierung danach vorzunehmen, ob Google Search als Inhaltevermittler oder als Inhalteanbieter auftritt. Insbesondere ist das von *Kersting/Dworschak* hervorgebrachte Argument, die mögliche Einräumung kostenloser Nutzungsrechte liege im Interesse der Presseverleger,[1255] in diesem Lichte zu kommentieren. Aus Sicht eines einzelnen Presseverlegers kann dies unter bestimmten Voraussetzungen zutreffen. Würde etwa lediglich ein einziger Presseverleger die kostenlose Nutzung leistungsschutzrechtlich geschützter Snippets ermöglichen, könnte ihn dies im Vergleich zu allen Konkurrenten attraktiver machen und ihm zu mehr Aufmerksamkeit und mehr Webseitenzugriffen verhelfen.[1256] Sofern jedoch alle anderen Presseverleger

---

1252 Zum gleichen Ergebnis kommen: *Pohlmann/Lindhauer/Peter*, NZKart 2021, 466 (477). Ebenfalls in diese Richtung: *Mauelshagen*, S. 319.

1253 Siehe hierzu: Kapitel 3: C.III.1.a)bb)(2)(cc) (S. 220 f.).

1254 Siehe zum Google- Ökosystem: Kapitel 2: A. (S. 42 ff.).

1255 *Kersting/Dworschak*, NZKart 2013, 46 (52).

1256 Im Umkehrschluss würde ein Presseverleger, der als einziges Unternehmen lediglich die Nutzung nicht geschützter Presseveröffentlichungen gestattet, erhebliche

ebenfalls die kostenlose Nutzung ermöglichen, ist dieser Wettbewerbsvorteil wieder zunichtegemacht. Als Resultat stünde jedoch, dass alle Presseverleger im Wettbewerb untereinander von der wirtschaftlichen Verwertung eines Rechts absehen und im Ergebnis hierdurch in der Rolle als Inhalteanbieter einen Wettbewerbsnachteil gegenüber Google Search erleiden würden.

Zur Verdeutlichung kann an diesem Punkt angesetzt und das Argument der vermeintlichen Interessen der Presseverleger weitergeführt werden. Ein möglicher nächster Schritt bestünde darin, Google die Nutzung ganzer Absätze aus einer Presseveröffentlichung zu erlauben, um sich wiederum von den anderen Presseverlegern hinsichtlich der Darstellung der Inhalte in der Google-Suche abzuheben. Dies ließe sich bis zur vollständigen Anzeige von Presseveröffentlichungen im Rahmen der Google-Suche fortführen. Insofern führt der Argumentationsstrang in eine Sackgasse. Der Wettbewerbsdruck unter den Presseverlegern würde darin münden, dass sich der Konsum von Presseveröffentlichungen immer mehr in Richtung von Google Search verlagert. Die kartellrechtliche Zulässigkeit von Googles Verhalten würde dadurch begründet, dass ein Presseverleger aufgrund hohen Wettbewerbsdrucks und aufgrund der massiven Gatekeeper-Stellung von Google Search auf die wirtschaftliche Verwertung von ihm zustehenden Rechten verzichtet. Diese rechtliche Bewertung vermag nicht zu überzeugen. Vielmehr ist eine Orientierung an der Grenze zwischen Inhaltevermittler und Inhalteanbieter geboten. Google Search sollte im Verhältnis zu den Presseverlegern nicht als Inhalteanbieter auftreten können. Andernfalls könnte dies in einem verhandlungstechnischen Unterbietungswettbewerb der Presseverleger münden. Dies würde am Ende zum einen den Presseverlegern zum Nachteil gereichen, da Google Search zunehmend Werbeeinnahmen abschöpfen würde. Zum anderen wären auch die Nutzer betroffen. Infolge der geringeren (Werbe-)Einnahmen der Inhalteanbieter könnten diese die Qualität ihrer Inhalte nicht aufrechterhalten.[1257]

(3) Fazit

Eine sachliche Rechtfertigung für das untersuchte Verhalten liegt nicht vor. Unter der Zugrundelegung, dass sich die Kleinteileausnahme nach § 87g Abs. 2 Nr. 4 UrhG daran zu orientieren hat, ob durch den Snippet das Informationsbedürfnis der Nutzer bereits hinreichend erfüllt werden kann, gilt: Zur Aufrechterhaltung des Geschäftsmodells von Google Search als Inhaltevermittler

---

wirtschaftliche Einbußen erleiden: *Pohlmann/Lindhauer/Peter*, NZKart 2021, 466 (477).

1257 *Scott Morton/Dinielli*, S. 36 ff.

ist das Einblenden leistungsschutzrechtlich geschützter Teile von Presseveröffentlichungen nicht erforderlich. Die Unterscheidung nach Inhalteanbieter und Inhaltevermittler kann hierbei eine klare Abgrenzung bieten.

dd) Gesamtfazit zur Snippet-Nutzung

Das Bundeskartellamt kann Google nach § 19a Abs. 2 S. 1 Nr. 7 lit. a GWB untersagen, gegenüber den Presseverlegern darauf hinzuwirken, kostenlose Nutzungsrechte an Presseveröffentlichungen erteilt zu bekommen.[1258] Das Verhältnis zwischen dem geforderten Vorteil und dem Grund der Forderung ist unangemessen. Hierfür spricht zum einen eine Gesamtabwägung anhand der Kriterien zur Bewertung des Verhältnisses. Zum anderen hat der Gesetzgeber das unangemessene Verhältnis im Regelbeispiel aus lit. a durch den Begriff der Erforderlichkeit konkretisiert. Das Merkmal „erforderlich" ist im Normzusammenhang eng auszulegen und somit nicht erfüllt. Insbesondere ist hiervon nicht der Fall umfasst, dass Google kostenlose Nutzungsrechte einholen muss, um Urheberrechtsverletzungen zu vermeiden. Andernfalls liefe das Regelbeispiel aus lit. a leer. Aus Sicht der Presseverleger bedeutet dies, dass die Wahrscheinlichkeit zunimmt, dass Google mit ihnen über eine Vergütung für die Nutzung von Presseerzeugnissen verhandelt. Mit einigen deutschen Verlagen hat Google unlängst bereits Verträge hierzu geschlossen.[1259]

2. Google-News-Showcase-Verfahren nach § 19a GWB

Das Bundeskartellamt hat in einer Pressemitteilung vom 4. Juni 2021 mitgeteilt, dass das Angebot Google News Showcase Gegenstand einer Untersuchung nach § 19a GWB ist.[1260] Google News Showcase ist ein Angebot von Google, das bislang an die eigenständige Webseite von Google News gekoppelt ist.[1261] Den Suchenden werden dort aktuelle Meldungen angezeigt. Anders als bei Google News werden Berichte nicht als Antwort auf die Eingabe eines Suchbegriffs eingeblendet. Stattdessen erscheinen unterschiedliche Kästen, die jeweils mit Meldungen eines einzelnen Presseverlegers versehen sind. Es sind nur Presseverleger in Google News Showcase enthalten, die Google für eine Partnerschaft ausgewählt hat.[1262]

1258 Ebenfalls davon ausgehend: *Pohlmann/Lindhauer/Peter*, NZKart 2021, 466 (479).

1259 Siehe hierzu: Meldung von *Philipp Justus*, dem Google-Vizepräsidenten für Zentraleuropa, http://go.wwu.de/3p4-w

1260 *Bundeskartellamt*, Pressemitteilung v. 04.06.2021, http://go.wwu.de/ud8dx.

1261 So auch *Pohlmann/Lindhauer/Peter*, NZKart 2021, 466 (469).

1262 *Pohlmann/Lindhauer/Peter*, NZKart 2021, 466 (469).

Aus der Vereinbarung zwischen Google und den Presseverlegern ergeben sich mehrere Fragen, die das Bundeskartellamt in dem eröffneten Verfahren untersucht.[1263] Es kann an dieser Stelle nicht vollumfänglich auf diese Fragen eingegangen werden. Vielmehr ist im vorliegenden Kontext auf folgenden Passus hinzuweisen: Die Presseverleger erhalten von Google für die Teilnahme an Google News Showcase eine monatliche Zahlung.[1264] Im Gegenzug räumen die Presseverleger Google ein Kündigungsrecht für den Fall ein, dass sie gegenüber Google Leistungsschutzrechte an Presseveröffentlichungen geltend machen, die nicht Teil von Google News Showcase sind.[1265] Dies versetzt Google faktisch in die Position, Presseveröffentlichungen der beteiligten Presseverleger im Rahmen von Google Search oder Google News in einem Umfang anzuzeigen, der über die Kleinteileausnahme nach § 87g Abs. 2 Nr. 4 UrhG hinausgeht.

Durch diese Vorgehensweise würde die rechtliche Bewertung, die zuvor in Bezug auf die für Google Search und Google News genutzten Snippets getroffen wurde,[1266] umgangen. Insofern ist die Vereinbarung eines derartigen Kündigungsrechts für Google als unangemessener Vorteil i.S.v. § 19a Abs. 2 S. 1 Nr. 7 GWB einzuordnen. Zwar kann das Vorliegen eines Vorteils ausgeschlossen sein, wenn der Vorteil Teil von Leistung und Gegenleistung ist.[1267] Sofern die Vereinbarung jedoch ein Sonderkündigungsrecht für den Fall vorsieht, dass ein Presseverleger Leistungsschutzrechte geltend macht, ist dies im engeren Sinne gerade nicht Bestandteil von Leistung und Gegenleistung. Ein Austauschverhältnis besteht unter dieser Bedingung zwischen der Anzeige im Google News Showcase durch Google und der – gerade für diesen Zweck – unentgeltlich zur Nutzung freigegebenen Presseveröffentlichungen durch die Presseverleger. Im Ergebnis kann das Bundeskartellamt Google demnach gemäß § 19a Abs. 2 S. 1 Nr. 7 GWB untersagen, Vereinbarungen über ein derartiges Kündigungsrecht zu treffen.

1263 *Bundeskartellamt*, Pressemitteilung v. 04.06.2021, http://go.wwu.de/ud8dx. Siehe zur Vereinbarung: *Pohlmann/Lindhauer/Peter*, NZKart 2021, 544 (544 f.).

1264 *Pohlmann/Lindhauer/Peter*, NZKart 2021, 544 (545).

1265 *Pohlmann/Lindhauer/Peter*, NZKart 2021, 544 (546).

1266 Siehe hierzu: Kapitel 3: C.III.1.b)dd) (S. 238).

1267 *BGH*, NZKart 2018, 136 (141); MüKo/*Westermann*, § 19 GWB Rn. 183; *Säcker/Mohr*, WRP 2010, 1 (20).

D. Zugang zu historischen Suchdaten für konkurrierende Suchmaschinenanbieter

In Kapitel 2 wurde der Umfang des Datenbestandes von Google als ein Faktor für die Machtkonzentration von Google Search herausgearbeitet.[1268] Um dieser „Datenmacht“ entgegenzutreten und die wettbewerbliche Ausgangslage konkurrierender Suchmaschinen zu fördern, bieten sich unterschiedliche Ansätze: Zunächst können Maßnahmen ergriffen werden, die es Wettbewerbern erleichtern, Personen zur Nutzung ihrer Dienste zu animieren und in diesem Rahmen eigenständig Daten zu erfassen. Mögliche Stellschrauben für den Zugang zu Nutzern sind etwa das Recht auf Datenportabilität sowie Regelungen zu Voreinstellungen und Vorinstallationen von Suchmaschinen. Da hierbei jedoch der Zugang zum Nutzer als notwendiger (Zwischen-)Schritt im Vordergrund steht, werden diese Aspekte im nächsten Abschnitt E. „Zugang zu Suchnutzern“ untersucht.

Sodann besteht die Möglichkeit, Google das Erfassen und Verarbeiten von Daten zu erschweren. Dies gilt insbesondere mit Blick auf dienstübergreifende Datensammlungen. Das Bundeskartellamt ist in einem aktuellen Verfahren gegen Google[1269] mit diesem Vorgehen beschäftigt. Das auf § 19a Abs. 2 S. 1 Nr. 4 lit. a GWB gestützte Verfahren gegen Google nimmt jedoch vornehmlich datenschutzrechtliche Fragestellungen in den Blick, etwa ob Google den Nutzern bei Einholung einer Einwilligung ausreichenden Spielraum bietet.[1270] Je nach Ausgang des Verfahrens könnte Google zu Einschränkungen bei der Datenverarbeitung gezwungen sein. Den Wettbewerbern stünden allerdings nicht unmittelbar mehr Daten zur Verfügung.

Das folgende Kapitel widmet sich hingegen der Frage, ob für Wettbewerber von Google Search nach § 19 Abs. 2 Nr. 4 GWB ein kartellrechtlicher Anspruch auf Zugang zu den historischen Suchdaten von Google besteht. Zunächst werden die Änderungen an der Norm dargestellt, die durch die 10. GWB-Novelle erfolgt sind (I). Im Anschluss werden die Normadressateneigenschaft von Google (II) sowie die Voraussetzungen zur Anordnung des Datenzugangs (III) geprüft.

1268 Siehe hierzu: Kapitel 2: D.IV. (S. 81 f.).

1269 *Bundeskartellamt*, Pressemitteilung v. 25.05.2021, http://go.wwu.de/502pj.

1270 *Bundeskartellamt*, Pressemitteilung v. 25.05.2021, http://go.wwu.de/502pj.

I. Änderungen zum Datenzugang in § 19 Abs. 2 Nr. 4 GWB

Durch die 10. GWB-Novelle hat der Gesetzgeber Klarheit geschaffen: Die in § 19 Abs. 2 Nr. 4 GWB normierte Zugangsverweigerung[1271] wurde erweitert und benennt nunmehr auch Daten explizit als Zugangsobjekte.[1272] Hinsichtlich der Voraussetzungen orientiert sich der Referentenentwurf an der europäischen Rechtsprechung.[1273] § 19 Abs. 2 Nr. 4 GWB formuliert zunächst erstmals, dass die Verweigerung des Datenzugangs unter weiteren Voraussetzungen einen Missbrauch einer marktbeherrschenden Stellung darstellt. Dogmatisch ergibt sich der Anspruch auf Datenzugang im Zusammenspiel mit § 33 GWB.[1274] Nach § 33 Abs. 1 GWB muss ein Unternehmen, das gegen eine Norm aus §§ 1–47l GWB verstößt, die entstandene Beeinträchtigung beseitigen. Verweigert ein Unternehmen die Lieferung – bspw. von Daten – kann die Beseitigung dieser Weigerung somit gemäß § 33 Abs. 1 GWB verlangt werden.[1275] Daneben bietet sich laut BGH-Rechtsprechung ebenfalls die Möglichkeit, nach § 33 Abs. 1 GWB ein Unterlassen anzuordnen.[1276] Dieses Unterlassen bezieht sich auf die Weigerung der Lieferung.[1277]

Einige Stimmen gehen davon aus, dass es wenig Anwendungsfälle für einen kartellrechtlichen Datenzugang geben dürfte.[1278] Zwar betont *Wirtz*, dass das Thema „mit Blick auf die zentralen Bedeutungen der datenbasierten ‚Industrie 4.0' perspektivisch kaum überschätzt werden" könne.[1279] Es ist jedoch im Folgenden zu klären, ob dies auch für den Betrieb von Suchmaschinen gilt.

1271 Im Zuge der 6. GWB-Novelle wurde die Essential-Facilities-Doktrin – damals noch in § 19 Abs. 4 Nr. 4 GWB – in das deutsche Kartellrecht eingeführt, um eine Annäherung an das europäische Recht und die ergangene Rechtsprechung zu bewirken: *Brenner*, in: Bien et al. (Hrsg.), Kapitel 1, Rn. 93.

1272 Nach Ansicht von *Schweda/von Schreitter* war nach bisherigem Wortlaut die Erfassung von Daten als Zugangsobjekt „Schwierigkeiten" ausgesetzt, *Schweda/von Schreitter*, WuW 2021, 145 (146).

1273 *EuGH*, BeckRS 2007, 70806, Rn. 325 ff.; *EuGH*, BeckRS 2004, 73398, Rn. 25; *EuGH*, GRUR Int. 1999, 262 (265); *BMWi*, Referentenentwurf zur 10. GWB-Novelle, S. 74; *Steinberg/Wirtz*, WuW 2019, 606 (697). *Käseberg* spricht von einer „Europäisierung der essential facilities doctrine", *Käseberg*, NZKart 2019, 569 (569).

1274 *Hillmer*, S. 175; *Weber*, WRP 2020, 559 (561).

1275 Immenga/Mestmäcker/*Franck*, § 33 GWB Rn. 30.

1276 *BGH*, NZKart 2015, 535 (535). Ebenso: *Louven*, NZKart 2018, 217 (221 f.); *Weber*, WRP 2020, 559 (561).

1277 *BGH*, NZKart 2015, 535 (535).

1278 *Duch-Brown/Martens/Mueller-Langer*, S. 21; *Höppner/Weber*, K&R 2020, 24 (48).

1279 *Steinberg/Wirtz*, WuW 2019, 606 (607).

II. Google als potentieller Normadressat

Damit für die Wettbewerber von Google Search ein Datenzugang über § 19 Abs. 2 Nr. 4 GWB in Betracht kommt, muss zunächst geprüft werden, ob Google als Dateninhaber von der Norm adressiert wird. Hierfür ist maßgeblich, ob Google den Markt der allgemeinen Suche beherrscht. Diese Frage wurde in den vergangenen Jahren ausgiebig untersucht. Eine weite Abgrenzung des Marktes, die auch vertikale Suchmaschinen erfasst, ist dabei abzulehnen. Vertikale Suchmaschinen lassen sich nicht sinnvoll in den relevanten Markt einfügen, als sie ihrerseits über Google Search angesteuert werden und insofern aus Sicht der Nutzer nicht als Substitut dienen.[1280]

Der überwiegende Teil der Untersuchungen gelangte zum Ergebnis, dass eine Marktbeherrschung vorliegt.[1281] Dieser Bewertung ist zuzustimmen. Zwar trifft es zu, dass aus dem enorm hohen Marktanteil von Google Search[1282] aufgrund der ökonomischen Besonderheiten digitaler Märkte nicht ohne Weiteres auf eine marktbeherrschende Stellung geschlossen werden kann.[1283] Jedoch streiten alle der fünf Kriterien, die in § 18 Abs. 3a GWB mit Blick auf digitale Märkte ins GWB aufgenommen wurden, für eine marktbeherrschende Stellung von Google Search.

Zunächst einmal wirken auf der Plattform direkte und indirekte Netzwerkeffekte (Nr. 1).[1284] Aus diesen resultieren erhebliche Größenvorteile gegenüber den anderen Suchmaschinenanbietern (Nr. 3). Google verfügt im Vergleich zu seinen Wettbewerbern auch über einen besseren Zugang zu wettbewerbsrelevanten Daten (Nr. 4).[1285] Zum einen stehen Google mehr Daten zur Verfügung,

---

1280 *Gasser*, S. 89.

1281 *EU-Kommission*, Beschl. v. 27.06.2017, AT.39740, Rn. 271 – Google Shopping; *Heinemann*, S. 41; *Juraschko*, in: Lewandowski (Hrsg.), Handbuch Internet-Suchmaschinen 3, 53 (72 f.); *Lichtenberg*, NZKart 2021, 286 (287); *Mauelshagen*, S. 238; *Nordemann/Wolters*, ZUM 2016, 846 (849 f.); *Paal*, GRUR Int. 2015, 997 (1000 f.); *Pohlmann/Lindhauer/Peter*, NZKart 2021, 466 (474); *Zinndorf*, S. 252 f. Gegen die Annahme einer marktbeherrschenden Stellung: *Klotz*, WuW 2016, 58 (64); *Brauneck*, GRUR Int. 2018, 103 (108). Zumindest Zweifel an einer solchen Stellung äußert: *Lohse*, ZHR 2018, 321 (346 f.).

1282 Im Oktober 2021 waren es ca. 91 % aller Suchanfragen, siehe Marktanteile der allgemeinen Suchmaschinen in Deutschland im Oktober 2021, http://go.wwu.de/h0dgd.

1283 *EuG*, Urt. v. 11.12.2013 – Az. T-79/12, Rn. 52; *Körber*, NZKart 2015, 415 (417); *Körber*, WuW 2015, 120 (126 f.); *Zinndorf*, S. 161.

1284 Siehe hierzu: Kapitel 1: C.I.2.g) (S. 24 f.).

1285 Siehe hierzu: Kapitel 2: D. (S. 69 ff.).

weil die Suchmaschinen am häufigsten genutzt wird. Zum anderen entstehen durch die Anbindung an das Google-Ökosystem weitere Vorteile beim Zugriff auf Daten, die zur Weiterentwicklung der Suchfunktionen eingesetzt werden können.

Mitunter wird angeführt, dass eine marktbeherrschende Stellung von Google Search abzulehnen ist, da die Nutzer aufgrund der Unentgeltlichkeit der Suche mühelos konkurrierende Dienste in Anspruch nehmen können.[1286] Diese Annahme würde für einen geringen Wechselaufwand der Nutzer sprechen und somit als Argument gegen eine marktbeherrschende Stellung in die Bewertung einfließen (Nr. 2). Der Wechselaufwand der Nutzer ist jedoch – wie in Kapitel 2 herausgearbeitet – hoch.[1287] Aufgrund der verflochtenen Strukturen des Google-Search-Konstrukts kann kein einfacher Rückschluss daraus gezogen werden, dass die Suche für Nutzer kostenlos ist. Vielmehr sind weitere Faktoren wie die Anbindung an das Google-Ökosystem, die Gewohnheiten der Suchnutzer, der Mehraufwand einer Parallelnutzung sowie Lock-In-Maßnahmen durch Google in die Bewertung einzubeziehen. Hieraus ergibt sich, dass die meisten Suchenden Singlehoming betreiben,[1288] was für eine marktbeherrschende Stellung streitet.

Der innovationsgetriebene Wettbewerbsdruck, der im Rahmen von § 18 Abs. 3a GWB ebenfalls zu berücksichtigen ist (Nr. 5), könnte der Annahme einer marktbeherrschenden Stellung entgegenstehen.[1289] Google Search hat jedoch seit mehr als einem Jahrzehnt die mit weitem Abstand größten Marktanteile im Markt der allgemeinen Suche.[1290] Innovation aus dem Markt heraus gestaltet sich für Wettbewerber enorm schwierig, weil Google über den besten Zugang zum maßgeblichen Innovationsrohstoff – den Daten – verfügt.[1291] Eine allenfalls abstrakte Gefahr der Marktstellung durch mögliche Innovationen von Wettbewerbern kann nicht als entscheidendes Argument gegen eine marktbeherrschende Stellung angeführt werden.[1292]

1286 *Körber*, NZKart 2015, 415 (418 f.). Siehe hierzu auch: *EuG*, Urt. v. 11.12.2013 – Az. T-79/12, Rn. 52.

1287 Siehe hierzu: Kapitel 2: E.I. (S. 83 ff.). Anderer Ansicht ist: *Körber*, WuW 2015, 120 (127).

1288 Siehe hierzu: Kapitel 2: E.I.2. (S. 92 f.).

1289 In diese Richtung argumentiert: *Klotz*, WuW 2016, 58 (63).

1290 Marktanteile der allgemeinen Suchmaschinen in Deutschland, http://go.wwu.de/h0dgd.

1291 Siehe hierzu: Kapitel 2: D. (S. 69 ff.).

1292 Immenga/Mestmäcker/*Fuchs*, § 18 GWB Rn. 149c.

Nach Berücksichtigung der maßgeblichen Kriterien ergibt sich somit, dass Google Search den Markt der allgemeinen Suche beherrscht. Demnach kommt Google als Verpflichteter eines nach § 19 Abs. 2 Nr. 4 GWB angeordneten Datenzugangs in Betracht. Inwieweit aus Sicht konkurrierender Suchmaschinenanbieter ein Anspruch auf Zugang zu Daten besteht, ist im Folgenden zu klären.

III. Voraussetzungen für die Anordnung eines Datenzugangs

1. Zugangsverweigerung

Zunächst einmal ergibt sich aus § 19 Abs. 2 Nr. 4 GWB, dass ein Missbrauch voraussetzt, dass der Dateninhaber einem anderen Unternehmen den Zugang zu Daten verweigert. Dies umfasst zum einen die Aussage, Daten generell nicht zugänglich zu machen. Zum anderen sind jedoch auch Konstellationen denkbar, in denen der Dateninhaber angesichts der konkreten Modalitäten eines möglichen Datenzugangs ebendiesen verweigert. Dies ist etwa der Fall, wenn der Dateninhaber den Zugang von einem zu hohen Entgelt oder anderen unangemessenen Bedingungen abhängig macht.[1293] Das Fordern eines angemessenen Entgelts ist demgegenüber aus Sicht des Dateninhabers ohne Einschränkungen zulässig. Ein missbräuchliches Verhalten des marktbeherrschenden Unternehmens ist demnach nur anzunehmen, wenn der Datenpetent seinerseits bereit ist, ein solches angemessenes Entgelt zu zahlen.[1294]

a) Angemessenheit des Entgelts

§ 19 Abs. 2 Nr. 4 GWB enthält keine Hinweise darauf, wie die Bestimmung eines angemessenen Entgelts erfolgen soll. Auch die Gesetzesbegründung hat keine klare Orientierung vorgegeben. Mit Blick hierauf wurde gefordert, dass der Gesetzgeber im Rahmen einer künftigen GWB-Novelle klare Regelungen zum Entgelt schaffen solle.[1295] Hierzu könnten Anleihen aus der gegenwärtigen Diskussion zu den „FRAND-Grundsätzen" genommen werden.[1296] Nach Sinn und Zweck der Missbrauchsaufsicht ist jedoch darauf zu achten, dass

---

1293 *BGH*, NJW 2003, 748 (750 f.); *OLG Brandenburg*, WuW 2010, 308 (311 f.); MüKo/*Wolf*, § 19 GWB Rn. 155.

1294 *Schweda/von Schreitter*, WuW 2021, 145 (148).

1295 *Gerpott/Mikolas*, CR 2021, 137 (141).

1296 *Condorelli/Padilla*, Journal of Competition Law & Economics 2020, 143 (178); *Hillmer*, S. 176; *Kredel/Kresken*, NZKart 2020, 2 (3); *Louven*, K&R 2018, 230 (234 f.); *Podszun*, in: Deutscher Juristentag (Hrsg.), F 1 (F 101); *Schmidt*, S. 525 ff.; *Staudenmayer*, IWRZ 2020, 147 (156 f.). Mit Blick auf die USA: *Yale Tobin Center*

nur solche Eingriffe in die unternehmerische Freiheit vorgenommen werden, die zur Abstellung des Machtmissbrauchs notwendig sind.[1297] Insofern ist zu überlegen, ob das GWB das passende Regelungswerk ist, um detaillierte Vorgaben hinsichtlich einer Bepreisung von Daten und Datensets zu normieren. Für sachgerechte Regelungen zum Datenzugang kann es sich empfehlen, eine allgemeingültige Orientierung zu bieten, woran sich die Angemessenheit eines Entgelts zu bemessen hat. Derartige Überlegungen sollten jedoch in einem übergreifenden Gesetz geregelt werden – in diese Richtung weisende Ideen liegen zuhauf vor.[1298] Im Rahmen von § 19 Abs. 2 Nr. 4 GWB hat sich die Festlegung eines angemessenen Entgelts jedoch stets am Einzelfall zu orientieren.[1299] Aus Sicht von Google ist dabei zu berücksichtigen, dass das Unternehmen eine kostenintensive Infrastruktur errichtet hat, welche die Erfassung sämtlicher Daten erst ermöglicht. Dennoch ist ein eher geringes Entgelt als angemessen zu erachten, da die Daten durch die Suchenden generiert werden.

b) *Unentgeltlicher Datenzugang*

In der Gesetzesbegründung wurde expliziert formuliert, dass in bestimmten Konstellationen – gerade mit Blick auf den Zugang zu wettbewerbsrelevanten Daten – auch ein unentgeltlicher Zugang angemessen sein kann.[1300] Teilweise wurde dies sehr begrüßt;[1301] andernorts in Abgrenzung zum Zugang zu physischen Einrichtungen oder Gegenständen als durchaus nachvollziehbar bewertet.[1302] Bei physischen Einrichtungen bestehen nach Art. 14 Abs. 1 GG grundrechtlich geschützte Eigentumsrechte. Eine zwangsweise Zugangsgewährung stellt einen Eingriff in dieses Grundrecht dar[1303] und erfordert einen

for Economic Policy, Digital Regulation Project – More Competitive Search Through Regulation, S. 26.

1297 *BGH*, NJW 2003, 748 (750).

1298 Die *SPD* hat im Jahr 2019 einen Vorschlag für ein Daten-für-Alle-Gesetz unterbreitet, *SPD*, S. 1 ff. *Ramge/Mayer-Schönberger* schlagen in Anlehnung an die DSGVO eine Datennutz-Grundverordnung vor, *Ramge/Mayer-Schönberger*, S. 129 ff. Siehe zu den aktuellen Entwicklungen auch: *Hillmer*, ZfDR 2021, 255 (269 ff.).

1299 *Brenner*, in: Bien et al. (Hrsg.), Kapitel 1, Rn. 44.

1300 BT-Drucks. 19/23492, S. 72 f.

1301 *Verbraucherzentrale Bundesverband*, Fairen Wettbewerb in digitalen Märkten sicherstellen, S. 8.

1302 *Höppner/Weber*, K&R 2020, 24 (46).

1303 *Papier*, in: Büdenbender/Kühne (Hrsg.), 209 (216 ff.).

angemessenen (finanziellen) Ausgleich.[1304] Die Rechtsordnung kennt allerdings kein Eigentum an Daten,[1305] sodass diese Grundsätze auf Daten nicht anwendbar sind.[1306]

Ein unentgeltlicher Zugang könne demnach laut *Höppner/Weber* angemessen sein, sofern ein Unternehmen Daten nicht aktiv erfasst, sondern diese vielmehr bei der Nutzung der Dienste durch die Nutzer generiert werden.[1307] Auch würde ein enger Zusammenhang zwischen Datenzugang und Datenportabilität dafür sprechen, dass in einigen Konstellationen ein Datenzugang unentgeltlich erfolgen sollte. Es könne „für eine Zahlungspflicht kaum davon abhängen, ob die Initiative zur Datenübertragung vom Datensubjekt oder vom Datenempfänger ausgeht."[1308] Eine Bezugnahme darauf, dass das Recht auf Datenportabilität aus Art. 20 Datenschutz-Grundverordnung (DSGVO)[1309] kostenlos ausgeübt werden kann, bietet jedoch keine überzeugende Grundlage für einen unentgeltlichen Datenzugang. Art. 20 DSGVO kommen zwei Schutzrichtungen zu.[1310] Zum einen enthält die Norm eine wettbewerbliche Komponente und soll Lock-In-Effekten entgegenwirken.[1311] Zum anderen – und auch zuvorderst –[1312]

1304 *Papier*, in: Büdenbender/Kühne (Hrsg.), 209 (221); *Schmidt-Preuß*, S. 49.

1305 *Arbeitsgruppe „Digitaler Neustart"*, S. 7 ff.; *Grothe*, S. 67; *Hoeren*, MMR 2019, 5 (6); *Podszun*, in: Deutscher Juristentag (Hrsg.), F 1 (F 95 f.); *Steinrötter*, MMR 2017, 731 (732); *Zech*, GRUR 2015, 1151 (1159). Nach Ansicht von *Grewe* bestehen aber durchaus Anzeichen dafür, dass ein eigentumsähnliches Recht „des Betroffenen an seinen personenbezogenen Daten" möglich scheint, *Grewe*, S. 166 f. Zur Frage, inwiefern ein Dateneigentum konstruiert werden könnte: *Hoeren*, MMR 2013, 486 (486 ff.); *Hoeren/Völkel*, in: Hoeren (Hrsg.), 11 (11 ff.).

1306 *Schweda/von Schreitter* weisen jedoch darauf hin, dass aus dem Fehlen einer eigentumsgleichen Rechtsposition an Daten nicht ohne Weiteres geschlossen werden könne, dass beim Datenzugang kein Entgelt zu entrichten sei, *Schweda/von Schreitter*, WuW 2021, 145 (148).

1307 *Höppner/Weber*, K&R 2020, 24 (46).

1308 *Höppner/Weber*, K&R 2020, 24 (46).

1309 Verordnung (EU) 2016/679 des Europäischen Parlaments und des Rates vom 27. April 2016 zum Schutz natürlicher Personen bei der Verarbeitung personenbezogener Daten, zum freien Datenverkehr und zur Aufhebung der Richtlinie 95/46/EG).

1310 *Kratz*, InTeR 2019, 26 (27). In diese Richtung auch schon: *Graef/Verschakelen/Valcke*, Law: The Journal of the Higher School of Economics 2013, 53 (59 f.).

1311 *Brüggemann*, K&R 2018, 1 (1); *Hennemann*, ZWeR 2018, 161 (169); *Jülicher/Röttgen/von Schönfeld*, ZD 2016, 358 (360); *Schweitzer*, in: Körber/Kühling (Hrsg.), 269 (291).

1312 *Körber*, S. 74.

sollen die Rechte auf Achtung des Privatlebens (Art. 7 GRCh) sowie auf Schutz der personenbezogenen Daten (Art. 8 GRCh) gestützt und selbstbestimmte Entscheidungen der betroffenen Person ermöglicht werden.[1313] Eine effektive Rechtswahrnehmung durch die betroffene Person setzt voraus, dass das Recht ohne finanziellen Aufwand ausgeübt werden kann. Hieraus ergibt sich auch, dass das Unternehmen, welches die Daten nach einem Plattformwechsel erhalten soll, nicht zahlen muss. Andernfalls hätte eine verpflichtende Zahlung zur Folge, dass Unternehmen auch für das Einbringen von Daten zu zahlen hätten, an denen sie nicht interessiert sind und die sie lediglich im Zuge eines Wechsels der betroffenen Person erhalten. Eine Entgeltlichkeit könnte auch nicht dadurch geschaffen werden, dass die Unternehmen in solchen Fällen die Zahlung ablehnen und gleichbedeutend die „Annahme" der Daten verweigern könnten. Schließlich würde dies wiederum der Effektivität der Norm zuwiderlaufen. Insofern ist die Zahlung eines Entgelts mit Sinn und Zweck von Art. 20 DSGVO nicht zu vereinbaren. Beim Datenzugang in der Missbrauchsaufsicht steht jedoch ein wettbewerbliches Begehren eines wirtschaftlichen Akteurs im Fokus. Dabei gilt der Grundsatz, dass ein Unternehmen seine Wettbewerber nicht zu seinem eigenen Schaden fördern muss.[1314] Dieser Grundsatz ist nach Ansicht des BGH auf § 19 Abs. 2 Nr. 4 GWB zwar nur eingeschränkt anzuwenden.[1315] Dennoch ist angesichts der entgegenstehenden Interessen der beteiligten Unternehmen eine Zugangsgewährung gegen Zahlung angemessen.

Darüber hinaus ist unverständlich, weshalb der Gesetzgeber gerade für wettbewerbs*relevante* Daten einen unentgeltlichen Zugangsanspruch als möglich erachtet.[1316] Zunächst ist festzuhalten, dass es im Rahmen von § 19 Abs. 2 Nr. 4 GWB regelmäßig um einen Zugang zu wettbewerbsrelevanten Daten gehen wird. Eine Zugangsverweigerung dürfte bei fehlender wettbewerblicher Relevanz zumeist schon nicht als missbräuchliches Verhalten zu werten sein.[1317] Insofern wird zurecht darauf hingewiesen, dass die Begründung aus dem Regierungsentwurf „eine Normanwendung contra legem" zur Folge hätte.[1318] Angesichts dessen ist es einem Unternehmen nicht zumutbar, Daten ohne

1313 Erwägungsgrund 68 DSGVO; *Jülicher/Röttgen/von Schönfeld*, ZD 2016, 358 (360 f.); *Paal/Hennemann*, NJW 2017, 1697 (1701); *Strubel*, ZD 2017, 355 (359).

1314 *BGH*, WM 2005, 1720 (1726); *BGH*, GRUR 1995, 287 (292); *BGH*, GRUR 1992, 199 (201); *KG Berlin*, MMR 2004, 243 (245); *OLG München*, ZUM-RD 2004, 361 (365).

1315 *BGH*, NVwZ 2006, 962 (963); *BGH*, WM 2005, 1720 (1726).

1316 So steht es im Regierungsentwurf, BT-Drucks. 19/23492, S. 72 f.

1317 So auch: *Louven*, K&R 2018, 230 (233).

1318 *Schweda/von Schreitter*, WuW 2021, 145 (148).

Weiteres unentgeltlich zur Verfügung stellen zu müssen.[1319] Ein unentgeltlicher Zugangsanspruch sollte im Rahmen der Missbrauchsaufsicht nur in Ausnahmefällen angeordnet werden.

c) Fazit

An dieser Stelle zeigt sich das erste Hindernis auf dem Weg zu einer praktikablen Gewährung von Zugang zu historischen Suchdaten. Die Bestimmung eines angemessenen Entgelts im Rahmen behördlicher und gerichtlicher Verfahren dürfte viel Zeit in Anspruch nehmen. Dies gilt umso mehr vor dem Hintergrund, dass bisherige Erfahrungen im Rahmen von § 19 Abs. 2 Nr. 4 GWB aus dem Bereich physischer Infrastruktur und Netze ob der abweichenden Merkmale von Daten[1320] nicht als sinnvolle Orientierung dienen können.

2. Unerlässlichkeit der Daten

Für eine missbräuchliche Zugangsverweigerung ist nach § 19 Abs. 2 Nr. 4 GWB erforderlich, dass die Gewährung des Zugangs objektiv notwendig ist, um auf einem vor- oder nachgelagerten Markt tätig zu sein. An dieser Stelle hat sich der Wortlaut insofern geändert, als zuvor gefordert wurde, dass dem Zugangspetenten ohne eine Zugangsgewährung der Wettbewerb „nicht möglich“ sein durfte. Aus dieser sprachlichen Änderung ergeben sich jedoch keine Unterschiede hinsichtlich der rechtlichen Bewertung.[1321] Nach wie vor kommt es darauf an, ob ein Zugang für den Zugangspetenten unerlässlich ist. Eine solche Unerlässlichkeit wird „in zweierlei Hinsicht“ gefordert:[1322] Zum einen wird eine „fehlende Substituierbarkeit“ vorausgesetzt (a) – das Zugang begehrende Unternehmen kann nicht anderweitig auf dem Markt tätig werden.[1323] Dies bedeutet, dass die Daten eine unverzichtbare Grundlage zur Herstellung von Wettbewerbsfähigkeit auf dem vor- oder nachgelagerten Markt darstellen müssen.[1324] Zum

---

1319 In diese Richtung auch: *Schmidt*, S. 533 f.

1320 Siehe hierzu: Kapitel 2: D.I. (S. 70 ff.).

1321 *Brenner*, in: Bien et al. (Hrsg.), Kapitel 1, Rn. 107.

1322 Immenga/Mestmäcker/*Fuchs*, § 19 GWB Rn. 283; *Loewenheim*/Meessen/Riesenkampff/Kersting/Meyer-Lindemann, § 19 GWB Rn. 90; MüKo/*Wolf*, § 19 GWB Rn. 154; *Schmidt*, S. 436; *Weber*, WRP 2020, 559 (562).

1323 *Schmidt* bezeichnet dies als „Unerlässlichkeitsprüfung i. e. S.“, *Schmidt*, S. 436.

1324 *Höppner*/*Weber*, K&R 2020, 24 (45); *Weber*, WRP 2020, 559 (562). Für einen „weniger strengen Maßstab“ in Bezug auf Daten als Zugangsobjekt: *Gerpott*/*Mikolas*, CR 2021, 137 (140).

anderen braucht es eine „fehlende Duplizierbarkeit“ (b) – das Zugang begehrende Unternehmen kann sich die Daten nicht anderweitig beschaffen.

a) Fehlende Substituierbarkeit

Hiernach müssen historische Suchdaten allgemein erforderlich sein, um auf dem Suchmaschinenmarkt zu agieren. Google Search orientiert sich bei der Auswahl und Anordnung der Suchergebnisse an der Analyse der bislang erfassten nutzergenerierten Daten der Suchenden. Hierfür könnten nutzergenerierte Daten als unerlässlich einzustufen sein.[1325] Vor diesem Hintergrund gibt es je nach angebotenem Dienst eine mindestoptimale Menge an Daten, die zur Verfügung stehen muss, um sinnvolle und dem jeweiligen Dienst entsprechende Leistungen anzubieten.[1326] Für den Suchmaschinenmarkt kommt *Schmidt* zu dem Ergebnis, dass die Menge dermaßen hoch ist, dass sie für alle (potentiellen) Wettbewerber eine Marktzutrittshürde darstellt.[1327] Selbst finanzstarken Anbietern wie Microsoft oder Yahoo sei es nicht gelungen, die Marktstellung von Google anzugreifen.

Es gibt demgegenüber Stimmen, die das Merkmal der fehlenden Substituierbarkeit als nicht erfüllt ansehen.[1328] *Balto/Lane* verweisen auf DuckDuckGo.[1329] Die Suchmaschine, die auf die Speicherung personenbezogener Daten verzichtet, verzeichnet einen konstanten Anstieg der Suchanfragen.[1330] Hieraus könne der Schluss gezogen werden, dass für die Suchenden neben der Datenmacht von Google Search auch andere Kriterien bei der Auswahl einer Suchmaschine maßgeblich sind.[1331] Mit Blick auf Datenschutz als Wettbewerbsfaktor[1332] wird angeführt, dass die Bedeutung dieses Parameters derart groß sein könnte, dass

1325 Zumindest wird man dies für eine „wettbewerbsfähige Suchmaschine“ annehmen können, siehe *Weber*, S. 248 f.

1326 *Schmidt*, S. 442.

1327 *Schmidt*, S. 472. Anderer Ansicht ist: *Kaben*, in: Körber/Immenga (Hrsg.), 123 (144).

1328 *Balto/Lane*, S. 3 f.

1329 *Balto/Lane*, S. 3 f.

1330 Im Januar 2021 konnte DuckDuckGo vermelden, dass die Suchmaschine erstmals mehr als 100 Millionen Suchanfragen an einem Tag verzeichnet hat: *Brien* auf „t3n“, http://go.wwu.de/7uzk5; Meldung von DuckDuckGo, http://go.wwu.de/706-l.

1331 *Balto/Lane*, S. 4. Auch *Kaben* zieht aus den steigenden Suchanfragen der Wettbewerber den Rückschluss, dass der Verarbeitung personenbezogener Daten keine allzu große Bedeutung zukomme, *Kaben*, in: Körber/Immenga (Hrsg.), 123 (144).

1332 *EU-Kommission*, Entsch. v. 06.12.2016, M.8124, Rn. 350 Fn. 330 – Microsoft/LinkedIn; *EU-Kommission*, Entsch. v. 03.10.2014, COMP/M.7217, Rn. 87 – Facebook/

zwischen Google Search und datenarmen Suchmaschinen wie DuckDuckGo keine Substituierbarkeit besteht.[1333] Für diesen Fall wäre eine Unerlässlichkeit nicht mit Blick auf DuckDuckGo abzulehnen, da verschiedene Märkte vorlägen.

Fraglich ist allerdings, ob hinsichtlich der Substituierbarkeit ein solcher Verweis auf Wettbewerber wie DuckDuckGo oder Ecosia überhaupt zielführend ist. Ausgangspunkt ist die Frage, ob historische Suchdaten erforderlich sind, um eine Suchmaschine anzubieten. Verweist man auf DuckDuckGo oder Ecosia, um diese Frage zu verneinen, greift dies zu kurz. Beide Suchmaschinen werben zwar damit, dass sie keine personenbezogenen Daten erfassen[1334] bzw. innerhalb einer Woche anonymisieren[1335]. Allerdings greifen sie für die Anzeige der Suchergebnisse auf die Suchergebnisse von Bing zurück.[1336] Die Auswahl und Anordnung dieser Suchergebnisse ist wiederum auf die Auswertung historischer Suchdaten zurückzuführen. Insofern ist zu konstatieren, dass es derzeit keine relevante Suchmaschine gibt, dessen Angebot nicht auf der Verarbeitung historischer Suchdaten beruht. Hieraus kann der Schluss gezogen werden, dass zumindest für das Angebot einer wettbewerbsfähigen Suchmaschine die Verwendung historischer Suchdaten unerlässlich ist.

b) Fehlende Duplizierbarkeit

Objektiv notwendig im Sinne einer fehlenden Duplizierbarkeit ist der Datenzugang, wenn der Datenpetent die Daten nicht in einem zumutbaren Rahmen selbstständig erlangen kann.[1337] *Brenner* sieht in der Duplizierbarkeit „die entscheidende Voraussetzung für die Anwendbarkeit" der Essential-Facilities-Doktrin.[1338]

Bei der Klärung, ob bestimmte Daten duplizierbar sind, ist von einem innovativen und effizienten Wettbewerber auszugehen.[1339] Könne dieser hypothetische

---

Whatsapp; *Bundeskartellamt*, Big Data und Wettbewerb, S. 12; *Schepp/Wambach*, Journal of European Competition Law & Practice 2016, 120 (123 f.).

1333 *Schmidt*, S. 445 f.

1334 Informationen von DuckDuckGo zur Suche, http://go.wwu.de/eb8tx.

1335 Informationen von Ecosia zur Privatsphäre im Rahmen der Suche, http://go.wwu.de/4u3-c.

1336 Für DuckDuckGO: *United States District Court for the District of Columbia*, No. 1:20-cv-03010, Rn. 23 – United States/Google LLC.; *Meyer/Rempe*, K&R 2020, 267 (267 f.). Für Ecosia: http://go.wwu.de/z16o8.

1337 *Schmidt*, S. 436 f.; *Weber*, WRP 2020, 559 (562).

1338 *Brenner*, in: Bien et al. (Hrsg.), Kapitel 1, Rn. 108.

1339 *EuGH*, GRUR Int. 1999, 262 (265).

Wettbewerber auf Grundlage derselben Investitionsbereitschaft wie der des Datenbesitzers die begehrten Daten erfassen, so sei der Datenzugang nicht als unerlässlich anzusehen.[1340] An dieser Stelle sind jedoch auch die Eigenheiten der Datenökonomie zu berücksichtigen. Der Einfluss finanzieller Investitionen ist in diesem Bereich geringer. Der Zugang zu nutzergenerierten Daten ist vom Zugang zu Nutzern abhängig. Hierzu ist weniger auf die finanziellen Möglichkeiten abzustellen, als vielmehr auf die Möglichkeiten zur Innovation. Diese steigen wiederum mit der Anzahl verfügbarer Daten und der Qualität in der Datenanalyse.

Wie in Kapitel 2 erläutert,[1341] sind Daten nicht-rival. Im Fall personenbezogener Daten kann die semantische Information im Regelfall durch die Wettbewerber selbst erfasst werden.[1342] Auch mit Blick auf die fehlende Exklusivität personenbezogener Daten ist eine eigenständige Datenerfassung möglich.[1343] Ein Eigentums- oder eigentumsähnliches Recht an Daten ist der geltenden Rechtsordnung fremd.[1344] Marktbeherrschende Unternehmen vermögen ihre Wettbewerber eventuell faktisch, aber grundsätzlich nicht rechtlich, an der Erfassung von Daten zu hindern.[1345] Insofern kann man hieraus ableiten, dass sich den Wettbewerbern durchaus eine Möglichkeit bietet, sich eigenständig Zugang zu den Daten zu verschaffen.[1346]

Höppner/Weber kommen mit Blick auf Google Search hingegen zu einem anderen Ergebnis.[1347] Zwar orientiere sich die Norm hinsichtlich der

---

1340 *Drexl*, S. 37; *Drexl*, NZKart 2017, 415 (418). Nach *Brenner* gilt hierbei einschränkend das Prinzip der Wirtschaftlichkeit, *Brenner*, in: Bien et al. (Hrsg.), Kapitel 1, Rn. 108.

1341 Siehe hierzu: Kapitel 2: D.I.1. (S. 70 f.).

1342 *Schmidt*, S. 448.

1343 *Körber*, NZKart 2016, 303 (308); *Louven*, NZKart 2018, 217 (222); *Zech*, CR 2015, 137 (139).

1344 *Arbeitsgruppe „Digitaler Neustart“*, S. 7 ff.; *Grothe*, S. 67; *Hoeren*, MMR 2019, 5 (6); *Podszun*, in: Deutscher Juristentag (Hrsg.), F 1 (F 95 f.); *Steinrötter*, MMR 2017, 731 (732); *Zech*, GRUR 2015, 1151 (1159). Nach Ansicht von *Grewe* bestehen aber durchaus Anzeichen dafür, dass ein eigentumsähnliches Recht „des Betroffenen an seinen personenbezogenen Daten“ möglich scheint, *Grewe*, S. 166 f. Zur Frage, inwiefern ein Dateneigentum konstruiert werden könnte: *Hoeren*, MMR 2013, 486 (486 ff.); *Hoeren/Völkel*, in: Hoeren (Hrsg.), 11 (11 ff.).

1345 *Drexl*, NZKart 2017, 339 (340 f.); *Louven*, NZKart 2018, 217 (218).

1346 *Budzinski/Gaenssle/Stöhr*, List Forum für Wirtschafts- und Finanzpolitik 2020, 157 (166 f.); *Duch-Brown/Martens/Mueller-Langer*, S. 20; *Grothe*, S. 174; *Zinndorf*, S. 312.

1347 *Höppner/Weber*, K&R 2020, 24 (45).

Voraussetzungen an der EU-Rechtsprechung[1348] und sei demnach auf einen sehr engen Anwendungsbereich beschränkt. Adressat könne lediglich sein, wer über ein „Datenerhebungsmonopol" verfügt.[1349] Für Google Search sei aber davon auszugehen, dass eine derartige Konstellation vorliegt, sodass hinsichtlich der bei der Suche anfallenden Daten von einer fehlenden Duplizierbarkeit auszugehen sei.[1350] Zu einem ähnlichen Ergebnis gelangt *Schmidt*, der eine Duplikation aus Sicht potentieller Wettbewerber für „unzumutbar" hält.[1351] Unklar bleibt jedoch mit Blick auf ein mögliches „Datenerhebungsmonopol", unter welchen Voraussetzungen ein solches anzunehmen wäre. Zwar wird darauf verwiesen, dass lediglich in „gekippten Märkten" ein solches Monopol in Betracht käme.[1352] Hierdurch wird die Abgrenzung allerdings lediglich auf die komplexe Fragestellung verschoben, wann ein Markt als gekippt anzusehen ist.

Wettbewerbern von Google Search ist es möglich, eigenständig historische Suchdaten zu fassen, indem sie Nutzer davon überzeugen, ihre Dienste zu nutzen. Maßgeblich ist insofern nicht – wie im Fall von Infrastruktureinrichtungen –, ob Wettbewerbern ein eigenständiges Tätigwerden wirtschaftlich zumutbar ist. Vielmehr wird eine fehlende Duplizierbarkeit darauf gestützt, dass die Nutzer den angebotenen Dienst schlichtweg nicht nutzen. Dies scheint vor dem Hintergrund, dass marktbeherrschende Unternehmen nicht ohne Weiteres verpflichtet sind, ihre Wettbewerber zu fördern,[1353] nicht gerechtfertigt.

An dieser Stelle zeigt sich erneut die Schwierigkeit, die Essential-Facilities-Doktrin sinnvoll und effektiv auf Daten anzuwenden. Es drängt sich der Eindruck auf, dass sich die Doktrin – zumindest mit Blick auf personenbezogene Daten – nicht angemessen abändern lässt. Angesichts dessen wird

---

1348 *EuGH*, Urt. v. 29.04.2004 – Az. C-418/01, Rn. 28; *EU-Kommission*, Entsch. v. 20.09.2016, AT.39759, Rn. 78 f. – ARA Foreclosure.

1349 *Höppner/Weber*, K&R 2020, 24 (45).

1350 *Höppner/Weber*, K&R 2020, 24 (45). So auch: *Weber*, S. 248 ff. Anderer Ansicht sind mit Blick auf Nutzerdaten: *Körber*, NZKart 2016, 303 (308); *Manne/Wright*, Harvard Journal of Law & Public Policy 2011, 171 (212); *Schweda/von Schreitter*, WuW 2021, 145 (147).

1351 *Schmidt*, S. 472 f.

1352 *Höppner/Weber*, K&R 2020, 24 (45).

1353 *BGH*, WM 2005, 1720 (1726); *BGH*, GRUR 1995, 287 (292); *BGH*, GRUR 1992, 199 (201); *KG Berlin*, MMR 2004, 243 (245); *OLG München*, ZUM-RD 2004, 361 (365).

vorgeschlagen, die Anforderungen herabzusetzen.[1354] De lege lata jedoch sind historische Suchdaten als duplizierbar im Sinne von § 19 Abs. 2 Nr. 4 GWB einzuordnen,[1355] weshalb ein Datenzugangsanspruch aus Sicht der Wettbewerber schon aus diesem Grund nicht vorliegt.

c) Fazit

Sowohl hinsichtlich der fehlenden Substituierbarkeit als auch hinsichtlich der fehlenden Duplizierbarkeit lassen sich Argumente hervorbringen, die für eine Unerlässlichkeit historischer Suchdaten streiten.[1356] Unter strikter Anwendung der Voraussetzungen ist jedoch von einer Duplizierbarkeit auszugehen, weshalb ein Datenzugangsanspruch im Ergebnis abzulehnen ist. An beiden Prüfungspunkten wird jedoch deutlich, dass sich die Schablone der Essential-Facilities-Doktrin – gerade bei personenbezogenen Daten – nicht sachgerecht nutzen lässt.

3. Möglichkeit der sachlichen Rechtfertigung

Ein Missbrauch nach § 19 Abs. 2 Nr. 4 GWB liegt nicht vor, sofern die Weigerung sachlich gerechtfertigt ist. Im Rahmen der objektiven Rechtfertigung ist laut Gesetzesbegründung eine Abwägung der entgegenstehenden Interessen von Dateninhabern und Zugangspetenten vorzunehmen.[1357] Diese Interessenabwägung bezeichnen *Schweda/von Schreitter* als „das Herzstück" von § 19 Abs. 2 Nr. 4 GWB.[1358]

Mit Blick auf § 20 Abs. 1a GWB wurde in der Gesetzesbegründung formuliert, dass auch solche Daten erfasst sind, „die erst zum Schutz von Betriebs- und Geschäftsgeheimnissen oder von personenbezogenen Daten bereinigt werden müssen."[1359] Dies wurde als Klarstellung eingeordnet, dass Datenschutzrechte und Betriebs- sowie Geschäftsgeheimnisse im Rahmen der

---

1354 *Schweitzer et al.*, S. 171. Ebenfalls *Schweitzer* mit Blick auf Daten, die ein Unternehmen ohne erhebliche Investitionen erfassen kann, *Schweitzer*, GRUR 2019, 569 (577).

1355 So auch: *Budzinski/Gaenssle/Stöhr*, List Forum für Wirtschafts- und Finanzpolitik 2020, 157 (166 f.); *Zinndorf*, S. 311 f.

1356 Generell gegen die Einordnung von Daten als Essential Facility: *Grothe*, S. 175. Gegen die Einordnung von Nutzerdaten von Google als Essential Facility: *Körber*, MMR 2020, 290 (291 f.).

1357 *BMWi*, Referentenentwurf zur 10. GWB-Novelle, S. 74.

1358 *Schweda/von Schreitter*, WuW 2021, 145 (150).

1359 BT-Drucks. 19/23492, S. 82.

Interessenabwägung einem Datenzugang entgegenstehen.[1360] Eine solche Klarstellung wurde auch in Bezug auf § 19 Abs. 2 Nr. 4 GWB gefordert.[1361] Der Bundesrat hat hierfür auf eine Aufnahme in den Gesetzestext plädiert.[1362] Dieser Forderung ist die Bundesregierung entgegengetreten. Zurecht wies sie darauf hin, dass ein Datenzugang nach § 19 Abs. 2 Nr. 4 GWB nur „im Rahmen des bestehenden Datenschutzrechts und des Rechts zum Schutz von Geschäftsgeheimnissen" angeordnet werden kann. Insofern können diese Rechte eine Zugangsverweigerung sachlich rechtfertigen, ohne dass es einer expliziten Erwähnung dessen im Gesetzestext bedürfte.[1363]

Eine Zugangsverweigerung lässt sich für Infrastruktureinrichtungen mit enormen finanziellen Investitionen rechtfertigen.[1364] Daten jedoch sind oftmals ohne erheblichen Aufwand zu erfassen und aufgrund der Skaleneffekte für Google Search nicht mit erheblichen Kosten verbunden. Relevante Rechtfertigungsgründe sind mit Blick auf Google Search hingegen insbesondere entgegenstehende Datenschutzrechte (a) sowie mögliche Auswirkungen auf die Innovation (b).

a) Datenschutzrecht

Bei historischen Suchdaten handelt es sich um personenbezogene Daten der Suchenden.[1365] In der Folge ergeben sich für Google als datenschutzrechtlich Verantwortlicher Vorgaben, die ein rechtliches Hindernis bei der Übermittlung darstellen.[1366] Die Übermittlung ist nach Art. 4 Nr. 2 DSGVO einer der zahlreichen Verarbeitungsvorgänge. Insofern bedarf es zu einer Übermittlung personenbezogener Daten einer Erlaubnisgrundlage nach Art. 6 DSGVO.[1367] Nach geltendem Recht erscheint – abgesehen von der Einwilligung – alleinig

---

1360 *Studienvereinigung Kartellrecht*, Missbrauchsaufsicht/Digitalisierung, S. 13.

1361 *Studienvereinigung Kartellrecht*, Missbrauchsaufsicht/Digitalisierung, S. 13.

1362 BT-Drucks. 19/24439, S. 1 f.

1363 BT-Drucks. 19/24439, S. 15.

1364 MüKo/*Wolf*, § 19 GWB Rn. 168.

1365 *Fast/Schnurr/Wohlfarth*, in: Specht-Riemenschneider/Werry/Werry (Hrsg.), § 7.1 Rn. 6; *Breyer*, ZD 2014, 400 (400 ff.); *Hacker*, ZfPW 2019, 148 (152 f.); *Höppner/Grabenschröer*, NZKart 2015, 162 (166).

1366 *Brenner*, in: Bien et al. (Hrsg.), Kapitel 1, Rn. 89; *Körber*, NZKart 2016, 303 (309); *Kühling*, NZKart 2020, 157 (157); *Nuys*, WuW 2016, 512 (517); *Schweitzer et al.*, S. 170; *Schweitzer/Peitz*, NJW 2018, 275 (276).

1367 *Grothe*, S. 178; *Kathuria/Globocnik*, Journal of Antitrust Enforcement 2020, 511 (524).

die Prüfung von Art. 6 Abs. 1 Uabs. 1 lit. c DSGVO plausibel.[1368] Berechtigte Interessen nach Art. 6 Abs. 1 Uabs. 1 lit. f DSGVO können eine Datenübermittlung durch Google nicht erlauben.[1369] Die in diesem Rahmen vorzunehmende Interessenabwägung fällt zugunsten des jeweiligen Nutzers aus.[1370]

aa) Art. 6 Abs. 1 Uabs. 1 lit. c DSGVO als Erlaubnisgrundlage

Eine Datenverarbeitung ist gemäß Art. 6 Abs. 1 Uabs. 1 lit. c DSGVO rechtmäßig, wenn sie zur Erfüllung einer rechtlichen Verpflichtung erforderlich ist, der der Verantwortliche unterliegt. Dabei handelt es sich um eine „Scharniernorm".[1371] Eine Erlaubnisgrundlage lässt sich nur in Verbindung mit einer tauglichen Rechtsgrundlage aus dem EU-Recht oder dem nationalen Recht herleiten.[1372] In der Gesetzesbegründung zu § 19 Abs. 2 Nr. 4 GWB positionierte sich der Gesetzgeber dahin gehend, dass der kartellrechtliche Datenzugang keine datenschutzrechtliche Erlaubnisgrundlage schaffen soll.[1373] Angesichts dessen ist davon auszugehen, dass die Anordnung des Datenzugangs – vorbehaltlich einer möglichen Anonymisierung – in vielen Fällen an entgegenstehenden datenschutzrechtlichen Rechtspositionen scheitern dürfte.[1374] Mit Blick darauf wird vorgeschlagen, in § 19 Abs. 2 Nr. 4 GWB zu normieren, dass hiermit eine rechtliche Verpflichtung zur Datenweitergabe geschaffen werden soll.[1375] Dieses Vorgehen sei mit der DSGVO kompatibel, sofern den betroffenen

---

1368 Prüfen darüber hinaus noch Art. 6 Abs. 1 Uabs. 1 lit. f DSGVO: *Kathuria/Globocnik*, Journal of Antitrust Enforcement 2020, 511 (524 ff.).

1369 *Hillmer*, S. 380; *Louven*, ZWeR 2019, 154 (172).

1370 *Hillmer*, S. 380; *Kathuria/Globocnik*, Journal of Antitrust Enforcement 2020, 511 (526 ff.).

1371 Simitis/Hornung/Spiecker gen. Döhmann/*Roßnagel*, Art. 6 Abs. 1 DSGVO Rn. 52.

1372 Simitis/Hornung/Spiecker gen. Döhmann/*Roßnagel*, Art. 6 Abs. 1 DSGVO Rn. 52.

1373 BT-Drucks. 19/23492, S. 72. So auch nochmal bekräftigt in der finalen Beschlussfassung: BT-Drucks. 19/25868, S. 113 f. *Schmidt* kommt mit Blick auf Art. 102 AEUV zum Ergebnis, dass es sich nicht um eine Erlaubnisgrundlage i.S.v. Art. 6 Abs. 1 Uabs. 1 lit. c DSGVO handelt, *Schmidt*, S. 499 f. Zum gleichen Ergebnis gelangt: *Louven*, ZWeR 2019, 154 (172) Anderer Ansicht mit Blick auf einen Datenzugang nach EU-Recht sind: *Graef/Clifford/Valcke*, International Data Privacy Law 2018, 200 (221 f.).

1374 *Gerpott/Mikolas*, CR 2021, 137 (140 f.); *Weber*, WRP 2020, 559 (562).

1375 *Gerpott/Mikolas*, CR 2021, 137 (141).

Personen ein Widerspruchsrecht eingeräumt würde.[1376] Die Datenpetenten würden dann dazu verpflichtet, die betroffenen Personen von der Datenübermittlung in Kenntnis zu setzen.[1377]

Aus dieser Idee resultieren einige Fragen. Zunächst ist in Erinnerung zu rufen, dass eine Datenverarbeitung über Art. 6 Abs. 1 Uabs. 1 lit. c DSGVO der Erfüllung einer rechtlichen Verpflichtung dienen muss. Eine über § 19 Abs. 2 Nr. 4 GWB i.V.m. § 33 GWB angeordnete Pflicht zur Übermittlung von Daten würde sich jedoch lediglich gegen den Dateninhaber richten. Eine Weiterverarbeitung durch den Datenempfänger wäre hiervon nicht abgedeckt.[1378] *Schmidt* wirft die Möglichkeit auf, diese Weiterverarbeitung als „einen notwendigen Annex zum Kontrahierungszwang" zu betrachten.[1379] Andernfalls könne sich der mit der Anordnung verbundene Zweck – die Stärkung des Wettbewerbs – nicht entfalten. Jedoch weist er zutreffend darauf hin, dass das Recht auf informationelle Selbstbestimmung (Art. 2 Abs. 1 i.V.m. Art. 1 Abs. 1 GG) und das Datenschutzgrundrecht (Art. 8, 9 GRCh) der betroffenen Person hinreichend berücksichtigt werden müssen.[1380] Würde man § 19 Abs. 2 Nr. 4 GWB als rechtliche Verpflichtung i.S.v. Art. 6 Abs. 1 Uabs. 1 lit. c DSGVO werten, wäre die Einwilligung eines Suchenden in die Datenverarbeitung durch Google Search[1381] – zumindest abstrakt – gleichbedeutend mit einer „Generaleinwilligung".[1382] Andere Unternehmen würden hierdurch in die Lage versetzt, nach Abschluss einer Zugangsgewährung ebenfalls auf die Daten zuzugreifen. Dabei handelt es sich um einen für die betroffene Person nicht zu überblickenden Adressatenkreis. Insofern steht die Idee in Konflikt mit dem Prinzip der informierten Einwilligung.[1383] Hinzu kommt, dass mit der DSGVO dem Opt-Out-Ansatz im Rahmen datenschutzrechtlicher Einwilligungen eine grundlegende

---

1376 *Gerpott/Mikolas*, CR 2021, 137 (141); *Höppner/Weber*, K&R 2020, 24 (46). Im Fall *GDF Suez* hatte die *Autorité de la Concurrence* ein solches Vorgehen angeordnet – allerdings vor Inkrafttreten der DSGVO, *Autorité de la Concurrence*, Entsch. v. 09.09.2014, 14-MC-02. Siehe zum Fall *GDF Suez*: *Kathuria/Globocnik*, Journal of Antitrust Enforcement 2020, 511 (519 f.).

1377 *Höppner/Weber*, K&R 2020, 24 (46).

1378 *Wendehorst*, in: Lohsse/Schulze/Staudenmayer (Hrsg.), 327 (336).

1379 *Schmidt*, S. 499.

1380 *Schmidt*, S. 499 f.

1381 Siehe zur Frage der datenschutzrechtlichen Erlaubnisgrundlage für die Datenerfassung bei der Nutzung von Google Search: Kapitel 3: E.I.3.b)bb) (S. 279).

1382 Abstrakt formuliert dies: *Hillmer*, S. 254.

1383 So auch: *Hillmer*, S. 254; *Kathuria/Globocnik*, Journal of Antitrust Enforcement 2020, 511 (530).

Absage erteilt wurde.[1384] Letztendlich würde es sich aber um einen solchen Opt-Out-Ansatz handeln, wenn betroffene Personen nach einer Datenübermittlung von Unternehmen informiert werden und ihnen eine Widerspruchsmöglichkeit geboten wird. Die Idee, eine Verpflichtung zum Datenzugang gesetzlich als rechtliche Verpflichtung i.S.v. Art. 6 Abs. 1 Uabs. 1 lit. c DSGVO festzulegen, ist demnach abzulehnen.[1385]

bb) Einwilligungslösung

Neben einer auf Art. 6 Abs. 1 Uabs. 1 lit. c DSGVO gestützten Datenübermittlung könnte die datenschutzrechtliche Einwilligung nach Art. 6 Abs. 1 Uabs. 1 lit. a DSGVO als mögliche Erlaubnisgrundlage dienen.[1386] Es erscheint jedoch unbillig, einem marktbeherrschenden Unternehmen zuzumuten, bei einem Zugangsbegehren anderer Unternehmen die Einwilligungen betroffener Personen einzuholen.[1387] Zwar trifft es zu, dass das Vorliegen personenbezogener Daten aus Sicht von Google Search nicht rechtfertigt, das Zugangsbegehren als rechtlich unmöglich abzulehnen.[1388] Der BGH hat klargestellt, dass nicht von einer Unmöglichkeit auszugehen ist, sofern rechtliche Hindernisse „lediglich vorübergehend entgegenstehen.“[1389] Ein Zugang zu historischen Suchdaten ergibt aus Sicht der Wettbewerber jedoch nur Sinn, sofern eine bestimmte Mindestmenge an Daten zur Verfügung gestellt wird. Unter der Annahme, es bestünde ein Zugangsanspruch, müsste der Datenzugang zumindest das Tätigwerden auf dem betreffenden Markt ermöglichen.

1384 Siehe etwa Erwägungsgrund 32 S. 3 DSGVO; Gola/*Schulz*, Art. 7 DSGVO Rn. 42; Paal/*Pauly*, Art. 49 DSGVO Rn. 7.

1385 So auch: *Schmidt*, S. 500.

1386 *Beckmann/Müller*, in: Hoeren/Sieber/Holznagel (Hrsg.), Teil 10 Rn. 239; *Huerkamp/Nuys*, NZKart 2021, 327 (332); *Kathuria/Globocnik*, Journal of Antitrust Enforcement 2020, 511 (529 f.). Mit Blick auf § 4 BDSG: *Körber*, ZUM 2017, 93 (99).

1387 Der Ansicht, dass das Einholen dem Dateninhaber zumutbar ist: *Huerkamp/Nuys*, NZKart 2021, 327 (332). In Ausnahmefällen hält dies auch *Weber*, WRP 2020, 559 (562 f.) für möglich. Im Ergebnis offen lassen dies hingegen: *Schweitzer et al.*, S. 165.

1388 *Huerkamp/Nuys*, NZKart 2021, 327 (332) mit Verweis auf: *BGH*, NZKart 2013, 160 (160 ff.).

1389 *BGH*, NZKart 2013, 160 (161).

Im Kartellrecht besteht der Grundsatz, dass ein Unternehmen nicht verpflichtet ist, Wettbewerber aktiv zu fördern.[1390] Zwar vermag § 19 Abs. 2 Nr. 4 GWB, unter Abwägung der Interessen diesen Grundsatz einzuschränken.[1391] Eine solche Einschränkung in Form zahlloser Fälle, in denen Google Search die Suchenden um eine Einwilligung zur Weitergabe personenbezogener Daten an andere Unternehmen ersucht, erscheint jedoch über Gebühr.[1392] Es könnte auf das Vertrauen der Suchenden erhebliche Auswirkungen haben, wenn Google Search regelmäßig um eine Einwilligung in die Übermittlung personenbezogener Daten bittet.[1393] Ebenso darf bezweifelt werden, dass eine erhebliche Anzahl an Nutzern einer solchen Datenübermittlung zustimmen würde. Dies gilt umso mehr vor dem Hintergrund, dass die meisten Nutzer auf Google Search zurückgreifen und insofern der Anreiz, eine konkurrierende Suchmaschine zu fördern, gering ist.[1394]

cc) Anonymisierung durch Google

Es ließe sich darüber nachdenken, dass Google durch eine Anonymisierung der Daten eine Anpassungsmaßnahme vornehmen muss, um taugliche Zugangsobjekte zu schaffen. Eine sachliche Rechtfertigung setzt voraus, dass die Zugangsgewährung für den Inhaber unmöglich oder unzumutbar ist.[1395] Für Google ist es möglich, durch eine Anonymisierung personenbezogener Daten das Zugangshindernis selbstbeständig zu beseitigen. Dies ist dem Unternehmen angesichts der technischen Möglichkeiten auch zumutbar. Allerdings muss insoweit die Möglichkeit bestehen, die hierfür erforderlichen Ausgaben an den Zugangspetenten weitergeben zu können.[1396]

1390 *BGH*, WM 2005, 1720 (1726); *BGH*, GRUR 1995, 287 (292); *BGH*, GRUR 1992, 199 (201); *KG Berlin*, MMR 2004, 243 (245); *OLG München*, ZUM-RD 2004, 361 (365).

1391 *BGH*, NVwZ 2006, 962 (963); *BGH*, WM 2005, 1720 (1726); Immenga/Mestmäcker/*Fuchs*, § 19 GWB Rn. 289.

1392 In diese Richtung auch: *Kathuria/Globocnik*, Journal of Antitrust Enforcement 2020, 511 (529).

1393 In diese Richtung auch: *Hillmer*, S. 254.

1394 Falls einem Nutzer daran gelegen ist, könnte er überdies versuchen, seine personenbezogenen Daten im Rahmen des Rechts auf Datenportabilität nach Art. 20 DSGVO zu einer konkurrierenden Suchmaschine zu transferieren. Siehe hierzu: Kapitel 3: E.I.3. (S. 269 ff.).

1395 *Bechtold/Bosch*, § 19 GWB Rn. 7; Immenga/Mestmäcker/*Fuchs*, § 19 GWB Rn. 289.

1396 *Huerkamp/Nuys*, NZKart 2021, 327 (332). Nach *Wolf* könnte dies dadurch geschehen, dass zusätzliche Kosten bei der Bestimmung eines angemessenen Entgelts zu berücksichtigen sind, MüKo/*Wolf*, § 19 GWB Rn. 170. *Bechtold/Bosch* plädieren

Die Idee der Anonymisierung wirft jedoch zwei Folgefragen auf. Zunächst ist noch nicht abschließend geklärt, ob eine Anonymisierung eine Datenverarbeitung i.S.v. Art. 4 Nr. 2 DSGVO ist.[1397] Hierfür spricht, dass sich der Begriff der Anonymisierung unter den in Art. 4 Nr. 2 DSGVO verwendeten Verarbeitungsbegriff subsumieren lässt. Zwar wird die Anonymisierung dort nicht als Beispiel für Verarbeitungsformen genannt. Die Aufzählung ist allerdings nicht abschließend, sodass hieraus nicht ohne Weiteres ein Umkehrschluss gezogen werden kann.[1398] Die Anonymisierung könnte allerdings mittels einer teleologischen Reduktion dem Anwendungsbereich von Art. 4 Nr. 2 DSGVO entzogen werden.[1399] So wird darauf hingewiesen, dass die Anonymisierung in ihrer Eingriffsintensität nicht mit den explizit genannten Verarbeitungsformen vergleichbar sei und demnach nicht als eine solche gelten solle.[1400] Vielmehr sei die Anonymisierung „persönlichkeitsneutral", wirke sich also nicht auf das Schutzniveau von Daten aus.[1401] *Hornung/Wagner* lehnen eine teleologische Reduktion im Ergebnis jedoch überzeugend ab.[1402] Sie verweisen darauf, dass es durchaus schutzwürdige Interessen betroffener Personen gibt, die darauf gerichtet sind, dass ihre Daten samt Personenbezug erhalten bleiben.[1403] Insofern spricht vieles dafür, die Anonymisierung als unbenannten Fall der Datenverarbeitung i.S.v. Art. 4 Nr. 2 DSGVO einzuordnen. Demnach ist für den Vorgang der Anonymisierung eine datenschutzrechtliche Erlaubnisgrundlage erforderlich.[1404]

---

für diesen Fall auf die Möglichkeit, von dem Zugangspetenten eine Zahlung im Voraus zu verlangen, *Bechtold/Bosch*, § 19 GWB Rn. 75.

1397 Die Anonymisierung als Verarbeitungsvorgang einordnend: Simitis/Hornung/Spiecker gen. Döhmann/*Hansen*, Art. 4 Nr. 5 DSGVO Rn. 23; Simitis/Hornung/Spiecker gen. Döhmann/*Roßnagel*, Art. 4 Nr. 2 DSGVO Rn. 14; *Hornung/Wagner*, ZD 2020, 223 (224 f.). *Stürmer* sieht die Anonymisierung als Form des Löschens und somit ebenfalls als Verarbeitungsvorgang i.S.v. Art. 4 Nr. 2 DSGVO, *Stürmer*, ZD 2020, 626 (628 f.). Gegen die Einordnung als Verarbeitungsvorgang: *Thüsing/Rombey*, ZD 2021, 548 (549 ff.).

1398 Simitis/Hornung/Spiecker gen. Döhmann/*Roßnagel*, Art. 4 Nr. 2 DSGVO Rn. 14.

1399 Dies untersuchen: *Hornung/Wagner*, ZD 2020, 223 (224 f.).

1400 *Thüsing/Rombey*, ZD 2021, 548 (550).

1401 *Thüsing/Rombey*, ZD 2021, 548 (550).

1402 *Hornung/Wagner*, ZD 2020, 223 (224 f.).

1403 *Hornung/Wagner*, ZD 2020, 223 (225).

1404 Siehe hierzu: *Hornung/Wagner*, ZD 2020, 223 (225).

Darüber hinaus wird an vielen Stellen auf die Gefahr der De-Anonymisierung hingewiesen.[1405] Dies gilt insbesondere vor dem Hintergrund, dass die anonymisierten Daten an andere Unternehmen gerade zum Zweck der Weiterverarbeitung übermittelt werden.[1406] Angesichts der technischen (Weiter-)Entwicklung auf dem Gebiet der Datenanalyse droht somit aus Sicht der betroffenen Personen, dass sich anonymisierte Daten nach einer gewissen Zeit de-anonymisieren lassen.[1407]

dd) Fazit

Eine rechtmäßige Übermittlung personenbezogener Daten ist angesichts der datenschutzrechtlichen Vorgaben schwer zu realisieren.[1408] Eine Anonymisierung im Vorfeld der Übermittlung kann Abhilfe schaffen. Allerdings bedarf diese zum einen einer eigenständigen datenschutzrechtlichen Erlaubnisgrundlage. Zum anderen sind weitere Aspekte, wie die Möglichkeit einer De-Anonymisierung sowie die Zumutbarkeit des Anonymisierungsaufwands, im Vorfeld zu klären.

b) Innovation

Als weiterer Rechtfertigungsgrund ist die Förderung eines innovativen Wettbewerbsgeschehens zu berücksichtigen. Die Regelungen zum Datenzugang sind nicht allein am Interesse der Wettbewerber auszurichten. Eine Verpflichtung sollte nur für die Fälle vorgesehen werden, in denen die Nachteile für den Dateninhaber angesichts überwiegender Vorteile durch mehr Wettbewerb und Innovationsanreize zu vernachlässigen sind.[1409] Sofern die begehrten Daten und Datensets als Geschäftsgeheimnisse einzuordnen sind, kann sich auch hieraus ein Verweigerungsgrund ergeben.[1410]

1405 *European Data Protection Supervisor*, S. 12; *Hillmer*, S. 380 f.; *Jensen/Obersteller*, S. 26 f.; *Prüfer*, S. 13; *Roßnagel*, ZD 2021, 188 (191); *Roßnagel/Geminn*, ZD 2021, 487 (488).

1406 *Roßnagel*, ZD 2021, 188 (191).

1407 *European Data Protection Supervisor*, S. 12; *Roßnagel*, ZD 2021, 188 (191).

1408 *Körber*, in: Körber/Immenga (Hrsg.), 81 (97 f.); *Kühling*, NZKart 2020, 157 (157). Ebenfalls in diese Richtung: *Hillmer*, ZfDR 2021, 255 (277). Zumindest auf diesbezügliche Einschränkungen des Datenzugangs hinweisend: *Grave*, in: Kersting/Podszun (Hrsg.), Kapitel 2, Rn. 53.

1409 *Kerber*, WuW 2020, 249 (251).

1410 *Schmidt*, S. 523 f.; *Schweitzer et al.*, S. 170.

Unternehmen können in der Entwicklung innovativer Dienste gehemmt werden, wenn die in diesem Zuge erfassten Daten an Wettbewerber herausgegeben werden müssen.[1411]

Innovationsanreize sind in besonderem Maße bedeutend, wenn sich der (finanzielle) Aufwand zur Beschaffung der Daten nur rentiert, sofern eine exklusive Nutzung dieser Daten möglich ist.[1412] Im Beispiel historischer Suchdaten muss Google Search zur Datengewinnung auf den ersten Blick keinen hohen Aufwand betreiben. Die Daten fallen bei der Nutzung der Suchmaschine an.[1413] Dabei profitiert Google Search in enormem Maße von Skaleneffekten.[1414] Es ist jedoch zu berücksichtigen, dass die Nutzung von Google Search und vielen weiteren Google-Diensten unentgeltlich ist. Insofern wird ein finanzieller Aufwand betrieben, um möglichst viele Personen zur Nutzung zu bewegen und hierdurch Daten zu erlangen.

Als Kehrseite der Medaille wird es anderen Unternehmen durch einen Datenzugang ermöglicht, in den Wettbewerb zu treten und ihrerseits innovativ tätig zu werden.[1415] Insbesondere aufgrund der Nicht-Rivalität bieten Daten ein wirtschaftliches und schöpferisches Potential, dessen Nutzung auch im Sinne der Gesamtwohlfahrt erfolgt.[1416] Die Interessen des Dateninhabers sollten somit – zumindest, sofern Daten wie beim Suchvorgang „bei der Nutzung" anfallen und erfasst werden – im Regelfall hinter die Interessen des Zugangspetenten zurückfallen.[1417] Dies dürfte auch im

1411 *Bundesverband der Deutschen Industrie*, S. 3; *Hylton*, Nebraska Law Review 2019, 272 (286); *Kühling/Sackmann*, ZD 2020, 24 (28).

1412 *Grave/Nyberg*, WuW 2017, 363 (365); *Grothe*, S. 176 f.; *Schweitzer et al.*, S. 161 f.

1413 *Höppner/Weber*, K&R 2020, 24 (45); *Weber*, S. 266. *Schweitzer et al.* gehen mit Blick auf Daten generell davon aus, dass die Interessenabwägung regelmäßig zugunsten des datenbegehrenden Unternehmens ausfallen kann, *Schweitzer et al.*, S. 171.

1414 *Dreher*, ZWeR 2009, 149 (152 ff.); *Engels*, S. 11; *Erhard*, S. 52; *Evans*, Northwestern University Law Review 2008, 285 (292); *Höppner*, WRP 2012, 625 (627); *Hylton*, Nebraska Law Review 2019, 272 (275); *Pasquale/Bracha*, Cornell Law Review 2008, 1149 (1181); *White*, S. 119.

1415 *Condorelli/Padilla*, Journal of Competition Law & Economics 2020, 143 (179); *Geradin/Kuschewsky*, S. 2; *Höppner/Weber*, K&R 2020, 24 (44); *Schweitzer/Peitz*, NJW 2018, 275 (275).

1416 *Condorelli/Padilla*, Journal of Competition Law & Economics 2020, 143 (179).

1417 *Condorelli/Padilla*, Journal of Competition Law & Economics 2020, 143 (179); *Weber*, S. 274. Ebenfalls in diese Richtung: *Schmidt*, S. 518 f.

Interesse der Gesamtwohlfahrt liegen, da bislang viele Daten ungenutzt bleiben.[1418]

c) *Fazit*

Bei personenbezogenen Daten kann eine sachliche Rechtfertigung durch entgegenstehende datenschutzrechtliche Positionen der betroffenen Personen gegeben sein. Eine Interessenabwägung mit Blick auf Innovationsanreize dürfte – zumindest bei Daten, die im Rahmen des Dienstes von Nutzern erzeugt werden – zu Gunsten der Zugangspetenten ausfallen.

IV. Bewertung des neuen § 19 Abs. 2 Nr. 4 GWB

Zunächst ist darauf hinzuweisen, dass ein Datenzugang schon über § 19 Abs. 2 Nr. 4 GWB-a.F. und § 19 Abs. 2 Nr. 1 GWB diskutiert wurde.[1419] Wenngleich die Klarstellung durch den Gesetzgeber zu begrüßen ist,[1420] werden die Änderungen in § 19 Abs. 2 Nr. 4 GWB auf den Suchmaschinenmarkt keinen Einfluss ausüben. Ein Anspruch auf Zugang zu den Suchdaten von Google steht den konkurrierenden Suchmaschinenanbietern nicht zu. Dies ist zum einen dem Umstand geschuldet, dass Suchdaten duplizierbar sind. Zum anderen kommt auf Seiten von Google eine sachliche Rechtfertigung der Zugangsverweigerung aus datenschutzrechtlichen Gründen in Betracht. Darüber hinaus ist darauf hinzuweisen, dass mit Bing derzeit nur ein Wettbewerber von Google Search über einen eigenen Index und einen eigenen Algorithmus verfügt. Selbst wenn Wettbewerbern wie Ecosia oder Yahoo ein Datenzugang gewährt werden muss, könnten diese die Daten – mangels Bewertungsalgorithmus – nicht zur Weiterentwicklung nutzen. Insofern erscheint es vorzugwürdig, sich darauf zu konzentrieren, den Wettbewerbern einen Zugang zu Nutzern zu ermöglichen.[1421]

1418 Laut *Ramge/Mayer-Schönberger* bleiben beispielsweise etwa 85 % der in Europa erzeugten Daten ungenutzt, *Ramge/Mayer-Schönberger*, S. 24.

1419 *Gerpott/Mikolas*, CR 2021, 137 (139); *Körber*, MMR 2020, 290 (291). Nach Ansicht von *Schweitzer et al.* bestand hingegen zwar die Möglichkeit, einen Datenzugang über § 19 Abs. 2 Nr. 1 GWB zu kreieren, nicht jedoch über § 19 Abs. 2 Nr. 4, *Schweitzer et al.*, S. 163.

1420 BeckOK Informations- und Medienrecht/*Paal*, § 19 GWB Rn. 10.

1421 Siehe hierzu: Kapitel 3: E. (S. 266 ff.).

E. Zugang zu Suchnutzern

In Kapitel 2 wurde bereits herausgearbeitet, dass Suchende im Regelfall Singlehoming betreiben.[1422] Angesichts der enorm hohen Marktanteile von Google Search stellt sich die Frage, unter welchen Bedingungen aus Sicht der Wettbewerb ein Zugang zu Suchnutzern möglich ist. Die Angriffsfläche ist aufgrund der Eigenarten von Google Search als Plattform mit asymmetrisch wirkenden indirekten Netzwerkeffekten gering.[1423] Vor diesem Hintergrund werden im Folgenden zwei mögliche Ansätze untersucht, mit denen neue Untersagungsvarianten aus § 19a Abs. 2 GWB dabei helfen könnten, bessere Zugangsmöglichkeiten zu Suchenden zu bieten. Zunächst wird das Mittel der Datenportabilität untersucht (I). Im Anschluss erfolgt eine Analyse zur ausschließlichen Vorinstallation und Voreinstellung von Google Search auf unterschiedlichen Geräten und Anwendungen mit Blick darauf, ob dieses Vorgehen über § 19a Abs. 2 GWB vom Bundeskartellamt untersagt werden könnte (II)

I. Erleichterung des Nutzerzugangs durch Datenportabilität

Nach § 19a Abs. 2 S. 1 Nr. 5 Alt. 2 GWB kann einem Unternehmen mit überragender marktübergreifender Bedeutung untersagt werden, die Portabilität von Daten zu verweigern oder zu erschweren und damit den Wettbewerb zu verhindern. Die vorliegende Untersuchung der Norm konzentriert sich auf den Zugang zu Suchnutzern und somit auf deren Datenportabilitätsrechte. Datenportabilitätsrechte für Inhalteanbieter oder Werbende, etwa mit Blick auf die Übertragung von Reputationsdaten im Rahmen von Bewertungen[1424] oder mit Blick auf Anzeigekampagnen von Werbenden[1425], sind nicht Gegenstand der Arbeit. Im Fokus steht vielmehr die Frage, ob der Zugang zu Suchnutzern durch Datenportabilität erleichtert und den konkurrierenden Suchmaschinen somit eine wirksame Wettbewerbsmöglichkeit geboten werden kann.

Im Laufe des Gesetzgebungsprozesses der 10. GWB-Novelle wurde geäußert, dass „eine Interoperabilitäts- und Portabilitätsregelung vielfach als Schlüssel

---

1422 Siehe hierzu: Kapitel 2: E.I.2. (S. 92 f.).

1423 Siehe hierzu: Kapitel 2: E.II. (S. 93 ff.).

1424 Siehe hierzu: *Busch*, IWRZ 2018, 147 (151); *Busch/Dannemann/Schulte-Nölke*, MMR 2020, 667 (667 ff.).

1425 Siehe hierzu: *Graef/Wahyuningtyas/Valcke*, Telecommunications Policy 2015, 375 (383); *Newman*, Yale Journal on Regulation 2014, 401 (422 f.); *von Engelhardt/Freytag/Köllmann*, ZfW 2013, 311 (317 ff.).

zu mehr Wettbewerb in der digitalen Welt angesehen wird".[1426] Nachstehend wird untersucht, ob der Datenportabilität eine solch zentrale Rolle mit Blick auf den Wettbewerb um Suchnutzer zukommt.[1427] Nach einer Abgrenzung von Datenportabilität zu Datenzugangsansprüchen (1), wird dargestellt, inwiefern Datenportabilität als Mittel gegen Lock-In-Effekte eingesetzt werden kann (2). Im Anschluss wird die praktische Anwendbarkeit des in Art. 20 DSGVO normierten Rechts auf Datenportabilität hinsichtlich historischer Suchdaten geprüft (3).

1. Abgrenzung zu Datenzugangsansprüchen

Als Folge ausgeübter Datenportabilitätsrechte erhält die betroffene Person nach Art. 20 Abs. 1 DSGVO vom datenschutzrechtlich Verantwortlichen personenbezogene Daten, die sie im Anschluss bei konkurrierenden Diensten einspeisen lassen kann. Wahlweise kann die Person – unter dem Vorbehalt der technischen Umsetzbarkeit – den Verantwortlichen nach Art. 20 Abs. 2 DSGVO auffordern, die Daten direkt an einen neuen Verantwortlichen zu übermitteln. Hierdurch kann einer datenbasierten Machtkonzentration einzelner Unternehmen entgegengewirkt werden.[1428] Insofern ließe sich die Datenportabilität auch im Rahmen des Datenzugangs[1429] diskutieren.[1430] Dies könnte jedoch suggerieren, dass dem Empfänger ein Anspruch auf Datenzugang zusteht. Im Zentrum der Datenportabilität – zumindest in Art. 20 DSGVO – steht allerdings die betroffene Person und ihre Hoheit über den Umgang mit personenbezogenen Daten. Das Recht auf Datenportabilität stellt somit in den Mittelpunkt, dass Nutzer ihre Dienste möglichst frei auswählen können. Ein Datenzugangsanspruch für Wettbewerber ergibt sich aus Art. 20 DSGVO nicht.[1431]

1426 *Podszun*, Stellungnahme für den Ausschuss für Wirtschaft und Energie des Deutschen Bundestags, S. 12.

1427 *Engels* hat im Jahr 2016 gefordert, dass insbesondere der Suchmaschinenmarkt einer Regulierung mittels Datenportabilität zugeführt werden soll, da dieser Markt eine starke Neigung zur Machtkonzentration aufweise, *Engels*, S. 13.

1428 *Höppner/Weber*, K&R 2020, 24 (33).

1429 Siehe hierzu: Kapitel 3: D. (S. 240 ff.).

1430 *Raue/von Ungern Sternberg* sehen Art. 20 DSGVO als Datenzugangsanspruch, *Raue/von Ungern Sternberg*, ZRP 2020, 49 (50).

1431 *Louven*, NZKart 2018, 217 (218 f.). *Hillmer* bewertet Datenportabilität vielmehr als „eine Vorstufe eines Datenzugangsrechts", *Hillmer*, S. 189. *Kratz* sieht in der konkreten Ausgestaltung von Art. 20 DSGVO eine Entscheidung des Gesetzgebers gegen die Schaffung eines Datenzugangs für das aufnehmende Unternehmen, *Kratz*, InTeR 2019, 26 (30).

2. *Datenportabilität als Mittel gegen Lock-In-Effekte*

Wie in Kapitel 2 herausgearbeitet wurde, können bei der Nutzung digitaler Plattformen Lock-In-Effekte entstehen.[1432] Durch diese werden etwa Suchnutzer daran gehindert, als Ergänzung oder als Alternative zu Google Search andere Suchmaschinen zu nutzen.

Einer der maßgeblichen Faktoren für Lock-In-Effekte ist das Plattform-Leben der Nutzer, aus dem tatsächliche sowie angenommene Vorteile resultieren.[1433] Die Vorteile basieren insbesondere auf der Verarbeitung personenbezogener Daten. Diese Verarbeitung kann den Wert einer Nutzung durch die Verbesserung des Dienstes oder die Einordnung der Nutzer in Nutzerprofile und eine darauf basierende personalisierte Ausgestaltung des Angebots erhöhen.[1434] Damit einhergehend kann der Anreiz abnehmen, eine konkurrierende Plattform in Anspruch zu nehmen. Dieser stehen die im Rahmen der Nutzung angefallenen personenbezogenen Daten des jeweiligen Nutzers nicht zu, weshalb die angebotene Leistung nicht in ähnlicher Weise auf den Nutzer zugeschnitten werden kann. Insofern können sich aus der Datensammlung durch die Stamm-Plattform Lock-In-Effekte ergeben.[1435]

Um bessere Wettbewerbsmöglichkeiten für die auf den Märkten agierenden Unternehmen zu schaffen, wäre es förderlich, den Lock-In-Effekten rechtlich begegnen zu können. Dies kann dadurch geschehen, dass Nutzern die Möglichkeit geboten wird, ihr Plattform-Leben zu verlagern. Einen solchen Ansatz verfolgen Datenportabilitätsrechte.[1436] Um die Ausübung dieser Rechte zu ermöglichen und zu fördern,[1437] sieht § 19a Abs. 2 S. 1 Nr. 5 Alt. 2 GWB vor, dass Unternehmen mit überragender marktübergreifender Bedeutung untersagt werden kann, Datenportabilität zu erschweren oder zu verhindern.

3. *Recht auf Datenportabilität gemäß Art. 20 DSGVO*

Die Alternative aus § 19a Abs. 2 S. 1 Nr. 5 Alt. 2 GWB orientiert sich an Art. 20 DSGVO.[1438] Demnach stellt sich die Frage, inwiefern das Recht auf

---

1432 Siehe hierzu: Kapitel 2: E.I.1. (S. 84 ff.).

1433 Siehe hierzu: Kapitel 2: E.I.1.b) (S. 85 ff.).

1434 *Graef/Wahyuningtyas/Valcke*, Telecommunications Policy 2015, 375 (378).

1435 *Podszun/Kreifels*, EuCML 2016, 33 (36 f.). Schon früh: *Hornung*, ZD 2012, 99 (103).

1436 *Zimmer*, in: Lohsse/Schulze/Staudenmayer (Hrsg.), 101 (106).

1437 Bisher wird von Datenportabilitätsrechten sehr zurückhaltend Gebrauch gemacht: *Paal/Kumkar*, ZfDR 2021, 97 (123 f.); *Ramge/Mayer-Schönberger*, S. 148; *Weber*, WRP 2020, 559 (562).

1438 *Esser/Höft*, in: Bien et al. (Hrsg.), Kapitel 1, Rn. 262; *Körber*, S. 74.

Datenportabilität aus Art. 20 DSGVO geeignet ist, die soeben abstrakt gezeichneten wettbewerbsfördernden Effekte auch tatsächlich zu Tage zu fördern.

Mitunter wird das Recht auf Datenportabilität auch als „Datenportabilitätspflicht" eingeordnet.[1439] Allerdings ist festzuhalten, dass durch die Variante aus § 19a Abs. 2 S. 1 Nr. 5 Alt. 2 GWB keine eigenständige Anspruchsgrundlage geschaffen wird. Die Norm ist nicht darauf ausgerichtet, für einzelne Nutzer ein Recht auf Datenportabilität zu schaffen. Für Wettbewerber kann sich hieraus ebenfalls kein Anspruch ergeben, da das Recht auf Datenportabilität vom Nutzer ausgeht, der die Plattform wechseln möchte. Insofern können nur solche Konstellationen betroffen sein, in denen dem Nutzer ein Recht auf Datenportabilität nach einer anderen Norm zusteht.[1440] Die Geltendmachung dieses Rechts und die Datenportierung muss das Unternehmen mit überragender marktübergreifender Bedeutung möglichst simpel und barrierefrei gestalten.

Ein Recht auf Datenportabilität für natürliche Personen – und somit für Suchnutzer – bietet Art. 20 DSGVO.[1441] Wettbewerbspolitisches Ziel der Norm ist es, den Wechsel zwischen Anbietern zu erleichtern und somit Lock-In-Effekten entgegenzuwirken.[1442] Im Folgenden wird zunächst genannt, unter welchen Voraussetzungen von dem Recht Gebrauch gemacht werden kann (a). Hierauf aufbauend werden drei Voraussetzungen, aus denen sich Einschränkungen hinsichtlich der Effektivität des Rechts ergeben können, näher erörtert (b).

a) Voraussetzungen

Das Recht auf Datenportabilität nach Art. 20 Abs. 1 DSGVO steht einer Person hinsichtlich ihrer personenbezogenen Daten zu, sofern sie dem Verantwortlichen diese bereitgestellt hat, die Verarbeitung entweder auf einer datenschutzrechtlichen Einwilligung oder auf einem vertraglichen Verhältnis beruht und

---

1439 *Höppner/Weber*, K&R 2020, 24 (33), allerdings noch mit Blick auf den Referentenentwurf, in dem lediglich formuliert war, dass die Portabilität nicht erschwert werden dürfe.

1440 Aus diesem Grund erschließt sich für *Esser/Höft* nicht die „eigenständige Bedeutung der kartellrechtlichen Regelung", *Esser/Höft*, in: Bien et al. (Hrsg.), Kapitel 1, Rn. 262. In diese Richtung auch: *Körber*, S. 74.

1441 Vereinzelt auch als „Herausgabeanspruch" bezeichnet: *Kühling/Sackmann*, ZD 2020, 24 (28); *Piltz*, K&R 2016, 629 (634).

1442 Kühling/Buchner/*Herbst*, Art. 20 DSGVO Rn. 1; *Brüggemann*, K&R 2018, 1 (1); *Hennemann*, ZWeR 2018, 161 (169); *Jülicher/Röttgen/von Schönfeld*, ZD 2016, 358 (360); *Schantz*, NJW 2016, 1841 (1845); *Schweitzer*, in: Körber/Kühling (Hrsg.), 269 (291); *Stiftung Datenschutz*, S. 10.

mithilfe automatisierter Verfahren erfolgt. Ausweislich des Google-Spain-Urteils des EuGH ist Google Search als datenschutzrechtlich Verantwortlicher anzusehen, wenn im Rahmen der Google-Suche eine Verarbeitung personenbezogener Daten erfolgt.[1443] Mögliche Verarbeitungsvorgänge sind das Crawlen der Webseiten, das Indexieren der Webseiten sowie das für den Suchenden ersichtliche Auflisten von Webseiten in den Suchergebnissen.[1444]

Die betroffene Person kann Datenportabilität in zwei verschiedene Richtungen fordern. Zum einen kann sie verlangen, dass ihr die Daten in einem strukturierten, gängigen und maschinenlesbaren Format zur Verfügung gestellt werden (Abs. 1). Zum anderen kann sie – vorbehaltlich der technischen Umsetzbarkeit – den Verantwortlichen anweisen, die Daten direkt an einen anderen Verantwortlichen zu übermitteln (Abs. 2). Seine Grenzen findet das Recht auf Datenportabilität gemäß Art. 20 Abs. 4 DSGVO in den Rechten und Freiheiten anderer Personen.

b) Eingeschränkte Effektivität

Einige der Voraussetzungen sind geeignet, das Recht auf Datenportabilität in seiner Effektivität zu hemmen. Dies sind insbesondere der Begriff der Bereitstellung (aa), die fehlende Anwendbarkeit bei Datenverarbeitungen aufgrund berechtigten Interesses (bb) sowie ein möglicher Drittbezug (cc). Im Folgenden wird erörtert, inwiefern eine derart eingeschränkte Effektivität mit Blick auf historische Suchdaten und weitere Nutzerdaten anzunehmen ist.

aa) Begriff der Bereitstellung

Von Art. 20 DSGVO sind nur solche Daten erfasst, die die betroffene Person bereitgestellt hat. Unter welchen Voraussetzungen dies angenommen werden kann, wird kontrovers diskutiert.[1445] Eine Orientierung kann sowohl anhand von Art. 4 Nr. 2 DSGVO als auch anhand von Sinn und Zweck des Art. 20 DSGVO erfolgen.

1443 *EuGH*, NJW 2014, 2257 (2259). Das Urteil erging zur RL 95/46, ist in diesem Punkt jedoch auf die Vorschriften der DSGVO übertragbar.

1444 *EuGH*, NJW 2014, 2257 (2258). Das Urteil erging zur RL 95/46, ist in diesem Punkt jedoch auf die Vorschriften der DSGVO übertragbar.

1445 Siehe hierzu auch: BeckOK Datenschutzrecht/*von Lewinski*, Art. 20 DSGVO Rn. 39 ff.; *Westphal/Wichtermann*, ZD 2019, 191 (191 f.).

(1) Orientierung an Art. 4 Nr. 2 DSGVO

Die DSGVO enthält keine Definition der Bereitstellung. Aus Art. 4 Nr. 2 DSGVO geht jedoch hervor, dass jedenfalls die Übermittlung und die Verbreitung als Formen der Bereitstellung gelten.[1446] Zwar ist Art. 4 Nr. 2 DSGVO aus Sicht des Verantwortlichen verfasst und nicht aus Sicht des Nutzers, was bei der Auslegung vom nutzerorientierten Art. 20 DSGVO berücksichtigt werden muss.[1447] Dennoch kann Art. 4 Nr. 2 DSGVO eine Orientierung bieten. Die Begriffe „Übermittlung" und „Verbreitung" können dahin gehend ausgelegt werden, dass eine gewisse Aktivität des Nutzers erforderlich ist, um eine Bereitstellung anzunehmen.[1448] Dies ergibt sich nicht nur mit Blick auf den Wortlaut in der deutschsprachigen Verordnung. Zur Auslegung des Normwortlauts müssen grundsätzlich die Verordnungen aller Sprachen der Mitgliedstaaten berücksichtigt werden.[1449] Zumindest die englischsprachige, die französischsprachige sowie die spanischsprachige Version lassen einen ähnlichen Rückschluss zu wie die deutschsprachige Version.[1450]

Strubel kommt zu dem Schluss, dass nach dieser restriktiven grammatikalischen Auslegung nur diejenigen Daten als bereitgestellt gelten, die durch eine „Direkterhebung" bei der betroffenen Person erfasst wurden.[1451] Aus einem Umkehrschluss ergebe sich, dass solche Daten, die der Verantwortliche eigenständig bei der Nutzung erfasst, nicht als bereitgestellt anzusehen seien.[1452] Die Zuordnung historischer Suchdaten anhand dieser Differenzierung kann nicht eindeutig vorgenommen werden. Es ließe sich darauf abstellen, dass Google Search die Suchhistorie der Suchnutzer beobachtet und hieraus eine Art „Suchprotokoll" erstellt. Der Suchnutzer würde demnach passiv bleiben und die Erfassung der Daten würde als eigenständige Handlung von Google Search

---

1446 *Jülicher/Röttgen/von Schönfeld*, ZD 2016, 358 (359); *Strubel*, ZD 2017, 355 (357), wobei *Strubel* den Begriff der Übermittlung außen vor lässt und lediglich Verbreitung und Bereitstellung als „zusammenhängendes Begriffspaar" identifiziert. So auch: *von Lewinski*, wenngleich dieser – entgegen der hier vertretenen Auffassung – hierin die Definition des Begriffs erblickt, BeckOK Datenschutzrecht/*von Lewinski*, Art. 20 DSGVO Rn. 38.

1447 BeckOK Datenschutzrecht/*von Lewinski*, Art. 20 DSGVO Rn. 38; *Krause*, PinG 2018, 239 (241); *Schmidt*, S. 482.

1448 So auch: *Strubel*, ZD 2017, 355 (357 f.), wobei dieser nur auf die Bereitstellung und die Verbreitung eingeht und nicht auch auf die Übermittlung.

1449 *EuGH*, NJW 2013, 2579 (2580); *EuGH*, MMR 2010, 396 (397).

1450 Siehe hierzu ausführlich: *Strubel*, ZD 2017, 355 (357 f.).

1451 *Strubel*, ZD 2017, 355 (358).

1452 *Strubel*, ZD 2017, 355 (357).

gewertet. Eine derartige Einordnung ließe jedoch unberücksichtigt, dass es sich bei der Suchanfrage – auch technisch gesprochen – durchaus um eine „Übermittlung" handeln kann. Der Suchnutzer gibt einen Suchbegriff ein und löst durch Drücken der Enter-Taste die Datenverarbeitung zur Ermittlung passender Suchergebnisse aus. Insofern wird das Datum – der Suchbegriff – direkt beim Suchnutzer erhoben.

Die „Direkterhebung" historischer Suchdaten wird durch einen Vergleich zwischen der Google-Suche und einem Registrierungsvorgang deutlich. Im Rahmen der Registrierung auf einer Plattform geben Nutzer unter anderem persönliche Daten an, um von der Plattform kontaktiert werden zu können. Sofern sie einen zahlungspflichtigen Dienst nutzen, etwa die Premium-Version von Diensten wie Spotify oder Parship, hinterlegen sie zusätzlich noch Daten zur Zahlungsabwicklung. Somit zielt die Datenhergabe durch die betroffene Person darauf ab, dass die personenbezogenen Daten vom Verantwortlichen gespeichert und bei Bedarf verwendet werden. Im Rahmen der Google-Suche steht im Fokus, dass für den eingegebenen Suchbegriff passende Ergebnisse eingeblendet werden. Aufgrund der zeitlichen Unmittelbarkeit, mit der diese Ergebnisse angezeigt werden, wird ein Suchnutzer im Regelfall der Datenverarbeitung nicht gewahr. Der Vorgang folgt jedoch einem ähnlichen Muster wie der der Registrierung. Der eingegebene Suchbegriff wird durch Drücken der Enter-Taste an Google übermittelt. Dies geschieht in der Erwartung, dass Google Search den Suchbegriff verarbeitet und womöglich mit weiteren personenbezogenen Daten des Suchnutzers kontextualisiert. Als Ergebnis dieser Datenverarbeitung steht am Ende eine Reihe potentiell interessanter Suchergebnisse. Registrierungsvorgang und Google-Suche unterscheiden sich somit auf der zeitlichen Ebene. Der Suchvorgang läuft viel schneller ab, weshalb auf Seiten der Suchnutzer weniger ein Gefühl der „Bereitstellung" von Daten vorhanden ist. Diese subjektive Komponente auf Seiten der betroffenen Person kann jedoch nicht darüber entscheiden, ob eine „Bereitstellung" i.S.v. Art. 20 Abs. 1 DSGVO vorliegt oder nicht. Insofern müssen historische Suchdaten nach der oben erfolgten grammatikalischen Auslegung als „bereitgestellt" eingeordnet werden und wären demnach vom Recht auf Datenportabilität erfasst.

(2) Auslegung nach Sinn und Zweck

Eine weitere Möglichkeit, sich dem Begriff der Bereitstellung zu nähern, ist die Auslegung nach Sinn und Zweck. Das Recht auf Datenportabilität verfolgt zwei Ziele.[1453] Zum einen soll es ausweislich von Erwägungsgrund 68 DSGVO dabei

1453 *Kratz*, InTeR 2019, 26 (27). Schon zuvor in diese Richtung: *Graef/Verschakelen/Valcke*, Law: The Journal of the Higher School of Economics 2013, 53 (59 f.).

helfen, dass jede Person die Souveränität über ihre personenbezogenen Daten innehat (a).[1454] Zum anderen soll Lock-In-Effekten entgegengewirkt werden (b).[1455]

(a) Souveränität der betroffenen Person

Mit Blick auf einen selbstbestimmten Umgang mit personenbezogenen Daten lässt sich vertreten, dass dieser umso besser zu realisieren ist, je weiter der Begriff der Bereitstellung gefasst würde.[1456] Die Art. 29 Datenschutzgruppe hat in einer Stellungnahme zu Art. 20 DSGVO vertreten, dass „observed data"[1457] im Gegensatz zu „inferred data" und „derived data"[1458] vom Begriff der Bereitstellung umfasst sein solle.[1459] Als Beispiel für „observed data" führt sie die Suchhistorie einer Person auf, die bei der Nutzung des Dienstes beobachtet werden kann und vom Nutzer eingebracht wird.[1460] Lediglich Daten, die erst durch weitere Zwischenschritte des Diensteanbieters entstehen – etwa bei der Erstellung einer Beurteilung –, seien vom Recht auf Datenportabilität ausgenommen.[1461]

Dieser weiten Auslegung der „Bereitstellung" wird entgegnet, dass sie mit dem Willen des Gesetzgebers nicht vereinbar sei.[1462] „Observed data" solle nicht in jedem Fall von Art. 20 DSGVO erfasst sein, sondern nur „servicespezifisch".[1463] Sofern die Daten bei der Nutzung des Dienstes anfallen und im Rahmen der Kernnutzung entstehen, handele es sich um eine „Bereitstellung".[1464]

1454 *Jülicher/Röttgen/von Schönfeld*, ZD 2016, 358 (360 f.); *Krause*, PinG 2018, 239 (241); *Paal/Hennemann*, NJW 2017, 1697 (1701); *Strubel*, ZD 2017, 355 (359).

1455 Kühling/Buchner/*Herbst*, Art. 20 DSGVO Rn. 1; *Brüggemann*, K&R 2018, 1 (1); *Hennemann*, ZWeR 2018, 161 (169); *Jülicher/Röttgen/von Schönfeld*, ZD 2016, 358 (360); *Schweitzer*, in: Körber/Kühling (Hrsg.), 269 (291); *Stiftung Datenschutz*, S. 10.

1456 *Krause*, PinG 2018, 239 (241); *Schmidt*, S. 482; *Strubel*, ZD 2017, 355 (359).

1457 Beobachtete Daten.

1458 Abgeleitete Daten.

1459 *Article 29 Data Protection Working Party*, S. 8.

1460 *Article 29 Data Protection Working Party*, S. 8. Dem zustimmend: Simitis/Hornung/Spiecker gen. Döhmann/*Dix*, Art. 20 DSGVO Rn. 8. Ebenfalls in diese Richtung zu verstehen ist: Kühling/Buchner/*Herbst*, Art. 20 DSGVO Rn. 11, der Daten als „bereitgestellt" einordnet, sofern die Nutzer von einer Datengenerierung durch den Verantwortlichen wissen und dies willentlich geschehen lassen (als Beispiel nennt er Fitness-Tracker).

1461 *Article 29 Data Protection Working Party*, S. 8.

1462 *Strubel*, ZD 2017, 355 (360).

1463 *Strubel*, ZD 2017, 355 (360).

1464 *Strubel*, ZD 2017, 355 (360).

Für eine Jogging-App ergebe sich hieraus, dass vom Nutzer eingepflegte persönliche Daten sowie „aufgezeichnete Laufstrecken oder Pulswerte" unter die „Bereitstellung" zu subsumieren sind.[1465] Dagegen gelte dies nicht für Daten, die Aufschluss darüber geben, für welche Werbeanzeigen sich der Nutzer interessiert.[1466] Das maßgebliche Kriterium liege darin, ob die Daten für die Erbringung des angebotenen Dienstes „immanent" seien.[1467]

Eine derartige Differenzierung weist die Schwäche auf, dass sie nicht trennscharf vorzunehmen ist. Dem Rückschluss zum Jogging-App-Beispiel folgend, würde sich für Google Search ergeben, dass historische Suchdaten von Art. 20 DSGVO erfasst wären, während dies für Werbedaten nicht gelten würde. Die Verbindung von Google Search und Google Ads[1468] zeigt jedoch sehr anschaulich, dass die Suchmaschine nicht auf die Beantwortung von Suchanfragen reduziert werden kann, sondern dass die ergänzenden Werbeanzeigen als wirtschaftlich zwingendes Element betrachtet werden müssen. Das Konstrukt der Google-Suche steht exemplarisch für viele weitere werbefinanzierte digitale Dienste. Es wäre eine künstliche Aufspaltung, wenn man die Aussage träfe, das Analysieren von Werbedaten sei einem werbefinanzierten Suchdienst nicht immanent. Die wirtschaftlichen Realitäten blieben hierdurch unberücksichtigt.

Die Orientierung an einer „Service-Immanenz" von Daten scheint vor diesem Hintergrund kein sinnvolles Abgrenzungskriterium zu bieten. Der datenschutzrechtlich Verantwortliche hätte bei der praktischen Realisierung von Datenportabilität zahlreiche Einzelfallabwägungen vorzunehmen.[1469] Vorzugswürdig erscheint es, „observed data" komplett unter den Begriff der Bereitstellung zu fassen. Dies stünde auch in Einklang mit einem möglichst weiten Anwendungsbereich zugunsten der Souveränität der betroffenen Personen. Für historische Suchdaten ergibt sich, dass diese nach beiden Auslegungsansätzen als vom Suchnutzer bereitgestellt zu werten sind. Darüber hinaus beobachtete Nutzerdaten, die etwa das Anklicken von Werbeanzeigen belegen, sind mit der weiteren Auslegung ebenfalls unter den Begriff der Bereitstellung zu subsumieren.

1465 *Krause*, PinG 2018, 239 (242); *Strubel*, ZD 2017, 355 (360).

1466 *Strubel*, ZD 2017, 355 (360).

1467 *Strubel*, ZD 2017, 355 (360). Ebenfalls in diese Richtung: *Krause*, PinG 2018, 239 (242).

1468 Siehe hierzu: Kapitel 1: D.II. (S. 36 f.).

1469 *Westphal/Wichtermann*, ZD 2019, 191 (192).

(b) Wettbewerbsförderndes Mittel gegen Lock-In-Effekte

Aus wettbewerbspolitischer Perspektive wäre es ebenfalls wünschenswert, den Nutzern ein möglichst weitreichendes Recht auf Datenportabilität zur Verfügung zu stellen. Je eher personenbezogene Daten als „bereitgestellt" eingeordnet würden, desto mehr Daten könnte eine betroffene Person von einem Anbieter zu einem anderen Anbieter übermitteln (lassen). Der Anreiz, einen angedachten Plattformwechsel tatsächlich zu realisieren, würde hierdurch zunehmen. Daneben würden der datenempfangenden Plattform mehr nutzergenerierte Daten zukommen, die zur Weiterentwicklung des Dienstes genutzt werden können.[1470]

Allerdings ist zu berücksichtigen, dass die Medaille der Datenportabilität im Kartellrecht zwei Seiten hat. Ähnlich wie die Interoperabilität wird auch die Datenportabilität als wettbewerblich „ambivalent" erachtet.[1471] Dies meint, dass infolge von Datenportabilität sowohl eine Öffnung des Wettbewerbs als auch eine Konzentration von Macht entstehen kann. Sofern Daten von dominanten Plattformen zu kleineren Wettbewerbern übertragen werden, stärkt es die Position Letzterer und verringert die Lücke zwischen den am Wettbewerb beteiligten Unternehmen. Wird jedoch in umgekehrter Richtung vom Recht auf Datenportabilität Gebrauch gemacht – ein Nutzer überträgt seine Daten von einem kleinen Wettbewerber zu einer dominierenden Plattform –, verstärkt sich hierdurch die Machtposition dieser dominierenden Plattform.[1472]

Vor diesem Hintergrund wurde angeregt, dass das in Art. 20 DSGVO normierte Recht auf Datenportabilität nur gegenüber marktbeherrschenden Unternehmen oder gegenüber Unternehmen einer gewissen Mindestgröße anwendbar sein soll.[1473] Durch die jetzige Regelung könnten kleinere Unternehmen in ihrer Tätigkeit gehemmt werden, was aus wettbewerbspolitischer Sicht kontraproduktiv wäre.[1474] Im französischen Recht gibt es – zumindest

---

1470 *Schmidt*, S. 482 f.

1471 *Körber*, NZKart 2016, 348 (350).

1472 *Diker Vanberg/Bilal Ünver*, S. 6 ff. In diese Richtung auch: *Swire/Lagos*, Maryland Law Review 2013, 335 (352 f.).

1473 *Hennemann*, PinG 2017, 5 (6). *Höppner/Weber* schlagen vor, die Portierung von Daten nur in Richtung nicht-marktstarker Unternehmen zuzulassen, *Höppner/Weber*, K&R 2020, 24 (33). Gegen eine solche Regelung: *Kratz*, InTeR 2019, 26 (30), der argumentiert, dass der historische Ausgang der Datenportabilität das Bestreben nach einem „Open Web" sei und die Datenportabilität somit generell gelten solle.

1474 *Swire/Lagos*, Maryland Law Review 2013, 335 (350 ff.).

für Daten ohne Personenbezug – eine Norm, die kleinere und mittlere Unternehmen aus dem Anwendungsbereich ausnimmt. Art. 48 des Loi pour une République numérique sieht in Art. L. 224-42-4 für Sachdaten vor, dass das Recht auf Datenportabilität nur gegenüber Unternehmen geltend gemacht werden kann, die über eine per Erlass festgelegte Anzahl an Nutzern verfügen (de-minimis-Regel).[1475] Eine derartige Regelungsänderung in Bezug auf personenbezogene Daten müsste jedoch in der DSGVO vorgenommen werden und scheint derzeit nicht beabsichtigt. Dies kann auch darin begründet liegen, dass der datenschutzrechtliche Charakter der Norm durch eine solche Änderung eingeschränkt würde.[1476] Der betroffenen Person bliebe weniger Souveränität hinsichtlich ihrer personenbezogenen Daten, sofern Datenportabilitätsrechte nur gegenüber einem kleineren Kreis von Unternehmen geltend gemacht werden könnten.

(3) Fazit

Der Begriff der Bereitstellung wird in der DSGVO nicht definiert. Art. 4 Nr. 2 DSGVO reiht den Begriff jedoch in die zahlreichen Verarbeitungsvorgänge ein. Der Wortlaut legt nahe, dass eine gewisse Aktivität des Nutzers erforderlich ist. Wie erörtert, ist diese Voraussetzung bei historischen Suchdaten erfüllt, da es dem Suchnutzer gerade darauf ankommt, dass durch die Eingabe des Suchbegriffs ein Verarbeitungsvorgang in Gang gesetzt wird, der in der Präsentation der Suchergebnisse mündet.

Auch mit Blick auf Sinn und Zweck von Art. 20 DSGVO sind historische Suchdaten und weitere Nutzerdaten als „bereitgestellt" zu werten. Sowohl die Souveränität der betroffenen Person als auch die wettbewerbspolitische Komponente der Norm erfordern, den Begriff nicht zu eng auszulegen. Selbst unter Zugrundelegung eines zurückhaltenden „service-spezifischen" Ansatzes wären jedenfalls historische Suchdaten von der Norm erfasst.

bb) Keine Anwendung bei Datenverarbeitungen aufgrund berechtigten Interesses

Ein Recht auf Datenportabilität nach Art. 20 DSGVO besteht nur, sofern die Verarbeitung aufgrund einer Einwilligung (Art. 6 Abs. 1 Uabs. 1 lit. a DSGVO) oder eines Vertragsverhältnisses (Art. 6 Abs. 1 Uabs. 1 lit. b DSGVO) erfolgt ist.

1475 *Thouvenin/Weber/Früh*, S. 153.

1476 *Paal* lehnt aus diesem Grund auch eine teleologische Reduktion von Art. 20 DSGVO auf marktbeherrschende Unternehmen ab, *Paal*, ZWeR 2020, 215 (224 f.).

Auf welche Erlaubnisgrundlage Google die Datenverarbeitung im Rahmen von Google Search stützt, ist in der Datenschutzerklärung nicht eindeutig beschrieben.[1477] Für die Personalisierung von Leistungen wird jedoch ausweislich der Datenschutzerklärung die Einwilligung der Suchenden eingeholt. Auch der Info-Kasten, der zu Beginn einer Google-Suche angezeigt wird, beinhaltet die Aussage, dass Daten unter anderem zur Optimierung der Dienste verarbeitet werden, sofern die Suchenden einwilligen. Die Einschränkung von Art. 20 DSGVO auf nach Art. 6 Abs. 1 Uabs. 1 lit. a oder b DSGVO verarbeitete Daten steht einer Geltendmachung gegenüber Google unter diesen Bedingungen nicht im Weg.

cc) Drittbezug

Art. 20 Abs. 4 DSGVO sieht vor, dass die Ausübung des Rechts auf Datenportabilität keine Beeinträchtigung von Rechten und Freiheiten anderer Personen zur Folge haben darf. Relevanz kann dies insbesondere entfalten, wenn personenbezogene Daten der portierenden Person auch personenbezogene Daten Dritter umfassen.[1478] Enthalten die historischen Suchdaten einer Person etwa den Eintrag „Iris Berben Detmold“, so stellt dies zugleich ein personenbezogenes Datum von Iris Berben dar. Die datenschutzrechtliche Erlaubnisgrundlage zur Verarbeitung dieses personenbezogenen Datums ergibt sich für Google Search aus Art. 6 Abs. 1 Uabs. 1 lit. f DSGVO. Das berechtigte Interesse des Suchmaschinenbetreibers an der Durchführung von Vermittlungsleistungen sowie das berechtigte Interesse der Suchnutzer am zielgerichteten Konsumieren der im Internet verfügbaren Informationen konkurriert an dieser Stelle mit den Rechten der betroffenen Person auf Achtung des Privatlebens (Art. 7 GRCh) sowie auf Schutz der personenbezogenen Daten (Art. 8 GRCh). Hinsichtlich der Anzeige solcher personenbezogener Daten im Rahmen der Suchergebnisse hat sich der EuGH im Google-Spain-Urteil[1479] zur erforderlichen Interessenabwägung geäußert. Je nach konkretem Einzelfall können die Rechte der betroffenen Person überwiegen und Aufnahmen in die Suchergebnisse demnach unrechtmäßig sein.[1480] Hinsichtlich der vorgeschalteten Erfassung derartiger

1477 Datenschutzerklärung und Nutzungsbedingungen von Google, http://go.wwu.de/tdlb4.

1478 Kühling/Buchner/*Herbst*, Art. 20 DSGVO Rn. 18.

1479 *EuGH*, NJW 2014, 2257 (2257 ff.). Das Urteil erging zur RL 95/46, ist in diesem Punkt jedoch auf die Vorschriften der DSGVO übertragbar.

1480 *EuGH*, NJW 2014, 2257 (2261 ff.). Das Urteil erging zur RL 95/46, ist in diesem Punkt jedoch auf die Vorschriften der DSGVO übertragbar.

Suchbegriffe überwiegt jedoch das berechtigte Interesse der Suchmaschinenbetreiber, da hiermit noch keine Präsentation ausgewählter Inhalte in den Suchergebnissen einhergeht.

Im Fall einer auf Art. 20 DSGVO gestützten Datenübermittlung von Google an einen anderen Suchmaschinenanbieter wäre jedoch eine gesonderte datenschutzrechtliche Erlaubnisgrundlage gegenüber den betroffenen Dritten erforderlich. Insofern könnte die Verpflichtung aus Art. 20 DSGVO als rechtliche Verpflichtung i.S.v. Art. 6 Abs. 1 Uabs. 1 lit. c DSGVO gelten. Diese Kombination kann jedoch nicht herangezogen werden, um eine Datenübermittlung als solche zu legitimieren. Vielmehr besteht nur insoweit eine rechtliche Verpflichtung i.S.v. Art. 6 Abs. 1 Uabs. 1 lit. c DSGVO, als das Recht auf Datenübertragbarkeit nicht durch Art. 20 Abs. 4 DSGVO eingeschränkt ist.

Ganz konkret ist demnach zu betrachten, ob die Rechte einer in Suchbegriffen genannten Person durch eine Datenübermittlung von Google an einen anderen Suchmaschinenanbieter beeinträchtigt werden. Dies ist allerdings regelmäßig nicht der Fall. Das zuvor genannte Beispiel aufgreifend, könnten Suchnutzer jederzeit auch bei einer konkurrierenden Suchmaschine „Iris Berben Detmold“ eingeben. Eine datenschutzrechtliche Erlaubnisgrundlage für die Erfassung des Suchbegriffs ist wie bereits erläutert in Art. 6 Abs. 1 Uabs. 1 lit. f DSGVO zu finden. Vor diesem Hintergrund ist nicht ersichtlich, inwiefern Interessen oder Rechte der betroffenen Person vorliegen sollen, die eine für Art. 20 Abs. 4 DSGVO relevante Beeinträchtigung begründen.

4. *Bewertung von § 19a Abs. 2 S. 1 Nr. 5 Alt. 2 GWB mit Blick auf Google*

Abstrakt betrachtet bietet ein Recht auf Datenportabilität die Möglichkeit, zu einer Öffnung der Märkte und zu wirksamerem Wettbewerb beizutragen. Die vorangegangenen Ausführungen zeigen jedoch, dass keine spürbaren Auswirkungen auf den Bereich der Suchmaschinen zu erwarten sind. Zunächst bietet Datenportabilität für Suchmaschinen, die keine personenbezogenen Daten verarbeiten, keine Wettbewerbsvorteile. Potential bietet sich hingegen bei Suchmaschinen, die – sowohl im Rahmen der Suchergebnisse als auch bei der Auswahl von Werbeanzeigen – personenbezogene Daten verarbeiten. Dies betrifft vornehmlich Bing. Andere Wettbewerber wie Yahoo oder Ecosia erhalten ihre Suchergebnisse von Bing,[1481] sodass sich die Frage stellt, auf welche Art und Weise portierte Daten überhaupt genutzt werden könnten.

1481 Siehe hierzu: Kapitel 1: E. (S. 37 ff.).

Doch auch für Bing als Wettbewerber von Google Search wird § 19a Abs. 2 S. 1 Nr. 5 Alt. 2 GWB keinen erheblich verbesserten Zugang zu Suchnutzern zur Folge haben. Dass dem Recht auf Datenportabilität im Suchmaschinenbereich bislang nicht allzu viel Bedeutung zukam, ist nicht darauf zurückzuführen, dass zu hohe technische oder rechtliche Hürden bestehen.[1482] Vielmehr ist die Ausgangslage ganz anders als etwa im Bereich sozialer Netzwerke. Bei Facebook sind viele Inhalte personalisiert und mit anderen Nutzern verknüpft, beispielsweise Timelineeinträge, Gruppenzugehörigkeiten oder „Freundschaften". Dieses Plattform-Leben auf Facebook baut hohe Hürden auf, wenn es um einen Anbieterwechsel geht. Solche Hürden lassen sich durch die Möglichkeit, Daten zu portieren, herunterschrauben. Im Rahmen der Suchmaschinennutzung bestehen derartig hohe Hürden jedoch nicht.[1483] Die Hürde, eine andere Suchmaschine zu nutzen, besteht vordergründig in der Erwartung, dass dieser weniger gute Suchergebnisse liefert.[1484] Diese – vermeintlich – schlechtere Qualität hängt mit dem Gesetz der großen Zahl und mit allgemeinen datenbedingten Lerneffekten zusammen.[1485] Die Tatsache, dass ein einzelner Suchnutzer Daten zu einem konkurrierenden Dienst portieren lässt, ändert daran nichts.[1486] Insofern ist der Anreiz, vom Recht auf Datenportabilität Gebrauch zu machen, für Suchnutzer generell gering. Die neue Untersagungsvariante aus § 19a Abs. 2 S. 1 Nr. 5 Alt. 2 GWB wird nach alldem nicht dazu beitragen, den Zugang zu Nutzern aus Sicht konkurrierender Suchmaschinenanbieter wesentlich zu erleichtern.

II. Erleichterung des Nutzerzugangs durch die Untersagung ausschließlicher Vorinstallationen und Voreinstellungen

Wie in Kapitel 2 erläutert, profitiert Google Search davon, dass die Suchmaschine bei verschiedenen Betriebssystemen und Browsern als einziger Dienst vorinstalliert oder als Standard eingestellt ist.[1487] In der Sicherung

1482 Siehe hierzu auch die schon seit 2011 von Google angebotene Exportmöglichkeit persönlicher Daten, http://go.wwu.de/2bi0n. Ebenfalls auf die bestehenden Möglichkeiten zur Datenportabilität bei Google hinweisend: *Kaben*, in: Körber/Immenga (Hrsg.), 123 (139); *Stiftung Datenschutz*, S. 36. Zur Beteiligung von Google in einer „Data Portability Workgroup": *Kratz*, InTeR 2019, 26 (28).

1483 Siehe hierzu: Kapitel 2: E.I.1.b) (S. 85 ff.) sowie Kapitel 2: E.I.2. (S. 92 f.).

1484 Siehe hierzu: Kapitel 2: E.I.1.c) (S. 87 f.).

1485 Siehe zu datenbedingten Lerneffekten: Kapitel 2: D.III.1. (S. 76 ff.).

1486 *Prüfer*, S. 9.

1487 Siehe hierzu: Kapitel 2: E.I.1.f) (S. 90 ff.).

dieser Zugangswege zu Nutzern liegt ein gewichtiger Faktor für die Dominanz von Google Search.[1488] Diese Zusammenhänge griff die EU-Kommission im Google-Android-Verfahren auf.[1489] Dabei gelangte sie zum Ergebnis, dass Google kartellrechtswidrige Vereinbarungen mit Herstellern von Android-Geräten und mit Mobilfunknetzbetreibern getroffen hat. Die Vereinbarungen dienten dem Zweck, die beherrschende Stellung auf dem Suchmaschinenmarkt abzusichern.[1490] Unter anderem wendete sich die EU-Kommission gegen die Forderung, die Google im Rahmen der Lizenzierung an Hersteller von Android-Geräten richtete. Die Forderung beinhaltete, dass sowohl Google Search als auch Google Chrome auf den Geräten der Hersteller vorinstalliert werden müssen.[1491] Einen weiteren Verstoß sah die EU-Kommission darin, dass Google im Verhältnis zu Herstellern von Android-Geräten aushandelte, Google Search gegen Zahlung als einzige Suchmaschine auf den Geräten vorzuinstallieren.[1492]

Auch im Rahmen der 10. GWB-Novelle wurde die rechtliche Erfassung von Vorinstallationen und Standard-Einstellungen diskutiert. Im Folgenden wird erörtert, welche Untersagungsvarianten hierfür relevant sind und inwiefern sich das derzeitige Vorgehen von Google hierunter subsumieren lässt (1). Daran anschließend wird auf alternative Designs zur von den Suchenden vorgenommenen Auswahl der Suchmaschine eingegangen (2).

Gegenstand der Untersuchung ist dabei das Ergreifen von Maßnahmen durch Google. Neben einer möglichen Selbstbevorzugung oder einer anderweitigen Behinderung von Wettbewerbern nutzt Google noch einen weiteren Hebel, um die Zugangswege zu Nutzern zu kontrollieren: Andere Unternehmen werden bezahlt, um auf deren Anwendungen und Systemen als Standard-Suchmaschine voreingestellt zu sein.[1493] Aufgrund einer Vereinbarung mit Apple fungiert Google Search etwa im Rahmen von iOS als voreingestellte Standard-Suchmaschine. Dies lässt sich Google jährlich zwischen acht

---

1488 *Yale Tobin Center for Economic Policy*, Digital Regulation Project – More Competitive Search Through Regulation, S. 10.

1489 *EU-Kommission*, Entsch. v. 18.07.2018, AT.40099 – Google Android.

1490 *EU-Kommission*, Entsch. v. 18.07.2018, AT.40099, Rn. 858 ff. – Google Android.

1491 *EU-Kommission*, Entsch. v. 18.07.2018, AT.40099, Rn. 184, 203 – Google Android.

1492 In eine ähnliche Richtung zielt eine Untersuchung in den USA. Das US-Justizministerium hat diesbezüglich am 20.10.2020 eine Klage gegen Google eingereicht: *United States District Court for the District of Columbia*, No. 1:20-cv-03010 – United States/Google LLC.

1493 *United States District Court for the District of Columbia*, No. 1:20-cv-03010, Rn. 4 – United States/Google LLC.

und zwölf Milliarden US-Dollar kosten.[1494] Die Voreinstellung als Standard-Suchmaschine im Mozilla-Browser ist Google bis zu 500 Millionen US-Dollar wert.[1495] Wie bereits erwähnt konzentriert sich die vorliegende Untersuchung jedoch auf Google-eigene Maßnahmen. Dies ist zum einen das Vorinstallieren und Voreinstellen von Google Search in Google-eigenen Diensten. Zum anderen richtet sich die Untersuchung auf Vereinbarungen zwischen Google und Android-Herstellern.

1. Untersagungsmöglichkeiten durch die neue Missbrauchsaufsicht nach § 19a GWB

Im Rahmen des Gesetzgebungsverfahrens zur 10. GWB-Novelle wurde diskutiert, inwiefern von ausschließlichen Vorinstallationen und voreingestellten Standards eine wettbewerbsschädliche Wirkung ausgeht. Zwar adressierte der Regierungsentwurf dieses Verhalten noch nicht explizit. In der verabschiedeten Fassung des § 19a GWB sind nunmehr jedoch zwei Untersagungsvarianten enthalten, die auf Vorinstallationen und Voreinstellungen abzielen. Ausweislich der Begründung in der finalen Beschlussfassung wird sowohl durch § 19a Abs. 2 S. 1 Nr. 1 lit. b GWB[1496] als auch durch § 19a Abs. 2 S. 1 Nr. 2 GWB das im Google-Android-Verfahren der EU-Kommission untersuchte Verhalten ins Visier einer möglichen Untersagung genommen.[1497]

a) Erfassung durch § 19a Abs. 2 S. 1 Nr. 1 lit. b GWB

Nach § 19a Abs. 2 S. 1 Nr. 1 lit. b GWB soll es möglich sein, den Vermittlern zu Beschaffungs- und Absatzmärkten die ausschließliche Integration eigener Angebote zu untersagen. Ein rechtlicher Handlungsbedarf ergibt sich nach Ansicht des Gesetzgebers daraus, dass durch die „Umgehung des Leistungswettbewerbs Reichweite zugeführt und dadurch die Marktstellung des Unternehmens verfestigt oder ausgebaut wird".[1498]

1494 *United States District Court for the District of Columbia*, No. 1:20-cv-03010, Rn. 118 – United States/Google LLC; *Yale Tobin Center for Economic Policy*, Digital Regulation Project – More Competitive Search Through Regulation, S. 10.

1495 *Lyons* auf „The Verge", http://go.wwu.de/9g6i7.

1496 *Podszun* hatte als Reaktion auf den Regierungsentwurf, der noch keine Regelbeispiele enthielt, die Aufnahme solcher unter anderem mit Blick auf die „Vorinstallation eigener Dienste" angeregt, *Podszun*, Stellungnahme für den Ausschuss für Wirtschaft und Energie des Deutschen Bundestags, S. 12.

1497 BT-Drucks. 19/25868, S. 114 f.

1498 BT-Drucks. 19/25868, S. 114.

aa) Vermittlung zum Absatzmarkt

Die Norm verlangt zunächst, dass das Unternehmen mit überragender marktübergreifender Bedeutung einen Zugang zu Beschaffungs- und Absatzmärkten vermitteln muss. Google kann mit Google Android oder Google Chrome Suchmaschinenanbietern die Möglichkeit bieten, von Suchnutzern wahrgenommen zu werden. Somit steuert das Unternehmen zu einem gewichtigen Teil den Zugang zum Markt der allgemeinen Suche.

Nach dem Wortlaut der Norm ist es dabei unerheblich, welche wettbewerbliche Stellung dem Unternehmen mit überragender marktübergreifender Bedeutung im Bereich der relevanten Vermittlung zukommt. Sowohl Google Android als auch Google Chrome stellen bedeutende Zugangswege für Suchmaschinen dar, weshalb die Frage der wettbewerblichen Relevanz der Vermittlungstätigkeit an dieser Stelle nicht zu klären ist. Es sei jedoch darauf verwiesen, dass es sich aufgrund der Einordnung als Unternehmen mit überragender marktübergreifender Bedeutung in den meisten Fällen um Unternehmen handelt, die auch in solchen Vermittlungsbereichen einen erheblichen Einfluss auf den Wettbewerb ausüben. Darüber hinaus *kann* das Bundeskartellamt eine in § 19a Abs. 2 GWB normierte Verhaltensweise untersagen. Insofern spricht einiges dafür, dass bei einer unerheblichen Vermittlungsposition i.S.v. § 19a Abs. 2 S. 1 Nr. 1 lit. b GWB keine Untersagungsverfügung nach dieser Variante erteilt wird.

bb) Ausschließliche Integration eigener Angebote

§ 19a Abs. 2 S. 1 Nr. 1 lit. b GWB stellt einen Sonderfall der Selbstbevorzugung aus § 19a Abs. 2 S. 1 Nr. 1 GWB dar. Das Verhalten, welches das Bundeskartellamt hiernach untersagen kann, ist die ausschließliche Vorinstallation oder eine ähnliche Integration eigener Angebote. Es ist somit möglich, Google als Unternehmen mit überragender marktübergreifender Bedeutung zu verbieten, in einem Browser oder in anderen Systemen lediglich die eigene Suchmaschine vorab zu installieren. Darüber hinaus kann auch eine ähnliche Integration von der Norm erfasst werden. Die finale Beschlussfassung nennt – wie auch für § 19a Abs. 2 S. 1 Nr. 2 GWB – unter anderem „die Voreinstellung von Suchmaschinen in Browsern, Mobil- sowie Desktop-Geräten und Voice-Assistenten".[1499] Somit adressiert § 19a Abs. 2 S. 1 Nr. 1 lit. b GWB ebenso die Konstellation, dass Google Search als Standard-Suchmaschine voreingestellt ist.

1499 BT-Drucks. 19/25868, S. 115.

cc) Bewertung

Mit Blick auf die in Kapitel 2 herausgearbeiteten Lock-In-Effekte[1500] ist zu begrüßen, dass das Bundeskartellamt eine ausschließliche Vorinstallation eigener Dienste untersagen kann. Daneben ist konsequent, dass auch die Voreinstellung als Standard-Suchmaschine von der Norm erfasst wird. Dies gilt insofern, als die Voreinstellung einer Suchmaschine für viele Nutzer eine Wechselbarriere schafft.[1501] Zwar wächst diese Barriere nochmals an, wenn andere Suchmaschinen nicht vorinstalliert sind und somit auch keine andere Suchmaschine ohne Weiteres als Standard-Suchmaschine eingestellt werden kann. Dennoch sollten angesichts der Gewohnheiten der Nutzer auch die Standard-Einstellungen in den Blick genommen werden.[1502]

Beide Verhaltensweisen bergen die Gefahr, dass Google durch seine Gatekeeper-Funktion als Anbieter von Smartphone-Betriebssystemen und Browsern den allgemeinen Suchmaschinenmarkt für andere Wettbewerber verschließen kann. Diese Gefahr droht umso mehr, als Wettbewerber nicht mittels günstigerer Preise einen Anreiz zur Nutzung setzen können. Dies gilt zumindest mit Blick auf die Nutzergruppe der Suchenden, die nahezu alle Suchmaschinen unentgeltlich nutzen können. Zwar können sich Wettbewerber wie DuckDuckGo beispielsweise mit dem Faktor der Datensparsamkeit von Google Search abgrenzen und dem Suchnutzer ein alternatives Sucherlebnis bieten.[1503] Aufgrund der Voreinstellungen und Vorinstallationen bleibt ihnen jedoch ein effektiver Weg verwehrt, sich den Suchenden zu präsentieren.[1504]

1500 Siehe hierzu: Kapitel 2: E.I.1. (S. 84 ff.).

1501 *Lewandowski*, in: Krah/Müller-Terpitz (Hrsg.), 35 (39).

1502 Dies gilt insbesondere, da Nutzer selten Änderungen an den Voreinstellungen vornehmen: *United States District Court for the District of Columbia*, No. 1:20-cv-03010, Rn. 3 – United States/Google LLC mit Verweis darauf, dass die Bedeutung der Voreinstellungen im Besonderen für den Smartphone-Bereich gilt. Ebenso: *EU-Kommission*, Entsch. v. 24.03.2004, COMP/C-3/37.792, Rn. 858 – Microsoft; *Clemons/Madhani*, Journal of Management Information Systems 2010-2011, 43 (60); Esayas, International Data Privacy Law 2018, 181 (190); *Jachimowicz*, Behavioural Public Policy 2019, 159 (174 f.); *Lévêque*, S. 127; *Lewandowski*, in: Krah/Müller-Terpitz (Hrsg.), 35 (39); *White*, S. 76.

1503 *United States District Court for the District of Columbia*, No. 1:20-cv-03010, Rn. 9 – United States/Google LLC.

1504 *United States District Court for the District of Columbia*, No. 1:20-cv-03010, Rn. 9 – United States/Google LLC.

b) Erfassung durch § 19a Abs. 2 S. 1 Nr. 2 GWB

Auch § 19a Abs. 2 S. 1 Nr. 2 GWB orientiert sich in Teilen am Google-Android-Verfahren der EU-Kommission.[1505] Ins Visier nimmt die Norm Verhaltensweisen, mit denen ein digitales Ökosystem gegen Wettbewerbsdruck abgesichert werden soll.[1506] Die Gesetzesbegründung weist explizit auf einen Zusammenhang zwischen § 19a Abs. 2 S. 1 Nr. 2 GWB und § 19a Abs. 2 S. 1 Nr. 1 lit. b GWB hin.[1507]

aa) Reichweite der Norm

Nach dem Wortlaut von § 19a Abs. 2 S. 1 Nr. 2 GWB kann eine ausschließliche Vorinstallation einer Suchmaschine oder eine anderweitige Integration – etwa als eingestellte Standard-Suchmaschine – erfasst werden. Auch der Gesetzgeber äußerte sich dahin gehend.[1508] Ergänzend zu § 19a Abs. 2 S. 1 Nr. 1 lit. b GWB können allerdings nicht nur Verhaltensweisen erfasst werden, bei denen es sich um eine Selbstbevorzugung handelt. Vielmehr sind darüber hinaus auch Konstellationen abgedeckt, in denen Google Search durch Vereinbarungen zwischen Google und Dritten bevorzugt wird. Insofern nimmt die Norm Bezug auf vertragliche Vereinbarungen zwischen Google und Geräteherstellern.

bb) Zu untersagende Vereinbarungen

Bei Android handelt es sich um ein Open-Source-Betriebssystem.[1509] Sogenannte Lizenznehmer (Original Equipment Manufacturers, OEM) können dieses Betriebssystem zunächst unabhängig weiterentwickeln.[1510] Hierdurch entstehen unterschiedliche Android-Varianten.[1511] Google hat in der Vergangenheit verschiedene vertragliche Vereinbarungen mit den OEM getroffen, die im Google-Android-Verfahren als wettbewerbswidrig eingestuft wurden.[1512] Auch in den USA untersucht das US-Justizministerium derzeit einige der Google-Praktiken.[1513]

1505 BT-Drucks. 19/25868, S. 114 f.

1506 *Käseberg*, in: Bien et al. (Hrsg.), Kapitel 1, Rn. 195.

1507 BT-Drucks. 19/25868, S. 115.

1508 BT-Drucks. 19/25868, S. 115.

1509 *Körber*, NZKart 2014, 378 (379); *Völcker/Benditz*, EuZW 2020, 259 (265).

1510 *Körber*, NZKart 2014, 378 (379).

1511 *Körber*, NZKart 2014, 378 (379); *Völcker/Benditz*, EuZW 2020, 259 (265); *Persch* auf „D'Kart", http://go.wwu.de/x1xyc.

1512 *EU-Kommission*, Entsch. v. 18.07.2018, AT.40099 – Google Android.

1513 *United States District Court for the District of Columbia*, No. 1:20-cv-03010 – United States/Google LLC.

Mit § 19a Abs. 2 S. 1 Nr. 2 GWB wurde nun die Möglichkeit geschaffen, schon im Voraus Verhaltensweisen zu untersagen, die andere Unternehmen – hier: andere Suchmaschinenbetreiber – in ihrer Geschäftstätigkeit behindern. Als Anschauungsbeispiel dafür, was von der Norm abgedeckt ist, dient folgende vertragliche Vereinbarung zwischen Google und OEM: OEM müssen bei Android Google-Apps wie Maps oder Chrome als Standard einstellen und sichtbar machen.[1514] Diese Apps verfügen wiederum über Suchzugriffspunkte, die die Nutzer zu Google Search führen.[1515] Google sichert sich somit im Verhältnis zu den OEM die wesentlichen Zugangspunkte zu Suchnutzern. Im Vergleich zur Voreinstellung von Google Search in eigenen Diensten wie Google Chrome wirkt die Behinderung der anderen Suchmaschinenanbieter zwar nur mittelbar über die Android-Hersteller. § 19a Abs. 2 S. 1 Nr. 2 GWB bezieht sich jedoch als Ergänzung zu § 19a Abs. 2 S. 1 Nr. 1 lit. b GWB gerade auf solche mittelbaren Zusammenhänge.[1516]

c) Fazit zu den Untersagungsvarianten aus § 19a Abs. 2 GWB

Die ausschließliche Vorinstallation von Google Search sowie die Einstellung als Standard-Suchmaschine durch Google selbst sind durch § 19a Abs. 2 S. 1 Nr. 1 lit. b GWB zu adressieren. Ergänzend hierzu kann § 19a Abs. 2 S. 1 Nr. 2 GWB dienen, mögliche wettbewerbsschädliche Vertragsvereinbarungen zu erfassen.

2. Design zur Auswahl von Suchmaschinen

Voreinstellungen üben einen starken Einfluss auf das Nutzerverhalten aus. Wie bereits erörtert, werden nur selten Änderungen hieran vorgenommen.[1517] Dass es Nutzern offen steht, alternative Möglichkeiten zu suchen und auszuwählen,

---

1514 *Yale Tobin Center for Economic Policy*, Digital Regulation Project – More Competitive Search Through Regulation, S. 13.

1515 *Yale Tobin Center for Economic Policy*, Digital Regulation Project – More Competitive Search Through Regulation, S. 13.

1516 *Esser/Höft*, in: Bien et al. (Hrsg.), Kapitel 1, Rn. 238.

1517 *United States District Court for the District of Columbia*, No. 1:20-cv-03010, Rn. 3 – United States/Google LLC mit Verweis darauf, dass die Bedeutung der Voreinstellungen im Besonderen für den Smartphone-Bereich gilt. Ebenso: *EU-Kommission*, Entsch. v. 24.03.2004, COMP/C-3/37.792, Rn. 858 – Microsoft; *Clemons/Madhani*, Journal of Management Information Systems 2010–2011, 43 (60); Esayas, International Data Privacy Law 2018, 181 (190); *Jachimowicz*, Behavioural Public Policy 2019, 159 (174 f.); *Lévêque*, S. 127; *Lewandowski*, in: Krah/Müller-Terpitz (Hrsg.), 35 (39); *White*, S. 76.

ist nicht gleichzusetzen mit einer Situation, in der Nutzer über einen Auswahlkasten vor eine „aktive" Wahl gestellt werden.[1518] Eine solche Wahlmöglichkeit bietet das Choice-Screen-Verfahren. Es hat seinen Ursprung im Microsoft-Verfahren der EU-Kommission.[1519] Seit 2019 wird der Choice Screen auch von Google Android eingesetzt, um den Suchnutzern bei der Einrichtung eines Geräts die Auswahl einer Suchmaschine zu ermöglichen.[1520] Das Verfahren zur Besetzung des Choice Screen hat sich zum 1. September 2021 noch einmal deutlich verändert.[1521] Mit Blick hierauf sollen zunächst das alte und das neue Design des Choice Screen dargestellt werden (a-b). Daran anschließend wird erörtert, ob die vorgenommenen Änderungen durch Google ausreichen oder weiterhin eine Untersagung nach § 19a Abs. 2 S. 1 Nr. 1 lit. b GWB oder § 19a Abs. 2 S. 1 Nr. 2 GWB in Betracht kommt (c).

a) Früheres Design des von Google verwendeten Choice Screen

Bei der Einrichtung von Smartphones und Tablets können Nutzer unter anderem auch eine Standard-Suchmaschine auswählen. Hierzu verwendet Google einen Choice Screen. In diesem werden verschiedene Suchmaschinen zur Auswahl gestellt. Welche Suchmaschinenanbieter an dieser Stelle zur Auswahl erscheinen, ermittelte Google bislang über Choice-Screen-Auktionen.[1522] Hierbei konnten Suchmaschinenanbieter Gebote abgeben. In den meisten Ländern, in denen der Choice Screen eingesetzt wird, wurden die drei höchstbietenden Suchmaschinenanbieter ausgewählt und in die Auswahlmöglichkeiten der Nutzer einbezogen. Der Betrag, den sie an Google zahlen mussten, orientierte sich am vierthöchsten Gebot. Eine Zahlung wurde ausgelöst, sobald eine Suchmaschine ausgewählt wurde.[1523]

Dieses Bezahlmodell erfuhr insbesondere durch kleinere Suchmaschinenanbieter Kritik. Es gibt Suchmaschinen, die bei Suchenden beliebt sind, aber in geringerem Maße mit personalisierten Werbeanzeigen arbeiten und in der

---

1518 Siehe hierzu: *Habib et al.*

1519 *EU-Kommission*, Pressemitteilung v. 16.12.2009, http://go.wwu.de/4doly.

1520 Informationen von Android zum Choice Screen, http://go.wwu.de/otq-2.

1521 Informationen von Android zum Choice Screen, http://go.wwu.de/otq-2.

1522 Nach *Ostrovsky* ist dies in 31 europäischen Ländern der Fall gewesen, *Ostrovsky*, S. 11. In Russland wird der Choice Screen seit 2017 angewendet (http://go.wwu.de/5d1z2), in der EU als Folge des Google-Android-Verfahrens seit 2019 (http://go.wwu.de/01azi) und in Australien gibt es Bestrebungen, ebenfalls ein Choice-Screen-Verfahren einzuführen (http://go.wwu.de/yhipw).

1523 *Ostrovsky*, S. 4 f.

Folge pro Suchnutzer vergleichsweise geringe Einnahmen erzielen.[1524] Diese Suchmaschinen konnten im Rahmen des bislang verwendeten Auktionsmodus nicht so viel bieten wie andere – teilweise qualitativ schwächere – Suchmaschinen.[1525] Es setzten sich im Rahmen der Auktion somit häufig Suchmaschinenbetreiber durch, die zwar pro Suchendem höhere Einnahmen erzielen, die jedoch selten genutzt werden. Deshalb entschieden sich sehr viele Nutzer bei der Anzeige des Choice Screen für Google Search.[1526]

b) Neues Design

Das neue Design sieht vor, dass bis zu zwölf verschiedene Suchmaschinenanbieter angezeigt werden.[1527] Die ersten fünf Auswahlmöglichkeiten sind die fünf – im jeweiligen Land – meistgenutzten Suchmaschinen.[1528] Diese werden in zufälliger Reihenfolge angezeigt. Neben der Erweiterung der Auswahlmöglichkeiten endet darüber hinaus mit dem neuen Modus das Auktionsverfahren.[1529] Die Suchmaschinenanbieter müssen nicht mehr dafür zahlen, in den Choice Screen aufgenommen zu werden.

c) Bewertung

Die Änderungen, die Google am Choice Screen vorgenommen hat, bieten den Suchenden bessere Auswahlmöglichkeiten. Zum einen wird die Anzahl der zu wählenden Suchmaschinen vergrößert.[1530] Zum anderen wird eine Abkehr vom Auktionsmodus vollzogen, die den zuvor beschriebenen Problemen wirtschaftlich schwächerer Suchmaschinenanbieter Abhilfe verschafft. Als Alternative zum bisherigen Auktionsmodus wurde in der Vergangenheit vorgeschlagen, dass Google den Auktionsmodus daran orientieren solle, wie häufig eine Suchmaschine im Choice Screen angezeigt wird.[1531] In dieser Konstellation wäre es

---

1524 Artikel von DuckDuckGo zu „As Predicted, Google's Search Preference Menu Eliminates DuckDuckGo", http://go.wwu.de/fvj1-.

1525 *Ostrovsky*, S. 4 f.; Artikel von DuckDuckGo zu „As Predicted, Google's Search Preference Menu Eliminates DuckDuckGo", http://go.wwu.de/fvj1-.

1526 *Ostrovsky*, S. 4 f.

1527 Informationen von Android zum Choice Screen, http://go.wwu.de/otq-2.

1528 Informationen von Android zum Choice Screen, http://go.wwu.de/otq-2.

1529 Informationen von Android zum Choice Screen, http://go.wwu.de/otq-2.

1530 So wurde es schon zuvor vorgeschlagen von DuckDuckGo: Artikel von DuckDuckGo zu „Search Preferences Menus: Improving Choice With Design", http://go.wwu.de/5s5ih.

1531 *Ostrovsky*, S. 4 f.

aus Sicht der Suchmaschinenbetreiber wirtschaftlich erstrebenswert, dass die Suchmaschine von möglichst vielen Nutzern verwendet wird. Insofern würde dieser Modus Suchmaschinen bevorteilen, die pro Suchendem zwar geringe Einnahmen erzielen, aber bei den Suchenden beliebt sind.[1532] Die Marktanteile von Google Search wären aufgrund der qualitativ hochwertigeren Wettbewerber im Choice Screen sodann einem deutlich höheren Wettbewerbsdruck ausgesetzt.[1533] Dass der Auktionsmodus nunmehr gänzlich wegfällt, bietet Wettbewerbern, die pro Suchnutzer vergleichsweise wenig Einnahmen generieren, noch bessere Wettbewerbsmöglichkeiten. Einschränkend ist allerdings darauf hinzuweisen, dass das neue Verfahren nur für Google Android gilt. Voreinstellungen in Google Chrome sind hiervon beispielsweise nicht betroffen. Ebenso gilt das neue Verfahren nur für Geräte, die neu in Betrieb genommen werden.[1534] Demnach dürften sich zunächst nur geringe Auswirkungen zeigen.

Dass sich Änderungen am Choice-Screen-Verfahren wettbewerbsfördernd auswirken können, legen durchgeführte Studien nahe. Zunächst deutet hierauf eine Studie hin, die DuckDuckGo in den USA, in Großbritannien und in Australien durchgeführt hat.[1535] Den Probanden wurde in einem ersten Bildschirmfenster zunächst das Choice-Screen-Verfahren in knapper Ausführung erläutert.[1536] Im Anschluss erschien ein Choice Screen mit bis zu 14 verschiedenen Suchmaschinenanbietern zur Auswahl.[1537] Unter dem Namen der Anbieter wurde jeweils eine in bis zu zwei Zeilen gefasste Beschreibung eingeblendet. Das Ergebnis der Studie zeigte, dass die Marktanteile von Googles Wettbewerbern unter diesen Bedingungen erheblich zunahmen.[1538] In einer weiteren Studie in Deutschland wurden den Suchenden in einem Choice Screen bis zu acht verschiedene Suchmaschinenanbieter angezeigt – unter anderem die vier zum

---

1532 *Ostrovsky*, S. 4 f.

1533 *Ostrovsky*, S. 5.

1534 *Porter* auf „The Verge“, http://go.wwu.de/ey68v.

1535 Artikel von DuckDuckGo zu „Search Preferences Menus: Improving Choice With Design“, http://go.wwu.de/5s5ih.

1536 Artikel von DuckDuckGo zu „Search Preferences Menus: Improving Choice With Design“, http://go.wwu.de/5s5ih.

1537 Artikel von DuckDuckGo zu „Search Preferences Menus: Improving Choice With Design“, http://go.wwu.de/5s5ih.

1538 In den USA von 4,9 % auf 24,2 %, in Großbritannien von 2 % auf 23,9 % und in Australien von 1,7 % auf 17,3 %, Artikel von DuckDuckGo zu „Google Search Mobile Market Share Likely to Drop Around 20 % through Search Preference Menus“, http://go.wwu.de/8qo0r.

damaligen Zeitpunkt meistgenutzten Suchmaschinen für den Bereich mobiler Endgeräte: Google, Bing, Yahoo und DuckDuckGo.[1539] Während der Marktanteil von Googles Wettbewerbern für Suchanfragen über mobile Endgeräte damals bei 1,72 % lag, ergab sich unter den Bedingungen der Studie ein deutlicher Anstieg auf 13,57 %.[1540] Es deutet somit viel darauf hin, dass der seit Jahren konstant hohe Anteil an Suchanfragen, die über Google Search durchgeführt werden, zu einem erheblichen Teil auf die Vorinstallationen und Voreinstellungen zurückzuführen ist.[1541]

3. Fazit

Die Bedeutung von Vorinstallationen und Voreinstellungen im Suchmaschinenbereich wurde bereits in Kapitel 2 herausgearbeitet. Wie wichtig ein solcher privilegierter Status für Google mit Blick auf die Erzielung von Werbeeinnahmen ist, zeigt sich allein schon in dem Umstand, dass Google bereit ist, Apple und Mozilla derart hohe Summen für die Voreinstellung von Google Search zu zahlen.[1542] Mit Blick auf die in Kapitel 2 herausgearbeiteten Gründe dafür, dass Suchnutzer ein Singlehoming bei Google Search betreiben, kann ein gut konzipierter Choice Screen Abhilfe schaffen. Zunächst bietet sich für Suchende hierdurch die Möglichkeit, ein Vertrauensverhältnis und eine Gewöhnung auch in Bezug auf andere Suchmaschinenanbieter zu entwickeln, da diese überhaupt erstmal als Alternativen in den Blick gerückt werden. Durch einen niedrigschwelligen Zugang besteht für die Wettbewerber von Google Search in einem nächsten Schritt die Möglichkeit, die Suchenden davon zu überzeugen, dass ihre Suchergebnisse qualitativ ansprechend sind.

Ergänzend hierzu liegt der Vorteil des Choice-Screen-Verfahrens aus behördlicher Sicht darin, dass die Umsetzung – vergleichen mit anderen Abhilfemaßnahmen – nicht kontrollintensiv ist. Die Änderung des Choice Screen durch Google kann somit als ein erster Schritt hin zu mehr Wettbewerb im Suchmaschinenmarkt gewertet werden. Wie bereits erwähnt, fehlt eine freie Auswahlmöglichkeit jedoch an weiteren Zugriffspunkten wie etwa Google Chrome. Hinzu kommt, dass der privilegierte Zugang auf bereits eingerichteten

1539 Artikel von DuckDuckGo zu „Search Preference Menu Immediately Increases Google Competitors' Market Share by 300–800 %", http://go.wwu.de/aox9j.

1540 Artikel von DuckDuckGo zu „Search Preference Menu Immediately Increases Google Competitors' Market Share by 300–800 %", http://go.wwu.de/aox9j.

1541 So auch: *Ostrovsky*, S. 5.

1542 *Scott Morton/Dinielli*, S. 25.

Android-Geräten fortwirkt und die Auswirkungen des neuen Choice Screen in naher Zukunft somit wohl unerheblich sind. Nach derzeitigem Stand könnte das Bundeskartellamt Google die noch bestehende bevorzugte Integration eigener Angebote nach § 19a Abs. 2 S. 1 Nr. 1 lit. b, Nr. 2 GWB untersagen.

III. Gesamtfazit zum Nutzerzugang

Ein ganz wichtiger Schlüssel zum Abbau von Machtkonzentration im Suchmaschinenmarkt ist, den Wettbewerbern einen leichteren Zugang zu Suchenden zu verschaffen. Die Möglichkeit der Datenportabilität wird dabei nicht helfen. Ein sehr wirksames Mittel liegt hingegen darin, Google einen exklusiven Zugang zu Google Search über Google Android, Google Chrome oder weitere Zugriffspunkte zu untersagen. Darüber hinaus muss ebenfalls untersucht werden, inwiefern sich die vertraglichen Vereinbarungen mit Apple und Mozilla unterbinden lassen, sodass auch dort eine ausreichende Auswahlmöglichkeit gewährleistet ist.[1543]

F. Erfassung und Bewertung wettbewerbsschädlicher Übernahmen

Alphabet führt eine hohe Anzahl an Übernahmen durch. Zahlreiche dieser Übernahmen wirken sich auf die Marktmacht von Google Search sowie auf das marktübergreifende Zusammenspiel von Google Search und anderen Diensten aus.[1544] Im Folgenden wird untersucht, inwiefern die hieraus resultierenden Gefahren für den Wettbewerb im Rahmen der 10. GWB-Novelle berücksichtigt wurden. Ergänzend werden Ansätze für eine effektivere Anwendbarkeit und Durchführung der Zusammenschlusskontrolle dargestellt.

Zunächst wird der Anwendungsbereich der Zusammenschlusskontrolle behandelt (I). In einem zweiten Schritt ist zu erörtern, wie die Bewertung von Übernahmen durch ein großes Digitalunternehmen wie Alphabet vorgenommen werden sollte (II). Darüber hinaus wird auf Überlegungen zu einer missbrauchsunabhängigen Entflechtung als Alternative zur Zusammenschlusskontrolle eingegangen (III).

1543 Siehe hierzu: *United States District Court for the District of Columbia*, No. 1:20-cv-03010 – United States/Google LLC.

1544 Siehe hierzu: Kapitel 2: F.I.2. (S. 100 ff.).

I. Erfassung wettbewerbsschädlicher Übernahmen

In § 35 GWB ist der Anwendungsbereich der Zusammenschlusskontrolle geregelt. Nachdem dieser dargestellt wurde (1), wird untersucht, inwiefern der neue § 39a GWB bei der Erfassung von Digital Conglomerates Acquisitions helfen kann (2). Im Anschluss wird zusammengefasst, ob die derzeitigen Regelungen des GWB ausreichen, um die marktübergreifend relevanten Übernahmen angemessen kontrollieren zu können (3). Hierfür ist ferner ein Blick auf alternative Ansätze zur Ausgestaltung des Geltungsbereichs zu werfen (4).

1. Geltungsbereich der Zusammenschlusskontrolle

Die Regelungen zur Anwendbarkeit der Zusammenschlusskontrolle aus § 35 GWB legen fest, welche Übernahmen überhaupt der Zusammenschlusskontrolle unterliegen. Zahlreiche Übernahmen von Alphabet werden aufgrund der in § 35 Abs. 1 Nr. 2 GWB genannten Umsatzerlöse nicht erfasst.[1545] Hiernach muss eines der beteiligten Unternehmen einen Inlandsumsatz von mehr als 50 Millionen Euro und ein anderes beteiligtes Unternehmen einen Inlandsumsatz von mehr als 17, 5 Millionen Euro aufweisen. Diese Hürde des Inlandsumsatzes beim zu übernehmenden Unternehmen ist vor allem bei Start-ups regelmäßig nicht erfüllt.[1546]

Ein Beispiel für derartige Konstellationen ist die Übernahme von WhatsApp durch Facebook im Jahr 2014.[1547] Zwar hatte WhatsApp im Februar 2014 schon 450 Millionen Nutzer weltweit.[1548] Die Umsätze des Unternehmens erreichten in Deutschland und der EU jedoch nicht die Schwellenwerte der Zusammenschlusskontrolle.[1549] Vor diesem Hintergrund führte der Gesetzgeber mit der

1545 Generell auf digitale Märkte bezogen: *Ellger*, ZWeR 2018, 272 (287); *Podszun*, in: Deutscher Juristentag (Hrsg.), F 1 (F 33 f.).

1546 *Hoffmann-Riem*, in: Augstein (Hrsg.), 121 (130 f.), wohl noch mit Blick auf die alten – niedrigeren – Schwellenwerte in Höhe von 25 Millionen Euro und 5 Millionen Euro.

1547 *Bechtold/Bosch*, § 35 GWB Rn. 39; BT-Drucks. 18/10207, S. 74; *Louven*, in: Specht-Riemenschneider/Werry/Werry (Hrsg.), § 7.2 Rn. 4; *Lindberg*, WRP 2021, 302 (306 f.).

1548 http://go.wwu.de/3kdh8. Zum Zeitpunkt der Entscheidung der EU-Kommission am 03.10.2014 waren es schon etwa 600 Millionen Nutzer weltweit: *EU-Kommission*, Entsch. v. 03.10.2014, COMP/M.7217, Rn. 84 – Facebook/Whatsapp.

1549 *Podszun/Franz*, NZKart 2015, 121 (121); *Podszun/Kreifels*, in: Mak/Tjong Tjin Tai/Berlee (Hrsg.), 183 (198 f.); *Pohlmann/Wismann*, NZKart 2016, 555 (559).

Verabschiedung der 9. GWB-Novelle § 35 Abs. 1a GWB ein.[1550] Die Geltung der Regelungen zur Zusammenschlusskontrolle sollte nicht länger ausschließlich von Umsatzerlösen abhängen.[1551] Nach § 35 Abs. 1a GWB greifen die Vorschriften nunmehr auch dann, wenn die in § 35 Abs. 1 Nr. 2 GWB geforderten Inlandsumsätze nicht vorliegen, dafür jedoch der Wert der Gegenleistung für den Zusammenschluss mehr als 400 Millionen Euro beträgt und das zu erwerbende Unternehmen in erheblichem Umfang im Inland tätig ist. Ziel des Gesetzgebers ist es, die Dynamik der wirtschaftlichen Entwicklungen digitaler Geschäftsmodelle besser zu erfassen.[1552]

Aufgrund der Netzwerkeffekte funktionieren viele Dienste zunächst defizitär. Um diesem Umstand Rechnung zu tragen, wurde der Wert der Gegenleistung in § 35 Abs. 1a Nr. 3 GWB als Kriterium normiert.[1553] Mit der Gegenleistung ist nach § 38 Abs. 4a GWB der Kaufpreis in Verbindung mit möglichen – vom Erwerber übernommenen – Verbindlichkeiten gemeint. Eine Gegenleistung von mehr als 400 Millionen Euro indiziert laut Gesetzgeber, dass das übernommene Unternehmen ein relevantes wettbewerbliches Potential enthält.[1554] Gewissermaßen wird an dieser Stelle die Bewertung kartellrechtlicher Gefahrenlagen durch eine real-praktische Einschätzung des übernehmenden Unternehmens ersetzt. Durch den Wert der Gegenleistung bestimmt das Unternehmen über das Entstehen eines kartellrechtlich relevanten Zusammenschlusses. Bei Übernahmen durch Alphabet liegt in zahlreichen Fällen eine Gegenleistung von mehr als 400 Millionen Euro vor.[1555] Insoweit ist die Inlandstätigkeit nach § 35 Abs. 1a Nr. 4 GWB das maßgebliche Kriterium bezüglich des Anwendungsbereichs.[1556] Das zu erwerbende Unternehmen muss hiernach „in erheblichem Umfang im Inland tätig" sein.

Anders als das US-amerikanische Recht sieht das GWB bezüglich der Inlandstätigkeit keine Umsatzschwelle als Maßstab vor.[1557] Die deutsche

---

1550 *Louven*, in: Specht-Riemenschneider/Werry/Werry (Hrsg.), § 7.2 Rn. 4; *Becker*, ZWeR 2020, 365 (367); *Pohlmann*, WuW 2016, 563 (563); *Pohlmann/Wismann*, NZKart 2016, 555 (559).

1551 *Sura*, in: Sassenberg/Faber (Hrsg.), Teil 2, Rn. 20; *Pohlmann/Wismann*, NZKart 2016, 555 (559).

1552 BT-Drucks. 18/10207, S. 70.

1553 BT-Drucks. 18/10207, S. 71.

1554 BT-Drucks. 18/10207, S. 71.

1555 Siehe etwa *McLean*, Journal of Competition Law & Economics 2021, 141 (163).

1556 Immenga/Mestmäcker/*Thomas*, § 35 GWB Rn. 80.

1557 16 CFR § 802.50. Zur Anhebung des Ausgangswertes von 50 Millionen US-Dollar auf 80,8 Millionen US-Dollar: http://go.wwu.de/ag6ms.

Regelung bietet somit weniger Rechtssicherheit.[1558] Das Merkmal „in erheblichem Umfang“ ist vielmehr auszulegen.[1559] Für das vielzitierte Beispiel *Facebook/WhatsApp* ist davon auszugehen, dass WhatsApp schon zum Zeitpunkt des Zusammenschlusses aufgrund der hohen Nutzeranzahl in Deutschland i.S.v. § 35 Abs. 1a Nr. 4 GWB „in erheblichem Umfang im Inland tätig“ war. Laut der Begründung zur 9. GWB-Novelle ist eine App, deren Zielgruppe alle deutschen Verbraucher umfasst, in erheblichem Umfang im Inland tätig, sofern mehr als eine Million Personen die App nutzen.[1560] Eine Nutzeranzahl, die als erheblich einzuordnen ist, könne dagegen weit unter diesem Wert liegen, sofern sich die App an eine kleinere Zielgruppe richtet.[1561]

2. Neues Aufgreifinstrument in § 39a GWB

Als Neuerung im Bereich der Zusammenschlusskontrolle brachte die 10. GWB-Novelle die Einführung von § 39a GWB mit sich. Nach dieser Regelung kann das Bundeskartellamt ein Unternehmen zur Anmeldung von bestimmten Zusammenschlüssen verpflichten. Hierdurch kann eine Zusammenschlusskontrolle auch erfolgen, wenn der Geltungsbereich nicht nach § 35 GWB eröffnet ist.[1562]

In § 39a Abs. 1 GWB sind drei Voraussetzungen benannt: Das erwerbende Unternehmen muss im letzten Geschäftsjahr auf der ganzen Welt Umsatzerlöse von mehr als 500 Millionen Euro erzielt haben (Nr. 1);[1563] es müssen objektiv nachvollziehbare Anhaltspunkte dafür bestehen, dass durch künftige Zusammenschlüsse der wirksame Wettbewerb im Inland in den genannten Wirtschaftszweigen erheblich behindert werden könnte (Nr. 2); das erwerbende Unternehmen muss in den genannten Wirtschaftszweigen einen Anteil von mindestens 15 % am Angebot oder an der Nachfrage von Waren oder Dienstleistungen in Deutschland haben (Nr. 3).

Die Formulierung von Nr. 2 macht deutlich, dass der Gesetzgeber bei Schaffung der Norm keine Digital Conglomerates Acquisitions im Blick hatte. Diese sind nicht als Zusammenschlüsse „in einem oder mehreren bestimmten

---

1558 Immenga/Mestmäcker/*Thomas*, § 35 GWB Rn. 80.

1559 *Louven*, S. 219 f.; *Pohlmann/Wismann*, WuW 2017, 259 (259 f.).

1560 BT-Drucks. 18/10207, S. 75; *Bundeskartellamt/Bundeswettbewerbsbehörde*, S. 28.

1561 BT-Drucks. 18/10207, S. 75.

1562 BeckOK Informations- und Medienrecht/*Rinne*, § 39a GWB Rn. 1.

1563 Im Referentenentwurf waren noch Umsatzerlöse in Höhe von mehr als 250 Millionen Euro vorgesehen: *BMWi*, Referentenentwurf zur 10. GWB-Novelle, S. 13.

Wirtschaftszweigen" einzuordnen. Vielmehr liegt die wettbewerbliche Gefahr solcher Zusammenschlüsse darin, dass sie sich markt- und geschäftsbereichsübergreifend auswirken.[1564] Insofern scheint es verfehlt, davon auszugehen, dass § 39a GWB vor allem digital tätige Unternehmen adressiere.[1565] Die Zweckrichtung des Gesetzgebers geht dahin, ein strategisches Übernehmen kleinerer Wettbewerber zwecks sukzessiver Stärkung der eigenen Marktstellung zu verhindern.[1566] Vor dem Hintergrund der erhöhten Schwellenwerte in § 35 Abs. 1 GWB sollen hierdurch entstehende Kontrolllücken, vor allem in regionalen Märkten, geschlossen werden.[1567] Ein derartiges Schutzbedürfnis des Wettbewerbs besteht insbesondere für den Bereich der Entsorgungswirtschaft.[1568] Der neue § 39a GWB wird deshalb auch als „Remondis-Klausel" bezeichnet.[1569]

Darüber hinaus sprechen weitere Gründe gegen die sachgerechte Erfassung von Digital Conglomerates Acquisitions durch § 39a GWB. Die Möglichkeit des Bundeskartellamtes, eine Verfügung nach § 39a Abs. 1 GWB zu erlassen, wird durch Abs. 2 eingeschränkt. Hiernach gilt die Anmeldepflicht nur für den Fall, dass das zu erwerbende Unternehmen im letzten Geschäftsjahr Umsatzerlöse von mehr als zwei Millionen Euro erzielt hat (Nr. 1), wobei mehr als zwei Drittel im Inland generiert werden müssen (Nr. 2). Im Jahr 2019 erreichten laut der Studie „Deutscher Startup Monitor 2019" nur 10,9 % der Start-ups einen Umsatz von mindestens zwei Millionen Euro.[1570] Der neue § 39a GWB eignet sich vor diesem Hintergrund nicht, Digital Conglomerates Acquisitions angemessen zu erfassen.[1571] Die Studie gelangte ebenso zu dem Ergebnis, dass die

---

1564 *Crémer/de Montjoye/Schweitzer*, S. 112.

1565 So jedoch äußerte sich: *von Wallenberg*, ZRP 2020, 238 (240).

1566 BT-Drucks. 19/23492, S. 94 f.

1567 *Gröss/Mersch*, NZKart 2020, 119 (123).

1568 *Bundeskartellamt*, Pressemitteilung v. 13.12.2018, http://go.wwu.de/hvdhe.

1569 *Kredel/Kresken*, NZKart 2020, 502 (504); *Podszun*, Stellungnahme für den Ausschuss für Wirtschaft und Energie des Deutschen Bundestags, S. 26; *von Wallenberg*, ZRP 2020, 238 (240). Kritisch dahin gehend, ob das Unternehmen „wirklich als Namenspate für den § 19a GWB taugt": *Steinvorth/Gasser*, WuW 2021, 155 (155).

1570 *Bundesverband Deutscher Startups*, Deutscher Startup Monitor 2019, S. 45. Aufgrund der Corona-Pandemie erlebte das Wirtschaftsjahr 2020 erhebliche Verzerrungen, weshalb für die hier vorgenommene Analyse die Zahlen von 2019 zugrunde gelegt wurden.

1571 *Becker*, ZWeR 2020, 365 (389); *Gröss/Mersch*, NZKart 2020, 119 (123 f.); *Huppert*, S. 59; *Käseberg/Brenner/Fülling*, WuW 2021, 269 (273); *Steinvorth/Gasser*, WuW 2021, 155 (159).

untersuchten Start-ups im Durchschnitt 84,9 % ihrer Umsätze in Deutschland generierten.[1572] Mit zunehmender Unternehmensgröße nimmt der Anteil des im Ausland generierten Umsatzes jedoch zu. Start-ups mit mindestens 50 Mitarbeitern kommen im Durchschnitt auf 38,7 % Auslandsumsätze.[1573] Der erforderliche Inlandsanteil könnte somit bei der Übernahme kleinerer Start-ups zwar gegeben sein.[1574] Die Schwelle für den im Inland erzielten Umsatz dürfte in zahlreichen Fällen allerdings dazu führen, dass eine Anmeldepflicht bei durch Alphabet durchgeführten Übernahmen mit Blick auf § 39a Abs. 2 GWB ausscheidet.[1575]

Aus Sicht des Gesetzgebers schien es für eine Normänderung, die auf Digital Conglomerates Acquisitions abzielt, zunächst keinen Bedarf gegeben zu haben. Einen „systematischen Aufkauf" kleinerer Wettbewerber durch Unternehmen wie Alphabet könne man schon mit den geltenden Regelungen erfassen.[1576] Hierzu gegenläufig äußerte sich *Käseberg*.[1577] Der Gesetzgeber habe sehr wohl über die Einführung einer auf die Übernahmepraxis großer digitaler Unternehmen gerichteten Norm beraten.[1578] Dass diese Norm nicht in das GWB integriert wurde, sei dem Umstand geschuldet, dass die rechtliche Erfassung derartiger Übernahmen auf EU-Ebene geregelt werden sollte.[1579] Die Koalitionsfraktionen haben vor diesem Hintergrund im Entschließungsantrag für die Bundesregierung den Auftrag formuliert, auf EU-Ebene auf eine Verbotsmöglichkeit strategischer Übernahmen durch Unternehmen mit überragender marktübergreifender Bedeutung hinzuwirken.[1580]

1572 *Bundesverband Deutscher Startups*, Deutscher Startup Monitor 2019, S. 52.

1573 *Bundesverband Deutscher Startups*, Deutscher Startup Monitor 2019, S. 52.

1574 Schon hier der Ansicht, dass diese Voraussetzung im Regelfall nicht erfüllt ist: *Monopolkommission*, Policy Brief: 10. GWB-Novelle, S. 7.

1575 *Podszun*, Stellungnahme für den Ausschuss für Wirtschaft und Energie des Deutschen Bundestags, S. 27; *Steinvorth/Gasser*, WuW 2021, 155 (159). Abstrakt mit Blick auf Übernahmen im digitalen Geschäftsbereich: *Becker*, in: Bien et al. (Hrsg.), Kapitel 5, Rn. 49.

1576 BT-Drucks. 19/23492, S. 57.

1577 *Käseberg*, in: Bien et al. (Hrsg.), Einleitung, Rn. 21. *Käseberg* ist Referent im *BMWi*.

1578 *Käseberg*, in: Bien et al. (Hrsg.), Einleitung, Rn. 21.

1579 *Käseberg*, in: Bien et al. (Hrsg.), Einleitung, Rn. 21.

1580 *Käseberg*, in: Bien et al. (Hrsg.), Einleitung, Rn. 39.

3. *Bewertung der Gesetzesänderung*

Es ist zunächst festzuhalten, dass der Gesetzgeber im Rahmen der 10. GWB-Novelle mit Blick auf Digital Conglomerates Acquisitions bewusst untätig geblieben ist. § 39a GWB wird für die Übernahmepraxis von Alphabet keine nennenswerten Auswirkungen haben. Unterstützung erfährt der Gesetzgeber durch die Ansicht, dass schon de lege lata die Übernahmen durch große digitale Plattformen angemessen erfasst seien.[1581] Start-ups legen ihren Business-Plan teilweise darauf aus, das Interesse der großen Digitalunternehmen zu wecken. Eine mögliche Exit-Strategie sieht gerade die Übernahme durch Unternehmen wie Alphabet vor.[1582] Ein dahin gehendes Hindernis durch das Kartellrecht könnte unternehmerische Anreize für Start-ups mindern und innovationshemmend auf diese wirken.[1583] Oftmals sind junge Unternehmen darauf angewiesen, Kapitalgeber für sich zu begeistern, um finanzielle Unterstützung zum Aufbau des Unternehmens zu erhalten. Für diese Kapitalgeber könnte der Investitionsanreiz dadurch abnehmen, dass eine spätere, gewinnbringende Übernahme durch ein großes Unternehmen erschwert wird.[1584]

Des Weiteren wird bei der Argumentation für eine zurückhaltende Zusammenschlusskontrolle auch mit Verbundvorteilen für Verbraucher argumentiert.[1585] Alphabet verfüge etwa über die finanziellen Möglichkeiten und die unternehmerische Erfahrung, gute Ideen zu skalieren und auf Dauer hiermit Umsätze zu generieren. Die Verbraucher könnten von einem zentralen Angebot an Diensten profitieren. Kurzfristig betrachtet, ist dieser Umstand nicht von der Hand zu weisen. Für den Verbraucher können Verbunddienste Bequemlichkeit und Zeitersparnis bedeuten. Langfristig überwiegen allerdings die Nachteile, die auf Verbraucherseite ebenfalls zu spüren sind. Dies liegt auch an der ex-post-Kontrolle, dem Pendant der Zusammenschlusskontrolle. Die bisherige ex-post-Kontrolle[1586] kommt zur Anwendung, wenn eine Schädigung des Wettbewerbs bereits eingetreten ist. Hiermit waren sowohl für Verbraucher als

---

1581 *Kredel/Kresken*, NZKart 2020, 2 (6).

1582 *Crémer/de Montjoye/Schweitzer*, S. 111; *Podszun/Kersting*, ZRP 2019, 34 (36); *Priddat*, in: Frambach et al. (Hrsg.), 71 (85).

1583 *Fuchs*, in: Klose/Klusmann/Thomas (Hrsg.), 303 (308); *Podszun/Kersting*, ZRP 2019, 34 (36); *Steinberg/Wirtz*, WuW 2020, 8 (9).

1584 *Haucap*, Wirtschaftsdienst 2020, 20 (27). Aus Sicht von *Lemley/McCreary* wird diese Gefahr überbewertet, *Lemley/McCreary*, S. 87 f.

1585 *Bourreau/de Streel*, S. 36.

1586 Durch § 19a GWB wurde nunmehr ein ex-ante-Element in die Missbrauchsaufsicht aufgenommen.

auch für die Gesamtwohlfahrt Nachteile verbunden.[1587] Diese Auswirkungen dauern auf digitalen Plattformmärkten zumeist an.

Wie in Kapitel 2 herausgearbeitet, ist die Übernahmestrategie der dominanten Unternehmen ein Faktor dafür, dass die großen Dienste wie Google Search eine unangreifbare Machtstellung erhalten.[1588] Da durch die Übernahmen einer (potentiell) disruptiven Innovation zuvorgekommen wird, kann sich dies auf den Wettbewerb innovationsschädigend auswirken.[1589] Hierunter leidet auch der Verbraucher. Insofern sind Digital Conglomerates Acquisitions derart zu berücksichtigen, dass Regelungen zur Zusammenschlusskontrolle eine Angreifbarkeit von Märkten fördern sollten.[1590] An dieser Stelle lässt die 10. GWB-Novelle die Möglichkeit aus, eine stärkere Zugriffsmöglichkeit für das Bundeskartellamt zu schaffen. Mit Blick auf Sinn und Zweck der Zusammenschlusskontrolle – die Verhinderung einer wettbewerbsschädigenden Marktkonzentration –[1591] verwundert dies durchaus. Dem Ausbau marktübergreifender Wettbewerbsmacht, den Alphabet mit seiner Übernahmepraxis betreibt, hätte der Gesetzgeber durch einen ebenfalls marktübergreifenden Ansatz bei der Zusammenschlusskontrolle ein wirkungsvolles Instrument entgegensetzen können.

4. Vorschlag einer generellen Anmeldepflicht für Unternehmen mit überragender marktübergreifender Bedeutung

Ein solcher marktübergreifender Ansatz wurde im Rahmen der 10. GWB-Novelle in die Diskussion eingebracht. Das Vorbild hierfür lieferte § 19a GWB. Der Gesetzgeber hat dort im Rahmen der Missbrauchsaufsicht mit der überragenden marktübergreifenden Bedeutung eine neue Adressatenstellung eingeführt. Trotz des systematischen Zusammenwirkens von Missbrauchsaufsicht und Zusammenschlusskontrolle[1592] hat die überragende marktübergreifende Bedeutung allerdings keinen Einzug in die Zusammenschlusskontrolle erhalten. Dieser Umstand stieß im politischen Diskurs wie auch in der Wissenschaft auf Kritik. Sowohl Abgeordnete der Fraktion DIE LINKE als auch Abgeordnete

---

1587 *Budzinski/Gaenssle/Stöhr*, List Forum für Wirtschafts- und Finanzpolitik 2020, 157 (175).

1588 Siehe hierzu: Kapitel 2: F.II. (S. 103 ff.).

1589 *Bartlett*, S. 137; *Podszun/Schwalbe*, NZKart 2017, 98 (105).

1590 *McLean*, Journal of Competition Law & Economics 2021, 141 (148).

1591 *Podszun*, WuW 2010, 1128 (1134).

1592 Immenga/Mestmäcker/*Fuchs*, § 19 GWB Rn. 46 f.

der Fraktion BÜNDNIS 90/DIE GRÜNEN beantragten im Gesetzgebungsprozess ohne Erfolg, dass Unternehmen mit überragender marktübergreifender Bedeutung sämtliche Übernahmen mit Inlandsbezug anmelden müssen.[1593] *Podszun* plädierte ebenfalls darauf, für Übernahmen mit einem hinreichenden Inlandsbezug eine Anzeige- oder Anmeldepflicht für Unternehmen mit überragender marktübergreifender Bedeutung einzuführen.[1594] Dies könne etwa durch die Einführung von § 39b GWB und einer Anknüpfung an die Adressatenstellung aus § 19a Abs. 1 GWB geschehen.[1595]

Solche Ideen, eine Anmeldepflicht an die rechtliche Figur der überragenden marktübergreifenden Bedeutung zu knüpfen, sind zu begrüßen. Das wettbewerbliche Potential einer Übernahme drückt sich nicht zwangsläufig im Umsatz des zu übernehmenden Unternehmens aus. Der Kaufpreis kann als Maßstab dienen, obliegt allerdings den beteiligten Unternehmen. Es ist festzustellen, dass im digitalen Bereich derzeit von einigen wenigen Konglomeraten eine enorme wettbewerbliche Dominanz ausgeht. Mit Blick hierauf nahm der Gesetzgeber § 19a GWB ins Gesetz auf. Aufgrund des Zusammenspiels zwischen Missbrauchsaufsicht und Zusammenschlusskontrolle sowie der finanziellen Möglichkeiten der Konglomerate, durch Übernahmen ihre Macht zu konzentrieren,[1596] hätte eine Anmeldepflicht für Unternehmen mit überragender marktübergreifender Bedeutung normiert werden sollen. Angesichts der aus Digital Conglomerates Acquisitions resultierenden möglichen Schäden für den Wettbewerb wäre eine solche Regelung den Unternehmen auch durchaus zuzumuten. Aus dem enormen marktübergreifenden Einfluss dieser Unternehmen ergibt sich eine gesteigerte wettbewerbsrechtliche Verantwortung.[1597]

II. Beurteilung von Übernahmen

Sofern eine Übernahme unter den Geltungsbereich der Zusammenschlusskontrolle fällt, stellt sich die Frage, unter welchen Voraussetzungen sie untersagt werden sollte. Nach der kurzen Beschreibung des hierfür maßgeblichen § 36

1593 Für die Fraktion DIE LINKE: BT-Drucks. 19/23698(neu), S. 2, Für die Fraktion BÜNDNIS 90/DIE GRÜNEN: BT-Drucks. 19/23701, S. 5.

1594 *Podszun*, in: Deutscher Juristentag (Hrsg.), F 1 (F 83); *Podszun*, Stellungnahme für den Ausschuss für Wirtschaft und Energie des Deutschen Bundestags, S. 28.

1595 *Podszun*, Stellungnahme für den Ausschuss für Wirtschaft und Energie des Deutschen Bundestags, S. 27.

1596 *Hoffmann-Riem*, in: Augstein (Hrsg.), 121 (130).

1597 Siehe hierzu: Kapitel 3: A. (S. 109 ff.).

GWB (1), werden einige Ansätze zur Konkretisierung und Verschärfung der Beurteilungsmaßstäbe dargestellt und im Anschluss diskutiert (2).

1. *Grundsätze für die Beurteilung*

Die Grundsätze für die Beurteilung von Zusammenschlüssen sind in § 36 GWB normiert. Ein Zusammenschluss soll nach § 36 Abs. 1 GWB untersagt werden, sofern dadurch ein wirksamer Wettbewerb erheblich behindert würde. Als Regelbeispiel dient die Begründung oder Verstärkung einer marktbeherrschenden Stellung.[1598] Im Rahmen der 10. GWB-Novelle hat sich an diesen Voraussetzungen nichts geändert. Insbesondere wurde die Stellung der überragenden marktübergreifenden Bedeutung durch § 19a GWB zwar in die Missbrauchsaufsicht eingeführt. In § 36 GWB findet diese Machtform jedoch keine Berücksichtigung. Die letzten Jahre haben allerdings gezeigt, dass die herkömmlichen Methoden der Zusammenschlusskontrolle nicht ausreichen, um die Übernahmepraxis von einem Unternehmen wie Alphabet angemessen zu erfassen.[1599] Insbesondere gilt dies mit Blick auf Übernahmen, die keinen konkreten Bezug zu beherrschten Märkten aufweisen. Wie bereits festgestellt,[1600] führt Alphabet Übernahmen in zahlreichen Geschäftsbereichen durch. Um dieser Übernahmepraxis gerecht zu werden, muss die marktbezogene Praxis der Zusammenschlusskontrolle aufgeweicht werden.[1601]

2. *Ansätze zur Verschärfung der Beurteilungskriterien*

In den letzten Jahren wurden im Rahmen der wissenschaftlichen Diskussion zahlreiche Ergänzungsvorschläge zu § 36 GWB eingebracht. Im Fokus stand die Frage, mit welchen Regelungen wettbewerbsschädliche Übernahmen großer Digitalunternehmen wie Alphabet untersagt werden könnten. Im Folgenden sollen einige zentrale Ansätze dargestellt (a–c) und anschließend gewürdigt (d) werden.

1598 *BGH*, NZKart 2015, 56 (57).

1599 *Schweitzer et al.*, S. 153. In diese Richtung auch: *Bundeskartellamt*, Stellungnahme zum Regierungsentwurf zur 10. GWB-Novelle, S. 22.

1600 Siehe hierzu: Kapitel 2: F.I.2. (S. 100 ff.).

1601 *Budzinski/Gaenssle/Stöhr*, List Forum für Wirtschafts- und Finanzpolitik 2020, 157 (175 f.); *Schweitzer et al.*, S. 153.

a) *Vorschlag von* Schweitzer et al.

Die Studie zur Modernisierung der Missbrauchsaufsicht hat einen Vorschlag zur Bewertung von Übernahmen unterbreitet.[1602] Dieser adressiert bestimmte Übernahmen marktbeherrschender Digitalunternehmen. Eine Untersagung soll danach unter zwei Voraussetzungen möglich sein. Zum einen müsse die Übernahmestrategie darauf abzielen, (potentielle) Wettbewerber vom Markt zu nehmen.[1603] Zum anderen müsse die jeweilige Übernahme Teil einer größer angelegten Praxis sein, mittels derer eine Wettbewerbsbehinderung durch das übernehmende Unternehmen erfolgt.[1604]

b) *Vorschlag für spezielle Regelungen für Unternehmen mit überragender marktübergreifender Bedeutung*

Das Bundeskartellamt hat angeregt, Unternehmen mit überragender marktübergreifender Bedeutung nicht nur hinsichtlich der Anwendung der Zusammenschlusskontrolle, sondern auch hinsichtlich der Bewertung von Zusammenschlüssen spezifischen Regelungen zu unterziehen. Im Zentrum solle weiterhin die Frage einer „erheblichen Behinderung wirksamen Wettbewerbs" stehen.[1605] Ein Zusammenschluss könnte schon bei einer geringeren Wahrscheinlichkeit der Wettbewerbsbehinderung untersagt werden. Ebenso wird darauf plädiert, einen weniger strengen Maßstab hinsichtlich des Nachweises der Behinderung anzulegen.[1606]

Budzinski/Gaenssle/Stöhr nehmen bei ihrem Vorschlag ebenfalls das Zusammenspiel von Missbrauchsaufsicht und Zusammenschlusskontrolle in den Blick.[1607] Wenn die Missbrauchsaufsicht an ein Verhalten von Unternehmen mit überragender marktübergreifender Bedeutung anknüpft, solle als Maßstab für die Zusammenschlusskontrolle gelten, ein Entstehen oder

---

1602 *Schweitzer et al.*, S. 155 ff.

1603 *Schweitzer et al.*, S. 155.

1604 *Schweitzer et al.*, S. 157. Siehe zur Berücksichtigung einer Aufkaufstrategie in der Zusammenschlusskontrolle ebenfalls: *Fuchs*, in: Klose/Klusmann/Thomas (Hrsg.), 303 (318 f.).

1605 *Bundeskartellamt*, Stellungnahme zum Regierungsentwurf zur 10. GWB-Novelle, S. 22.

1606 *Bundeskartellamt*, Stellungnahme zum Regierungsentwurf zur 10. GWB-Novelle, S. 22.

1607 *Budzinski/Gaenssle/Stöhr*, List Forum für Wirtschafts- und Finanzpolitik 2020, 157 (175).

Erweitern einer solchen Stellung zu verhindern.[1608] Dies könne „konglomerate Effekte" von Zusammenschlüssen angemessen berücksichtigen.[1609] In der britischen Zusammenschlusskontrolle zog die Competition & Markets Authority in jüngeren Verfahren bereits das digitale Ökosystem als Faktor für die Bewertung von Zusammenschlüssen mit ein.[1610] Regelungstechnisch ließe sich dies im deutschen Recht durch die Einführung eines zweiten Regelbeispiels in § 36 Abs. 1 S. 1 GWB umsetzen.[1611]

c) Idee zur Beweislastumkehr aus dem US-amerikanischen Recht

Das US-amerikanische Recht baut die Zusammenschlusskontrolle auf drei Rechtsquellen auf:[1612] der Sherman Antitrust Act von 1890, der Clayton Antitrust Act von 1914 sowie der Hart-Scott-Rodino Antitrust Improvements Act von 1976. In § 7 des Clayton Act ist ein Verbot für Übernahmen vorgesehen, die den Wettbewerb erheblich einschränken oder ein Monopol schaffen können.[1613] Im Jahr 1950 wurde der Clayton Act durch den Celler-Kevauver Anti-Merger Act[1614] abgeändert, um Umgehungspraktiken zu unterbinden.[1615] Heutzutage werden nahezu alle Übernahmen unter Verwendung von § 7 des Clayton Act geprüft, da hiermit alle nach dem Sherman Act überprüfbaren Übernahmen erfasst werden können und es somit keines Erfordernisses einer ergänzenden Anwendung des Sherman Act bedarf.[1616]

1608 *Budzinski/Gaenssle/Stöhr*, List Forum für Wirtschafts- und Finanzpolitik 2020, 157 (175 f.). In diese Richtung auch: *Podszun*, in: Deutscher Juristentag (Hrsg.), F 1 (F 84).

1609 *Budzinski/Gaenssle/Stöhr*, List Forum für Wirtschafts- und Finanzpolitik 2020, 157 (175 f.).

1610 So beim Zusammenschlussvorhaben von Amazon und Deliveroo, siehe: *Competition & Markets Authority*, Amazon/Deliveroo, S. 257.

1611 *Budzinski/Gaenssle/Stöhr*, List Forum für Wirtschafts- und Finanzpolitik 2020, 157 (175 f.).

1612 Siehe hierzu: *Muris/Nuechterlein*, The Criterion Journal on Innovation 2020, 29 (32).

1613 *Broder*, S. 21; *Hemphill/Wu*, University of Pennsylvania Law Review 2020, 1879 (1893).

1614 *Subcommittee on Antitrust, Commercial and Administrative Law of the Committee on the Judiciary*, S. 391.

1615 *Muris/Nuechterlein*, The Criterion Journal on Innovation 2020, 29 (32 f.).

1616 *Muris/Nuechterlein*, The Criterion Journal on Innovation 2020, 29 (32 f.).

Trotz dieser Regelungen weist ein Bericht der demokratischen Partei im Justizausschuss des Repräsentantenhauses der USA (im Folgenden: GAFA-Bericht[1617]) darauf hin, dass bisher keine einzige Übernahme von Alphabet untersagt wurde.[1618] Dies sei insbesondere auf den „Rule-of-Reason"-Ansatz zurückzuführen.[1619] Hiernach müssen die Behörden hinsichtlich des Verhaltens des Beklagten umfangreiche und konkrete Nachweise für negative Auswirkungen auf den Wettbewerb erbringen. Einige Gerichte erstreckten diese Nachweispflicht nicht nur auf die Gefahren für den Wettbewerb, sondern auch darauf, dass das Verhalten nicht zugleich wettbewerbsfördernd oder anderweitig gerechtfertigt ist.[1620] Als Folge der „Rule of Reason" wurde in zahlreichen kartellrechtlichen Verfahren entschieden, dass eine nachteilige Auswirkung auf den Wettbewerb nicht bewiesen werden konnte.[1621] Eine US-amerikanische Studie zu Übernahmen gelangte zu dem Ergebnis, dass lediglich 38 % der Zusammenschlüsse, die Preiserhöhungen verursachten, von Kartellbehörden untersucht wurden.[1622] Dies lege eine unzureichende Rechtsdurchsetzung nahe. Auch mit Blick auf jüngste Entscheidungen der Federal Trade Commission und des Justizministeriums zeigt sich der GAFA-Bericht nicht einverstanden.[1623] Im Februar hatte das Justizministerium die Übernahme von Looker durch Google genehmigt.[1624] Looker ist ein Start-up aus dem Bereich der Datenanalyse. Nach Ansicht des GAFA-Berichts besteht eine relevante Gefahr, dass sich Google eines Wettbewerbers entledigt hat und den Zugang zu Looker für weitere

1617 Das Akronym GAFA soll die wettbewerbliche Macht der Unternehmen Alphabet (Google), Apple, Facebook und Amazon ausdrücken. Diese Unternehmen standen im Fokus des Berichts.

1618 *Subcommittee on Antitrust, Commercial and Administrative Law of the Committee on the Judiciary*, S. 391.

1619 *Subcommittee on Antitrust, Commercial and Administrative Law of the Committee on the Judiciary*, S. 393. Zur Entstehung des Ansatzes siehe: *Künzler*, S. 232 f.

1620 *Carrier*, George Mason Law Review 2009, 827 (836) m.w.N.

1621 *Carrier*, George Mason Law Review 2009, 827 (827).

1622 *Kwoka*, S. 155. Kritisch zur Methodik der Studie äußerten sich: *Vita/Osinski*, Antitrust Law Journal 2018, 361 (361 ff.).

1623 *Subcommittee on Antitrust, Commercial and Administrative Law of the Committee on the Judiciary*, S. 387.

1624 Die Übernahme wurde in Großbritannien und Österreich ebenfalls genehmigt: *Competition & Markets* Authority, Entsch. v. 13.02.2020, ME/6839/19; *Bundeswettbewerbsbehörde*, Pressemitteilung v. 03.12.2019, http://go.wwu.de/wiznk.

Wettbewerber verschließen könnte.[1625] Über diese Bedenken hinaus sollten auch die Auswirkungen des eingebrachten Know-Hows im Bereich der Datenanalyse berücksichtigt werden. Hierdurch kann Alphabet viele einzelne Komponenten wie etwa Google Search optimieren und somit die einzelnen Marktstellungen weiter ausbauen.

Der GAFA-Bericht schlägt vor, ein Vermuten zulasten der Unternehmen einzuführen.[1626] Sofern durch eine Übernahme ein bestimmter Marktanteil oder eine bestimmte Machtkonzentration erreicht wird, solle von Seiten der Unternehmen der Nachweis zu erbringen sein, dass von dem Zusammenschluss keine wettbewerbswidrige Wirkung ausgeht. Die dahin gehende Vermutung sei nicht allein dadurch zu entkräften, dass sich der Zusammenschluss (auch) wettbewerbsfördernd auswirken kann. Für die Übernahme von Start-ups durch marktstarke Unternehmen wird angeregt, eine Vermutungsregel unabhängig von weiteren Voraussetzungen einzuführen.[1627] An anderer Stelle wird weitergehend vorgeschlagen, dass für jede von einer marktbeherrschenden Plattform geplante Übernahme zunächst die Vermutung der Wettbewerbswidrigkeit gelten soll.[1628] Die an der Übernahme beteiligten Unternehmen sollen hiernach ihrerseits nachweisen, dass die Übernahme dem öffentlichen Interesse dient und die hieraus resultierenden Vorteile nicht anderweitig erzielt werden können.[1629]

d) Würdigung der Ansätze

Der Vorschlag der Studie zur Modernisierung der Missbrauchsaufsicht überzeugt nicht. Das Abstellen auf die Eigenschaft als potentieller Wettbewerber ist nicht geeignet, Digital Conglomerates Acquisitions angemessen zu bewerten. Häufig entstehen Gefahren für den Wettbewerb durch marktübergreifende

1625 *Subcommittee on Antitrust, Commercial and Administrative Law of the Committee on the Judiciary*, S. 387.

1626 *Subcommittee on Antitrust, Commercial and Administrative Law of the Committee on the Judiciary*, S. 392 f. Eine Beweislastumkehr wurde mit Blick auf Übernahmen durch große Digitalunternehmen auch im britischen Furman-Report diskutiert, siehe *Furman et al.*, S. 101.

1627 *Subcommittee on Antitrust, Commercial and Administrative Law of the Committee on the Judiciary*, S. 393.

1628 *Subcommittee on Antitrust, Commercial and Administrative Law of the Committee on the Judiciary*, S. 387.

1629 *Subcommittee on Antitrust, Commercial and Administrative Law of the Committee on the Judiciary*, S. 387.

Übernahmen. Alphabet übernimmt keine direkten Wettbewerber von Google Search wie etwa Bing, Yahoo oder DuckDuckGo. Stattdessen stärkt es seine dominante Stellung auf dem Suchmaschinenmarkt unter anderem mittels Übernahmen solcher Unternehmen, die Innovation oder Datenbestand bieten können, indem es diese Kompetenzen zusammenführt. Dies lässt der Vorschlag der Studie unberücksichtigt. Daneben wird kritisiert, dass die Einordnung als potentieller Wettbewerber mit erheblichem Personalaufwand sowie erheblicher Unsicherheit hinsichtlich der Prognoseentscheidung verbunden ist.[1630] Eine Einschätzung der weiteren Entwicklung junger Unternehmen ist schwer vorzunehmen, da deren Geschäftsmodelle oftmals noch nicht abschließend konzipiert sind. Auch das Anknüpfen an eine unternehmerische Strategie dürfte in der Praxis nur schwer umzusetzen sein. Oftmals ist eine solche Strategie erst zu einem späteren Zeitpunkt erkennbar.[1631] Zudem würde das Abstellen auf eine derartige Strategie eine subjektive Komponente beinhalten, die keine Untersagung rechtfertigt. Ein Zusammenschluss kann zwar infolge einer unternehmerischen Strategie eine Schädigung des Wettbewerbs verursachen. Überzeugender wäre es jedoch, ein objektives Kriterium zugrunde zu legen, dessen Vorliegen leichter festgestellt werden kann.[1632]

Ein solches Kriterium könnte die überragende marktübergreifende Bedeutung sein. Insofern ist die von *Budzinski/Gaenssle/Stöhr* vorgeschlagene Berücksichtigung der überragenden marktübergreifenden Bedeutung im Rahmen von Zusammenschlüssen zu befürworten. Hierbei könnten – wie vom Bundeskartellamt angeregt – die Anforderungen an eine Untersagung herabgesetzt werden. Lange Zeit wurde derart verfahren, dass lieber ein eigentlich wettbewerbsschädlicher Zusammenschluss freigegeben wurde, als einen ungefährlichen Zusammenschluss zu untersagen, da dies der Innovation abträglich sei.[1633] Dies hat sich in Bezug auf die großen Digitalunternehmen jedoch als Trugschluss erwiesen.[1634] Als weiterer Vorteil einer Orientierung an einer

1630 *Podszun/Kersting*, ZRP 2019, 34 (36).

1631 *Podszun/Kersting*, ZRP 2019, 34 (36).

1632 Wenngleich *Podszun/Kersting* äußern, dass die Idee der Studie von *Schweitzer et al.* „nicht voreilig abgeschrieben werden“ sollte, *Podszun/Kersting*, ZRP 2019, 34 (36).

1633 *Caffarra/Crawford/Valletti* auf „VoxEU“, http://go.wwu.de/knsel.

1634 *Caffarra/Crawford/Valletti* auf „VoxEU“, http://go.wwu.de/knsel.

überragenden marktübergreifenden Bedeutung könnte sich erweisen, dass eine zeitaufwändige Marktabgrenzung[1635] nicht zwangsläufig erfolgen müsste.[1636]

Die im GAFA-Bericht geäußerte Idee zur Beweislastumkehr könnte dazu führen, dass weniger Übernahmen stattfinden, bei deren Durchführung die wettbewerbsschädlichen Auswirkungen von Seiten der Kartellbehörden noch nicht hinreichend prognostiziert werden konnten.[1637] In den USA und auch in Europa finden die Überlegungen zur Beweislastumkehr an vielen Stellen Unterstützung.[1638] Es solle an den Big-Tech-Unternehmen sein, aufzuzeigen, inwiefern Verbraucher von einem geplanten Zusammenschluss profitieren würden.[1639] Allerdings ist fraglich, ob die Durchsetzung einer derartigen Regelung rechtlich möglich und tatsächlich geboten ist. Eine solche Beweislastumkehr ist jedenfalls darauf zu prüfen, ob sie verhältnismäßig ist.[1640] Daneben ist festzuhalten, dass der EuGH auch für Zusammenschlüsse mit konglomerater Wirkung bislang entgegenstehende Anforderungen an die Beweiserbringung der Kartellbehörden gestellt hat.[1641] Zwar ist seit dieser Entscheidung einige Zeit vergangen und das Wissen um die ökonomischen Zusammenhänge und die Machtverhältnisse der großen Digitalunternehmen wie Alphabet zeichnet nunmehr eine andere Ausgangslage. Zunächst sollten jedoch mildere rechtliche Mittel genutzt werden, wie etwa die Herabsetzung der Anforderungen an die von den Kartellbehörden zu erbringenden Beweise für mögliche Wettbewerbsnachteile durch die zu prüfende Übernahme.[1642]

1635 Zur Schwierigkeit der Abgrenzung digitaler Märkte: *Crémer/de Montjoye/Schweitzer*, S. 3 f.; *Dewenter/Rösch/Terschüren*, NZKart 2014, 387 (387 ff.); Höppner/Grabenschröer, NZKart 2015, 162 (162 ff.); *Kruse/Maturana*, NZKart 2021, 449 (453 f.).

1636 *Budzinski/Gaenssle/Stöhr*, List Forum für Wirtschafts- und Finanzpolitik 2020, 157 (175 f.).

1637 Zu den Schwierigkeiten, im dynamischen Bereich digitaler Plattformen innerhalb kurzer Zeit mögliche Wettbewerbsgefahren zu identifizieren: *Hemphill/Wu*, University of Pennsylvania Law Review 2020, 1879 (1905 f.).

1638 *Motta/Peitz*, S. 22; *Parker/Petropoulos/Van Alstyne*, S. 25; *Stigler Committee on Digital Platforms*, S. 98; *Caffarra/Crawford/Valletti* auf „VoxEU", http://go.wwu.de/knsel; *Franck/Peitz* weisen auf „Verfassungsblog" auf diesbezügliche Pläne des Gesetzgebers in Frankreich hin: http://go.wwu.de/v4nyk.

1639 Motta/Peitz, S. 35; *Caffarra/Crawford/Valletti* auf „VoxEU", http://go.wwu.de/knsel.

1640 *Reinhardt*, NJW 1994, 93 (96 f.). Eher ablehnend: *Podszun*, in: Deutscher Juristentag (Hrsg.), F 1 (F 85).

1641 *EuGH*, BeckRS 2005, 70117, Rn. 44.

1642 So auch: *Franck/Peitz* auf „Verfassungsblog", http://go.wwu.de/v4nyk.

III. Alternative der missbrauchsunabhängigen Entflechtung

Die in § 41 Abs. 3 GWB vorgesehene Entflechtungsmöglichkeit erfasst lediglich externes Wachstum und entstammt den Regelungen zur Zusammenschlusskontrolle.[1643] Insbesondere geht es dabei um die Auflösung rechtswidrig vorgenommener Zusammenschlüsse.[1644] Teilweise wird ergänzend oder auch als Alternative zu einer strengeren Zusammenschlusskontrolle die Möglichkeit der missbrauchsunabhängigen Entflechtung als rechtliches Mittel gegen (zu) mächtige Konglomerate gefordert.[1645] Die Entflechtung müsste hierfür in die Missbrauchskontrolle implementiert werden.[1646] Ein Vorteil der nachträglichen Rückabwicklung von Übernahmen besteht darin, dass der zuständigen Kartellbehörde zu dem Zeitpunkt mehr Informationen zur Verfügung stehen als vor Durchführung der Übernahme.[1647] Dies gilt vor allem in Konstellationen, bei denen das übernehmende Unternehmen über Informationen verfügt, die der Kartellbehörde noch nicht bekannt sind.[1648]

Als Nachteil gegenüber der Zusammenschlusskontrolle setzt eine Erfassung im Rahmen der Missbrauchskontrolle jedoch voraus, dass das Unternehmen überhaupt erst eine Stellung erreicht hat, die von der Missbrauchsaufsicht erfasst wird.[1649] Die Entflechtung im Rahmen der Missbrauchsaufsicht kann demnach das Entstehen einer wettbewerbsrechtlich unerwünschten Position nicht verhindern.[1650] Hinzu kommt, dass die Zusammenschlusskontrolle im Vergleich zur Feststellung eines missbräuchlichen Verhaltens im Rahmen von § 19 GWB niedrigere Voraussetzungen vorsieht.[1651]

1643 *Morgenstern*, S. 48.

1644 Immenga/Mestmäcker/*Thomas*, § 41 GWB Rn. 103; Loewenheim/Meessen/*Riesenkampff*/Kersting/Meyer-Lindemann/*Steinbarth*, § 41 GWB Rn. 14.

1645 *Wiggerthale/Tangens*, Informatik Spektrum 2020, 186 (189). Für die Fraktion DIE LINKE: BT-Drucks. 19/23698(neu), S. 2. Siehe zur bereits Ende der 70er-Jahre ergangenen Diskussion: *Morgenstern*, S. 48 f.; *Satzky*, WuW 2010, 614 (615 f.). Zur neu entflammten Debatte im Rahmen der 8. GWB-Novelle: *Morgenstern*, S. 52; *Nettesheim/Thomas*, S. 42 ff.; *Rengier*, S. 333 ff.; *Satzky*, WuW 2010, 614 (616 ff.).

1646 Eine missbrauchsabhängige Entflechtung ist unter sehr engen Voraussetzungen schon jetzt über §§ 19 Abs. 1, 32 Abs. 2 GWB möglich, siehe: *Rengier*, S. 324 f.

1647 *Apel/Polley*, ZWeR 2021, 273 (312); *Fuchs*, in: Klose/Klusmann/Thomas (Hrsg.), 303 (315); *Hemphill/Wu*, University of Pennsylvania Law Review 2020, 1879 (1908); *Schweitzer et al.*, S. 155.

1648 *Hemphill/Wu*, University of Pennsylvania Law Review 2020, 1879 (1905 f.).

1649 *Apel/Polley*, ZWeR 2021, 273 (315); *Becker*, ZWeR 2020, 365 (379).

1650 *Apel/Polley*, ZWeR 2021, 273 (315); *Becker*, ZWeR 2020, 365 (379).

1651 *Becker*, ZWeR 2020, 365 (379).

Die rechtliche Bewertung und Durchführung einer Entflechtung bietet einige komplexe Fragestellungen, was eine lange Verfahrensdauer nahelegt.[1652] In Tipping-geneigten Märkten können in dieser Zeit irreparable Schäden für den Wettbewerb entstehen.[1653] Mit Blick auf das Eigentumsgrundrecht der Unternehmen aus Art. 14 Abs. 1 S. 1 GG müsste eine betreffende Regelung ferner so ausgestaltet werden, dass sie dieses Recht angemessen berücksichtigt.[1654] Insbesondere müsste hierfür eine ausreichende Kompensation vorgesehen sein.[1655]

Eine mögliche Orientierung am Merkmal der überragenden marktübergreifenden Bedeutung eines Unternehmens zeigt, dass im Bereich der Zusammenschlusskontrolle mildere und effektivere Mittel zur Verfügung stehen als jenes der Entflechtung.[1656] Zunächst sind diese Mittel anzuwenden oder gegebenenfalls zu normieren. Die Entflechtung sollte lediglich als ultima ratio vorgesehen werden.[1657] Insofern besteht derzeit keine Notwendigkeit, eine dahin gehende Regelung zu treffen.[1658] In jedem Fall empfiehlt es sich, die Möglichkeit einer nachträglich angeordneten Auflösung oder Untersagung zeitlich zu befristen.[1659] Hierdurch erhalten die beteiligten Unternehmen ein erforderliches Maß an Rechtssicherheit.[1660]

IV. Fazit

Nicht zuletzt die Tatsache, dass keine relevante, von Alphabet oder Google geplante Übernahme untersagt wurde, deutet auf die unzureichende

1652 *Morgenstern*, S. 112–114; *Podszun*, in: Deutscher Juristentag (Hrsg.), F 1 (F 86). Mit Verweis auf Erfahrungen aus dem US-amerikanischen Bereich: *Krakowski*, Wirtschaftsdienst 1980, 433 (436).

1653 *Budzinski/Gaenssle/Stöhr*, List Forum für Wirtschafts- und Finanzpolitik 2020, 157 (175); *Schwalbe*, in: Klose/Klusmann/Thomas (Hrsg.), 389 (397).

1654 Siehe hierzu auch: *Morgenstern*, S. 139 ff.

1655 *Morgenstern*, S. 140 f.

1656 In diese Richtung auch: *Podszun*, in: Deutscher Juristentag (Hrsg.), F 1 (F 86).

1657 *Erhard*, S. 229 ff.; *Heinemann*, S. 62 f.; *Körber*, NZKart 2018, 105 (106); *Vestager* in *Tormin*, MMR-Aktuell 2019, 421492. Der Koalitionsvertrag von CDU/CSU und FDP in der 17. Legislaturperiode sah vor, als „ultima ratio" in das GWB eine Möglichkeit zur Entflechtung zu integrieren, Koalitionsvertrag zwischen CDU, CSU und FDP zur 17. Legislaturperiode des Deutschen Bundestages, S. 18, http://go.wwu.de/n61kv. Dies wurde jedoch nicht umgesetzt.

1658 So auch: *Schweitzer/Fetzer/Peitz*, S. 57 f.

1659 *Apel/Polley*, ZWeR 2021, 273 (312); *Becker*, ZWeR 2020, 365 (381).

1660 *Becker*, ZWeR 2020, 365 (381).

Ausgestaltung der Zusammenschlusskontrolle hin. Aufgrund der Konzentration des Suchmaschinenmarktes und der im Grunde nicht zu bestreitenden Stellung von Google Search sollte bei der Zusammenschlusskontrolle ein strenger Maßstab angelegt werden, sofern die Übernahme den Suchmaschinenbereich betrifft.[1661] Die Zusammenschlusskontrolle kann gerade hinsichtlich der Machtkonzentration auf digitalen Märkten ein effektives kartellrechtliches Mittel sein. Die Kooperationsbereitschaft der Unternehmen ist höher als im Bereich der Missbrauchsaufsicht, da die Unternehmen an einer schnellen Genehmigung der Übernahme interessiert sind.

Insbesondere scheint es sinnvoll, neben der neuen Regelung in § 19a GWB auch die Zusammenschlusskontrolle auf marktübergreifende Auswirkungen zu erweitern. Hierfür bietet sich die in § 19a GWB eingeführte überragende marktübergreifende Bedeutung an. Diese ist unter anderem an den Zugang zu sonstigen Ressourcen und wettbewerbsrelevanten Daten geknüpft. An dieser Stelle ließe sich – marktübergreifend – berücksichtigen, inwiefern Alphabet infolge einer Übernahme Nutzer oder Daten für die Stärkung des Google-Ökosystems gewinnen würde. Gerade die Bedeutung von Daten in der Zusammenschlusskontrolle muss künftig stärker herausgearbeitet werden.[1662] Dies gilt sowohl für die Stärkung der Machtposition durch einen größeren Datenbestand als auch für Gefahren mit Blick auf die Privatsphäre von Nutzern, sofern personenbezogene Daten betroffen sind.[1663] Mit Blick hierauf ist zu begrüßen, dass bei der Übernahme von Fitbit durch Google im Jahr 2020 die Verpflichtungszusage getroffen wurde, dass die Fitbit-Daten in den ersten zehn Jahren nicht für Werbezwecke verwendet werden dürfen.[1664] Allerdings erfordern derartige verhaltensbezogene Verpflichtungszusagen einen erheblichen Überwachungsaufwand.[1665] Darüber hinaus sollten die Verpflichtungszusagen

---

1661 *Hubbard*, S. 214 ff.

1662 Siehe hierzu schon früh: *Holzweber*, NZKart 2016, 104 (108 f.).

1663 Siehe hierzu: *Motta/Peitz*, S. 27 ff. Zur Einordnung von „Privacy" als Parameter im Wettbewerbsrecht siehe: *Esayas*, in: Lundqvist/Gal (Hrsg.), 126 (126 ff.). Zur Frage, wie man Privatsphäre als Schadenstheorie in die Zusammenschlusskontrolle einbringen kann, siehe: *Deutscher*, in: Lundqvist/Gal (Hrsg.), 173 (173 ff.).

1664 *EU-Kommission*, Entsch. v. 17.12.2020, M.9660, Rn. 1–4 aus dem Annex „Commitments to the European Commission" – Google/Fitbit. Die *EU-Kommission* hat nach Rn. 37 f. die Möglichkeit, in begründeten Fällen den Zeitraum um weitere zehn Jahre zu verlängern.

1665 Nach *Bourreau et al.* bestehe bislang – zumindest auf EU-Ebene – keine Behörde, die einen derartigen Aufwand bei konkreten verhaltensbezogenen Verpflichtungszusagen effektiv kontrollieren könnte, http://go.wwu.de/yh-68.

so präzise getroffen werden, dass eine Zusammenführung von Daten nicht „über Umwege" möglich ist.[1666]

G. Gesamtbewertung zu Kapitel 3

Die 10. GWB-Novelle zeigt, dass das Konzept digitaler Plattformen und deren ökonomische Zusammenhänge besser nachvollzogen werden als noch vor einigen Jahren. Zumindest wurden nunmehr gesetzliche Regelungen getroffen, die eine zeitnahe und wirksame Kartellrechtsdurchsetzung gegen diese Plattformen ermöglichen. Die meisten der in Kapitel 2 herausgearbeiteten und in Kapitel 3 spiegelbildlich auf ihre Berücksichtigung durch die 10. GWB-Novelle untersuchten Faktoren zur Machtkonzentration von Google Searchhat der Gesetzgeber aufgegriffen.

Insbesondere § 19a GWB weist viele positive Neuerungen auf. Zunächst scheint es sinnvoll, eine neue – marktübergreifende – Machtform in der Missbrauchsaufsicht zu verankern. Hierdurch wird insbesondere die Struktur digitaler Ökosysteme erfasst **(A)**.[1667] Ebenfalls zu begrüßen ist die Ausgestaltung der in § 19a Abs. 2 GWB aufgenommenen Verhaltensweisen, die vom Bundeskartellamt untersagt werden können. Die Varianten sind – insbesondere durch die Aufnahme von Regelbeispielen – konkret gefasst, sodass eine gerichtliche Überprüfung der hierauf basierenden Verfügungen voraussichtlich weniger Zeit in Anspruch nehmen wird als bei abstrakt gehaltenen Tatbeständen oder einer noch allgemeineren Generalklausel. Dies trägt ebenso wie die Verkürzung des Rechtswegs auf den BGH als einzige Instanz für Beschwerden gegen Verfügungen nach § 19a GWB zur erforderlichen Beschleunigung der Kartellrechtsdurchsetzung bei **(B)**.[1668]

Mit der 10. GWB-Novelle wurden des Weiteren die zahlreichen Möglichkeiten aufgegriffen, die sich Google hinsichtlich der Bevorzugung eigener Dienste bieten **(C)**. Diese Bevorzugungshandlungen stellen eine wesentliche Grundlage zum Ausbau des Google-Ökosystems dar.[1669] Durch § 19a Abs. 2. Nr. 1 und 2 GWB bietet sich die Möglichkeit, im Rahmen der Gatekeeper-Stellung von Google Search oder anderen Google-Diensten eine solche Bevorzugung zu

1666 *Bourreau et al.* gaben der EU-Kommission im Laufe der Untersuchungen konkrete Vorschläge, welche Regelungen Google vorgegeben werden sollten, http://go.wwu.de/yh-68.

1667 Siehe hierzu: Kapitel 3: A. (S. 109 ff.).

1668 Siehe hierzu: Kapitel 3: B.I. (S. 145 ff.).

1669 Siehe hierzu: Kapitel 2: C. (S. 57 ff.).

untersagen.[1670] Hierdurch verringert sich die Wahrscheinlichkeit einer Marktmachterweiterung und die Wettbewerbsbedingungen für solche Dienste, die mit Google-Diensten konkurrieren, werden verbessert. Die aus der Gatekeeper-Stellung resultierenden Gefahren für den Wettbewerb wurden bei der Schaffung von § 19a GWB somit hinreichend berücksichtigt und ihr Eintritt kann durch eine konsequente Anwendung der Norm verhindert werden.

Die „Datenmacht" von Google wird durch die Änderungen zum Datenzugang, die die 10. GWB-Novelle getroffen hat, nicht wesentlich berührt **(D)**.[1671] Die aus der Idee zur Essential-Facilities-Doktrin entwickelte Regelung in § 19 Abs. 2 Nr. 4 GWB, die nunmehr ausdrücklich auf die Anwendung auf Daten ausgeweitet wurde, scheint zumindest mit Blick auf nutzergenerierte personenbezogene Daten nur bedingt geeignet, wie das Beispiel von Google Search zeigt. Ein Zugangsanspruch aus Sicht der Wettbewerber scheitert schon daran, dass die bei der Suche anfallenden Daten duplizierbar sind.[1672] Das deutsche Kartellrecht bietet somit auch nach der 10. GWB-Novelle keine wirksame Möglichkeit, für Wettbewerber einen Zugang zu Daten und somit eine Vergrößerung des eigenen Datenbestandes zu ermöglichen. Als Alternative hierzu ließe sich erwägen, den Datenbestand von Google zu verringern, um die Diskrepanz zwischen den einzelnen Suchmaschinen hierdurch zu verringern. Das Bundeskartellamt hat etwa ein Verfahren gegen Google eröffnet, um zu prüfen, ob die Zusammenführung von Daten aus verschiedenen Diensten nach § 19a Abs. 2 S. 1 Nr. 4 lit. a GWB untersagt werden kann.[1673] Allerdings sollten sich derartige Untersagungen daran messen lassen, inwiefern hierdurch vom Verbraucher gewünschte und bezweckte Verbundvorteile verhindert würden.

Im Verhältnis zum Datenzugang scheint das Mittel des Nutzerzugangs vorzugswürdig **(E)**. Zwar bietet die Möglichkeit der Datenportabilität für Suchende nahezu keinen Anreiz und das Recht auf Datenportabilität wird sich somit auf die Marktanteile der Suchmaschinen nicht auswirken.[1674] Ein Schlüssel zu mehr Wettbewerb auf dem Markt der allgemeinen Suche liegt allerdings darin, den Suchnutzern hinsichtlich der zu verwendenden Suchmaschine eine „freie Auswahlmöglichkeit" zu bieten. „Frei" meint hierbei, dass die Suchnutzer aus einer Mindestanzahl der meistgenutzten Suchmaschinen auswählen können, ohne

---

1670 Siehe hierzu: Kapitel 3: C.II. (S. 184 ff.).
1671 Siehe hierzu: Kapitel 3: D. (S. 240 ff.)
1672 Siehe hierzu: Kapitel 3: D.III.2.b) (S. 252 ff.).
1673 *Bundeskartellamt*, Pressemitteilung v. 25.05.2021, http://go.wwu.de/502pj.
1674 Siehe hierzu: Kapitel 3: E.I. (S. 266 ff.).

dass sie durch die Vorinstallation oder die Voreinstellung einer bestimmten Suchmaschine wie etwa Google Search beeinflusst werden.[1675] Die Änderungen, die Google im Oktober 2021 am Choice-Screen von Android vorgenommen haben, sind positiv zu bewerten.[1676] Jedoch kann dies nur eine Zwischenetappe darstellen auf dem Weg zu einer „freien Auswahlmöglichkeit" auf allen Gerätetypen und in allen Anwendungen, die eine Schnittstelle zur allgemeinen Suche bieten. Durch § 19a Abs. 2 S. 1 Nr. 1 lit. b und Nr. 2 GWB ist die Möglichkeit gegeben, die Untersagung von durch Google vorgenommenen ausschließlichen Vorinstallationen oder Voreinstellungen von Google Search zu prüfen. Die Bedeutung dieser Verhaltensweisen kann gar nicht überschätzt werden. Sofern den Wettbewerbern der Zugang zu Suchenden erleichtert wird und sich in der Folge die Marktanteile von Google Search verringern, würde dies weitere Folgewirkungen mit sich bringen. Zum einen könnten die konkurrierenden Suchmaschinen eigenständig mehr Daten erfassen und diese – sofern die hierfür erforderliche Infrastruktur gegeben ist – zur Verbesserung der eigenen Dienste nutzen. Zum anderen würden sich Auswirkungen auf die Gatekeeper-Stellung von Google Search ergeben. Gerade aus Sicht der Werbenden und Webseitenbetreiber könnte sich eine Alternative zur gewerblichen Nutzung von Google Search auftun. Für zahlreiche Ausprägungen der dargestellten Möglichkeiten zur Selbstbevorzugung hätte dies zur Folge, dass durch den erhöhten Wettbewerbsdruck für Google Search aus Sicht der Werbenden das Preisniveau sinken und aus Sicht der Suchenden die Qualität zunehmen könnte. Solange der Zugang zum Nutzer möglich wäre, wäre auch der Zugang zu Wettbewerb möglich. Demnach bietet der Nutzerzugang einen zentralen Hebel zum Abbau der Machtkonzentration von Google Search.

Unberücksichtigt lässt die 10. GWB-Novelle die Gefahren, die Digital Conglomerates Acquisitions für den Wettbewerb bereithalten **(F)**.[1677] Es zeigt sich, dass die von Alphabet und Google durchgeführten Übernahmen anderer Unternehmen das Google-Ökosystem massiv gefestigt haben. Dabei kann nicht mehr lediglich als Maßstab gelten, ob der Wettbewerb auf einzelnen Märkten durch die Übernahme beeinträchtigt wird. Vielmehr sind auch mögliche Auswirkungen auf weitere, im Google-Ökosystem befindliche Dienste und deren Wettbewerber in den Blick zu nehmen. Hierzu wurden zahlreiche Vorschläge unterbreitet, um die Geltung der Zusammenschlusskontrolle für Unternehmen

1675 Siehe hierzu: Kapitel 3: E.II. (S. 282 ff.).
1676 Siehe hierzu: Kapitel 3: E.II.2.b) (S. 291).
1677 Siehe hierzu: Kapitel 3: F. (S. 295 ff.).

wie Google auszuweiten[1678] und um die Maßstäbe einer möglichen Untersagung von Zusammenschlüssen anzupassen[1679]. Der Gesetzgeber hat hierauf mit einem Verweis auf das EU-Recht reagiert und hält eine Regelung im nationalen Recht nicht für zielführend. Die aktuellen Entwicklungen rund um den DMA zeigen jedoch, dass der EU-Gesetzgeber die Zusammenschlusskontrolle ausreichend „geschärft" hat.[1680] Der deutsche Gesetzgeber sollte somit im Zuge der nächsten GWB-Novelle eine Änderung der Zusammenschlusskontrolle anstreben. Womöglich ließe sich hierdurch eine Signalwirkung für die EU und für weitere Mitgliedstaaten erzielen. Es wäre nicht das erste Mal, dass Entwicklungen im europäischen Kartellrecht in Deutschland ihren Ausgangspunkt finden.[1681]

1678 Siehe hierzu: Kapitel 3: F.I.4. (S. 303 ff.).

1679 Siehe hierzu: Kapitel 3: F.II.2. (S. 306 ff.).

1680 Siehe hierzu: Kapitel 4: B.II.2. (S. 334 ff.).

1681 Siehe hierzu: *Brandenburger/Janssens*, in: Klose/Klusmann/Thomas (Hrsg.), 3 (3 ff.).

Kapitel 4: Entwicklungen auf EU-Ebene – Der Digital Markets Act

Neben Reformbestrebungen einzelner Mitgliedstaaten finden auch auf EU-Ebene seit einigen Jahren Überlegungen statt, wie das Recht für eine Auseinandersetzung mit den großen digitalen Plattformen weiterentwickelt werden kann.[1682] Dies resultierte in zwei Verordnungen, deren Entwurfsfassungen am 15. Dezember 2020 von der EU-Kommission vorgestellt wurden:[1683] Zum einen der Digital Services Act (DSA)[1684], in dessen Fokus die Verbreitung illegaler Inhalte über Online-Plattformen steht, und zum anderen der Digital Markets Act (DMA)[1685], der sich insbesondere den (über-)mächtigen Wettbewerbsstellungen der GAFA-Unternehmen widmet.[1686] Der DMA soll nicht an die Stelle des bisherigen EU-Kartellrechts treten, sondern dieses vielmehr ergänzen.[1687] Das Regelwerk ist als Verordnung in den Mitgliedstaaten unmittelbar anwendbar. Neben zahlreichen Bewertungen durch die Literatur[1688] wurde die erste

---

1682 *Budzinski/Mendelsohn*, S. 3 f.

1683 *EU-Kommission*, Pressemitteilung v. 15.12.2020, http://go.wwu.de/1ldgb.

1684 Verordnung (EU) 2022/2065 des Europäischen Parlaments und des Rates vom 19. Oktober 2022 über einen Binnenmarkt für digitale Dienste und zur Änderung der Richtlinie 2000/31/EG (Gesetz über digitale Dienste).

1685 Verordnung (EU) 2022/1925 des Europäischen Parlaments und des Rates vom 14. September 2022 über bestreitbare und faire Märkte im digitalen Sektor und zur Änderung der Richtlinien (EU) 2019/1937 und (EU) 2020/1828 (Gesetz über digitale Märkte).

1686 Siehe zu den beiden Verordnungen: *Gielen/Uphues*, EuZW 2021, 627 (627 ff.).

1687 Erwägungsgrund 11 DMA.

1688 *Basedow*, ZEuP 2021, 217 (217 ff.); *Bundeskartellamt*, Digital Markets Act: Perspektiven des (inter)nationalen Wettbewerbsrechts; *Budzinski/Mendelsohn*; *Gerpott*, NZKart 2021, 273 (273 ff.); *Gielen/Uphues*, EuZW 2021, 627 (627 ff.); *Grünwald*, MMR 2020, 822 (822 ff.); *Guersent*, WuW 2021, 69 (69); *Käseberg*, NZKart 2021, 529 (529 f.); *Kerber*, ZD 2021, 544 (544 ff.); *Körber*, NZKart 2021, 379 (379 ff.); *Körber*, NZKart 2021, 436 (436 ff.); *Larouche/de Streel*; *Leistner*, GRUR Int. 2021, 515 (515 ff.); *Lundqvist*, IIC 2021, 239 (239 ff.); *Mendelsohn*, MMR 2021, 857 (857 ff.); *Monopolkommission*, Sondergutachten 82; *Petit*, Journal of European Competition Law & Practice 2021, 1 (1 ff.); *Podszun/Bongartz/Langenstein*, EuCML 2021, 60 (60 ff.); *Schweitzer*, ZEuP 2021, 503 (503 ff.); *Seip/Berberich*, GRUR-Prax 2021, 44 (44 ff.); *Yale Tobin Center for Economic Policy*,

Entwurfsfassung insbesondere durch den Schwab-Report[1689] aufgegriffen und mit Änderungsvorschlägen bedacht. Der Report wurde von Andreas Schwab, dem Berichterstatter des Ausschusses für Binnenmarkt und Verbraucherschutz des EU-Parlaments, im Rahmen des Gesetzgebungsverfahrens erstellt.[1690] Der Ausschuss hat am 23. November 2021 einen gemeinsamen Standpunkt beschlossen, der im Anschluss zur Abstimmung durch die Parlamentarier gestellt wurde.[1691] Im ersten Halbjahr 2022 kam es dann zu den Verhandlungen zwischen EU-Parlament und EU-Rat.[1692] Diese mündeten in eine Einigung zur Verabschiedung des DMA, der am 1. November 2022 in Kraft getreten ist. Bis auf wenige Ausnahmen (vgl. Art. 54 Abs. 3 DMA) gilt die Verordnung nach Art. 54 Abs. 2 DMA ab dem 2. Mai 2023.

Dieses Kapitel dient dazu, den DMA in seinen Grundzügen vorzustellen (A–B) und zu benennen, inwiefern sich das Regelwerk auf Google Search auswirken wird (C). Darüber hinaus wird untersucht, wie sich der DMA zu nationalen Regelungen wie dem neu geschaffenen § 19a GWB verhält (D).

A. Ziele des DMA

Auf EU-Ebene wurde eine Machtkonzentration auf vielen digitalen Plattformmärkten ausgemacht.[1693] Die Missbrauchsaufsicht aus Art. 102 AEUV ist nicht dafür ausgestaltet, diesen Entwicklungen abzuhelfen.[1694] Insbesondere wird angemerkt, dass die hierauf gestützten Verfahren zu lange dauern.[1695] Vor diesem Hintergrund wurde gefordert, das EU-Kartellrecht neu aufzustellen und um eine Komponente zu erweitern, die eine Beschleunigung der Kartellrechtsdurchsetzung herbeiführt.[1696]

Digital Regulation Project – Fairness and Contestability in the Digital Markets Act; *Zimmer/Göhsl*, ZWeR 2021, 29 (29 ff.).

1689 *Schwab-Report.*

1690 Siehe hierzu: *Offergeld* auf „D'Kart", http://go.wwu.de/qii7x.

1691 *EU-Ausschuss für Binnenmarkt und Verbraucherschutz*, Pressemitteilung v. 23.11.2021, http://go.wwu.de/on8q0.

1692 *EU-Ausschuss für Binnenmarkt und Verbraucherschutz*, Pressemitteilung v. 23.11.2021, http://go.wwu.de/on8q0.

1693 *Janal*, EuZW 2017, 844 (849); *Schweitzer* ZEuP 2019, 1 (2).

1694 *Jovanovic/Greiner*, MMR 2021, 678 (678 f.); *Kerber*, ZD 2021, 544 (544).

1695 *Blockx*, S. 7; *Kerber*, ZD 2021, 544 (544); *Staudenmayer*, IWRZ 2020, 147 (155). Siehe beispielhaft das Google-Shopping-Verfahren der EU-Kommission: Kapitel 3: B.II.3.b) (S. 176 ff.).

1696 Siehe statt vieler: *BMWi*, Ein neuer Wettbewerbsrahmen für die Digitalwirtschaft.

Dieser Forderung möchte die EU nun mit der Schaffung des DMA nachkommen. Das Regelungswerk dient dabei ausweislich von Erwägungsgrund 9 DMA als Ergänzung des in Art. 101, 102 AEUV verankerten Kartellrechts. Einheitliche Regelungen zum Umgang mit Gatekeepern[1697] sollen im EU-Binnenmarkt eine Fragmentierung des Rechts verhindern.[1698]

Neben der Beschleunigung der Kartellrechtsdurchsetzung verfolgt die EU-Kommission mit dem DMA zwei weitere zentrale Anliegen.[1699] Zum einen soll die Bestreitbarkeit digitaler Märkte gesichert werden.[1700] Zum anderen soll das Gesetz für Fairness auf diesen Märkten sorgen.[1701] Gerade da der DMA diese beiden Begriffe – etwa in Erwägungsgrund 8 DMA – hervorhebt und den Bedarf nach deren Verwirklichung zur Legitimation des Regelungswerks heranzieht, verwunderte es, dass in der Entwurfsfassung zunächst keine Konkretisierung der Begriffe erfolgte.[1702] In der Literatur wurde vorgeschlagen, wie eine solche Definition aussehen könnte.[1703] Nach der *Monopolkommission* solle die Bestreitbarkeit eines Marktes gegeben sein, wenn „Unternehmen, die keine Gatekeeper sind, Markteintritts- und Expansionsbarrieren in digitalen Märkten überwinden können."[1704] Dieser Vorstoß verdiente insofern Zustimmung, da dem Begriff der Bestreitbarkeit noch keine allgemeingültige Bedeutung zukommt. Zumindest gilt dies für die Verwendung in Bezug auf Machtverhältnisse auf digitalen Plattformmärkten. Die von *Baumol/Panzar/Willig* im Jahr 1982 begründete „Theory of Contestable Markets"[1705] ist nicht ohne Weiteres auf digitale Plattformmärkte zu übertragen.[1706] Vor diesem Hintergrund

---

1697 Siehe zum Gatekeeper-Phänomen und daraus resultierenden Gefahren für den Wettbewerb: Kapitel 2: C. (S. 57 ff.).

1698 *Jovanovic/Greiner*, MMR 2021, 678 (679).

1699 Erwägungsgrund 8 DMA.

1700 *Körber*, NZKart 2021, 379 (380); *Monopolkommission*, Sondergutachten 82, S. 12; *Schweitzer*, ZEuP 2021, 503 (511); *Yale Tobin Center for Economic Policy*, Digital Regulation Project – Fairness and Contestability in the Digital Markets Act, S. 5 f.

1701 *Körber*, NZKart 2021, 379 (380); *Mendelsohn*, MMR 2021, 857 (860 f.); *Monopolkommission*, Sondergutachten 82, S. 12; *Schweitzer*, ZEuP 2021, 503 (512 ff.).

1702 *Monopolkommission*, Sondergutachten 82, S. 14; *Podszun/Bongartz/Langenstein*, EuCML 2021, 60 (62).

1703 *Monopolkommission*, Sondergutachten 82, S. 14; *Podszun/Bongartz/Langenstein*, EuCML 2021, 60 (62).

1704 *Monopolkommission*, Sondergutachten 82, S. 14.

1705 *Baumol/Panzar/Willig*.

1706 Aus diesem Grund knüpft der DMA auch nicht an die Theorie an: *Monti*, S. 3; *Schweitzer*, ZEuP 2021, 503 (511).

ist es zu begrüßen, dass der DMA in seiner finalen Fassung zumindest in Erwägungsgrund 32 den Begriff der „Bestreitbarkeit" konkretisiert. Hiernach soll er sich auf die Fähigkeit von Unternehmen beziehen, Hindernisse für einen Markteintritt oder eine Expansion wirksam zu überwinden und den Gatekeeper aufgrund der Vorzüge ihrer Produkte und Dienstleistungen herauszufordern.

Gleiches gilt für den Begriff der „Fairness". Auch dieser blieb in der Entwurfsfassung ohne Konturen, was in der Kommentierung des Entwurfs für Kritik sorgte.[1707] Zwar bringen einige Ge- und Verbote „Fairness" als Grundgedanken zum Ausdruck; so etwa Art. 6 Abs. 5 S. 1 DMA, wonach einem Gatekeeper verboten ist, im Wettbewerb mit anderen Unternehmen die Gatekeeper-Stellung dafür zu nutzen, eigene Angebote beim Ranking zu bevorzugen.[1708] Dennoch forderte die Monopolkommission, den Begriff als zentralen Orientierungspunkt des DMA mittels einer Definition zu konkretisieren.[1709] Auch hier wurde der Forderung durch eine Aufnahme in die Erwägungsgründe Folge geleistet. Nach Erwägungsgrund 33 DMA soll sich „unfair" auf ein Ungleichgewicht zwischen den Rechten und Pflichten gewerblicher Nutzer beziehen, durch das der Gatekeeper einen unverhältnismäßigen Vorteil erlangt.

B. Design des DMA und Verbesserungsvorschläge

Die Verordnung sieht eine ex-ante-Kontrolle von Unternehmen vor, die im DMA als „Gatekeeper"[1710] bezeichnet werden.[1711] Diese Gatekeeper stehen als mögliche Regelungsobjekte im Fokus.[1712] Insofern ist eine der zentralen Fragen zum DMA, unter welchen Voraussetzungen ein Unternehmen als Gatekeeper

---

1707 *Monopolkommission*, Sondergutachten 82, S. 16. *Körber* bemängelt – mit Blick auf den DMA-E – ebenfalls, ebenfalls, dass der Begriff nicht definiert wird, *Körber*, NZKart 2021, 379 (380).

1708 *Schweitzer*, ZEuP 2021, 503 (511 f.) noch zu Art. 6 Abs. 1 lit. d DMA-E.

1709 Die *Monopolkommission* schlägt insoweit vor, dass „die gewerblichen Nutzer eines Gatekeepers nicht durch den Gatekeeper benachteiligt werden" sollten, *Monopolkommission*, Sondergutachten 82, S. 16.

1710 Die deutschsprachige Version des DMA enthält den Begriff „Torwächter". Diese Arbeit folgt jedoch dem – auch im deutschsprachigen wissenschaftlichen Diskurs vorrangig verwendeten – Begriff „Gatekeeper", der in der englischsprachigen Version des DMA verwendet wird.

1711 *Franck/Peitz*, in: Richter/Straub/Tuchtfeld (Hrsg.), 84 (84); *Jovanovic/Greiner*, MMR 2021, 678 (680); *Kerber*, ZD 2021, 544 (544).

1712 *Schweitzer*, ZEuP 2021, 503 (519 ff.).

einzuordnen ist (I). In einem zweiten Schritt bedarf es einer Auseinandersetzung mit den Rechtsinstrumenten, die der DMA gegen das Verhalten der Gatekeeper bietet (II).

I. Einordnung eines Unternehmens als Gatekeeper

Gatekeeper zeichnen sich dadurch aus, dass die Gruppe der gewerblichen oder privaten Nutzer auf sie angewiesen ist. Dies berücksichtigt der DMA dadurch, dass sich die Bestimmung eines Gatekeepers insbesondere an dessen Bedeutung für die Nutzer orientiert. Diese Bedeutung spielt – gegenüber den Marktanteilen – eine übergeordnete Rolle.[1713] Die Einordnung als Gatekeeper verfolgt – anders als die Missbrauchsaufsicht aus Art. 102 AEUV – einen marktunabhängigen Ansatz.[1714] Wie schon mit Blick auf § 19a GWB erwähnt, bietet dies den Vorteil, dass die zuständige Behörde keine Marktabgrenzung vornehmen muss.[1715]

Der Begriff „Gatekeeper“ ist in Art. 2 Nr. 1 DMA definiert. Ein Unternehmen gilt danach als Gatekeeper, wenn es zentrale Plattformdienste bereitstellt und nach Art. 3 DMA von der EU-Kommission als Gatekeeper benannt worden ist. Art. 2 Nr. 2 DMA sieht eine abschließende Aufzählung möglicher zentraler Plattformdienste vor. Hierunter fallen nach lit. b auch Online-Suchmaschinen. Insofern könnte Google aufgrund des Betriebs von Google Search als Gatekeeper eingeordnet werden.[1716]

Die Ermittlung einer Gatekeeper-Stellung kann sich sowohl nach einem qualitativen als auch nach einem quantitativen Ansatz vollziehen.[1717] Der qualitative Ansatz aus Art. 3 Abs. 1 DMA sieht eine Einordnung anhand dreier – abstrakt gehaltener – Kriterien vor (1). Demgegenüber orientiert sich der quantitative Ansatz aus Art. 3 Abs. 2 DMA an konkreten Schwellenwerten,

---

1713 *Schweitzer*, ZEuP 2021, 503 (521 f.).

1714 *Jovanovic/Greiner*, MMR 2021, 678 (680); *Schweitzer*, ZEuP 2021, 503 (520).

1715 *Jovanovic/Greiner*, MMR 2021, 678 (680); *Kerber*, ZD 2021, 544 (545); *Monopolkommission*, Sondergutachten 82, S. 10. Zu den Problemen der Marktabgrenzung bei digitalen Plattformen: *Dewenter/Rösch/Terschüren*, NZKart 2014, 387 (391 ff.); *Hoffer/Lehr*, NZKart 2019, 10 (13 f.); *Lohse*, ZHR 2018, 321 (328 ff.); *Podszun*, in: Deutscher Juristentag (Hrsg.), F 1 (F 23).

1716 Siehe zur Einordnung von Google unter den Gatekeeper-Begriff des DMA: Kapitel 4: C.I (S. 337 ff.).

1717 *Budzinski/Mendelsohn*, S. 6 f.; *Gerpott*, NZKart 2021, 273 (275); *Jovanovic/Greiner*, MMR 2021, 678 (680); *Kerber*, ZD 2021, 544 (545); *Mendelsohn*, MMR 2021, 857 (860).

bei deren Vorliegen ein Betreiber zentraler Plattformdienste als Gatekeeper gilt (2).

1. *Qualitativer Ansatz*

In Art. 3 Abs. 1 DMA werden drei qualitative Kriterien genannt, bei deren Vorliegen ein Betreiber zentraler Plattformdienste als Gatekeeper einzuordnen ist.[1718] Er muss erheblichen Einfluss auf den Binnenmarkt haben (lit. a), er muss einen zentralen Plattformdienst bereitstellen, der gewerblichen Nutzern als wichtiges Zugangstor zu Endnutzern dient (lit. b), und ihm muss eine gefestigte und dauerhafte Position entweder schon jetzt zukommen oder aber in naher Zukunft bevorstehen (lit. c).

Sofern ein Unternehmen nicht aufgrund des Erreichens der Schwellenwerte aus Art. 3 Abs. 2 DMA als Gatekeeper benannt werden kann, kann die EU-Kommission zur Benennung nach Art. 3 Abs. 1 DMA eine Marktuntersuchung nach Art. 17 DMA durchführen. Nach Abschluss der Marktuntersuchung kann die EU-Kommission das Unternehmen nach Art. 3 Abs. 8 DMA zum Gatekeeper erklären. Bei der Ermittlung, ob dem Unternehmen eine Gatekeeper-Stellung zukommt, sind dabei insbesondere die in Art. 3 Abs. 8 DMA aufgeführten Kriterien zu berücksichtigen (lit. a–g). Ein Kriterium, das hier zunächst (Art. 3 Abs. 6 DMA-E) nicht enthalten war, dem jedoch mit Blick auf die Bestreitbarkeit von Märkten eine gewichtige Rolle zukommt, ist das Multihoming.[1719] Insofern ist zu begrüßen, dass dieses Kriterium in der finalen Fassung in Art. 3 Abs. 8 lit. e DMA Einzug erhalten hat.

2. *Quantitativer Ansatz*

Die Benennung als Gatekeeper wird vereinfacht, indem der DMA neben einem qualitativen Ansatz auch einen quantitativen Ansatz vorsieht.[1720] In Art. 3 Abs. 2 DMA werden hierfür Schwellenwerte genannt, bei deren Vorliegen davon auszugehen ist, dass ein Betreiber zentraler Plattformdienste als Gatekeeper einzuordnen ist. Sofern ein Unternehmen die Schwellenwerte erreicht, muss es die EU-Kommission nach Art. 3 Abs. 3 DMA innerhalb von zwei Monaten darüber

---

1718 *Gerpott*, NZKart 2021, 273 (275).

1719 *Körber*, NZKart 2021, 379 (384); *Schweitzer*, ZEuP 2021, 503 (522). Siehe zum Multihoming bei Suchenden: Kapitel 2: E.I. (S. 83 ff.).

1720 *Budzinski/Mendelsohn*, S. 6 f.; *Gerpott*, NZKart 2021, 273 (275); *Jovanovic/Greiner*, MMR 2021, 678 (680); *Kerber*, ZD 2021, 544 (545); *Körber*, NZKart 2021, 379 (382); *Podszun/Bongartz/Langenstein*, EuCML 2021, 60 (63).

in Kenntnis setzen. Die EU-Kommission wiederum kann das Unternehmen sodann nach Art. 3 Abs. 4 DMA als Gatekeeper benennen. Dies gilt vorbehaltlich einer möglichen Entlastung durch das Unternehmen, das nachweisen kann, dass die in Art. 3 Abs. 1 DMA aufgeführten Kriterien nicht erfüllt sind und somit eine Benennung als Gatekeeper nicht angezeigt ist, Art. 3 Abs. 5 DMA.

Die drei Schwellenwerte aus Art. 3 Abs. 2 DMA beziehen sich spiegelbildlich auf die in Art. 3 Abs. 1 DMA genannten Kriterien zur Bestimmung einer Gatekeeper-Stellung. Der Vorteil des quantitativen Ansatzes besteht darin, dass er für alle beteiligten Akteure die Rechtssicherheit erhöht.[1721]

a) Schwellenwert zur Ermittlung des erheblichen Einflusses auf den Binnenmarkt

Nach Art. 3 Abs. 2 lit. a DMA hat ein Betreiber zentraler Plattformdienste erheblichen Einfluss auf den Binnenmarkt, wenn das dazugehörige Unternehmen in den vergangenen drei Geschäftsjahren im EWR einen Jahresumsatz von mindestens 7,5 Milliarden Euro erzielt hat.[1722] Alternativ hierzu genügt es, wenn die durchschnittliche Marktkapitalisierung oder ein entsprechender Marktwert des dazugehörigen Unternehmens im vergangenen Geschäftsjahr mindestens 75 Milliarden Euro betrug.[1723] Unabhängig davon, an welchen Wert man anknüpft, ist zusätzlich erforderlich, dass in mindestens drei Mitgliedstaaten derselbe zentrale Plattformdienst bereitgestellt wird.

b) Schwellenwert zur Ermittlung der Gatekeeper-Position

Die Gatekeeper-Position eines Unternehmens ergibt sich aus der Bedeutung seiner zentralen Plattformdienste für die gewerblichen Nutzer und die Endnutzer. Der Schwellenwert aus Art. 3 Abs. 2 lit. b DMA knüpft hierfür an die jeweiligen Nutzerzahlen an. Ein zentraler Plattformdienst fungiert als wichtiges Zugangstor zu Endnutzern, wenn er im vergangenen Geschäftsjahr in der EU mehr als 45 Millionen monatlich aktive Endnutzer und mehr als 10.000 jährlich aktive gewerbliche Nutzer hatte.

Als einschränkendes Kriterium sollte bei dem Blick auf Nutzerzahlen und Aufrufzahlen darauf Acht gegeben werden, dass nicht lediglich eine absolute

---

1721 *Gerpott*, NZKart 2021, 273 (275); *Körber*, NZKart 2021, 379 (382).

1722 Im *Schwab-Report* wurde eine Erhöhung auf 10 Milliarden Euro vorgeschlagen, *Schwab-Report*, S. 32.

1723 Im *Schwab-Report* wurde eine Erhöhung auf 100 Milliarden Euro vorgeschlagen, *Schwab-Report*, S. 32.

Zahl für die Vermutung der Gatekeeper-Position gewählt wird, sondern dass die Zahl zu den Wettbewerbern in Verhältnis gesetzt wird. Andernfalls könnten auch zentrale Plattformdienste erfasst werden, die im Vergleich zu Wettbewerbern nur über geringfügige Marktanteile verfügen.[1724] Ergänzend zu der Nutzerzahl in Art. 3 Abs. 2 lit. b DMA sollte demnach folgender Passus aufgenommen werden:

> *„Das Kriterium nach Absatz 1 Buchstabe b ist nicht erfüllt, wenn der zentrale Plattformdienst im vergangenen Geschäftsjahr bei den Endnutzern über einen Marktanteil von weniger als 50 % verfügt hat."*

Jedenfalls unterhalb solcher Marktanteile liegt keine Gatekeeper-Position vor, die eine im DMA vorgesehene Verhaltenskontrolle rechtfertigt. Vielmehr könnte ohne diese Einschränkung ein Unternehmen als Gatekeeper eingeordnet werden, obwohl sich der für die relevante Einordnung verantwortliche Dienst auf seinem Markt einem Wettbewerber gegenübersieht, der über deutlich höhere Marktanteile verfügt. In diesem Fall würde der DMA seinem Ziel, die Bestreitbarkeit von Märkten sicherzustellen, zuwiderlaufen. Der kleine Wettbewerber, der zwar den in Art. 3 Abs. 2 lit. b DMA normierten Schwellenwert erreicht, jedoch auf dem relevanten Markt über geringe Marktanteile verfügt, könnte an die Verpflichtungen aus Art. 5, 6, 7 DMA gebunden sein. Hierdurch würde es ihm erschwert, das marktdominierende Unternehmen anzugreifen. Um dem zu entgehen, sollte die oben vorgeschlagene Regelung aufgenommen werden.

c) Schwellenwert zur Ermittlung der gefestigten und dauerhaften Position

Für die Ermittlung der gefestigten und dauerhaften Position knüpft der Schwellenwert aus lit. c an den vorangegangenen Schwellenwert aus lit. b an. Sofern dieser Schwellenwert in jedem der vergangenen drei Geschäftsjahre erreicht wurde, gilt die Position als gefestigt und dauerhaft.

3. Ergänzung um das Kriterium „Ökosystem"?

Als Ergänzung der in Art. 3 Abs. 1 DMA vorgesehenen Kriterien wurde vorgeschlagen, die Bedeutung digitaler Ökosysteme stärker in den Fokus zu rücken.[1725]

1724 Führt als Beispiel die Suchmaschine Bing an: *Körber*, NZKart 2021, 379 (382).

1725 *Bundeskartellamt*, Digital Markets Act: Perspektiven des (inter)nationalen Wettbewerbsrechts, S. 12 f.; *Gielen/Uphues*, EuZW 2021, 627 (629); *Monopolkommission*, Sondergutachten 82, S. 20; *Verbraucherzentrale Bundesverband*, Positionspapier zum DMA-E, S. 9.

Der Begriff des „Ökosystems" wird im gesamten DMA kaum berücksichtigt.[1726] Dabei ist die Bedeutung digitaler Ökosysteme für den Wettbewerb auf Märkten und insbesondere für die Bestreitbarkeit von Machtpositionen von zentraler Bedeutung.[1727] Die Möglichkeit, marktmächtige Stellungen auf weitere Märkte zu erweitern und Wettbewerber aus Märkten zu verdrängen, nimmt zu, wenn ein Unternehmen von den angebots- und nachfrageseitigen Faktoren eines solchen Ökosystems profitiert.[1728] Unter Berücksichtigung dieser Umstände hatte der Schwab-Report im Gesetzgebungsverfahren eine Änderung von Art. 3 Abs. 2 lit. b DMA vorgeschlagen.[1729] Demnach soll die in Art. 3 Abs. 1 lit. b DMA genannte Eigenschaft als „Zugangstor" durch mindestens zwei zentrale Plattformdienste zu erfüllen sein.[1730] Diese sollen dann jeweils über mehr als 45 Millionen Nutzer verfügen.[1731]

Alternativ hierzu ließe sich der Faktor „Ökosystem" in den DMA einbringen, indem man die maßgebliche Nutzerzahl an *allen* zentralen Plattformdiensten eines Gatekeepers orientieren könnte und nicht jeweils an einem einzelnen Dienst.[1732] Ebenso könnten beide Zahlenwerte auch alternativ zueinander berücksichtigt werden.[1733] Allerdings sollte der Schwellenwert für die Gesamtnutzerzahl aller zentraler Plattformdienste eines Gatekeepers höher liegen als der bis dato in Art. 3 Abs. 2 lit. b DMA festgelegte Schwellenwert von 45 Millionen Nutzern.[1734]

Als weitere Möglichkeit besteht die Aufnahme eines Ökosystem-Kriteriums in einem zu ergänzenden Art. 3 Abs. 1 lit. d DMA.[1735] Als „quantitatives Pendant" hierzu wäre nach einem Vorschlag der Monopolkommission gemäß einem ebenfalls zu ergänzenden Art. 3 Abs. 2 lit. d DMA „das Kriterium nach Absatz 1 Buchstabe d erfüllt, wenn er [der Gatekeeper – Anm. d. Verf.] die unter Buchstabe a und b genannten Schwellenwerte sowie Buchstabe c erfüllt und eine Multi-Plattform-Integration mit mindestens zwei zentralen Plattformdiensten oder eine Doppelrolle durch den Betreiber gegeben ist."[1736]

1726 Der Begriff findet sich in Erwägungsgrund 32 DMA.
1727 Siehe hierzu: Kapitel 2: A. (S. 42 ff.).
1728 Siehe hierzu: Kapitel 2: A. (S. 42 ff.).
1729 *Schwab-Report*, S. 33.
1730 *Schwab-Report*, S. 33.
1731 *Schwab-Report*, S. 33.
1732 *Verbraucherzentrale Bundesverband*, Positionspapier zum DMA-E, S. 9.
1733 *Gielen/Uphues*, EuZW 2021, 627 (629).
1734 *Gielen/Uphues*, EuZW 2021, 627 (629).
1735 *Monopolkommission*, Sondergutachten 82, S. 20.
1736 *Monopolkommission*, Sondergutachten 82, S. 20.

Jeder der drei genannten Änderungsvorschläge würde es ermöglichen, die Bedeutung digitaler Ökosysteme bei der Benennung von Gatekeepern angemessen zu berücksichtigen. Der Vorteil der zweitgenannten Alternative gegenüber dem Vorschlag des Schwab-Reports liegt in der Flexibilität. Hiermit ließe sich auch die Konstellation berücksichtigen, dass ein Unternehmen über einen zentralen Plattformdienst mit deutlich mehr als den vom Schwellenwert geforderten Nutzern und daneben über weitere zentrale Plattformdienste mit einer knapp unter dem Schwellenwert befindlichen Nutzerzahl verfügt. Jedenfalls sollte das Gesetz den Faktor „Ökosystem" in irgendeiner Weise in den Gesetzestext aufnehmen und in die Ermittlung der Gatekeeper-Stellung integrieren.

4. Fazit

Der quantitative Ansatz des DMA ist in zweifacher Hinsicht zu begrüßen. Zum einen entlastet er die EU-Kommission, indem die potentiellen Normadressaten bei Erreichen der in Art. 3 Abs. 2 DMA vorgesehenen Schwellenwerte nach Art. 3 Abs. 3 DMA eigenständig eine Meldung an die EU-Kommission erteilen müssen. Zum anderen bietet er für alle beteiligten Akteure ein gewisses Maß an Rechtssicherheit. In diesem Punkt unterscheidet sich der DMA von § 19a GWB, der lediglich einen qualitativen Ansatz zur Bestimmung von Unternehmen mit überragender marktübergreifender Bedeutung vorsieht.

Die konkrete Ausgestaltung der Voraussetzungen zur Benennung eines Gatekeepers sollte allerdings noch Änderungen erfahren. Der Schwellenwert aus Art. 3 Abs. 2 lit. b DMA lässt bislang noch die wettbewerbliche Position eines zentralen Plattformdienstes zu dessen Wettbewerbern außer Betracht. Das Pendant in Art. 3 Abs. 1 lit. b DMA fordert jedoch, dass der zentrale Plattformdienst aus Sicht gewerblicher Nutzer als wichtiges Zugangstor zu Endnutzern dienen muss. Eine solche Stellung kommt nur Diensten zu, die über erhebliche Marktanteile verfügen. Dies sollte in Art. 3 Abs. 2 lit. b DMA berücksichtigt werden. Darüber hinaus muss der DMA den Ansatz, wettbewerbliche Gefahren marktübergreifend zu erfassen, konsequent zu Ende denken. Hiermit geht zwingend die Berücksichtigung digitaler Ökosysteme einher. Vorschläge, wie dieser Faktor bei der Benennung von Gatekeepern berücksichtigt werden könnte, gibt es – wie soeben dargestellt – reichlich.

II. Mögliche Rechtsinstrumente gegen Gatekeeper

Im Folgenden wird dargestellt, welche Rechtsinstrumente der EU-Kommission gegen Gatekeeper zur Verfügung stehen. Zentral sind hierbei die in Art. 5, 6

DMA vorgesehenen Ge- und Verbote (1).[1737] Daneben ist in Art. 14 DMA eine Meldepflicht für Zusammenschlüsse vorgesehen (2). Sofern ein Gatekeeper sich nicht den Vorgaben des DMA entsprechend verhält, stehen der EU-Kommission Geldbußen und weitere Abhilfemaßnahmen als Sanktionsmöglichkeiten zu (3).

1. Ge- und Verbote

Der DMA sieht in Art. 5 und 6 DMA verschiedene Ge- und Verbote vor. Diese orientieren sich zumeist an Fällen, über die Kartellbehörden oder Gerichte bereits zu entscheiden hatten.[1738] Den Verpflichtungen muss ein Gatekeeper hinsichtlich aller Dienste, die als zentrale Plattformdienste eingeordnet werden, nachkommen. Art. 3 Abs. 10 DMA bestimmt, dass die Verpflichtungen spätestens sechs Monate nach Einordnung des jeweiligen Dienstes als zentraler Plattformdienst einzuhalten sind.

Die Verpflichtungen aus Art. 5 DMA gelten unmittelbar, sodass es keines weiteren Vollzugsaktes bedarf.[1739] Aus diesem Grund werden sie auch als „Blacklist" bezeichnet.[1740] Demgegenüber wird für die Verpflichtungen aus Art. 6 DMA teilweise der Begriff „Greylist" verwendet, da diese Verpflichtungen im Zusammenspiel mit den betroffenen Gatekeepern ausgestaltet werden können.[1741] Die Begrifflichkeiten dürfen jedoch nicht darüber hinwegtäuschen, dass auch die Verpflichtungen aus Art. 6 DMA unmittelbar gelten. Es steht der EU-Kommission lediglich offen, die Maßnahmen zur Einhaltung der Verpflichtungen näher zu konkretisieren.[1742]

1737 Auf die Verpflichtung von Gatekeepern zur Interoperabilität nummernunabhängiger interpersoneller Kommunikationsdienste aus Art. 7 DMA soll an dieser Stelle nicht weiter eingegangen werden.

1738 *Haucap/Schweitzer*, S. 10; *Haus/Weusthof*, WuW 2021, 318 (321); *Kerber*, ZD 2021, 544 (545); *Körber*, NZKart 2021, 436 (437); *Podszun/Bongartz/Langenstein*, EuCML 2021, 60 (65); *Schweitzer/Gutmann*, S. 42 f.

1739 *Jovanovic/Greiner*, MMR 2021, 678 (680); *Kerber*, ZD 2021, 544 (545); *Podszun/Bongartz/Langenstein*, EuCML 2021, 60 (61); *Verbraucherzentrale Bundesverband*, Positionspapier zum DMA-E, S. 11.

1740 *Grünwald*, MMR 2020, 822 (826); *Kühling*, NZKart 2020, 630 (630); *Künstner* auf „Deutscher Anwalt-Spiegel", Die Richtung stimmt, go.wwu.de/55bj8; *Louven* auf „CRonline", Vorschlag für einen Digital Markets Act – Abgrenzungen und Schutzbereich, go.wwu.de/6qkjs.

1741 *Grünwald*, MMR 2020, 822 (826); *Kühling*, NZKart 2020, 630 (630).

1742 *Bundeskartellamt*, Digital Markets Act: Perspektiven des (inter)nationalen Wettbewerbsrechts, S. 21.

Mit Blick auf die Aufteilung der Ge- und Verbote wird kritisiert, dass nicht zu erkennen sei, inwiefern sich die in Art. 5 DMA aufgelisteten Verpflichtungen von den in Art. 6 DMA genannten Verpflichtungen unterscheiden.[1743] Es werde nicht ersichtlich, weshalb eine Möglichkeit zur Konkretisierung der Maßnahmen nicht auch für die Verhaltensweisen aus Art. 5 DMA gegeben sein soll.[1744] *Schweitzer* plädierte während des Gesetzgebungsverfahrens angesichts dessen darauf, in einer Norm diejenigen Verhaltensweisen zu regeln, die „per se" wettbewerbsschädlich sind und verboten sein sollten und in der anderen Norm diejenigen Verhaltensweisen zu regeln, bei denen den Gatekeepern eine sachliche Rechtfertigung möglich sein soll.[1745] Die Möglichkeit der sachlichen Rechtfertigung, wie sie in § 19a Abs. 2 S. 2 GWB vorgesehen ist, ist im DMA nicht enthalten.[1746] Es ist jedoch nicht nachgewiesen, dass alle normierten Ge- und Verbote in jedem Fall zu einer Wettbewerbsschädigung führen.[1747] Insofern sollte der DMA zumindest in Bezug auf die nicht „per se" schädlichen Verhaltensweisen um die Möglichkeit einer sachlichen Rechtfertigung ergänzt werden.[1748]

Wie auch mit Blick auf § 19a GWB wird kritisiert, dass der DMA für die Ge- und Verbote in Art. 5, 6 DMA keine Generalklausel vorsieht.[1749] Hiermit wäre es möglich, flexibler auf neue Geschäftsmodelle und Umgehungsmethoden der

1743 *Körber*, NZKart 2021, 436 (437 f.); *Monopolkommission*, Sondergutachten 82, S. 26 f. In diese Richtung auch: *Podszun/Bongartz/Langenstein*, EuCML 2021, 60 (65).

1744 *Monopolkommission*, Sondergutachten 82, S. 26 f.

1745 *Schweitzer*, ZEuP 2021, 503 (536).

1746 Noch in Bezug auf den DMA-E: *Blockx*, S. 8 f.; *Bundeskartellamt*, Digital Markets Act: Perspektiven des (inter)nationalen Wettbewerbsrechts, S. 25 f.; *Haucap/Schweitzer*, S. 11; *Haus/Weusthof*, WuW 2021, 318 (323); *Körber*, NZKart 2021, 436 (439).

1747 *Haucap/Schweitzer*, S. 11; *Körber*, NZKart 2021, 436 (437); *Zimmer/Göhsl*, ZWeR 2021, 29 (53). In diese Richtung auch: *Schweitzer*, ZEuP 2021, 503 (535).

1748 *Monopolkommission*, Sondergutachten 82, S. 49 ff. mit konkretem Formulierungsvorschlag auf S. 59 f.; *Schweitzer*, ZEuP 2021, 503 (537 f.); *Zimmer/Göhsl*, ZWeR 2021, 29 (53 f.).

1749 *Basedow*, ZEup 2021, 217 (220); *Gielen/Uphues*, EuZW 2021, 627 (630); *Haus/Weusthof*, WuW 2021, 318 (321). Etwas zurückhaltender: *Budzinski/Mendelsohn*, S. 13. Anderer Ansicht ist: *Monopolkommission*, Sondergutachten 82, S. 24 f. Zu klären wäre, ob eine Generalklausel mit Art. 114 AEUV als Rechtsgrundlage zu vereinbaren ist oder ob Art. 103 AEUV als zusätzliche Rechtsgrundlage gewählt werden müsste, siehe hierzu: *Bundeskartellamt*, Digital Markets Act: Perspektiven des (inter)nationalen Wettbewerbsrechts, S. 30.

Gatekeeper zu reagieren. Zwar ist es der EU-Kommission nach Art. 12 DMA möglich, die Verpflichtungen zu aktualisieren. Allerdings ist hierfür eine Marktuntersuchung nach Art. 19 DMA erforderlich, die bis zu 18 Monate dauern kann. Insofern besteht wenig Hoffnung, dass hierdurch in angemessener Zeit auf Änderungen reagiert werden kann.[1750]

Eine Alternative zur Generalklausel kann das Umgehungsverbot aus Art. 13 DMA darstellen. Hiernach dürfen Gatekeeper die Verpflichtungen aus Art. 5, 6 DMA nicht umgehen – weder durch vertragliche noch durch kommerzielle, technische oder sonstige Verhaltensweisen. Sofern dem DMA keine Generalklausel hinzugefügt wird, könnte das vorgesehene Umgehungsverbot den Gatekeepern jedenfalls erschweren, die Ge- und Verbote auszuhebeln. Der Schwab-Report hat vorgeschlagen, die Regelung aus Art. 13 DMA[1751] in einen neuen Art. 6a DMA zu verschieben.[1752] Hierdurch könnte die Bezugnahme auf die Verpflichtungen aus Art. 5, 6 DMA jedenfalls verdeutlicht werden.

2. *Zusammenschlusskontrolle*

Die Zusammenschlusskontrolle auf EU-Ebene richtet sich nach der Fusionskontrollverordnung (FKVO)[1753]. Der DMA enthält keine Regelungen zu den Fragen, wann ein Zusammenschluss zu kontrollieren und wie dieser zu beurteilen ist. Allerdings sieht Art. 12 Abs. 1 DMA für Gatekeeper eine Verpflichtung zur Unterrichtung über Zusammenschlüsse vor. Danach muss ein Gatekeeper die EU-Kommission über einen geplanten Zusammenschluss i.S.v. Art. 3 FKVO informieren, sofern an diesem ein anderer Betreiber zentraler Plattformdienste oder ein Erbringer sonstiger Dienstleistungen im digitalen Sektor beteiligt ist. Dies gilt auch für Zusammenschlüsse, die nach EU-Recht oder nach dem Recht der betroffenen Mitgliedstaaten nicht anmeldepflichtig sind.

Offensichtlich ist somit nicht intendiert, den Geltungsbereich der Zusammenschlusskontrolle zu erweitern. Vielmehr liegt die Absicht der EU-Kommission darin, Mitgliedstaaten anweisen zu können, der EU-Kommission über

1750 *Haus/Weusthof*, WuW 2021, 318 (321); *Podszun/Bongartz/Langenstein*, EuCML 2021, 60 (65 f.).

1751 Damals noch Art. 11 DMA-E.

1752 *Schwab-Report*, S. 52 f.

1753 Verordnung (EG) Nr. 139/2004 des Rates vom 20. Januar 2004 über die Kontrolle von Unternehmenszusammenschlüssen („EG-Fusionskontrollverordnung").

Verweisungsanträge eine Zusammenschlusskontrolle zu ermöglichen.[1754] Nach Art. 14 Abs. 5 DMA können die zuständigen Behörden der Mitgliedstaaten die aus der Unterrichtungspflicht gewonnenen Informationen verwenden, um die EU-Kommission gemäß Art. 22 FKVO um Prüfung des jeweiligen Zusammenschlusses zu ersuchen. Die Zurückhaltung der EU-Kommission wurde unter anderem damit begründet, dass eine Änderung der Zusammenschlusskontrolle nicht auf Art. 114 AEUV gestützt werden könne.[1755] Ein vom Bundesministerium für Wirtschaft und Energie in Auftrag gegebenes Gutachten kam hingegen zu dem Schluss, dass im DMA durchaus eine dahin gehende Änderung möglich gewesen wäre.[1756]

Hinsichtlich der Notwendigkeit, das Kartellrecht für eine sachgerechte Erfassung von Digital Conglomerates Acquisitions[1757] neu auszurichten, kann auf die in Kapitel 2 herausgearbeiteten Gefahren für den Wettbewerb verwiesen werden.[1758] Es besteht auch auf EU-Ebene gesetzgeberischer Handlungsbedarf.[1759] Die Kontrollmöglichkeiten der EU sollten demnach ausgeweitet werden.[1760] Der DMA in seiner jetzigen Fassung – und ohne Anpassung der FKVO – bietet nicht die erforderliche Abhilfe gegen die Übernahmepraxis der GAFA-Unternehmen.

3. *Geldbußen und Abhilfemaßnahmen*

Die EU-Kommission kann bei Zuwiderhandlung gegen eine Verpflichtung aus Art. 5, 6, 7 DMA sowie gegen Maßnahmen nach Art. 18 Abs. 1 DMA oder Art. 24 DMA gemäß Art. 29 Abs. 1 DMA einen Beschluss wegen Nichteinhaltung erlassen. Nach Art. 30 Abs. 1 DMA kann in einem solchen Beschluss gegen den Gatekeeper eine Geldbuße verhängt werden. Dies setzt voraus, dass der Gatekeeper vorsätzlich oder fahrlässig gehandelt hat. Der Höchstbetrag einer

1754 Schon bevor dies in der finalen Fassung in Art. 14 Abs. 5 DMA explizit normiert wurde: *Seip/Berberich*, GRUR-Prax 2021, 44 (46). In diese Richtung auch: *Larouche/de Streel*, S. 13 f.

1755 *Zimmer/Göhsl*, ZWeR 2021, 29 (46).

1756 *Franck/Monti/de Streel.*

1757 Siehe zu Digital Conglomerates Acquisitions: Kapitel 2: F.I.1. (S. 97 ff.).

1758 Siehe hierzu: Kapitel 2: F. (S. 96 ff.).

1759 *Käseberg*, in: Bien et al. (Hrsg.), Einleitung, Rn. 21; *Käseberg*, NZKart 2021, 529 (529); *Larouche/de Streel*, S. 13 f.

1760 *Käseberg*, in: Bien et al. (Hrsg.), Einleitung, Rn. 21; *Käseberg*, NZKart 2021, 529 (529); *Larouche/de Streel*, S. 13 f.

Geldbuße liegt bei 10 % des vom Gatekeeper im vorausgegangenen Geschäftsjahr erzielten Gesamtumsatzes.

Darüber hinausgehend ist die EU-Kommission nach Art. 16 Abs. 1 i.V.m. Art. 18 DMA befugt, eine Marktuntersuchung einzuleiten, wenn der Verdacht besteht, dass ein Gatekeeper systematisch gegen Verhaltenspflichten verstößt. Allerdings geht aus dem Wortlaut des Art. 18 Abs. 1 DMA nicht explizit hervor, ob hiermit eine Generalklausel geschaffen wird, nach der ein systematischer Verstoß angenommen werden kann.[1761] Sofern dies beabsichtigt ist, sollte der Gesetzgeber Kriterien in den Normtext aufnehmen, an denen sich die Behörden bei der Untersuchung eines potentiellen systematischen Verstoßes orientieren können.

In Ergänzung zu Art. 18 Abs. 1 DMA wird in Abs. 3 eine Vermutungsregelung dafür aufgestellt, unter welchen Voraussetzungen von einem systematischen Verstoß auszugehen ist. Dies ist der Fall, wenn in einer Zeitspanne von acht Jahren durch die EU-Kommission mindestens drei Beschlüsse wegen Nichteinhaltung (Art. 29 DMA) erlassen worden sind.[1762] Die Feststellung, dass ein systematischer Verstoß durch einen Gatekeeper vorliegt, berechtigt die EU-Kommission dazu, Abhilfemaßnahmen gegen diesen zu ergreifen. Dabei sah Art. 16 DMA-E (= Art. 18 DMA) in Abs. 2 noch eine Abstufung zwischen verhaltensbezogenen und strukturellen Abhilfemaßnahmen vor. Strukturelle Maßnahmen sollten danach nur in Betracht gezogen werden, wenn entweder keine ebenso wirksame verhaltensbezogene Maßnahme erteilt werden kann oder wenn eine solche für den Gatekeeper belastender wäre als die strukturelle Maßnahme. Der Schwab-Report äußerte hierzu, diesen Vorrang verhaltensbezogener Maßnahmen aus Art. 16 Abs. 2 DMA-E ersatzlos zu streichen.[1763] Auch Behörden wiesen darauf hin, dass verhaltensbezogene Maßnahmen deutlich kontrollintensiver seien und eine Gleichstellung von strukturellen und verhaltensbezogenen Maßnahmen somit deren Wirksamkeit fördern könne.[1764] In der finalen Fassung des DMA ist in Art. 18 nunmehr kein Rangverhältnis mehr enthalten, sodass beide Arten von Maßnahmen nebeneinander stehen und frei gewählt werden können.

1761 *Gielen/Uphues*, EuZW 2021, 627 (631).

1762 Sieht deshalb „die Hürden für Abhilfemaßnahmen im DMA deutlich höher" als in § 19a GWB: *Gerpott*, NZKart 2021, 273 (278 f.).

1763 *Schwab-Report*, S. 56.

1764 Siehe hierzu eine gemeinsame Stellungnahme zur Durchsetzung der Zusammenschlusskontrolle: *Competition & Markets Authority/Australian Competition & Consumer Commission/Bundeskartellamt*, S. 4, http://go.wwu.de/eqhwf.

C. Bewertung der Regelungen mit Blick auf Google und Google Search

Die zuvor dargestellten Regelungen des DMA sollen im Folgenden auf ihre Auswirkungen auf Google und Google Search untersucht werden. Zunächst steht die Einordnung von Google als Gatekeeper (I). Daran anknüpfend werden einzelne Ge- und Verbote erörtert, die die in Kapitel 2 herausgearbeiteten Faktoren für die Machtkonzentration von Google Search adressieren (II).

I. Einordnung von Google als Gatekeeper i.S.d. DMA

Nach Art. 2 Nr. 2 lit. b DMA gilt eine Online-Suchmaschine und somit Google Search als zentraler Plattformdienst. Weitere zentrale Plattformdienste von Google sind etwa YouTube (Video-Sharing-Plattform-Dienst nach Art. 2 Nr. 2 lit. d DMA) oder Google Ads (Werbedienst nach Art. 2 Nr. 2 lit. j DMA). Als Gatekeeper einzuordnen wäre sodann Google als Betreiber dieser Plattformdienste.

1. Einordnung nach dem qualitativen Ansatz

Nach dem qualitativen Ansatz scheint die Einordnung von Google als Gatekeeper unter Berücksichtigung der in Art. 3 Abs. 8 lit. a–g DMA vorgesehenen Kriterien eindeutig. Die Größe eines Gatekeepers bestimmt sich nach lit. a insbesondere anhand des Umsatzes und der Marktkapitalisierung. Der weltweite Umsatz von Alphabet als Mutterkonzern von Google liegt bei mehr als 160 Milliarden US-Dollar.[1765] Bis auf Amazon und Apple gibt es kaum ein Unternehmen, das digitale Plattformen bereitstellt und einen derart hohen Umsatz erzielt.[1766] Bei der Marktkapitalisierung liegt Alphabet weltweit auf dem fünften Rang.[1767] Allein diese Zahlen legen nahe, dass Google als Alphabets Tochterunternehmen für den Digitalbereich als Gatekeeper einzustufen ist.

Auch die weiteren in Art. 3 Abs. 8 DMA genannten Kriterien sprechen für diese Bewertung. Es dürfte wenige Dienste geben, die über annähernd so viele Endnutzer verfügen wie Google Search (lit. b). Aufgrund des enorm hohen Marktanteils an Suchanfragen von über 90 % sind viele gewerbliche Nutzer auf

---

1765 Die größten Unternehmen der Welt nach ihrem Umsatz im Geschäftsjahr 2019/2020, http://go.wwu.de/2m10u.

1766 Die größten Unternehmen der Welt nach ihrem Umsatz im Geschäftsjahr 2019/2020, http://go.wwu.de/2m10u.

1767 *Suhr* auf „Statista“, http://go.wwu.de/u67nr.

das Schalten von Werbeanzeigen über Google Search angewiesen (ebenfalls lit. b).[1768] Die Vorteile, die sich für Google Search aus den Netzwerkeffekten und den datenbedingten Lerneffekten ergeben, wurden in Kapitel 2 bereits ausführlich dargestellt (lit. c).[1769] Gleiches gilt für die Skalen- und Verbundeffekte, die sich auch aus der Stellung von Google Search als Teil des Google-Ökosystems ergeben (lit. d) sowie für die starke Bindung der Endnutzer an Google Search, die insbesondere auf den zahlreichen Lock-In-Effekten basiert (lit. e).[1770]

2. Einordnung nach dem quantitativen Ansatz

Im jährlichen Bericht von Alphabet wird der Jahresumsatz nur für bestimmte Regionen ausgewiesen.[1771] In der EMEA-Region[1772] erzielte der Konzern im Jahr 2020 etwa 55 Milliarden US-Dollar Umsatz. Speziell für den EWR-Raum gibt es keine offiziellen Angaben. Allerdings erzielte Google etwa im Jahr 2017 in Irland nach eigenen Angaben einen Umsatz in Höhe von mehr als 32 Milliarden US-Dollar.[1773] Demnach ist davon auszugehen, dass der in Art. 3 Abs. 2 lit. a DMA normierte Schwellenwert von 7,5 Milliarden Euro Umsatz im EWR-Raum jedenfalls erreicht wird.

Art. 3 Abs. 2 lit. b DMA fordert darüber hinaus, dass der zentrale Plattformdienst mehr als 45 Millionen EU-Nutzer vorweisen muss. Mit Blick auf Google Search deckt dies eine konzeptionelle Schwäche des DMA auf, da die Nutzung der Suchmaschine keine Registrierung oder Anmeldung voraussetzt. Demnach ist es schwerer, den Nachweis zu führen, wie viele Personen Google Search monatlich nutzen. Die finale Fassung des DMA sieht hierfür im Anhang vor, dass die Zahl aktiver Endnutzer einer Online-Suchmaschine die Zahl der eindeutigen Endnutzer sein soll, die die Online-Suchmaschine mindestens einmal im Monat genutzt haben, beispielsweise durch Eingeben einer Abfrage. Für die Feststellung eines einzelnen Endnutzers solle laut Anhang auf Internet-Protokoll-Adressen, Cookie-Kennungen oder sonstige Kennungen wie Funkfrequenzkennzeichnungen zurückgegriffen werden. Insbesondere

1768 Dies zeigt sich nicht zuletzt daran, dass sie höhere Preise zahlen, siehe hierzu: Kapitel 2: C.I.1. (S. 60).

1769 Siehe zu den Netzwerkeffekten: Kapitel 1: C.I.2. (S. 15 ff.). Siehe zu den datenbedingten Lerneffekten: Kapitel 2: D.III.1. (S. 76 ff.).

1770 Siehe hierzu: Kapitel 2: E.I. (S. 83 ff.).

1771 *Alphabet*, Annual Report Form 10-K, S. 60, http://go.wwu.de/q359n.

1772 EMEA steht für Europa, den Mittleren Osten und Afrika.

1773 Meldung in der „Handelszeitung“, http://go.wwu.de/eseel.

hinsichtlich gemeinsam genutzter Endgeräte kann dies freilich keine Differenzierung gewährleisten.

Alternativ könnte auf die Anzahl an Suchanfragen abgestellt werden.[1774] Die Vermutungsregelung könnte hierfür für Dienste, deren Marktanteile nach Aufrufen und nicht nach Nutzern gemessen werden, um eine Bezugsgröße an Aufrufen ergänzt werden.

Google Search müsste darüber hinaus auch Art. 3 Abs. 2 lit. c DMA erfüllen. Dies setzt voraus, dass der Schwellenwert auf lit. b in den letzten drei Geschäftsjahren erreicht wurde. Da die Marktanteile von Google Search in den letzten Jahren konstant über 90 % lagen,[1775] sollte dieses Kriterium jedenfalls erfüllt sein.

3. *Fazit*

An dieser Stelle zeigt sich eine konzeptionelle Ungenauigkeit im DMA. Nicht alle Dienste lassen sich im derzeitigen Design sinnvollerweise über die Anzahl monatlich aktiver Endnutzer einordnen. Für Google Search etwa ist es nicht möglich, eine genaue Nutzerzahl festzulegen, da der Dienst – anders als etwa Facebook, Netflix oder Spotify – nicht über ein Profil genutzt wird. Somit kann Google in Bezug auf Google Search als zentralen Plattformdienst nicht zweifelsfrei über die Schwellenwerte aus Art. 3 Abs. 2 lit. b DMA als Gatekeeper eingeordnet werden. Es sollte in Erwägung gezogen werden, Schwellenwerte auch in Bezug auf (Such-)Anfragen und Transaktion zu formulieren. Jedenfalls aber kann die EU-Kommission Google nach Art. 3 Abs. 8 DMA durch eine Marktuntersuchung nach Art. 17 DMA als Gatekeeper benennen. Die in Art. 3 Abs. 8 DMA aufgeführten Kriterien führen bei Anwendung auf Google und Google Search – wie bereits dargestellt – zum Ergebnis, dass die qualitativen Voraussetzungen aus Art. 3 Abs. 1 DMA erfüllt sind.

II. Mögliche Ge- und Verbote mit Blick auf Google

Die in Art. 5, 6 DMA normierten Verpflichtungen müsste Google nach der Benennung als Gatekeeper für alle zentralen Plattformdienste – also auch für Google Search – einhalten.

1774 *Gielen/Uphues*, EuZW 2021, 627 (629).

1775 Marktanteile der allgemeinen Suchmaschinen in Europa seit Januar 2018, http://go.wwu.de/1-gqe.

Nicht alle der vorgesehenen Ge- und Verbote betreffen Google Search gleichermaßen. Im Folgenden soll auf einige dieser Verpflichtungen eingegangen werden. Dabei handelt es sich um solche Verpflichtungen, die den in Kapitel 2 herausgearbeiteten Faktoren zur Machtkonzentration entgegenwirken könnten.[1776]

1. *Voreinstellung eigener Dienste*

Mit Blick auf die 10. GWB-Novelle wurde bereits erläutert, welche Bedeutung den Vorinstallationen und Voreinstellungen eigener Dienste mit Blick auf die Absicherung des Google-Ökosystems zukommt.[1777] Anders als es die 10. GWB-Novelle mit § 19a Abs. 2 S. 1 Nr. 1 lit. b sowie Nr. 2 GWB getan hat, wird diese wettbewerbliche Gefahr vom DMA nicht explizit adressiert. Art. 6 Abs. 3 DMA sieht vor, dass Endnutzer die Möglichkeit haben müssen, Software-Anwendungen zu deinstallieren. Dies könnte insofern helfen, als mitunter angeführt wird, dass keine alternativen Suchmaschinen genutzt werden, da durch die Vorinstallation von Google Search nur noch geringe Speicherkapazitäten vorhanden sind.[1778] Dies gelte insbesondere im Smartphone-Bereich.[1779] Wenngleich dies zutreffen mag, ist die Regelung aus Art. 6 Abs. 3 DMA nicht ausreichend. Es sollte ebenfalls explizit in den Wortlaut aufgenommen werden, dass nicht ausschließlich eigene Dienste vorinstalliert oder voreingestellt werden dürfen – vorbehaltlich der in Art. 6 Abs. 3 DMA schon enthaltenen Einschränkung, dass eine Anwendung aus technischen Gründen nicht von Dritten eigenständig angeboten werden kann.[1780]

2. *Selbstbevorzugung*

Neben der Voreinstellung eigener Dienste gibt es noch zahlreiche weitere Möglichkeiten der Selbstbevorzugung.[1781] § 19a GWB Abs. 2 Nr. 1 GWB sieht

1776 Wie auch in Bezug auf § 19a Abs. 2 S. 1 Nr. 4 lit. a GWB ist die Zusammenführung von personenbezogenen Daten (Art. 5 Abs. 2 lit. b DMA) nicht Gegenstand der vorliegenden Untersuchung, siehe hierzu: Kapitel 3: D. (S. 240 f.).

1777 Siehe hierzu: Kapitel 3: E.II. (S. 282 ff.).

1778 *Lambert*, S. 33.

1779 *Lambert*, S. 33.

1780 So ähnlich auch: *Monopolkommission*, Sondergutachten 82, S. 38, wobei die *Monopolkommission* nur die Untersagung der Voreinstellung eigener *zentraler Plattformdienste* vorschlägt.

1781 Siehe hierzu: Kapitel 2: C. (S. 57 ff.) und Kapitel 3: C. (S. 180 ff.).

hierfür eine weitreichende Vorschrift vor, die vom Wortlaut her jegliche Bevorzugung eigener Dienste bei der Zugangsvermittlung erfasst. Der DMA ist in dieser Hinsicht deutlich enger gefasst. In Art. 6 Abs. 5 DMA ist lediglich normiert, dass ein Gatekeeper eigene Angebote *beim Ranking* gegenüber ähnlichen Angeboten Dritter nicht bevorzugen darf. Dem Ranking müssen faire und diskriminierungsfreie Bedingungen zugrunde liegen.

Die Regelung ist an das Google-Shopping-Verfahren der EU-Kommission[1782] angelehnt.[1783] Sie wurde dahin gehend positiv aufgenommen, dass sie Abhilfe schaffe, wenn Google durch die Bevorzugung eigener Dienste innovativen Wettbewerbern die Sichtbarkeit aus Verbraucherperspektive nimmt.[1784] Allerdings ist der Wortlaut dermaßen eng gezogen, dass selbst mit Blick auf das Google-Shopping-Verfahren in Zweifel zu ziehen ist, ob das dort geahndete Verhalten[1785] vollumfänglich von Art. 6 Abs. 5 DMA erfasst ist. So spricht einiges dafür, das Anzeigen von Kästen mit Inhalten eigener Dienste nicht als Bevorzugung *beim Ranking* einzuordnen, sofern dies außerhalb der organischen Suchergebnisse geschieht. Es bestehen jedenfalls unzählige Möglichkeiten der Selbstbevorzugung.[1786] Deshalb hätte Art. 6 Abs. 5 DMA vorzugswürdig als weitergehendes Selbstbevorzugungsverbot ausformuliert werden sollen. In diesem Fall ließen sich auch die oben diskutierten ausschließlichen Vorinstallationen und Voreinstellungen eigener Dienste hierunter subsumieren.

3. *Datenportabilität*

Nach Art. 6 Abs. 9 DMA muss ein Gatekeeper für die effektive Übertragung von Daten sorgen, die durch Nutzertätigkeiten generiert werden. Insbesondere soll den Endnutzern die Wahrnehmung ihrer Datenportabilitätsrechte nach der DSGVO erleichtert und ein dauerhafter Echtzeitzugang gewährleistet werden. Aus dem Wortlaut geht nicht eindeutig hervor, ob die Norm ein Recht auf Datenportabilität schaffen oder ob lediglich die effektive Ausübung bestehender Rechte ermöglicht werden soll.[1787]

1782 *EU-Kommission*, Beschl. v. 27.06.2017, AT.39740 – Google Shopping.

1783 *Monopolkommission*, Sondergutachten 82, S. 36 f.

1784 *Larouche/de Streel*, S. 11. Die *Monopolkommission* sieht hierin die Schaffung eines „level playing field“, *Monopolkommission*, Sondergutachten 82, S. 37.

1785 Siehe hierzu: Kapitel 3: C.II.1.a) (S. 186 ff.).

1786 *Haus/Weusthof*, WuW 2021, 318 (322 f.).

1787 *Kerber* war wohl jedenfalls mit Blick auf die ähnlich formulierte Vorschrift aus Art. 6 Abs. 1 lit. h DMA-E der Ansicht, dies stelle ein eigenständiges Datenportabilitätsrecht dar, *Kerber*, ZD 2021, 544 (546 f.).

Zwar wird der Regelung abstrakt die Fähigkeit zugesprochen, die Wahrnehmung der Datenportabilitätsrechte durch Endnutzer zu fördern und den Wettbewerb zu stärken.[1788] Mit Blick auf Google Search ist jedoch auf die Ausführungen zu § 19a Abs. 2 S. 1 Nr. 5 GWB zu verweisen.[1789] Von Endnutzern ausgehende Datenportabilität wird auf die Wettbewerbsverhältnisse auf dem Suchmaschinenmarkt keinen spürbaren Einfluss haben.

4. *Datenzugang*

Art. 6 Abs. 11 DMA sieht einen Datenzugangsanspruch für Wettbewerber von Google Search vor. Auf Antrag der Wettbewerber müssen zu FRAND-Bedingungen Ranking-, Such-, Klick- und Anzeigedaten in Bezug auf unbezahlte und bezahlte Suchergebnisse zugänglich gemacht werden. Sofern Daten einen Personenbezug aufweisen, muss Google eine Anonymisierung vornehmen. Allerdings ist an dieser Stelle zu beachten, dass immer wieder auf die Gefahr einer De-Anonymisierung hingewiesen wird.[1790] Deshalb sollte dem Gatekeeper eine Sorgfaltspflicht aufgetragen werden.[1791] Diese Pflicht sollte enthalten, dass er die anonymisierten Daten auf mögliche Risiken einer De-Anonymisierung untersuchen muss.[1792]

Die Anknüpfung an FRAND-Bedingungen deckt sich mit zahlreichen Forderungen aus der Literatur, den Datenzugang an den FRAND-Grundsätzen zu orientieren.[1793] Kritik erfährt Art. 6 Abs. 11 DMA jedoch dahin gehend, dass der Wortlaut keinen Hinweis auf die Zahlung eines angemessenen Entgelts enthält.[1794] Diesem Hinweis ist insoweit zuzustimmen, dass es unverhältnismäßig wäre, wenn Google den Wettbewerbern von Google Search unentgeltlich

---

1788 *Monopolkommission*, Sondergutachten 82, S. 45.

1789 Siehe hierzu: Kapitel 3: E.I.4. (S. 281 f.).

1790 *European Data Protection Supervisor*, S. 12; *Hillmer*, S. 380 f.; *Jensen/Obersteller*, S. 26 f.; *Prüfer*, S. 13; *Roßnagel*, ZD 2021, 188 (191); *Roßnagel/Geminn*, ZD 2021, 487 (488).

1791 *European Data Protection Supervisor*, S. 12.

1792 *European Data Protection Supervisor*, S. 12.

1793 *Condorelli/Padilla*, Journal of Competition Law & Economics 2020, 143 (178); *Hillmer*, S. 176; *Kredel/Kresken*, NZKart 2020, 2 (3); *Louven*, K&R 2018, 230 (234 f.); *Podszun*, in: Deutscher Juristentag (Hrsg.), F 1 (F 101); *Schmidt*, S. 525 ff.; *Staudenmayer*, IWRZ 2020, 147 (156 f.). Mit Blick auf die USA: *Yale Tobin Center for Economic Policy*, Digital Regulation Project – More Competitive Search Through Regulation, S. 26.

1794 *Budzinski/Mendelsohn*, S. 12 f. (noch zu Art. 6 Abs. 1 lit. j DMA-E).

Zugang zu den in Art. 6 Abs. 11 DMA-aufgeführten Daten verschaffen müsste. Aus den für Patente entwickelten FRAND-Grundsätzen[1795] ergibt sich jedoch im Regelfall schon, dass ein angemessenes Entgelt zu zahlen ist. Zur Klarstellung erscheint es dennoch zustimmungswürdig, in den Wortlaut explizit die Zahlung eines angemessenen Entgelts aufzunehmen.

Darüber hinaus ist – wie auch im Rahmen von § 19 Abs. 2 Nr. 4 GWB – darauf hinzuweisen, dass ein Datenzugangsanspruch für die meisten Wettbewerber von Google Search derzeit wenig Wirkung erzielen würde.[1796] Bis auf Bing verfügt kein Wettbewerber über eine eigene Infrastruktur in Form von Index und Algorithmus.[1797] Insofern bietet sich wenig Raum, die Daten gewinnbringend einzusetzen.

5. *Fazit*

Mit Blick auf die Machtkonzentration von Google Search bieten die in Art. 5, 6 DMA normierten Ge- und Verbote vergleichsweise wenig Möglichkeiten, die Wettbewerbschancen konkurrierender Anbieter zu fördern. Eine Regelung hinsichtlich der ausschließlichen Vorinstallation und Voreinstellung eigener Dienste ist nicht vorgesehen. Hier bleibt der DMA deutlich hinter den in § 19a GWB aufgeführten Verhaltensweisen zurück.[1798] Das Mittel der Vorinstallation und Voreinstellung eigener Dienste ist jedoch einer der wesentlichen Gründe für die Größe des Google-Ökosystems und für den – im Vergleich zu Wettbewerbern – privilegierten Zugang zu Nutzern.[1799] Für die vom DMA angestrebte Bestreitbarkeit digitaler Märkte ist eine dahin gehende Untersagung eines der effektivsten Instrumente, die zur Verfügung stehen. Aus diesem Grund sollte der DMA an dieser Stelle nachjustiert werden.

Ähnliches gilt für selbstbevorzugende Praktiken der Gatekeeper. Das in Art. 6 Abs. 5 DMA vorgesehene Verbot ist deutlich zu eng gefasst und sollte ausgeweitet werden. Es wäre hier mehr Spielraum gegeben, wenn den Unternehmen die Möglichkeit zu einer sachlichen Rechtfertigung eingeräumt würde.

Die Datenportabilität und der Datenzugang werden zumindest auf die Wettbewerbsverhältnisse auf dem Suchmaschinenmarkt keine

---

1795 Hierzu: *Mes*, § 24 PatG Rn. 46; *Fuchs*, NZKart 2015, 429 (430); *Geradin/Rato*, European Competition Journal 2007, 101 (110 ff.).

1796 Siehe hierzu: Kapitel 3: D.IV. (S. 265 f.).

1797 Siehe hierzu: Kapitel 1: E. (S. 37 ff.).

1798 Siehe hierzu: Kapitel 3: E.II.1. (S. 284 ff.).

1799 Siehe hierzu: Kapitel 2: E.I.1.f) (S. 90 ff.).

spürbaren Auswirkungen haben. Dies gilt vorbehaltlich des Szenarios, dass sich ein finanzstarkes Unternehmen die technische Infrastruktur zum Betrieb einer Suchmaschine aufbaut und Google mit eigenem Crawling, Index und Ranking-Verfahren Konkurrenz macht. Allerdings ist ein solcher Markteintritt derzeit nicht ersichtlich. Außerdem ist es Bing als Teil des finanzstarken Unternehmens Microsoft trotz einer solchen Infrastruktur bislang nicht geglückt, annähernd an die Marktanteile von Google Search heranzurücken. Nach alldem lässt sich schließen, dass der DMA sein eigenes Ziel, digitalen Plattformen strengere Verpflichtungen aufzuerlegen und digitale Märkte (wieder) bestreitbar zu gestalten, mit Blick auf Google Search verfehlt.

D. Zusammenspiel zwischen DMA und § 19a GWB

Eine zentrale Frage aus Sicht des deutschen Gesetzgebers liegt darin, wie sich der DMA zu dem neu eingeführten § 19a GWB verhält. Dieser Punkt wurde in der Literatur intensiv diskutiert.[1800] Es kommt dabei entscheidend darauf an, wie § 19a GWB aus der Betrachtungsweise des EU-Rechts einzuordnen ist.[1801] Nach Art. 1 Abs. 5 DMA dürfen die Mitgliedstaaten den Gatekeepern keine weiteren Verpflichtungen auferlegen, die der Gewährleistung bestreitbarer und fairer Märkte dienen. Die Anwendung von Art. 101, 102 AEUV bleibt nach Art. 1 Abs. 6 DMA jedoch unberührt. Ebenso gilt dies für weitere in Art. 1 Abs. 6 DMA genannte Vorschriften des nationalen Rechts – insbesondere für Vorschriften zur missbräuchlichen Ausnutzung einer beherrschenden Stellung (Art. 19 GWB) sowie für Vorschriften, mit denen andere Formen einseitiger Verhaltensweisen verboten werden, soweit sie auf andere Unternehmen als Gatekeeper anwendbar sind oder Gatekeepern damit zusätzliche Verpflichtungen auferlegt werden.

Hieraus ergibt sich, dass § 19a GWB in Bezug auf Gatekeeper neben dem DMA keine Anwendbarkeit mehr zukommt, sofern die Norm als Regulierungsrecht i.S.v. Art. 1 Abs. 5 DMA eingeordnet wird.[1802] Dieser Konflikt entstünde, sobald ein Unternehmen von der EU-Kommission als Gatekeeper benannt

1800 *Bundeskartellamt*, Digital Markets Act: Perspektiven des (inter)nationalen Wettbewerbsrechts, S. 41 f.; *Franck/Peitz*, Digital Platforms and the New 19a Tool in the German Competition Act, S. 22 f.; *Grünwald*, NZKart 2021, 496 (496 ff.); *Haus/Weusthof*, WuW 2021, 318 (324 f.); *Paal/Kumkar*, NJW 2021, 809 (815); *Polley/Konrad*, WuW 2021, 198 (199); *Zimmer/Göhsl*, ZWeR 2021, 29 (56 ff.).

1801 *Grünwald*, NZKart 2021, 496 (496 ff.).

1802 *Grünwald*, NZKart 2021, 496 (496 f.).

wird.[1803] Auf § 19a GWB gestützte Verfügungen gegen Gatekeeper müsste das Bundeskartellamt in diesem Fall aufheben.[1804] Sofern das Unternehmen eine Beschwerde gegen die Verfügung eingelegt hat, würde die Aufhebung durch den BGH erfolgen.[1805] Wird § 19a GWB hingegen als Wettbewerbsrecht eingeordnet, ist die Frage nach der Anwendbarkeit der Norm unter Hinzuziehung von Art. 1 Abs. 6 DMA zu klären.[1806]

I. § 19a GWB als Regulierung

Für die Einordnung von § 19a GWB unter Art. 1 Abs. 5 DMA wird hervorgebracht, dass anders als in der bisher bekannten Missbrauchsaufsicht ein marktübergreifender Ansatz gewählt wurde.[1807] Ebenfalls spreche hierfür die Möglichkeit des Bundeskartellamtes, Verhalten präventiv untersagen zu können.[1808] Darüber hinaus könne das Bundeskartellamt Verfügungen treffen, ohne negative Auswirkungen auf den Wettbewerb nachweisen zu müssen.[1809] Hieraus ergebe sich, dass § 19a GWB als regulierende Norm einzuordnen und gemäß Art. 1 Abs. 5 DMA in Bezug auf nach dem DMA benannte Gatekeeper unanwendbar sei.[1810]

II. § 19a GWB als Wettbewerbsrecht

Einer anderen Ansicht nach ist § 19a GWB als nationale Wettbewerbsvorschrift i.S.v. Art. 1 Abs. 6 DMA einzuordnen.[1811] Anders als etwa beim DMA beruhen die Untersagungsverfügungen nach § 19a Abs. 2 GWB auf Einzelfallentscheidungen.[1812] Die Untersagungsvarianten gelten für Unternehmen mit

---

1803 *Grünwald*, NZKart 2021, 496 (496).
1804 *Grünwald*, NZKart 2021, 496 (497).
1805 *Grünwald*, NZKart 2021, 496 (497).
1806 *Grünwald*, NZKart 2021, 496 (498).
1807 *Paal/Kumkar*, ZfDR 2021, 97 (115); *Polley/Konrad*, WuW 2021, 198 (199).
1808 *Paal/Kumkar*, ZfDR 2021, 97 (115); *Polley/Konrad*, WuW 2021, 198 (199). In diese Richtung auch: *Grünwald*, MMR 2020, 822 (824 f.).
1809 *Polley/Konrad*, WuW 2021, 198 (199).
1810 *Polley/Konrad*, WuW 2021, 198 (199). In diese Richtung auch: *Paal/Kumkar*, NJW 2021, 809 (815); *Schweitzer*, ZEuP 2021, 503 (517 f.).
1811 *Bundeskartellamt*, Digital Markets Act: Perspektiven des (inter)nationalen Wettbewerbsrechts, S. 43; *Franck/Peitz*, Digital Platforms and the New 19a Tool in the German Competition Act, S. 23; *Zimmer/Göhsl*, ZWeR 2021, 29 (59).
1812 *Bundeskartellamt*, Digital Markets Act: Perspektiven des (inter)nationalen Wettbewerbsrechts, S. 43; *Franck/Peitz*, Digital Platforms and the New 19a Tool in the German Competition Act, S. 23; *Haus/Weusthof*, WuW 2021, 318 (324).

überragender marktübergreifender Bedeutung nicht pauschal, sondern werden vom Bundeskartellamt „aktiviert“, sofern dies für die Schaffung wirksamer Wettbewerbsbedingungen erforderlich ist.[1813] Hinzu kommt, dass die Unternehmen nach § 19a Abs. 2 S. 2 GWB ihrerseits die Möglichkeit haben, eine sachliche Rechtfertigung des Verhaltens aufzuzeigen.[1814] Auch dies spreche dafür, § 19a GWB als Vorschrift i.S.v. Art. 1 Abs. 6 DMA einzuordnen.[1815]

III. Bewertung

Die Einordnung einer Norm in Art. 1 Abs. 5 DMA oder Art. 1 Abs. 6 DMA sollte sich nicht allein daran orientieren, ob diese Norm einen ex-ante-Ansatz oder einen ex-post-Ansatz verfolgt.[1816] Auch das herkömmliche Wettbewerbsrecht beinhaltet ex-ante-Maßnahmen.[1817] Ebenso verfolgt die Zusammenschlusskontrolle einen ex-ante-Ansatz und wird dennoch als Wettbewerbsrecht eingeordnet.[1818] Insofern kann der in § 19a GWB vorgesehene ex-ante-Ansatz keine Einordnung als Regulierung i.S.v. Art. 1 Abs. 5 DMA rechtfertigen.

Darüber hinaus bezieht sich Regulierung im Regelfall auf einen Sektor und soll einem vom Wettbewerbsrecht nicht mehr zu behebenden Marktversagen begegnen.[1819] § 19a GWB hingegen adressiert nicht einen spezifischen Sektor, sondern die gesamte Bandbreite digitaler Plattformen. Die Norm ist vielmehr als Weiterentwicklung des bestehenden Wettbewerbsrechts anzusehen. Somit ist § 19a GWB eine nationale Wettbewerbsvorschrift i.S.v. Art. 1 Abs. 6 DMA.[1820]

Hieraus ergibt sich, dass das Bundeskartellamt auch nach Geltungsbeginn des DMA gegenüber Gatekeepern Untersagungsverfügungen nach § 19a Abs. 2 GWB erlassen kann, sofern dem Gatekeeper hiermit eine Verpflichtung

---

1813 *Haus/Weusthof*, WuW 2021, 318 (324); *Paal/Kumkar*, ZfDR 2021, 97 (115).

1814 *Franck/Peitz*, Digital Platforms and the New 19a Tool in the German Competition Act, S. 23; *Paal/Kumkar*, ZfDR 2021, 97 (115). Auch insofern unterscheidet sich § 19a GWB vom DMA: *Haucap/Schweitzer*, S. 11.

1815 *Franck/Peitz*, Digital Platforms and the New 19a Tool in the German Competition Act, S. 23; *Haus/Weusthof*, WuW 2021, 318 (324).

1816 *Haus/Weusthof*, WuW 2021, 318 (324).

1817 *Haus/Weusthof*, WuW 2021, 318 (324).

1818 *Haus/Weusthof*, WuW 2021, 318 (324).

1819 *Haus/Weusthof*, WuW 2021, 318 (324).

1820 *Bundeskartellamt*, Digital Markets Act: Perspektiven des (inter)nationalen Wettbewerbsrechts, S. 43; *Franck/Peitz*, Digital Platforms and the New 19a Tool in the German Competition Act, S. 23; *Haus/Weusthof*, WuW 2021, 318 (324); *Zimmer/Göhsl*, ZWeR 2021, 29 (59).

auferlegt wird, die im DMA nicht enthalten ist.[1821] Da viele Untersagungsvarianten aus § 19a Abs. 2 GWB im DMA ebenfalls abgebildet sind, dürfte sich der Anwendungsbereich von § 19a GWB durch den DMA somit spürbar verringern.[1822] Allerdings bleibt dem deutschen Gesetzgeber etwa die Möglichkeit, neue – als wettbewerbsschädlich identifizierte – Verhaltensweisen in § 19a Abs. 2 GWB aufzunehmen und hierdurch eine Regelungslücke im DMA zumindest mit nationaler Wirkung zu schließen. Die Möglichkeit, eine Feststellungsverfügung nach § 19a Abs. 1 GWB zu treffen, verbleibt in jedem Fall. Sie ist zwingende Voraussetzung für den Erlass einer Untersagungsverfügung nach Abs. 2. Dementsprechend muss es dem Bundeskartellamt weiterhin möglich sein, eine solche Verfügung zu erlassen.[1823]

E. Fazit

Das Bestreben, auf EU-Ebene ein Gegengewicht zur Machtkonzentration weniger großer Digitalunternehmen zu bilden, ist uneingeschränkt zu befürworten. Allerdings wird der DMA dieses Ziel verfehlen. Schon bei der Benennung des Gatekeepers wird das Wesen der potentiellen Adressaten nicht hinreichend gewürdigt. Hierfür müsste viel stärker die Ausprägung als digitales Ökosystem in die Bewertung miteingehen.

Die Ge- und Verbote aus Art. 5, 6 DMA sind sehr konkret formuliert und vergangenheitsorientiert. Wie oben bereits erörtert, geht hiermit die Gefahr einher, dass der DMA nicht flexibel genug auf neue wettbewerbsschädliche Verhaltensweisen reagieren kann. Hinzu kommt, dass einige der Verpflichtungen in ihrer derzeitigen Ausgestaltung nicht geeignet sind, wettbewerbsschädliches Verhalten von Google zu erfassen. Beispiele hierfür sind das sehr eng gefasste und auf das Ranking beschränkte Selbstbevorzugungsverbot aus Art. 6 Abs. 5 DMA sowie das Fehlen einer Regelung, die ausschließliche Vorinstallationen und Voreinstellungen eigener Dienste untersagt.

Zu guter Letzt ist zu konstatieren, dass der DMA – anders als einige Kommentatoren nahelegen – die neue Missbrauchsaufsicht aus § 19a GWB in Bezug auf Gatekeeper nicht obsolet werden lässt. Nach Art. 1 Abs. 6 DMA ist es dem Bundeskartellamt auch nach Geltungsbeginn des DMA möglich, den

---

1821 *Grünwald*, NZKart 2021, 496 (498).

1822 *Grünwald*, NZKart 2021, 496 (498).

1823 In diese Richtung auch: *Grünwald*, NZKart 2021, 496 (498).

Gatekeepern Verpflichtungen aufzuerlegen, die der DMA in dieser Ausgestaltung nicht enthält. Die These, die Einführung von § 19a GWB sei angesichts des DMA wertlos gewesen,[1824] ist somit zurückzuweisen. Vielmehr hat der deutsche Gesetzgeber mit § 19a GWB wertvolle Impulse für die Entwicklung des DMA gegeben.[1825]

1824 *Paal/Kumkar*, ZfDR 2021, 97 (115).

1825 *Kühling*, WuW 2021, 137 (137); *Podszun/Brauckmann*, GWR 2019, 436, (438). Anderer Ansicht sind: *Grünwald*, MMR 2020, 822 (826); *Brinker*, NZKart 2021, 1 (2 f.). Unentschieden hingegen: *Kredel/Kresken*, NZKart 2020, 502 (503).

Kapitel 5: Abschlussbetrachtung

Mit dem marktübergreifenden Ansatz in § 19a GWB betritt das deutsche Kartellrecht ein neues Zeitalter. Ein solcher Schritt war notwendig, um die kartellrechtlichen Machtpositionen großer Digitalunternehmen wie Google in ihrer Tragweite erfassen zu können. Die Machtposition von Google beschränkt sich nicht auf einzelne Märkte, sondern geht weit darüber hinaus. Dies gilt insbesondere mit Blick auf die marktbeherrschende Stellung von Google Search sowie die Rolle des Dienstes als *der* Gatekeeper im Internet und sein Zusammenspiel mit den anderen Diensten des Google-Ökosystems. Die einzelnen Dienste helfen einander synergetisch dabei, ihre Marktpositionen zu stärken.

Eine umfassende Bewertung der mit der 10. GWB-Novelle und dem DMA einhergehenden Änderungen wurde bereits vorgenommen und soll an dieser Stelle nicht wiederholt werden.[1826] Stattdessen wird der Blick auf vier unterschiedliche Aspekte gerichtet, die nach Abschluss der Untersuchung als zentral erscheinen, möchte man der Machtkonzentration von Google Search entgegentreten und weiteres wettbewerbsschädliches Verhalten unterbinden.

A. Google Search als Gatekeeper strengere Vorgaben erteilen

Bei der allgemeinen Suche betreibt ein großer Teil der Nutzer Singlehoming und verwendet als Suchmaschine lediglich Google Search.[1827] Somit sind Werbende, Inhalteanbieter und Vermittlungsdienste wie Shopping-Vergleichsdienste oder Job-Vermittlungsdienste auf eine gute Sichtbarkeit über die Google-Suche angewiesen. Wie bereits erläutert, besteht für Google dabei die Möglichkeit, über Google Search nicht nur auf den Markt der allgemeinen Suche, sondern auch auf zahlreiche weitere Märkte einzuwirken. Die marktbeherrschende Stellung auf dem allgemeinen Suchmaschinenmarkt verleiht Google mit Blick auf das gesamte Wettbewerbsgeschehen digitaler Plattformmärkte eine herausgehobene Position. Diese Position setzt sich aus der Kombination von Ökosystem und Gatekeeper-Stellung zusammen. Um einen wirksamen Wettbewerb auf dem allgemeinen Suchmaschinenmarkt, aber eben auch auf den weiteren digitalen Plattformmärkten zu

1826 Siehe zur Gesamtbewertung der durch die 10. GWB-Novelle vorgenommenen Änderungen: Kapitel 3: G. (S. 316 ff.). Siehe zum DMA: Kapitel 4. (S. 351 ff.).

1827 Siehe hierzu: Kapitel 2: E.I. (S. 83 ff.).

gewährleisten, muss Google daher eine kartellrechtliche Verantwortlichkeit zugesprochen werden, die über die marktbezogene Missbrauchsaufsicht aus § 19 GWB hinausgeht. Dies ist durch die marktübergreifende Missbrauchsaufsicht aus § 19a GWB nunmehr geschehen. Illustriert wird die gesteigerte Verantwortlichkeit aus den – marktübergreifenden – Kriterien zur Adressatenbestimmung und dem an die Gatekeeper-Stellung angeknüpften Verhalten der Selbstbevorzugung aus § 19a Abs. 2 S. 1 Nr. 1 GWB.[1828] Unterstützung findet die gesetzgeberische Entscheidung zur Gleichbehandlung von eigenen und fremden Diensten im Urteil des EuG[1829], das die Entscheidung der EU-Kommission im Google-Shopping-Verfahren[1830] bestätigt hat.

B. Wettbewerbern den Zugang zu Nutzern erleichtern

Aus der Bedeutung des Marktes für die allgemeine Suche darf nicht nur der Rückschluss gezogen werden, dass das Verhalten des marktbeherrschenden Unternehmens an strengeren Voraussetzungen zu messen ist. Daneben ist ebenso entscheidend, dass die Marktstellung dieses Unternehmens aus Sicht konkurrierender Unternehmen im Wettbewerb angegriffen werden kann. Hierzu müssen diejenigen Maßnahmen identifiziert und untersagt werden, die Google anwendet, um die marktbeherrschende Stellung von Google Search abzusichern und andere Unternehmen am Wettbewerb zu hindern. Ein zentrales Bestreben des Kartellrechts muss hierbei sein, den Wettbewerbern von Google Search den Zugang zu Nutzern zu erleichtern.[1831] Google nutzt zahlreiche Zugangswege zur allgemeinen Suche wie etwa Google Android oder Google Chrome, um die Nutzer in Richtung von Google Search zu lenken. Insbesondere geschieht dies dadurch, dass Google Search als einzige Suchmaschine vorinstalliert oder als zu nutzende Suchmaschine voreingestellt wird. Die Auswirkungen dieses Vorgehens sind erheblich. Der oft angeführte Hinweis, ein alternativer Suchdienst sei aus Sicht eines Suchnutzers nur einen Klick entfernt, verfängt nicht. Zum einen benötigt die Umstellung der Standard-Suchmaschine in den meisten Fällen mehr Klicks. Zum anderen haben zahlreiche Studien gezeigt, dass Nutzer selten Änderungen an Voreinstellungen

---

1828 Siehe zur möglichen Untersagung der Selbstbevorzugung: Kapitel 3: C.II.2. (S. 191 ff.).

1829 *EuG*, Urt. v. 10.11.2021, T-612/17.

1830 *EU-Kommission*, Beschl. v. 27.06.2017, AT.39740 – Google Shopping.

1831 Siehe hierzu: Kapitel 3: E. (S. 266 ff.).

vornehmen.[1832] Vor diesem Hintergrund sollte den Nutzern bei der Wahl eines Suchdienstes eine freie Auswahlmöglichkeit geboten werden. Die 10. GWB-Novelle greift dies in § 19a Abs. 2 S. 1 Nr. 1 lit. b GWB auf. Die ausschließliche Vorinstallation oder Voreinstellung eigener Angebote kann hiernach untersagt werden.

C. Passendes Design für ex-ante-Ansatz ermitteln

Ein entscheidender Parameter für die Offenhaltung von Märkten liegt darin, ob wettbewerbsschädliche Verhaltensweisen zeitnah abgestellt werden können. Gesetzliche Regelungen sind demnach so auszugestalten, dass sie schnell durchgesetzt werden können. Andernfalls können die Normadressaten länger von ihrem wettbewerbsschädlichen Verhalten profitieren, was zu einer Manifestierung der Wettbewerbsverhältnisse beitragen kann.

Sowohl § 19a GWB als auch Art. 5, 6 DMA machen deutlich, dass die jeweiligen Gesetzgeber die Notwendigkeit, die Kartellrechtsdurchsetzung zu beschleunigen, erkannt haben. Zwar weisen die beiden Regelungen erhebliche Unterschiede auf. Eine Gemeinsamkeit liegt jedoch darin, dass bestimmten Unternehmen mit einer außergewöhnlichen Macht auf den Wettbewerb ex ante Verpflichtungen auferlegt werden. Gegenüber der Missbrauchsaufsicht aus § 19 GWB und Art. 102 AEUV sind diese Verpflichtungen konkreter. Hierauf beruht die berechtigte Hoffnung, dass Verstöße leichter nachgewiesen werden können und die Verfahrensdauer im Vergleich zur Missbrauchsaufsicht aus § 19 GWB und Art. 102 AEUV reduziert wird. Hinzu kommen weitere gesetzliche Bausteine, die zur Beschleunigung des Kartellrechts beitragen – etwa in § 19a GWB die Verkürzung des Rechtswegs auf den BGH als einzige Instanz und im DMA der Umstand, dass jegliche Verpflichtungen aus Art. 5, 6 DMA unmittelbar für alle zentralen Plattformdienste eines Gatekeepers gelten, ohne dass eine separate Verfügung hierzu ergehen muss.

Die wesentliche Aufgabe der nächsten Jahre wird darin liegen, die Ansätze aus § 19a GWB und Art. 5, 6 DMA bei der praktischen Anwendung genauestens auf ihre Tauglichkeit zu untersuchen. Ein ex-ante-Ansatz bietet zahlreiche Stellschrauben, die darüber entscheiden können, ob eine schnelle Kartellrechtsdurchsetzung wirklich erreicht wird und ob dies ohne eine „Überregulierung" der betroffenen Unternehmen gelingt. Diese Stellschrauben sind unter anderem:

1832 Siehe hierzu: Kapitel 2: E.I.1.f) (S. 90 ff.).

Können mit den einzelnen Ge- und Verboten die wettbewerbsschädlichen Verhaltensweisen der Normadressaten abgedeckt werden oder braucht es hierfür letztlich doch die Aufnahme einer Generalklausel? Kann – als Alternative oder als Ergänzung zur Generalklausel – ein Umgehungsverbot dabei helfen, Schutzlücken zu schließen, die durch die konkrete Formulierung der Ge- und Verbote entstehen? Welche Möglichkeiten zur sachlichen Rechtfertigung müssen einem potentiellen Normadressaten aus rechtsstaatlichen Gesichtspunkten zugestanden werden? Welche Möglichkeiten zur sachlichen Rechtfertigung dürfen einem potentiellen Normadressaten eingeräumt werden, ohne dass die Wirksamkeit der Regelung darunter leidet?

Einige Stimmen haben die unterschiedliche Konzeption von § 19a GWB und Art. 5, 6 DMA kritisiert.[1833] Für die Beantwortung der soeben aufgeworfenen Fragen könnte dies jedoch einen Vorteil bieten. Die Erfahrungen, die im Rahmen der Normanwendung gesammelt werden, können von den zuständigen Behörden und den Gesetzgebern ausgetauscht werden. Dies kann dabei helfen, schnellstmöglich das Design zu identifizieren, mit welchem der neu gewählte ex-ante-Ansatz größtmögliche Wirkung erzielen kann.

D. Anpassung der Zusammenschlusskontrolle vornehmen

Viele Maßnahmen, die Google und Google Search zum internen Wachstum betreiben, werden nach der 10. GWB-Novelle an einem strengeren Maßstab gemessen. Unberücksichtigt bleibt hingegen die Generierung externen Wachstums durch Übernahmen. Die Finanzierung von Google basiert im Wesentlichen auf dem Zusammenspiel von Google Search und den Werbediensten, insbesondere Google Ads. Dieses Konstrukt hat in der Vergangenheit durch zahlreiche Übernahmen profitiert, etwa durch die Übernahmen von Android, DoubleClick oder DeepMind.[1834] Dabei konzentrierten sich die Untersuchungen der Kartellbehörden – sofern die Übernahme überhaupt vom Geltungsbereich der Zusammenschlusskontrolle erfasst wurde – auf die Auswirkungen auf den jeweils betroffenen Märkten. Eine Übernahme durch Google kann jedoch nicht losgelöst vom Google-Ökosystem bewertet werden. Der marktübergreifende Ansatz, der mit § 19a GWB in der Missbrauchsaufsicht Einzug erhalten hat, sollte auch bei der Zusammenschlusskontrolle Anwendung finden. Hinsichtlich der Missbrauchsaufsicht wurde festgestellt, dass von digitalen Ökosystemen

1833 *Brinker*, NZKart 2021, 1 (2 f.); *Paal/Kumkar*, ZfDR 2021, 97 (115). In diese Richtung auch: *Grünwald*, MMR 2020, 822 (826).

1834 Siehe hierzu: Kapitel 2: F.I.2. (S. 100 ff.).

aufgrund der Verbundvorteile und der zahlreichen Möglichkeiten zur Marktmachterweiterung größere Gefahren für den Wettbewerb ausgehen können, als dies bei einem alleinstehenden marktbeherrschenden Unternehmen der Fall ist.[1835] Hieraus wurde für digitale Ökosysteme – in § 19a GWB für Unternehmen mit überragender marktübergreifender Bedeutung – eine gesteigerte kartellrechtliche Verantwortlichkeit normiert. Genau diese Verantwortlichkeit braucht es auch im Rahmen der Zusammenschlusskontrolle.

Der deutsche Gesetzgeber ist diesen Schritt nicht gegangen und hat dies damit begründet, dass Regelungen zur Zusammenschlusskontrolle auf EU-Ebene getroffen werden sollten. Eine solche Regelung sieht der DMA jedoch ebenfalls nicht vor. Er enthält für Gatekeeper in Art. 14 DMA lediglich die Verpflichtung, der EU-Kommission bestimmte Übernahmevorhaben zu melden. Angesichts der Gefahren, die Digital Conglomerates Acquisitions – marktübergreifend – für den Wettbewerb mit sich bringen, ist die Zurückhaltung des EU-Gesetzgebers unverständlich. Sofern diese Zurückhaltung darauf beruht, dass Unsicherheit besteht, ob weitreichende Regelungen zur Zusammenschlusskontrolle auf die für den DMA verwendete Rechtsgrundlage aus Art. 114 AEUV gestützt werden können, muss jedenfalls die FKVO überarbeitet werden. Sollte das EU-Recht keine angemessene Anpassung der Zusammenschlusskontrolle vornehmen, muss durch den deutschen Gesetzgeber zumindest mit Blick auf das GWB eine solche Anpassung erfolgen. Eine einfache und effektive Möglichkeit bestünde darin, für Unternehmen, denen nach § 19a Abs. 1 GWB eine überragende marktübergreifende Bedeutung zugesprochen wurde, den Geltungsbereich der Zusammenschlusskontrolle zu erweitern. Ebenso sollten die Anforderungen an eine Untersagung von Übernahmen für diese Unternehmen herabgesetzt werden.

1835 Siehe hierzu: Kapitel 2: A. (S. 42 ff.).

Literaturverzeichnis

Ackermann, Thomas, Leistungsschutzrecht für Presseverleger: Eine Steuer auf Links oder Sicherung der Pressevielfalt, ZUM 2019, S. 375–383.

Adam, Simon, Daten als Rechtsobjekte, NJW 2020, S. 2063–2068.

Agarwal, Sumit/Chakravorti, Sujit/*Lunn, Anna*, Why Do Banks Reward their Customers to Use their Credit Cards?, 2010, abrufbar unter: http://go.wwu.de/4mg2x.

Ahlberg, Hartwig/Götting, Horst-Peter/Lauber-Rönsberg, Anne (Hrsg.), BeckOK Urheberrecht, 32. Ed. München Stand: 15.09.2021 [zitiert als: BeckOK Urheberrecht/*Bearbeiter*].

Albrecht, Jan Philipp, Daten sind das neue Öl – deshalb braucht es einen starken EU-Datenschutz!, ZD 2013, S. 49–50.

Alexander, Christian, Der Schutz des Presseverlegers gemäß § 87f bis 87h UrhG, WRP 2013, S. 1122–1130.

Arbeitsgruppe „Digitaler Neustart", Bericht zur Arbeitsgruppe „Digitaler Neustart" der Konferenz der Justizministerinnen und Justizminister der Länder, 2017, abrufbar unter: http://go.wwu.de/wp5zg.

Argentesi, Elena/Buccirossi, Paolo/Calvano, Emilio/Duso, Tomaso/Marrazzo, Alessia/Nava, Salvatore, Merger Policy in Digital Markets: An Ex Post Assessment, Journal of Competition Law & Economics 2021, S. 95–140.

Argenton, Cédric/Prüfer, Jens, Search Engine Competition with Network Externalities, Journal of Competition Law & Economics 2012, S. 73–105.

Armstrong, Mark, Competition in two-sided markets, The RAND Journal of Economics 2006, S. 668–691.

Arnold, René/Scott, Marcus J./Petropoulos, Georgios/Schneider, Anna, Is data the new oil? Diminishing returns to scale, 2018, abrufbar unter: http://go.wwu.de/bbym0.

Arrow, Kenneth J., Economic Welfare and the Allocation of Resources for Invention, in: National Bureau of Economic Research (Hrsg.), The Rate and Direction of Inventive Activity: Economic and Social Factors, Princeton 1962, S. 609–622.

Art, Jean-Yves, Interim Relief in EU Competition Law: A Matter of Relevance, Italian Antitrust Review 2015, S. 55–74.

Article 29 Data Protection Working Party, Guidelines on the Right to Data Portability, 16/EN, WP 242 rev.01, 2016.

Auer-Reinsdorff, Astrid/Conrad, Isabel (Hrsg.), Handbuch IT- und Datenschutzrecht, 3. Aufl. München 2019.

Australian Competition & Consumer Commission, Digital Platforms Inquiry – Final Report, 2019, abrufbar unter: http://go.wwu.de/rq7ue.

Bader, Johann/Ronellenfitsch, Michael (Hrsg.), BeckOK VwVfG, 53. Ed. München Stand: 01.10.2021 [zitiert als: BeckOK VwVfG/*Bearbeiter*].

Baker, Jonathan, Beyond Schumpeter vs. Arrow: How Antitrust Fosters Innovation, Antitrust Law Journal 2007, S. 575–602.

Baker, Jonathan, The Antitrust Paradigm, Cambridge 2019.

Balto, David A./Lane, Matthew C., Monopolizing Water in a Tsunami: Finding Sensible Antitrust Rules for Big Data, 2016, abrufbar unter: http://go.wwu.de/mrcw9.

Bank, Max/Duffy, Felix/*Leyendecker, Verena*/Silva, Margarida, The Lobby Network: Big Tech's Web of Influence in the EU, 2021, abrufbar unter: http://go.wwu.de/sd074.

Barth, Julia, Datenschutzrechtsverstöße als kartellrechtlicher Konditionenmissbrauch – Der Fall Facebook vor dem Bundeskartellamt, Baden-Baden 2020.

Baş, Kadir, The Turkish Competition Authority's Google Shopping Decision: Does It Hit The Bull's Eye?, Journal of European Competition Law & Practice 2021, S. 116–121.

Basedow, Jürgen, Das Rad neu erfunden: Zum Vorschlag für einen Digital Markets Act, ZEuP 2021, S. 217–226.

Bauer, Marc, Kartellrecht 4.0? Herausforderungen der Plattformökonomie für die Regulierung des Meinungsbildungsprozesses, WRP 2020, S. 171–176.

Baumol, William J./Panzar, John C./Willig, Robert D., Contestable Markets and the Theory of Industry Structure, 2. Aufl. San Diego 1988.

Baumol, William J., Contestable Markets: An Uprising in the Theory of Industry Structure, American Economic Review 1982, S. 1–15.

Bechtold, Rainer/Bosch, Wolfgang (Hrsg.), Gesetz gegen Wettbewerbsbeschränkungen, 10. Aufl. München 2021.

Becker, Björn Christian, Fusionskontrolle unterhalb der Aufgreifschwellen – Insbesondere zur neuen Regelung des § 39a GWB-E, ZWeR 2020, S. 363–396.

Belleflamme, Paul/Toulemonde, Eric, Negative intra-group externalities in two-sided markets, International Economic Review 2009, S. 245–272.

Bien, Florian/Käseberg, Thorsten/Klumpe, Gerhard/Körber, Torsten/Ost, Konrad (Hrsg.), Die 10. GWB-Novelle – Das neue Kartellrecht, München 2021.

Birke, Daniel, The Economics of Networks: A Survey of the Empirical Literature, Journal of Economic Survey 2009, S. 762–793.

Bischke, Alf-Henrik/Brack, Sebastian, Neuere Entwicklungen im Kartellrecht – …, doch die zehnte folgt sogleich – neue GWB-Novelle zu Themen der Digitalwirtschaft geplant, NZG 2019, S. 58–60.

Bischke, Alf-Henrik/Brack, Sebastian, Neuere Entwicklungen im Kartellrecht – Verbesserte kartellrechtliche Kontrolle von Digitalkonzernen? – Das GWB-Digitalisierungsgesetz kommt, NZG 2020, S. 16–18.

Bitkom, Stellungnahme zur 10. GWB-Novelle, 2020, abrufbar unter: http://go.wwu.de/qpcrv.

Blankertz, Aline, How competition impacts data privacy – And why competition authorities should care, 2020, abrufbar unter: http://go.wwu.de/e6oc9.

Blaschczok, Martin, Kartellrecht in zweiseitigen Wirtschaftszweigen, Baden-Baden 2015.

Bleier, Alexander/Eisenbeiss, Maik, Personalized Online Advertising Effectiveness: The Interplay of What, When, and Where, Marketing Science 2015, S. 669–688.

Blockx, Jan, Flexible economic regulation under a liberal worldview: The case of the proposal for a Digital Markets Act, 2021, abrufbar unter: http://go.wwu.de/llsze.

BMWi, Ein neuer Wettbewerbsrahmen für die Digitalwirtschaft – Bericht der Kommission Wettbewerbsrecht 4.0, 2019, abrufbar unter: http://go.wwu.de/wk8ng.

BMWi, Referentenentwurf des Bundesministeriums für Wirtschaft und Energie – Entwurf eines Zehnten Gesetzes zur Änderung des Gesetzes gegen Wettbewerbsbeschränkungen für ein fokussiertes, proaktives und digitales Wettbewerbsrecht 4.0 (GWB-Digitalisierungsgesetz), abrufbar unter: http://go.wwu.de/sb0ub [zitiert als: BMWi, Referentenentwurf zur 10. GWB-Novelle].

Bork, Robert H./Sidak, Gregory J., What Does the Chicago School Teach About Internet Search and the Antitrust Treatment of Google?, Journal of Competition Law & Economics 2012, S. 663–700.

Bourreau, Marc/de Streel, Alexandre, Digital Conglomerates and EU Competition Policy, 2019, abrufbar unter: http://go.wwu.de/o2y-3.

Brandenburger, Rachel/Janssens, Thomas, The international influence of German competition law over the past seven decades, in: Klose/Klusmann/Thomas (Hrsg.), Das Unternehmen in der Wettbewerbsordnung – Festschrift für Gerhard Wiedemann zum 70. Geburtstag, München 2020, S. 3–12.

Brandman, Onn/Cho, Junghoo/*Garcia-Molina, Hector*/Shivakumar, Narayanan, Crawler-Friendly Web Servers, ACM Sigmetrics Performance Evaluation Review 2000/2, S. 9–14.

Brauneck, Jens, Google: Missbrauch marktbeherrschender Stellung durch Suchmaschinenbetrieb?, GRUR Int. 2018, S. 103–110.

Bretthauer, Sebastian/Schmitt, Amancaya Andrea, Privatsphärengerechte intelligente Mobilitätssteuerung im Straßenverkehr – Einsatz von Big Data zur Stauvermeidung, ZD 2020, S. 341–347.

Breyer, Patrick, Personenbezug von IP-Adressen – Internetnutzung und Datenschutz, ZD 2014, S. 400–405.

BRICS, Digital Era Competition: A BRICS Review – Report by the BRICS Competition Law and Policy Centre, Version 1.0, 2019, abrufbar unter: http://go.wwu.de/hvrep.

Brin, Sergey/Page, Lawrence, The anatomy of a large-scale hypertextual Web search engine, Computer Networks and ISDN Systems 1998, S. 107–177.

Brink, Stefan/Wolff, Heinrich Amadeus (Hrsg.), BeckOK Datenschutzrecht, 37. Ed. München Stand 01.08.2021 [zitiert als: BeckOK Datenschutzrecht/*Bearbeiter*].

Brinker, Ingo, Die große Gereiztheit, NZKart 2021, S. 1–3.

Broder, Douglas, U.S. Antitrust Law and Enforcement – A Practice Introduction, 2. Aufl. New York 2012.

Brüggemann, Sebastian, Das Recht auf Datenportabilität – Die neue Macht des Datensubjekts und worauf Unternehmen sich einstellen müssen, K&R 2018, S. 1–5.

Bründl, Simon/Hess, Thomas/Matt, Christian, White Paper: Wertschöpfung in Datenmärkten – Eine explorative Untersuchung am Beispiel des deutschen Marktes für persönliche Daten, 2015, abrufbar unter: http://go.wwu.de/d21i7.

Buchner, Benedikt, Wissen ist Macht? – Zum Verhältnis zwischen Datenschutz und Wettbewerb, DuD 2008, S. 724–728.

Budzinski, Oliver/Gaenssle, Sophia/Stöhr, Annika, Der Entwurf zur 10. GWB-Novelle: Interventionismus oder Laissez-faire?, List Forum für Wirtschafts- und Finanzpolitik 2020, S. 157–184.

Budzinski, Oliver/Lindstädt, Nadine, Neuere Entwicklungen in der Medienökonomik: Das Konzept der mehrseitigen Märkte, WiSt 2010, S. 436–433.

Budzinski, Oliver/Mendelsohn, Juliane, Regulating Big Tech: From Competition Policy to Sector Regulation?, 2021, abrufbar unter: http://go.wwu.de/ti8le.

Buiten, Miriam C., Regulating Data Giants: Between Competition Law and Data Protection Law, in: Mathis/Tor (Hrsg.), New Developments in Competition Law and Economics, Luzern 2019, S. 265–294.

Bundeskartellamt/Autorité de la concurrence, Competition Law and Data, 2016, abrufbar unter: http://go.wwu.de/zf993.

Bundeskartellamt/Bundeswettbewerbsbehörde, Leitfaden Transaktionswert-Schwellen für die Anmeldepflicht von Zusammenschlussvorhaben (§ 35 Abs. 1a GWB und § 9 Abs. 4 KartG), 2018, abrufbar unter: http://go.wwu.de/w0yky.

Bundeskartellamt, Arbeitspapier – Marktmacht von Plattformen und Netzwerken, 2016, abrufbar unter: http://go.wwu.de/043wa.

Bundeskartellamt, Big Data und Wettbewerb, 2017, abrufbar unter: http://go.wwu.de/ahv32.

Bundeskartellamt, Digital Markets Act: Perspektiven des (inter)nationalen Wettbewerbsrechts, 2021, abrufbar unter: http://go.wwu.de/ecz78.

Bundeskartellamt, Stellungnahme des Bundeskartellamts zum Referentenentwurf zur 10. GWB-Novelle, 2020, abrufbar unter: http://go.wwu.de/gn1mq.

Bundeskartellamt, Stellungnahme des Bundeskartellamts zum Regierungsentwurf zur 10. GWB-Novelle, 2020, abrufbar unter: http://go.wwu.de/wqduq.

Bundeskartellamt, Vertikale Beschränkungen in der Internetökonomie, 2013, abrufbar unter: http://go.wwu.de/68vcd.

Bundesverband der Deutschen Industrie, Stellungnahme zum Regierungsentwurf eines Zehnten Gesetzes zur Änderung des Gesetzes gegen Wettbewerbsbeschränkungen für ein fokussiertes, proaktives und digitales Wettbewerbsrecht 4.0 (GWB-Digitalisierungsgesetz), 2020, abrufbar unter: http://go.wwu.de/2pv-f.

Bundesverband Deutsche Startups, Deutscher Startup Monitor 2019, 2020, abrufbar unter: http://go.wwu.de/hn5kn [zitiert als: *Bundesverband Deutsche Startups*, Deutscher Startup Monitor 2019].

Bundesverband Deutsche Startups, Stellungnahme des Bundesverbandes Deutsche Startups e.V. zum Referentenentwurf des Zehnten Gesetzes zur Änderung des Gesetzes gegen Wettbewerbsbeschränkungen für ein fokussiertes, proaktives und digitales Wettbewerbsrecht 4.0 (GWB-Digitalisierungsgesetz), 2020, abrufbar unter: http://go.wwu.de/oxksf [zitiert als: Bundesverband Deutsche Startups, Stellungnahme zum Referentenentwurf zur 10. GWB-Novelle].

Bundesverband Deutsche Startups, Stellungnahme des Bundesverbandes Deutsche Startups e.V. zum Regierungsentwurf des Zehnten Gesetzes zur Änderung des Gesetzes gegen Wettbewerbsbeschränkungen für ein fokussiertes, proaktives und digitales Wettbewerbsrecht 4.0 (GWB-Digitalisierungsgesetz), 2020, abrufbar unter: http://go.wwu.de/1c5z0 [zitiert als: Bundesverband Deutsche Startups, Stellungnahme zum Regierungsentwurf zur 10. GWB-Novelle].

Bünemann, Jakob, Regulierung von Suchmaschinen, Berlin 2018.

Bunte, Hermann-Josef, Facebook im Eilverfahren II – Entgegnung auf Rainer Bechthold, NZKart 2021, S. 74–76.

Bunte, Hermann-Josef (Hrsg.), Kartellrecht, 13. Aufl. Köln 2018 [zitiert als: Langen/Bunte/*Bearbeiter*].

Busch, Christoph/Dannemann, Gerhard/*Schulte-Nölke, Hans*, Bausteine für ein europäisches Recht der Plattformökonomie, MMR 2020, S. 667–676.

Busch, Christoph, Fairness und Transparenz in der Plattformökonomie – Der Vorschlag für eine EU-Verordnung über Online-Plattformen, IWRZ 2018, S. 147–152.

Busch, Christoph, Mehr Fairness und Transparenz in der Plattformökonomie? – Die neue P2B-Verordnung im Überblick, GRUR 2019, S. 788–796.

Busch, Stephanie, Pionier-Vorteile am Beispiel der Internet-Ökonomie, Wiesbaden 2005.

Busqué García, José María, Gute Zeiten, schlechte Zeiten – ein kritischer Kommentar zur Reform des Urheberrechts in Spanien, GRUR Int. 2015, S. 417–426.

Caillaud, Bernard/Jullien, Bruno, Chicken & egg: competition among intermediation service providers, The RAND Journal of Economics 2003, S. 309–328.

Carlton, Dennis W./Frankel, Alan S., Transaction Costs, Externalities, and „Two-Sided" Payment Markets, Columbia Business Law Review 2005, S. 617–642.

Carrier, Michael A., The Rule of Reason: An Empirical Update for the 21st Century, George Mason Law Review 2009, S. 827–837.

Chisholm, Simon/Long, Sarah/Parker, Helen, Interim measures in the UK: lessons from the online auction services case, 2019, abrufbar unter: http://go.wwu.de/7r0tx.

Choi, Jay Pil/Thum, Marcel, Market structure and the timing of technology adoption with network externalities, European Economic Review 1998, S. 225–244.

Clement, Reiner/Schreiber, Dirk/*Bossauer, Paul*/Pakusch, Christina, Internet-Ökonomie – Grundlagen und Fallbeispiele der digitalen und vernetzten Wirtschaft, 4. Aufl. Berlin 2019.

Clemons, Erik K./Madhani, Nehal, Regulation of Digital Businesses with Natural Monopolies or Third-Party Payment Business Models: Antitrust Lessons from the Analysis of Google, Journal of Management Information Systems 2010–2011, S. 43–80.

Colangelo, Giuseppe/Maggiolino, Mariateresa, Big Data as Misleading Facilities, European Competition Journal 2017, S. 249–281.

Cole, Tim, Wild Wild Web – Was uns die Geschichte des Wilden Westens über die Zukunft der digitalen Gesellschaft lehrt, München 2019.

Competition & Markets Authority, A new pro-competition regime for digital markets – Advice of the Digital Markets Taskforce, 2020, abrufbar unter: http://go.wwu.de/x5zj7 [zitiert als: *Competition & Markets Authority*, A new pro-competition regime for digital markets].

Competition & Markets Authority, Anticipated acquisition by Amazon of a minority shareholding and certain rights in Deliveroo, 2020, abrufbar unter: http://go.wwu.de/3utq8 [zitiert als: *Competition & Markets Authority*, Amazon/Deliveroo].

Competition & Markets Authority, Online platforms and digital advertising – Market study final report, 2020, abrufbar unter: http://go.wwu.de/x2jay [zitiert als: *Competition & Markets Authority*, Online platforms and digital advertising].

Condorelli, Daniele/Padilla, Jorge, Harnessing Platform Envelopment in the Digital World, Journal of Competition Law & Economics 2020, S. 143–187.

Cornils, Matthias, Vielfaltssicherung bei Telemedien, AfP 2018, S. 377–387.

Crane, Daniel A., Search Neutrality and Referral Dominance, Journal of Competition Law & Economics 2012, S. 459–468.

Crémer, Jacques/de Montjoye, Yves-Alexandre/Schweitzer, Heike, Competition policy for the digital era, 2019, abrufbar unter: http://go.wwu.de/eqhll.

Cunningham, Colleen/Ederer, Florian/*Ma, Song*, Killer Acquisitions, Journal of Political Economy 2021, S. 649–702.

D'Annunzio, Anna/Russo, Antonio, Intermediaries in the Online Advertising Market, 2021, abrufbar unter: http://go.wwu.de/wgkva.

Dachwitz, Ingo/Fanta, Alexander, Medienmäzen Google – Wie der Datenkonzern den Journalismus umgarnt, 2020, abrufbar unter: http://go.wwu.de/j9xo3.

Danckert, Burkhard/Mayer, Franz Joachim, Die vorherrschende Meinungsmacht von Google – Bedrohung durch einen Informationsmonopolisten?, MMR 2010, S. 219–222.

Degenhart, Christoph, Verfassungsfragen einer 10. GWB-Novelle auf der Grundlage des Referentenentwurfs vom 24.01.2020, WuW 2020, S. 308–315.

Demary, Vera/Rusche, Christian, Daten als Wettbewerbsfaktor, 2018, abrufbar unter: http://go.wwu.de/mr7mi.

Deutscher, Elias, How to measure privacy-related consumer harm in merger analysis? – A critical reassessment of the European Commission's merger control in data-driven markets, in: Lundqvist/Gal (Hrsg.), Competition Law for the Digital Economy, Cheltenham 2019, S. 173–211.

Devine, Kristine Laudadio, Preserving Competition in Multi-Sided Innovative Markets: How Do You Solve a Problem Like Google, North Carolina Journal of Law & Technology 2008, S. 59–117.

Dewenter, Ralf/Haucap, Justus, Ökonomische Auswirkungen der Einführung eines Leistungsschutzrechts für Presseinhalte im Internet (Leistungsschutzrecht für Presseverleger), 2013, abrufbar unter: http://go.wwu.de/mh2j3.

Dewenter, Ralf/Lüth, Hendrik, Datenhandel und Plattformen, 2018, abrufbar unter: http://go.wwu.de/7ad8h.

Dewenter, Ralf/Rösch, Jürgen/Terschüren, Anna, Abgrenzung zweiseitiger Märkte am Beispiel von Internetsuchmaschinen, NZKart 2014, S. 387–394.

Dewenter, Ralf/Rösch, Jürgen, Einführung in die neue Ökonomie der Medienmärkte – Eine wettbewerbsökonomische Betrachtung aus Sicht der Theorie der zweiseitigen Märkte, Wiesbaden 2015.

DGB, Stellungnahme zur 10. GWB-Novelle – Hintergrund, Ziele und Kernpunkte des Gesetzentwurfs, 2020, abrufbar unter: http://go.wwu.de/i8o5b.

Dietrich, Michael, Wettbewerb in Gegenwart von Netzwerkeffekten, Frankfurt am Main 2006.

Diker Vanberg, Aysem/Ünver, Mehmet Bilal, The right to data portability in the GDPR and EU competition law: odd couple or dynamic duo?, European Journal of Law and Technology 2017, S. 1–22.

Dolata, Ulrich, Apple, Amazon, Google, Facebook, Microsoft: Market concentration – competition – innovation strategies, 2017, abrufbar unter: http://go.wwu.de/l8euh.

Dominikowski, Thomas, Zur Geschichte der Websuchmaschinen in Deutschland, in: Lewandowski (Hrsg.), Handbuch Internet-Suchmaschinen 3 – Suchmaschinen zwischen Technik und Gesellschaft, Berlin 2013, S. 3–34.

Dörr, Dieter/Natt, Alexander, Suchmaschinen und Meinungsvielfalt – Ein Beitrag zum Einfluss von Suchmaschinen auf die demokratische Willensbildung, ZUM 2014, S. 829–847.

Dörr, Dieter/Schuster, Simon, Suchmaschinen im Spannungsfeld zwischen Nutzung und Regulierung – Rechtliche Bestandsaufnahme und Grundstrukturen einer Neuregelung, in: Stark/Dörr/Aufenanger (Hrsg.), Die Googleisierung der Informationssuche – Suchmaschinen zwischen Nutzung und Regulierung, Berlin 2014, S. 262–323.

Dreher, Meinrad, Die Kontrolle des Wettbewerbs in Innovationsmärkten – Marktabgrenzung und Marktbeherrschung in innovationsgeprägten Märkten, ZWeR 2009, S. 149–175.

Dreier, Thomas/Schulze, Gernot (Hrsg.), Urheberrechtsgesetz, 6. Aufl. München 2018.

Drexl, Josef, Data Access and Control in the Era of Connected Devices, 2018, abrufbar unter: http://go.wwu.de/zc9ri.

Drexl, Josef, Neue Regeln für die Europäische Datenwirtschaft? – Ein Plädoyer für einen wettbewerbspolitischen Ansatz – Teil 1, NZKart 2017, S. 339–344.

Drexl, Josef, Neue Regeln für die Europäische Datenwirtschaft? – Ein Plädoyer für einen wettbewerbspolitischen Ansatz – Teil 2, NZKart 2017, S. 415–421.

Dubé, Jean-Pierre/Hitsch, Günter J./Chintagunta, Pradeep, Tipping and Concentration in Markets with Indirect Network Effects, Marketing Science 2010, S. 216–249.

Duch-Brown, Nestor/Martens, Bertin/Mueller-Langer, Frank, The economics of ownership, access and trade in digital data, 2017, abrufbar unter: http://go.wwu.de/udxae.

Economides, Nicholas, The Economics of networks, International Journal of Industrial Organization 1996, S. 673–699.

Edelman, Benjamin, Does Google Leverage Market Power Through Tying and Bundling?, Journal of Competition Law & Economics 2015, S. 365–400.

Edelman, Benjamin, How to Launch Your Digital Platform, Harvard Business Review 2015, S. 90–97.

Edlin, Aaron S./Harris, Robert G., The Role of Switching Costs in Antitrust Analysis: A Comparison of Microsoft and Google, Yale Journal of Law and Technology 2013, S. 170–213.

Elixmann, Robert, Datenschutz und Suchmaschinen, Berlin 2012.

Ellger, Reinhard, Digitale Herausforderungen für das Kartellrecht, ZWeR 2018, S. 272–291.

Engels, Barbara, Data portability among online platforms, Internet Policy Review 2016, S. 1–17.

Engert, Andreas, Digitale Plattformen, AcP 2018, S. 304–376.

Erhard, Max, Marktmachtverlagerung durch Suchmaschinenbetreiber, Frankfurt am Main 2014.

Esayas, Samson, Competition in (Data) Privacy: "Zero" Price Markets, Market Power, and the Role of Competition Law, International Data Privacy Law 2018, S. 181–199.

Esayas, Samson, Privacy-as-a-quality parameter of competition – Some reflections on the scepticism surrounding it, in: Lundqvist/Gal (Hrsg.), Competition Law for the Digital Economy, Cheltenham 2019, S. 126–172.

Etro, Federico, Leadership in Multisided Markets, 2011, abrufbar unter: http://go.wwu.de/7-q2y.

EU-Parlament, Draft Report on the proposal for a regulation of the European Parliament and of the Council Contestable and fair markets in the digital sector, 2021, abrufbar unter: http://go.wwu.de/vh1at [zitiert als: *Schwab-Report*].

European Data Protection Supervisor, Opinion 2/2021 on the Proposal for a Digital Markets Act, 2021, abrufbar unter: http://go.wwu.de/bdile.

Evans, David S./Noel, Michael, Defining Antitrust Markets When Firms Operate Two-Sided Platforms, Columbia Business Law Review 2005, S. 101–134.

Evans, David S./Schmalensee, Richard, Catalyst Code – The Strategies Behind the World's Most Dynamic Companies, Boston 2007.

Evans, David S./Schmalensee, Richard, Matchmakers, Boston 2016.

Evans, David S./Schmalensee, Richard, Some Economic Aspects of Antitrust Analysis in Dynamically Competitive Industries, 2001, abrufbar unter: http://go.wwu.de/so-0o.

Evans, David S./Schmalensee, Richard, The Antitrust Analysis of Multi-Sided Platform Businesses, 2013, abrufbar unter: http://go.wwu.de/zrmdd.

Evans, David S./Schmalensee, Richard, The Industrial Organization of Markets with Two-Sided Platforms, Competition Policy International 2007, S. 151–179.

Evans, David S., Antitrust Issues Raised by the Emerging Global Internet Economy, Northwestern University Law Review 2008, S. 285–306.

Evans, David S., The Antitrust Economics of Multi-Sided Platform Markets, Yale Journal on Regulation 2003, S. 325–381.

Evans, David S., The Economics of the Online Advertising Industry, Review of Network Economics 2008, S. 359–391.

Ezrachi, Ariel/Stucke, Maurice E., Virtual Competition, Cambridge 2016.

Fahrig, Thomas, Suchmaschinen – Eine industrieökonomische Analyse der Konzentration und ihrer Ursachen, 2015, abrufbar unter: http://go.wwu.de/5mczu.

Farrell, Joseph/Klemperer, Paul, Coordination and Lock-In: Competition with Switching Costs and Network Effects, in: Armstrong/Porter (Hrsg.), Handbook of Industrial Organization – Volume 3, Amsterdam 2007, S. 1967–2072.

Feasey, Richard/Krämer, Jan, Implementing Effective Remedies for Anti-Competitive Intermediation Bias on Vertically Integrated Platforms, 2019, abrufbar unter: http://go.wwu.de/r3t81.

Flechsig, Norbert, Gesetzliche Vergütungsansprüche im Lichte geplanter Leistungsschutzrechte für pressemäßige Medienerzeugnisse, AfP 2012, S. 427–431.

Franck, Jens-Uwe/Monti, Giorgio/de Streel, Alexandre, Legal Opinion concerning Article 114 TFEU as a Legal Basis for Strengthened Control of Acquisitions by Digital Gatekeepers, 2021, abrufbar unter: http://go.wwu.de/a61pv.

*Franck, Jens-Uwe/*Peitz, Martin, Digital Platforms and the New 19a Tool in the German Competition Act, 2021, abrufbar unter: http://go.wwu.de/r9jhn.

Franck, Jens-Uwe/Peitz, Martin, How to Challenge Big Tech, in: Richter/Straub/Tuchtfeld (Hrsg.), To Break Up or Regulate Big Tech? – Avenues to Constrain Private Power in the DSA/DMA Package, S. 84–89.

Franck, Jens-Uwe/Peitz, Martin, Market Definition in the Platform Economy, 2021, abrufbar unter: http://go.wwu.de/ocae9.

Fricke, Torsten/Novak, Ulrich, Die Akte Google – Wie der US-Konzern Daten missbraucht, die Welt manipuliert und Jobs vernichtet, München 2015.

Fuchs, Andreas, Kartellrechtliche Schranken für patentrechtliche Unterlassungsklagen bei FRAND-Lizenzerklärungen für standardessentielle Patente, NZKart 2015, S. 429–436.

Fuchs, Andreas, Marktmachtmissbrauch durch sog. „killer acquisitions" – Möglichkeiten und Grenzen einer nachträglichen Fusionskontrolle über Art. 102 AEUV und § 19 Abs. 1 GWB am Beispiel des systematischen Aufkaufs innovativer Start-ups, in: Klose/Klusmann/Thomas (Hrsg.), Das Unternehmen in der Wettbewerbsordnung – Festschrift für Gerhard Wiedemann zum 70. Geburtstag, München 2020, S. 303–322.

Furman, Jason/Coyle, Diane/Fletcher, Amelia/McAuley, Derek/Marsden, Philip, Unlocking digital competition – Report of the Digital Competition Expert Panel, 2019, abrufbar unter: http://go.wwu.de/6v8ri.

Gasser, Lucas, Der Marktstrukturmissbrauch in der Plattformökonomie – Informationsasymmetrien als Ausgangspunkt eines Verstoßes gegen Art. 102 AEUV, Baden-Baden 2021.

Gauß, Nicolas, Die Anwendung des kartellrechtlichen Missbrauchsverbots nach Art. 82 EG (Art. 102 AEUV) in innovativen Märkten, Baden-Baden 2010.

Gautier, Axel/Lamesch, Joe, Mergers in the Digital Economy, 2020, abrufbar unter: http://go.wwu.de/tq2mt.

Generaldirektion Interne Politikbereiche, Fachabteilung A – Wirtschafts- und Wissenschaftspolitik, Herausforderungen für die Wettbewerbspolitik in einer digitalisierten Wirtschaft, 2016, abrufbar unter: http://go.wwu.de/n2-gh.

Geradin, Damien/Kuschewsky, Monika, Competition Law and Personal Data: Preliminary Thoughts on a Complex Issue, 2013, abrufbar unter: http://go.wwu.de/chn5m.

Geradin, Damien/Rato, Miguel, Can Standard-Setting Lead to Exploitative Abuse? A Dissonant View on Patent Hold-Up, Royalty Stacking and the Meaning of FRAND, European Competition Journal 2007, S. 101–161.

Gerpott, Torsten/Mikolas, Tobias, Zugang zu Daten großer Online-Plattformbetreiber nach der 10. GWB-Novelle – Schwachstellen des seit 19.01.2021 geltenden neuen GWB, CR 2021, S. 137–144.

Gerpott, Torsten, Neue Pflichten für große Betreiber digitaler Plattformen – Vergleich von § 19a GWB und DMA-Kommissionsvorschlag, NZKart 2021, S. 273–279.

Gersdorf, Hubertus/Paal, Boris (Hrsg.), BeckOK Informations- und Medienrecht, 33. Ed. München Stand: 01.08.2021 [zitiert als: BeckOK Informations- und Medienrecht/*Bearbeiter*].

Gielen, Nico/Uphues, Steffen, Digital Markets Act und Digital Services Act – Regulierung von Markt- und Meinungsmacht durch die Europäische Union, EuZW 2021, S. 627–637.

Gilbert, Richard, Looking for Mr. Schumpeter: Where Are We in the Competition-Innovation Debate?, Innovation Policy and the Economy 2006, S. 159–215.

Glöggler, Michael, Suchmaschinen im Internet, Berlin 2003.

Gola, Peter (Hrsg.), Datenschutz-Grundverordnung, 2. Aufl. München 2018.

Google, Stellungnahme zum Referentenentwurf des Bundesministeriums der Justiz und für Verbraucherschutz (BMJV) für ein Gesetz zur Anpassung des Urheberrechts an die Erfordernisse des digitalen Binnenmarkts, 2020, abrufbar unter: http://go.wwu.de/906nc.

Graef, Inge/Clifford, Damian/Valcke, Peggy, Fairness and enforcement: bridging competition, data protection, and consumer law, International Data Privacy Law 2018, 8 (3), S. 200–223.

Graef, Inge/Verschakelen, Jeroen/*Valcke, Peggy*, Putting the right to data portability into a competition law perspective, Law: The Journal of the Higher School of Economics 2013, S. 53–63.

Graef, Inge/Wahyuningtyas, Sih Yuliana/Valcke, Peggy, Assessing data access issues in online platforms, Telecommunications Policy 2015, S. 375–387.

Grant Thornton, Google shopping EU benchmark – Data analysis study, 2019, abrufbar unter: http://go.wwu.de/1ti3t.

Grave, Carsten/Nyberg, Jenny, Die Rolle von Big Data bei der Anwendung des Kartellrechts, WuW 2017, S. 363–368.

Grewe, Max, Missbrauchsverbot als Durchsetzungsinstrument, Baden-Baden 2020.

Griesbaum, Joachim/Bekavac, Bernard/*Rittberger, Marc*, Typologie der Suchdienste im Internet, in: Lewandowski (Hrsg.), Handbuch Internet-Suchmaschinen – Nutzerorientierung in Wissenschaft und Praxis, Heidelberg 2009, S. 18–52.

Grimmelmann, James, The Structure of Search Engine Law, Iowa Law Review 2007, S. 1–63.

Gröss, Sebastian/Mersch, Maximilian, Fokussiert, proaktiv und digital? – Die Fusionskontrolle des Referentenentwurfs zwischen Anspruch und Wirklichkeit, NZKart 2020, S. 119–124.

Grothe, Nela, Datenmacht in der kartellrechtlichen Missbrauchskontrolle, Baden-Baden 2019.

Grünwald, Andreas, „Big Tech"-Regulierung zwischen GWB-Novelle und Digital Markets Act – Missbrauchsaufsicht über (Digital-)Unternehmen im europäischen Kontext, MMR 2020, S. 822–826.

Grünwald, Andreas, Gekommen, um zu bleiben? – § 19a GWB im Lichte des DMA-Entwurfs, NZKart 2021, S. 496–498.

Grünwald, Andreas, Medienvielfalt durch Kartellrecht?, WuW 2021, S. 197–197.

GSMA, The Data Value Chain, 2018, abrufbar unter: http://go.wwu.de/6v6b-.

Guersent, Olivier, The Commission's proposal for a Digital Markets Act, WuW 2021, S. 69–69.

Guggenberger, Nikolas, Essential Platforms, Stanford Technology Law Review 2021, S. 237–343.

Guggenberger, Nikolas, Good times for Antitrust in the U.S., WuW 2021, S. 633–633.

Guggenberger, Nikolas, Netzneutralität: Leitbild und Missbrauchsaufsicht, Baden-Baden 2015.

Habib, Hana/Zou, Yixin/*Jannu, Aditi*/Sridhar, Neha/*Swoopes, Chelse/Acquisti, Alessandro/Faith Cranor, Lorrie/Sadeh, Norman*/Schaub, Florian, An Empirical Analysis of Data Deletion and Opt-Out Choices on 150 Websites, 2019, abrufbar unter: http://go.wwu.de/q35fj.

Hacker, Philipp, Daten als Gegenleistung: Rechtsgeschäfte im Spannungsfeld von DS-GVO und allgemeinem Vertragsrecht, ZfPW 2019, S. 148–197.

Hagiu, Andrei/Wright, Julian, Multi-sided platforms, International Journal of Industrial Organization 2015, S. 162–174.

Hahn, Robert/Singer, Hal, An Antitrust Analysis of Google's Proposed Acquisition of DoubleClick, 2008, abrufbar unter: http://go.wwu.de/0gfmb.

Hamelmann, Lisa/Haucap, Justus, Kartellrecht und Wettbewerbspolitik für Online-Plattformen, 2015, abrufbar unter: http://go.wwu.de/h-6yc.

Hanley, Daniel, A Topology of Multisided Digital Platforms, Conneticut Public Interest Law Journal 2020, S. 271–350.

Hanweck, Gerald/Rhoades, Stephen, Dominant firms, "deep pockets" and local market competition in banking, Journal of Economics and Business 1984, S. 391–402.

Harbour, Pamela Jones/Koslov, Tara Isa, Section 2 in a Web 2.0 World: An Expanded Vision of Relevant Product Markets, Antitrust Law Journal 2010, S. 769–797.

Härting, Niko, „Dateneigentum" – Schutz durch Immaterialgüterrecht? – Was sich aus dem Verständnis von Software für den zivilrechtlichen Umgang mit Daten gewinnen lässt, CR 2016, S. 646–649.

Hartl, Korbinian, Suchmaschinen, Algorithmen und Meinungsmacht – Eine verfassungs- und einfachrechtliche Betrachtung, Wiesbaden 2017.

Haucap, Justus/Heimeshoff, Ulrich, Google, Facebook, Amazon, eBay: Is the Internet Driving Competition or Market Monopolization?, International Economics and Economic Policy 2014, S. 49–61.

Haucap, Justus/Kehder, Christiane, Suchmaschinen zwischen Wettbewerb und Monopol: Der Fall Google, in: Dewenter/Haucap/Kehder (Hrsg.), Wettbewerb und Regulierung in Medien, Politik und Märkten – Festschrift für Jörg Kruse zum 65. Geburtstag, Baden-Baden 2013, S. 115–154.

Haucap, Justus/Schweitzer, Heike, Die Fesselung der Tech-Giganten – Die deutsche GWB-Novelle und der Vorschlag der Europäischen Kommission für einen Digital Markets Act im Vergleich, 2021, abrufbar unter: http://go.wwu.de/ypcl8.

Haucap, Justus/ Stühmeier, Torben, Competition and antitrust in Internet markets, in: Bauer/Latzer (Hrsg.), Handbook on the Economics of the Internet, Cheltenham 2016, S. 183–210.

Haucap, Justus/ Wenzel, Tobias, Wettbewerb im Internet: Was ist online anders als offline?, ZfW 2011, S. 200–211.

Haucap, Justus, Big Data aus wettbewerbs- und ordnungspolitischer Perspektive, in: Morik/Krämer (Hrsg.), Daten – Wem gehören sie, wer speichert sie, wer darf auf sie zugreifen?, Paderborn 2018, S. 95–142.

Haucap, Justus, Plattformökonomie: neue Wettbewerbsregeln – Renaissance der Missbrauchsaufsicht, Wirtschaftsdienst 2020, S. 20–29.

Haus, Florian C./Weusthof, Anna-Lena, The Digital Markets Act – a Gatekeeper's Nightmare?, WuW 2021, S. 318–325.

Heilmann, Dorothea, Regulierung von Suchmaschinen, MMR 2020, S. 162–166.

Heine, Robert/Stang, Felix, Das neue Leistungsschutzrecht für Presseverleger – Ein Beitrag zur Klärung ausgewählter Rechtsfragen, AfP 2013, S. 177–182.

Heinemann, Andreas, Google als kartellrechtliches Problem?, 2015, abrufbar unter: http://go.wwu.de/bwqep.

Hemphill, Scott/Wu, Tim, Nascent Competitors, University of Pennsylvania Law Review 2020, S. 1879–1910.

Hennemann, Moritz, Künstliche Intelligenz und Wettbewerbsrecht, ZWeR 2018, S. 161–184.

Herz, Martin, Google Search and the Law on Dominance in the EU. An Assessment of the Compatibility of Current Methodology with Multi-Sided Platforms in Online Search, 2014, abrufbar unter: http://go.wwu.de/wzvf2.

Herzog, Roman/Scholz, Rupert/Herdegen, Matthias/Klein, Hans H. (Hrsg.), Grundgesetz, Band I, 95. EL München Juli 2021 [zitiert als: Maunz/Dürig/*Bearbeiter*].

Heymann, Thomas, Rechte an Daten – Warum Daten keiner eigentumsrechtlichen Logik folgen, CR 2016, S. 650–657.

Hillmer, Katharina, Daten als Rohstoffe und Entwicklungstreiber für selbstlernende Systeme – Zum Regulierungsbedürfnis von Innovationshemmnissen durch Datennetzwerkeffekte, Baden-Baden 2021.

Hillmer, Katharina, Daten und Datennetzwerkeffekte als Innovationsfaktoren bei selbstlernenden Systemen, ZfDR 2021, S. 255–279.

Hoeren, Thomas/Sieber, Ulrich/Holznagel, Bernd (Hrsg.), Handbuch Multimedia-Recht – Rechtsfragen des elektronischen Geschäftsverkehrs, Stand: 56. EL München Mai 2021.

Hoeren, Thomas, Rezension zu „Bien/Käseberg/Klumpe/Körber/Ost, Die 10. GWB-Novelle", MMR-Aktuell 2021, 442061.

Hoeren, Thomas (Hrsg.), Big Data und Recht, München 2014.

Hoeren, Thomas, Datenbesitz statt Dateneigentum – Erste Ansätze zur Neuausrichtung der Diskussion um die Zuordnung von Daten, MMR 2019, S. 5–8.

Hoeren, Thomas, Dateneigentum – Versuch einer Anwendung von § 303a StGB im Zivilrecht, MMR 2013, S. 486–491.

Hoeren, Thomas, Google Analytics – datenschutzrechtlich unbedenklich? Verwendbarkeit von Webtracking-Tools nach BDSG und TMG, ZD 2011, S. 3–6.

Hoeren, Thomas, Meta-Tags, Google-AdWords & Search Engine Optimizing (SEO), MarkenR 2021, S. 37–40.

Hoeren, Thomas, Personenbezogene Daten als neue Währung der Internetwirtschaft, WuW 2013, S. 463–463.

Hoeren, Thomas, Suchmaschinen, Navigationssysteme und das Wettbewerbsrecht, MMR 1999, S. 649–652.

Hoeren, Thomas, Überlegungen zum geplanten Leistungsschutzrecht für Presseverlage – Kurzgutachten, 2013, abrufbar unter: http://go.wwu.de/1pvrq.

Hoeren, Thomas, Zur Einführung: Informationsrecht, JuS 2002, S. 947–953.

Hoffer, Raoul/Lehr, Alexander, Onlineplattformen und Big Data auf dem Prüfstand – Gemeinsame Betrachtung der Fälle Amazon, Google und Facebook, NZKart 2019, S. 10–20.

Hoffmann-Riem, Wolfgang, Reclaim Autonomy: Die Macht digitaler Konzerne, in: Augstein (Hrsg.), Reclaim Autonomy – Selbstermächtigung in der digitalen Weltordnung, Berlin 2017, S. 121–139.

Holzweber, Stefan, Daten als Machtfaktor in der Fusionskontrolle, NZKart 2016, S. 104–112.

Hopf, Alexander, Der Missbrauch einer marktbeherrschenden Stellung von Internetsuchmaschinen, dargestellt am Beispiel von Google, Hamburg 2014.

Höppner, Thomas/Grabenschröder, Jan Felix, Marktabgrenzung bei mehrseitigen Märkten am Beispiel der Internetsuche, NZKart 2015, S. 162–168.

Höppner, Thomas/Schaper, Felicitas, Frame sucht Einwilligung: Die neue Google-Bildersuche auf dem Prüfstand – Untersuchung der technischen Funktionsweise und urheberrechtliche Würdigung, MMR 2017, S. 512–518.

Höppner, Thomas/Weber, Jan Markus, Die Modernisierung der Missbrauchskontrolle nach dem Referentenentwurf für eine 10. GWB-Novelle, K&R 2020, S. 24–51.

Höppner, Thomas/Westerhoff, Philipp, Wettbewerbsbeschränkungen unter dem Deckmantel des Datenschutzes – Apples App-Tracking-Policy auf dem Prüfstand, ZfDR 2021, S. 280–306.

Höppner, Thomas, Antitrust Remedies in Digital Markets: Lessons For Enforcement Authorities From Non-Compliance With EU Google Decisions, Hausfeld Competition Bulletin Fall 2020, abrufbar unter: http://go.wwu.de/qb1f7 [zitiert als: Höppner, Antitrust Remedies in Digital Markets].

Höppner, Thomas, Das Verhältnis von Suchmaschinen zu Inhalteanbietern an der Schnittstelle von Urheber- und Kartellrecht, WRP 2012, S. 625–637.

Höppner, Thomas, Defining Markets for Multi-Sided Platforms: The Case of Search Engines, World Competition 2015, S. 349–366.

Höppner, Thomas, EU vs. Google: Nur was heißt „Gleichbehandlung" im Internet?, K&R 2017, Nr. 7/8, Editorial.

Höppner, Thomas, Gatekeepers' Tollbooths for Market Access: How to Safeguard Unbiased Intermediation, CPI Antitrust Chronicles, 2021, abrufbar unter: http://go.wwu.de/lxi9d [zitiert als: Höppner, Gatekeepers' Tollbooths for Market Access].

Höppner, Thomas, Google Search (Shopping): Etablierte Missbrauchskriterien für digitalen Präzedenzfall, WuW 2017, S. 421–421.

Höppner, Thomas, Google: Friend or Foe of Ad-Financed Content Providers, Journal of Media Law 2013, S. 14–30.

Höppner, Thomas, Google's (Non-) Compliance with the EU Shopping Decision, 2020, abrufbar unter: http://go.wwu.de/fnbcn [zitiert als: *Höppner*, Google's (Non-) Compliance with the EU Shopping Decision].

Höppner, Thomas, Netzveränderungen im Zugangskonzept, Baden-Baden 2009 [zitiert als: Höppner, Netzveränderungen im Zugangskonzept].

Höppner, Thomas, Plattform-Regulierung light – Zum Konzept der Unternehmen mit überragender marktübergreifender Bedeutung in der 10. GWB-Novelle, WuW 2020, S. 71–79.

Höppner, Thomas: Duty to Treat Downstream Rivals Equally: (Merely) a Natural Remedy to Google's Monopoly Leveraging Abuse, European Competition and Regulatory Law Review 2017, S. 208–222.

Hornung, Gerrit/Wagner, Bernd, Anonymisierung als datenschutzrelevante Verarbeitung? – Rechtliche Anforderungen und Grenzen für die Anonymisierung personenbezogener Daten, ZD 2020, S. 223–228.

Hornung, Gerrit, Eine Datenschutz-Grundverordnung für Europa? – Licht und Schatten im Kommissionsentwurf vom 25.1.2012, ZD 2012, S. 99–106.

Hossenfelder, Martin, Die Nachrichtendarstellung in Suchmaschinen nach der Einführung des Leistungsschutzrechts für Presseverleger, ZUM 2013, S. 374–379.

Hubbard, Sally, Monopolies suck – 7 Ways Big Corporations Rule Your Life and How to Take Back Control, New York 2020.

Huerkamp, Florian/Nuys, Marcel, Datenzugang nach § 19 Abs. 2 Nr. 4 GWB n.F. – Geglückte „Klarstellung"?, NZKart 2021, S. 327–332.

Huppert, Caroline, Die Fairsten werden die Letzten sein? – Herausforderungen für die deutschen Wettbewerbsregeln durch die digitale Wirtschaft, 2020, abrufbar unter: http://go.wwu.de/8sr4s.

Hylton, Keith N., Digital Platforms and Antitrust Law, Nebraska Law Review 2019, S. 272–296.

Iansiti, Marco/Lakhani, Karim, Competing in the Age of AI – Strategy and Leadership When Algorithms and Networks Run the World, Boston 2020.

Immenga, Frank, Das Ende der Schonfrist: Die 10. GWB-Novelle soll den Digitalkonzernen ihre Grenzen aufzeigen!, K&R 2021, Heft 3, Editorial.

International Telecommunication Union, Measuring digital development – Facts and figures, 2020, abrufbar unter: http://go.wwu.de/7ubz-.

Introna, Lucas D./Nissenbaum, Helen, Shaping the Web: Why the Politics of Search Engine Matters, The Information Society 2000, S. 169–185.

Jachimowicz, Jon M./Duncan, Shannon/Weber, Elke U./Johnson, Eric J., When and why defaults influence decisions: a meta-analysis of default effects, Behavioural Public Policy 2019, S. 159–186.

Janal, Ruth, Die Plattform-Ökonomie vor dem EuGH – Zu den Schlussanträgen des Generalanwalts in der Rs. Coty Germany/Parfümerie Akzente, EuZW 2017, S. 844–849.

Jani, Ole, Das neue Presseverlegerrecht – Der Diskussionsentwurf des BMJV missachtet den Willen des Unionsgesetzgebers, ZUM 2020, S. 169–171.

Jansen, Bernard J./Zhang, Mimi/*Schultz, Carsten D.*, Brand and its Effect on User Perception of Search Engine Performance, Journal of the American Society for Information Science and Technology 2009, S. 1572–1595.

Jean, Sébastien/Perrot, Anne/Philippon, Thomas, Competition and trade: Which policies for Europe?, Notes du conseil d'analyse économique 2019, S. 1–12.

Jensen, Meiko/Obersteller, Hannah, Datenschutzrechtliche Betrachtung – Projekt ITS.APT – Dokument 2.3, 2016, abrufbar unter: http://go.wwu.de/xlqm3.

Joachims, Thorsten/Granka, Laura/Pan, Bing/Hembrooke, Helene/Radlinski, Filip/Gay, Geri, Evaluating the Accuracy of Implicit Feedback from Clicks and Query Reformulations in Web Search, 2007, abrufbar unter: http://go.wwu.de/jv5c5.

Jochum, Georg, Verkehrsdaten für intelligente Verkehrssysteme – Rechtsrahmen und (noch) offene Fragen, ZD 2020, S. 497–501.

Jovanovic, Dragan/Greiner, Jakob, DMA: Überblick über den geplanten EU-Regulierungsrahmen für digitale Gatekeeper – Paradigmenwechsel im Umgang mit digitalen Plattformen?, MMR 2021, S. 678–682.

Jülicher, Tim/Röttgen, Charlotte/von Schönfeld, Max, Das Recht auf Datenübertragbarkeit – Ein datenschutzrechtliches Novum, ZD 2016, S. 358–362.

Juraschko, Bernd, Rechtliche Aspekte der Suchmaschinen, in: Lewandowski (Hrsg.), Handbuch Internet-Suchmaschinen 3 – Suchmaschinen zwischen Technik und Gesellschaft, Berlin 2013, S. 53–81.

Jürgens, Pascal/Stark, Birgit/*Magin, Melanie*, Gefangen in der Filter Bubble? – Search Engine Bias und Personalisierungsprozesse bei Suchmaschinen, in: Stark/Dörr/Aufenanger (Hrsg.), Die Googleisierung der Informationssuche – Suchmaschinen zwischen Nutzung und Regulierung, Berlin 2014, S. 98–135.

Kaben, Dennis, Die Bedeutung von Daten für den Wettbewerb zwischen Suchmaschinen, in: Körber/Immenga (Hrsg.), Daten und Wettbewerb in der digitalen Ökonomie, Baden-Baden 2017, S. 123–146.

Kahlenberg, Harald/Rahlmeyer, Dietmar/*Giese, Peter*, Die 10. GWB-Novelle: Mehr als eine Digitalisierungsnovelle, BB 2021, S. 579–590.

Kaiser, Ulrich/Wright, Julian, Price structure in two-sided markets: Evidence from the magazine industry, International Journal of Industrial Organization 2006, S. 1–28.

Kamepali, Sai Krishna/Rajan, Raghuram/Zingales, Luigi, Kill Zone, 2021, abrufbar unter: http://go.wwu.de/rllys.

Karbaum, Christina/Schulz, Max, Einstweilige Maßnahmen der Kartellbehörden – wirksamer Wettbewerbsschutz im Zeitalter digitaler Ökosysteme, NZKart 2019, S. 407–414.

Käseberg, Thorsten/Brenner, Tobias/*Fülling, Daniel*, Das GWB-Digitalisierungsgesetz im Überblick, WuW 2021, S. 269–275.

Käseberg, Thorsten, Der Referentenentwurf zu einem GWB-Digitalisierungsgesetz, NZKart 2019, S. 569–570.

Käseberg, Thorsten, Wettbewerbspolitik in dieser Legislaturperiode: 10. GWB-Novelle und Kommission Wettbewerbsrecht 4.0, NZKart 2018, S. 441–442.

Käseberg, Thorsten, Wie Wettbewerbspolitik und Digital Markets Act sich wechselseitig inspirieren können, NZKart 2021, S. 529–530.

Kathuria, Vikas/Globocnik, Jure, Exclusionary conduct in data-driven markets: limitations of data sharing remedy, Journal of Antitrust Enforcement 2020, S. 511–534.

Katz, Michael/Sallet, Jonathan, Multisided Platforms and Antitrust Enforcement, The Yale Law Journal 2018, S. 2142–2175.

Katz, Michael/Shapiro, Carl, Network Externalities, Competition, and Compatibility, The American Economic Review 1985, S. 424–440.

Katz, Michael/Shapiro, Carl, Systems Competition and Network Effects, Journal of Economic Perspectives 1994, S. 93–115.

Kellner, Anna, Die Regulierung der Meinungsmacht von Internetintermediären, Baden-Baden 2019.

Kerber, Wolfgang, Competition, Innovation, and Competition Law: Dissecting the Interplay, 2017, abrufbar unter: http://go.wwu.de/ki70k.

Kerber, Wolfgang, Datenrechtliche Aspekte des Digital Markets Act – Datenwirtschaftsrecht I: Vorschlag einer Ex-ante-Regulierung von Gatekeeper-Plattformen, ZD 2021, S. 544–548.

Kerber, Wolfgang, Datenzugangsansprüche im Referentenentwurf zur 10. GWB-Novelle aus ökonomischer Perspektive, WuW 2020, S. 249–256.

Kersting, Christian/Dworschak, Sebastian, Leistungsschutzrecht für Presseverlage: Müsste Google wirklich zahlen? – eine kartellrechtliche Analyse, NZKart 2013, S. 46–53.

Kersting, Christian/Dworschak, Sebastian, Win-Win-Situation auf mehrseitigen Märkten: Google muss nicht zahlen!, ZUM 2016, S. 840–846.

Kersting, Christian/Podszun, Rupprecht (Hrsg.), Die 9. GWB-Novelle, München 2017.

Khan, Lina M., Sources of Tech Platform Power, Georgetown Law Technology Review 2018, S. 325–334.

Khan, Lina M., The Separation of Platforms and Commerce, Columbia Law Review 2019, S. 973–1098.

Kloepfer, Michael, Netzneutralität und Presse-Grosso in der Informationsgesellschaft, AfP 2010, S. 120–127.

Klotz, Marius, Google und Facebook im Kontext von Art. 102 AEUV – Missbrauch von Marktmacht auf unentgeltlichen Nutzermärkten, S. 58–65.

Koch, Alexander, Zur Einordnung von Internet-Suchmaschinen nach dem EGG – Zugleich ein Beitrag zum Haftungsrecht nach der Umsetzung der E-Commerce-Richtlinie, K&R 2002, S. 120–126.

Koenig, Christian/Meyer, Matti, Die Aufnahme von Presseerzeugnissen auf Google-Oberflächen aufgrund von erzwungenen „Gratislizenzen" – ein Marktmachtmissbrauch?, K&R 2014, S. 765–771.

Köhler, Helmut, Zur Kontrolle der Nachfragemacht nach dem neuen GWB und dem neuen UWG, WRP 2006, S. 139–147.

Konashevych, Oleksii/Khovayko, Oleg, Randpay: The Technology for Blockchain Micropayments and Transactions Which Require Recipient's Consent, Computers & Security 2020, Artikel 101892.

Kopf, Wolfgang, Hipster Antitrust: Amerika und EU nehmen Big Tech ins Visier, MMR 2021, S. 449–450.

Körber, Torsten/Schweitzer, Heike/Zimmer, Daniel (Hrsg.), Wettbewerbsrecht, Band 2. GWB, 6. Aufl. München 2020 [zitiert als: Immenga/Mestmäcker/Bearbeiter].

Körber, Torsten/Schweitzer, Heike/Zimmer, Daniel (Hrsg.), Wettbewerbsrecht, Band 3. Fusionskontrolle, 6. Aufl. München 2020 [zitiert als: Immenga/Mestmäcker/Bearbeiter].

Körber, Torsten, „Digitalisierung" der Missbrauchsaufsicht durch die 10. GWB-Novelle, MMR 2020, S. 290–295.

Körber, Torsten, „Ist Wissen Marktmacht?" Überlegungen zum Verhältnis von Datenschutz, „Datenmacht" und Kartellrecht – Teil 1, NZKart 2016, S. 303–310.

Körber, Torsten, Analoges Kartellrecht für digitale Märkte?, WuW 2015, S. 120–133.

Körber, Torsten, Die Digitalisierung der Missbrauchsaufsicht durch das „GWB-Digitalisierungsgesetz" im Spannungsfeld von moderater Anpassung und Überregulierung, 2020, abrufbar unter: http://go.wwu.de/wt8ro.

Körber, Torsten, Die Facebook-Entscheidung des Bundeskartellamtes – Machtmissbrauch durch Verletzung des Datenschutzrechts?, NZKart 2019, S. 187–195.

Körber, Torsten, Die Macht der Monopole, NZKart 2018, S. 105–106.

Körber, Torsten, Google im Fokus des Kartellrechts, WRP 2012, S. 761–772.

Körber, Torsten, Ist Wissen Marktmacht? – Überlegungen zum Verhältnis von Datenschutz, „Datenmacht" und Kartellrecht, in: Körber/Immenga (Hrsg.), Daten und Wettbewerb in der digitalen Ökonomie, Baden-Baden 2017, S. 81–122.

Körber, Torsten, Konzeptionelle Erfassung digitaler Plattformen und adäquate Regulierungsstrategien, ZUM 2017, S. 93–101.

Körber, Torsten, Lessons from the Hare and the Tortoise: Legally imposed self-regulation, proportionality and the right to defence under the DMA – Part 1, NZKart 2021, S. 379–384.

Körber, Torsten, Lessons from the Hare and the Tortoise: Legally imposed self-regulation, proportionality and the right to defence under the DMA – Part 2, NZKart 2021, S. 436–443.

Körber, Torsten, Machtmissbrauch durch Android? – Zum Wettbewerb auf den Märkten für mobile Betriebssysteme und Anwendungen, NZKart 2014, S. 378–386.

Körber, Torsten, The Commission's „Next Big Thing"?, NZKart 2015, S. 415–423.

Krakowski, Michael, Ist eine Entflechtung sinnvoll?, Wirtschaftsdienst 1980, S. 433–438.

Krämer, Jan/Schnurr, Daniel/Broughton Micova, Sarah, The Role of Data for Digital Markets Contestability, 2020, abrufbar unter: http://go.wwu.de/u02yw.

Krämer, Jan/Wohlfarth, Michael, Market power, regulatory convergence, and the role of data in digital markets, Telecommunications Policy 2018, S. 154–171.

Kratz, Alexander, Datenportabilität und „Walled Gardens" – Historische Rekonstruktionen und praktische Gefahren des Art. 20 DSGVO, InTeR 2019, S. 26–31.

Kredel, Nicolas/Kresken, Jan, Das „GWB 10.0" – Eckpunkte des Referentenentwurfs für das GWB-Digitalisierungsgesetz, NZKart 2020, S. 2–8.

Kredel, Nicolas/Kresken, Jan, Was lange währt…? – Eckpunkte des Gesetzentwurfs für das GWB-Digitalisierungsgesetz, NZKart 2020, S. 502–508.

Kreutzer, Till, Das Leistungsschutzrecht für Presseverleger im Lichte der BGH-Rechtsprechung zu Vorschaubildern – Was bleibt am Ende übrig?, MMR 2014, S. 512–516.

Kreutzer, Till, Google, Facebook, Twitter, Wikipedia, Flipboard & Co. – Wer ist Adressat des neuen Leistungsschutzrechts für Presseverleger?, CR 2014, S. 542–550.

Krüger, Elmar, Nebenbestimmungen zu Verwaltungsakten, VR 2014, S. 162–166.

Kruse, Johannes/Maturana, Simón, Die Zukunft der Marktabgrenzung – Evaluierungsergebnisse der Kommission zur Bekanntmachung über die Marktdefinition, NZKart 2021, S. 449–455.

Kühling, Jürgen/Buchner, Benedikt (Hrsg.), Datenschutz-Grundverordnung BDSG, 3. Aufl. München 2020.

Kühling, Jürgen/Gauß, Nicolas, Expansionslust von Google als Herausforderung für das Kartellrecht, MMR 2007, S. 751–757.

Kühling, Jürgen/Sackmann, Florian, Irrweg „Dateneigentum", ZD 2020, S. 24–30.

Kühling, Jürgen, Beschleunigte Missbrauchskontrolle bei Gatekeepern – nun wird es ernst!, WuW 2021, S. 137–137.

Kühling, Jürgen, Digitale Märkte als Herausforderung – Von der 10. GWB-Novelle zur Reformdiskussion auf Unionsebene, NZKart 2020, S. 157–157.

Kühling, Jürgen, Unter verschärfter Beobachtung, NZKart 2020, S. 630–631.

Kuhn, Tilman, The 15th anniversary of the SIEC test under the EU Merger Regulation – where do we stand? (Part 1), ZWeR 2020, S. 1–51.

Kühne, Armin, Das entschärfte Leistungsschutzrecht für Presseverleger – Warum Snippets „kleinste Textausschnitte“ sind, CR 2013, S. 169–176.

Kumar, Dharsan/Ponseelan, Aswanth Joseph /Prabha, Divya/Mathipurani, V. B./Selvakrishna, S., A Study on Google Project Loon – Opportunities and Challenges, International Journal of Emerging Technology and Innovative Engineering 2020, S. 206–214.

Kumkar, Lea Katharina, Online-Märkte und Wettbewerbsrecht, Baden-Baden 2017.

Kumkar, Lea Katharina, Vertikale Beschränkungen im Plattformvertrieb – Ist die Vertikal-GVO gerüstet für die Plattform Revolution, NZKart 2017, S. 47–56.

Künzler, Adrian, Advancing Quality Competition in Big Data Markets, Journal of Competition Law & Economics 2019, S. 500–537.

Künzler, Adrian, Direct Consumer Influence – The Missing Strategy to Integrate Data Privacy Preferences into the Market, Yearbook of European Law 2020, S. 423–458.

Künzler, Adrian, Effizienz oder Wettbewerbsfreiheit?, Tübingen 2008.

Künzler, Adrian, Verhaltensbezogene Wettbewerbstheorie im Zeitalter der Digitalisierung, Zeitschrift für Schweizerisches Recht 2018, S. 507–522.

Künzler, Adrian, Wettbewerbsschutz in der Digitalwirtschaft – Neue Herausforderungen, Schweizerische Juristen-Zeitung 2019, S. 407–415.

Kuoppamäki, Petri, Tying and two-sided digital platforms, in: Nihoul/Van Cleynenbreugel (Hrsg.), The Roles of Innovation in Competition Law Analysis, Cheltenham 2018, S. 307–340.

Kurgan, Alexander, Kartellrecht & digitale Plattformen – Bieten die analogen Kartellvorschriften Lösungen für die digitale Ökonomie auf zweiseitigen Märkten?, Berlin 2020.

Kwoka, John, Mergers, Merger Control, and Remedies – A Retrospective Analysis of U.S. Policy, Cambridge 2015.

Laitenberger, Johannes, Entwicklungslinien des Wettbewerbsrechts der Europäischen Union, in: Ellger/Schweitzer (Hrsg.), Die Verfassung der europäischen Wirtschaft – Symposium zu Ehren von Ernst-Joachim Mestmäcker aus Anlass seines 90. Geburtstages, Baden-Baden 2018, S. 109–151.

Lambert, Thomas, Tech Platforms and Market Power. What’s the Optimal Policy Response?, 2021, abrufbar unter: http://go.wwu.de/he77b.

Lambrecht, Anja/Tucker, Catherine, Can Big Data Protect a Firm from Competition?, 2015, abrufbar unter: http://go.wwu.de/evv2d.

Lambrecht, Anja/Tucker, Catherine, When Does Retargeting Work? Information Specifity in Online Advertising, Journal of Marketing Research 2013, S. 561–576.

Lao, Marina, No-Fault Digital Platform Monopolization, William & Mary Law Review 2020, S. 755–814.

Larouche, Pierre/de Streel, Alexandre, The European Digital Markets Act: A Revolution Grounded on Traditions, 2021, abrufbar unter: http://go.wwu.de/0tudt.

Lasserre, Bruno/Mundt, Andreas, Competition Law and Big Data: The Enforcers' View, Italian Antitrust Review 2017, S. 87–103.

Lastowka, Greg, Google's Law, Brooklyn Law Review 2008, S. 1327–1410.

Lear, Ex-post Assessment of Merger Control Decisions in Digital Markets – Final report, 2019, abrufbar unter: http://go.wwu.de/cmbil.

Lee, Micky, Alphabet – The Becoming of Google, London 2019.

Lehmann, Oliver/Lehmann, Antje, Top-Platzierungen in Suchmaschinen – Der suchmaschinengerechte Webauftritt, München 2002.

Leinemann, Franziska, Personenbezogene Daten als Entgelt, Berlin 2020.

Lemley, Mark A./McCreary, Andrew, Exit Strategy, 2020, abrufbar unter: http://go.wwu.de/ysnue.

Lerner, Andres, The Role of 'Big Data' in Online Platform Competition, 2014, abrufbar unter: http://go.wwu.de/ly4gi.

Lettl, Tobias, § 19a GWB – jetzige Verabschiedung sinnvoll?, WRP 2021, Heft 3, Editorial.

Lettl, Tobias, Der neue § 19a GWB, WRP 2021, S. 413–424.

Lévêque, François, Competition's New Clothes – 20 Short Cases on Rivalry Between Firms, Cambridge 2019.

Lewandowski, Dirk, Evaluierung von Suchmaschinen, in: Lewandowski (Hrsg.), Handbuch Internet-Suchmaschinen 2 – Neue Entwicklungen in der Web-Suche, Heidelberg 2011, S. 203–228.

Lewandowski, Dirk, Suchmaschinen verstehen, 3. Aufl. Berlin 2021.

Lewandowski, Dirk, Suchmaschinenindices, in: Lewandowski (Hrsg.), Handbuch Internet-Suchmaschinen 3 – Suchmaschinen zwischen Technik und Gesellschaft, Berlin 2013, S. 143–161.

Lewandowski, Dirk, Web Information Retrieval, Frankfurt am Main 2005.

Lewandowski, Dirk, Wie lässt sich die Zufriedenheit der Suchmaschinennutzer mit ihren Suchergebnissen erklären?, in: Krah/Müller-Terpitz (Hrsg.), Suchmaschinen, Berlin 2003, S. 35–52.

Lewandowski, Dirk/Kerkmann, Friederike/*Sünkler, Sebastian*, Wie Nutzer im Suchprozess gelenkt werden – Zwischen technischer Unterstützung und interessengeleiteter Darstellung, in: Stark/Dörr/Aufenanger (Hrsg.), Die Googleisierung der Informationssuche – Suchmaschinen zwischen Nutzung und Regulierung, Berlin 2014, S. 75–97.

Lianos, Ioannis/Motchenkova, Evgenia, Market Dominance and Search Quality in the Search Engine Market, Journal of Competition Law & Economics 2013, S. 419–455.

Libor, Christine, Vielfaltssicherung durch Medienordnung: Konzentrationsentwicklungen bei Anbietern von Infrastrukturen und Inhalten, AfP 2017, S. 290–294.

Lichtenberg, Tim, Googles Knowledge Panels nach der 10. GWB-Novelle, NZKart 2021, S. 286–290.

Lim, Yong, Tech Wars: Return of the Conglomerate – Throwback or Dawn of a New Series for Competition in the Digital Era?, Journal of Korean Law 2020, S. 47–62.

Lindstädt, Nadine, Multisided media markets: Applying the theory of multisided markets to media markets, ZWeR 2010, S. 53–80.

Loewenheim, Ulrich/Leistner, Matthias/Ohly, Ansgar (Hrsg.), Urheberrecht, 6. Aufl. München 2020 [zitiert als: Schricker/Loewenheim/Bearbeiter].

Loewenheim, Ulrich/Meessen, Karl M./Riesenkampff, Alexander/Kersting, Christian/Meyer-Lindemann, Hans-Jürgen (Hrsg.), Kartellrecht, 4. Aufl. München 2020.

Lohse, Andrea, Marktmachtmissbrauch durch Internetplattformen? – Das Kartellrecht vor neuen Herausforderungen, ZHR 2018, S. 321–358.

Louven, Sebastian, Braucht es mehr materielles Kartellrecht für digitale Plattformen?, ZWeR 2019, S. 154–191.

Louven, Sebastian, Datenmacht und Zugang zu Daten, NZKart 2018, S. 217–222.

Louven, Sebastian, Datenzugangsverhältnis, FRAND und Wettbewerbsrecht, K&R 2018, S. 230–236.

Louven, Sebastian, Kartellrechtliche Innovationstheorie für digitale Plattformen, Frankfurt am Main 2021.

Louven, Sebastian, Update zum Kartellrecht der Informationsgesellschaft, WRP 2020, S. 433–438.

Luchetta, Giacomo, Is the Google Platform a Two-Sided Market?, Journal of Competition Law & Economics 2014, S. 185–207.

Lüdemann, Jörn, Warum und wie reguliert man digitale Informationsintermediäre? – Grundfragen der medienrechtlichen Instrumentendiskussion am Beispiel des Suchmaschinensektors, in: Hermstrüwer/Lüdemann (Hrsg.), Der Schutz der Meinungsbildung im digitalen Zeitalter, Tübingen 2021, S. 1–34.

Lundqvist, Björn, Regulating competition in the digital economy – With a special focus on platforms, in: Lundqvist/Gal (Hrsg.), Competition Law for the Digital Economy, Cheltenham 2019, S. 2–28.

Lundqvist, Björn, The Proposed Digital Markets Act and Access to Data: A Revolution, or Not?, IIC 2021, S. 239–241.

Machill, Marcel/Beiler, Markus/*Zenker, Martin*, Suchmaschinenforschung. Überblick und Systematisierung eines interdisziplinären Forschungsfeldes, in: Machill/Beiler (Hrsg.), Die Macht der Suchmaschinen/The Power of Search Engines, Köln 2007, S. 7–43.

Machill, Marcel/Beiler, Markus, Suchmaschinen als Vertrauensgüter. Internet-Gatekeeper für die Informationsgesellschaft?, in: Klumpp et al. (Hrsg.), Informationelles Vertrauen für die Informationsgesellschaft, Berlin 2008, S. 159–172.

Makridakis, Spyros, The forthcoming Artificial Intelligence (AI) revolution: Its impact on society and firms, Futures 2017, S. 46–60.

Manne, Geoffrey/Wright, Joshua D., Google and the Limits of Antitrust: The Case Against the Case Against Google, Harvard Journals of Law & Public Policy 2011, S. 171–244.

Mantzari, Despoina, Interim Measures in EU Competition Cases: Origins, Evolution, and Implications for Digital Markets, Journal of European Competition Law & Practice 2020, S. 487–498.

Martens, Bertin, The impact of data access regimes on artificial intelligence and machine learning, 2018, abrufbar unter: http://go.wwu.de/jew6u.

Max-Planck-Institut für Immaterialgüter- und Wettbewerbsrecht, Stellungnahme zum Gesetzentwurf für eine Ergänzung des Urheberrechtsgesetzes durch ein Leistungsschutzrecht für Verleger, 2012, abrufbar unter: http://go.wwu.de/scw9l.

Mazzucato, Mariana, Wie kommt der Wert in die Welt? – Von Schöpfern und Abschöpfern, Frankfurt 2018.

McChesney, Robert, Digital Disconnect, New York 2013.

McLean, Andrew P., A Financial Capitalism Perspective on Start-Up Acquisitions: Introducing the Economic Goodwill Test, Journal of Competition Law & Economics 2021, S. 141–167.

Meadows, Maxwell, The Essential Facilities Doctrine in Information Economies: Illustrating Why the Antitrust Duty to Deal is Still Necessary in the New Economy, Fordham Intellectual Property, Media and Entertainment Law Journal 2015, S. 795–830.

Mendelsohn, Juliane, Die „normative Macht" der Plattformen – Gegenstand der zukünftigen Digitalregulierung? – Erfassung und mögliche Grenzen der regulierenden und verhaltenssteuernden Macht von Unternehmen im Digitalen, MMR 2021, S. 857–861.

Mes, Peter (Hrsg.), Patentgesetz/Gebrauchsmustergesetz, 5. Aufl. München 2020.

Meyer, Sebastian/Rempe, Christoph, Aktuelle Entwicklungen bei Suchmaschinen im Jahre 2019, K&R 2020, S. 267–275.

Miguel, Juan C./Casado, Miguel À, GAFAnomy (Google, Amazon, Facebook and Apple): The Big Four and the b-Ecosystem, in: Gómez-Uranga/Zabala-Iturriagagoitia/Barrutia (Hrsg.), Dynamics of Big Internet Industry Groups and Future Trends, Basel 2016, S. 127–148.

Monopolkommission, Policy Brief: 10. GWB-Novelle – Herausforderungen auf digitalen und regionalen Märkten begegnen!, 2020, abrufbar unter: http://go.wwu.de/ml3rt [zitiert als: Monopolkommission, Policy Brief: 10. GWB-Novelle].

Monopolkommission, Sondergutachten 68 – Wettbewerbspolitik: Herausforderung digitale Märkte, 2015, abrufbar unter: http://go.wwu.de/j1vo1 [zitiert als: Monopolkommission, Sondergutachten 68].

Monopolkommission, Sondergutachten 82 – Empfehlungen für einen effektiven und effizienten Digital Markets Act, 2021, abrufbar unter: http://go.wwu.de/y960e [zitiert als: *Monopolkommission*, Sondergutachten 82].

Monti, Giorgio, The Digital Markets Act – Institutional Design and Suggestions for Improvement, 2021, abrufbar unter: http://go.wwu.de/ldldb.

Morgenstern, André, Kartellrechtliche Entflechtung unter besonderer Berücksichtigung des regulierten Banken- und Energiesektors, Baden-Baden 2015.

Morik, Katharina, Daten – Wem gehören sie, wer speichert sie, wer darf auf sie zugreifen?, in: Morik/Krämer (Hrsg.), Daten – Wem gehören sie, wer speichert sie, wer darf auf sie zugreifen?, Paderborn 2018, S. 15–47.

Moss, Diana L., The Record of Weak U.S. Merger Enforcement in Big Tech, 2019, abrufbar unter: http://go.wwu.de/dk630.

Motta, Massimo/Peitz, Martin, Big Tech Mergers, 2020, abrufbar unter: http://go.wwu.de/p0g39.

Motta, Massimo, Competition Policy – Theory and Practice, New York 2004.

Muris, Timothy J./Nuechterlein, Jonathan E., First Principles for Review of Long-Consummated Mergers, The Criterion Journal on Innovation 2020, S. 29–48.

Nazzini, Renato, Google and the (Ever-stretching) Boundaries of Article 102 TFEU, Journal of European Competition Law & Practice 2015, S. 301–314.

Nettesheim, Martin/Thomas, Stefan, Entflechtung im deutschen Kartellrecht, Tübingen 2011.

Newman, Nathan, Search, Antitrust, and the Economics of the Control of User Data, Yale Journal on Regulation 2014, S. 401–454.

Nolte, Georg, Hate-Speech, Fake-News, das «Netzwerkdurchsetzungsgesetz» und Vielfaltsicherung durch Suchmaschinen, ZUM 2017, S. 552–565.

Nordemann, Axel/Nordemann, Jan Bernd/Czychowski, Christian (Hrsg.), Urheberrecht, 12. Aufl. Stuttgart 2018 [zitiert als: Fromm/Nordemann/Bearbeiter].

Nordemann, Jan Bernd/Wolters, Olaf, Google, das Leistungsschutzrecht für Presseverleger und Kartellrecht, ZUM 2016, S. 846–853.

Nothhelfer, Wolfgang, Die leverage theory im europäischen Wettbewerbsrecht, Baden-Baden 2006.

Nuys, Marcel, „Big Data" – Die Bedeutung von Daten im Kartellrecht, WuW 2016, S. 512–520.

OECD, Data-Driven Innovation – Big Data for Growth and Well-Being, 2015, abrufbar unter: http://go.wwu.de/imlvd.

Ostrovsky, Michael, Choice Screen Auctions, 2021, abrufbar unter: http://go.wwu.de/ein9s.

Ott, Stephan, Die Entwicklung des Suchmaschinen- und Hyperlink-Rechts im Jahr 2007, WRP 2008, S. 393–414.

Paal, Boris/Hennemann, Moritz, Big Data as an Asset – Daten und Kartellrecht, 2018, abrufbar unter: http://go.wwu.de/2osa0.

Paal, Boris/Hennemann, Moritz, Big Data im Recht – Wettbewerbs- und daten(schutz)rechtliche Herausforderungen, NJW 2017, S. 1697–1701.

Paal, Boris/ Kumkar, Lea Katharina, Die digitale Zukunft Europas – Europäische Strategien für den digitalen Binnenmarkt, ZfDR 2021, S. 97–129.

Paal, Boris/Kumkar, Lea Katharina, Wettbewerbsschutz in der Digitalwirtschaft – Die wichtigsten Neuerungen der 10. GWB-Novelle im Überblick, NJW 2021, S. 809–815.

Paal, Boris/Pauly, Daniel (Hrsg.), Datenschutz-Grundverordnung, 3. Aufl. München 2021.

Paal, Boris, Daten und Kartellrecht, NZKart 2018, S. 157–158.

Paal, Boris, Immaterialgüter, Internetmonopole und Kartellrecht, GRUR 2013, S. 873–881.

Paal, Boris, Internet-Suchmaschinen im Kartellrecht, GRUR Int. 2015, S. 997–1005.

Paal, Boris, Marktmacht im Daten(schutz)recht, ZWeR 2020, S. 215–245.

Paal, Boris, Missbrauchstatbestand und Algorithmic Pricing – Dynamische und individualisierte Preise im virtuellen Wettbewerb, GRUR 2019, S. 43–53.

Paal, Boris, Netz- und Suchmaschinenneutralität im Wettbewerbsrecht, AfP 2011, S. 521–532.

Paal, Boris, Suchmaschinen, Marktmacht und Meinungsbildung, Baden-Baden 2012.

Paal, Boris, Vielfaltsicherung im Suchmaschinensektor, ZRP 2015, S. 34–38.

Panzar, John C./Willig, Robert D., Economies of Scope, The American Economic Review 1981, S. 268–272.

Papier, Hans-Jürgen, Verfassungsfragen der Durchleitung, in: Büdenbender/Kühne (Hrsg.), Das neue Energierecht in der Bewährung – Bestandsaufnahme und Perspektiven – Festschrift zum 65. Geburtstag von Professor Dr. Jürgen F. Baur, Baden-Baden 2002, S. 209–223.

Pariser, Eli, The Filter Bubble – What the Internet is Hiding from You, London 2011.

Parker, Geoffrey/Petropoulos, Georgios/Van Alstyne, Marshall, Platform mergers and antitrust, 2021, abrufbar unter: http://go.wwu.de/spdeo.

Parker, Geoffrey/Van Alstyne, Marshall, Two-Sided Network Effects: A Theory of Information Product Design, Management Science 2005, S. 1494–1504.

Pasquale, Frank/Bracha, Oren, Federal Search Commission – Access, Fairness, and Accountability in the Law of Search, Cornell Law Review, S. 1149–1209.

Patterson, Mark, Antitrust Law in the New Economy, Cambridge 2017.

Patterson, Mark, Google and Search-Engine Market Power, Harvard Journal of Law & Technology Occasional Paper Series 7/2013, S. 1–24.

Peifer, Karl-Nikolaus, Leistungsschutzrecht für Presseverleger – „Zombie im Paragrafen-Dschungel" oder Retter in der Not?, GRUR-Prax 2013, S. 149–152.

Peitz, Martin/Schwalbe, Ulrich, Kollaboratives Wirtschaften oder Turbokapitalismus? – Zur Ökonomie der Sharing economy, Perspektiven der Wirtschaftspolitik 2016, S. 232–252.

Pelzer, Guido/Gerigk, Dagmar, Google AdWords – Das umfassende Handbuch, 2. Aufl. Bonn 2018.

Petit, Nicolas, Big Tech and the Digital Economy: The Moligopoly Scenario, Oxford 2020.

Petit, Nicolas, The Proposed Digital Markets Act (DMA): A Legal and Policy Review, Journal of European Competition Law & Practice 2021, S. 1–13.

Petit, Nicolas, Theories of Self-Preferencing Under Article 102 TFEU: A Reply to Bo Vesterdorf, 2015, abrufbar unter: http://go.wwu.de/iw7of.

Pflüger, Matthias/Schedereit, Peter/Vázquez Cardeñoso, Antonio, Die Anordnung einstweiliger Maßnahmen in Kartellverfahren – Der Fall Broadcom, EuZW 2021, S. 661–667.

Piltz, Carlo, Die Datenschutz-Grundverordnung – Teil 2: Rechte der Betroffenen und korrespondierende Pflichten des Verantwortlichen, K&R 2016, S. 629–636.

Podszun, Rupprecht/Bongartz, Philipp/Langenstein, Sarah, The Digital Markets Act: Moving from Competition Law to Regulation for Large Gatekeepers, EuCML 2021, S. 60–67.

Podszun, Rupprecht/Brauckmann, Fabian, GWB-Digitalisierungsgesetz: Der Referentenentwurf des BMWi zur 10. GWB-Novelle, GWR 2019, S. 436–438.

Podszun, Rupprecht/Deuschle, Adrian, Einstweilige Maßnahmen im Kartellrecht – Der Fall Broadcom und der GWB-Referentenentwurf, WuW 2019, S. 613–618.

Podszun, Rupprecht/Franz, Benjamin, Was ist ein Markt? – Unentgeltliche Leistungsbeziehungen im Kartellrecht, NZKart 2015, S. 121–127.

Podszun, Rupprecht/Kersting, Christian, Eine Wettbewerbsordnung für das digitale Zeitalter, ZRP 2019, S. 34–38.

Podszun, Rupprecht/Kersting, Christian, Modernisierung des Wettbewerbsrechts und Digitalisierung, NJOZ 2019, S. 321–325.

Podszun, Rupprecht/Kreifels, Stephan, Data and competition law, in: Mak/Tjong Tjin Tai/Berlee (Hrsg.), Research Handbook in Data Science and Law, Cheltenham 2018, S. 183–213.

Podszun, Rupprecht/Kreifels, Stephan, Digital Platforms and Competition Law, EuCML 2016, S. 33–39.

Podszun, Rupprecht/Schwalbe, Ulrich, Digitale Plattformen und GWB-Novelle: Überzeugende Regeln für die Internetökonomie?, NZKart 2017, S. 98–106.

Podszun, Rupprecht, Aufgreifkriterien der Fusionskontrolle, WuW 2010, S. 1128–1141.

Podszun, Rupprecht, Die 10. Novelle des Gesetzes gegen Wettbewerbsbeschränkungen (GWB) – Stellungnahme für den Ausschuss für Wirtschaft und

Energie des Deutschen Bundestags, 2020, abrufbar unter: http://go.wwu.de/ivv57 [zitiert als: *Podszun*, Stellungnahme für den Ausschuss für Wirtschaft und Energie des Deutschen Bundestags].

Podszun, Rupprecht, Digitale Fairness durchsetzen! Regeln für den B2P2C-Wettbewerb – Gutachten für die Finanzplatz München Initiative, 2018, abrufbar unter: http://go.wwu.de/awbpg [zitiert als: *Podszun*, Digitale Fairness durchsetzen].

Podszun, Rupprecht, Eine Generationenaufgabe: Kartellrecht zwischen GAFAs und Innovationspolitik, WRP 2019, Heft 11, Editorial.

Podszun, Rupprecht, Empfiehlt sich eine stärkere Regulierung von Online-Plattformen und anderen Digitalunternehmen?, in: Deutscher Juristentag (Hrsg.), Verhandlungen des 73. Deutschen Juristentags, München 2020, S. F 1–F 108.

Podszun, Rupprecht, Muss das Kartellrecht schneller werden?, WuW 2017, S. 577–577.

Pohlmann, Petra/Lindhauer, Ansgar/*Peter, Christian*, Das Leistungsschutzrecht für Presseverleger und die qualifizierte News-Aggregation durch Google News Showcase: Ein Fall für § 19 und § 19a GWB? – Teil 1, NZKart 2021, S. 466–479.

Pohlmann, Petra/Lindhauer, Ansgar/*Peter, Christian*, Das Leistungsschutzrecht für Presseverleger und die qualifizierte News-Aggregation durch Google News Showcase: Ein Fall für § 19 und § 19a GWB? – Teil 2, NZKart 2021, S. 544–551.

Pohlmann, Petra/Wismann, Thomas, Digitalisierung und Kartellrecht – Der Regierungsentwurf zur 9. GWB-Novelle, NZKart 2016, S. 555–563.

Pohlmann, Petra/Wismann, Thomas, Markt, Marktmacht und Transaktionsschwelle in der 9. GWB-Novelle, WuW 2017, S. 257–261.

Pohlmann, Petra, 9. GWB-Novelle und Digitalisierung: Innovative oder innovationshemmende Gesetzgebung?, WuW 2016, S. 563–563.

Polley, Romina/Kaup, Rieke, Paradigmenwechsel in der deutschen Missbrauchsaufsicht – Der Referentenentwurf zur 10. GWB-Novelle, NZKart 2020, S. 113–119.

Polley, Romina/Konrad, Friedrich Andreas, Der Digital Markets Act – Brüssels neues Regulierungskonzept für Digitale Märkte, WuW 2021, S. 198–206.

Pollock, Rufus, Is Google the Next Microsoft: Competition, Welfare and Regulation in Online Search, abrufbar unter: http://go.wwu.de/9i0wo.

Posser, Herbert/Wolff, Heinrich Amadeus (Hrsg.), BeckOK VwGO, 59. Ed. München Stand: 01.10.2021.

Priddat, Birger P., Schumpeter und die modernen Marktdynamiken, in: Frambach et al. (Hrsg.), Schöpferische Zerstörung und der Wandel des Unternehmertums – Zur Aktualität von Joseph A. Schumpeter, Marburg 2019, S. 71–95.

Prüfer, Jens, Die Datenteilungspflicht – Innovation und fairer Wettbewerb auf datengetriebenen Märkten, 2020, abrufbar unter: http://go.wwu.de/fve4h.

Ramge, Thomas/Mayer-Schönberger, Viktor, Machtmaschinen – Warum Datenmonopole unsere Zukunft gefährden und wie wir sie brechen, Hamburg 2020.

Rath, Michael, Das Recht der Internet-Suchmaschinen, Stuttgart 2005.

Rath, Michael, Suchmaschinen sind auch nicht mehr das, was sie einmal waren, WRP 2005, S. 826–833.

Raue, Benjamin/von Ungern-Sternberg, Antje, Ethische und rechtliche Grundsätze der Datenverwendung, ZRP 2020, S. 49–52.

Reinhard, Michael, Die Umkehr der Beweislast aus verfassungsrechtlicher Sicht, NJW 1994, S. 93–99.

Reischl, Gerald, Die Google Falle – Die unkontrollierte Weltmacht im Internet, Wien 2008.

Rengier, Lukas, Too Big to Fail als Frage des Kartellrechts – Wettbewerbseffekte, Fusionskontrolle und Entflechtung, Baden-Baden 2014.

Reppesgaard, Lars, Das Google-Imperium, 2. Aufl. Hamburg 2010.

Rochet, Jean-Charles/Tirole, Jean, Platform Competition in Two-Sided Markets, Journal of the European Economic Association 2003, S. 990–1029.

Rochet, Jean-Charles/Tirole, Jean, Two-Sided Markets: A Progress Report, The RAND Journal of Economics 2006, S. 645–667.

Rolf, Arno/Sagawe, Arno, Des Googles Kern und andere Spinnennetze – Die Architektur der digitalen Gesellschaft, Konstanz 2015.

Roson, Roberto, Two-Sided Markets: A Tentative Survey, Review of Network Economics 2005, S. 142–160.

Roßnagel, Alexander/Geminn, Christian, Vertrauen in Anonymisierung – Regulierung der Anonymisierung zur Förderung Künstlicher Intelligenz, ZD 2021, S. 487–490.

Roßnagel, Alexander, Datenlöschung und Anonymisierung – Verhältnis der beiden Datenschutzinstrumente nach DS-GVO, ZD 2021, S. 188–192.

Rotenberg, Boris, Towards Personalised Search: EU Data Protection Law and its Implications for Media Pluralism, in: Machill/Beiler (Hrsg.), Die Macht der Suchmaschinen/The Power of Search Engines, Köln 2007, S. 87–104.

Rubinfeld, Daniel L./Gal, Michal S., Access Barriers to Big Data, Arizona Law Review 2017, S. 339–381.

Rubinfeld, Daniel L., Wettbewerb, Innovation und die Durchsetzung des Kartellrechts in dynamischen, vernetzten Industrien, GRUR Int. 1999, S. 479–488.

Ruiz Feases, Alexandre, Sharpening the European Commission's tools: interim measures, European Competition Journal 2020, S. 404–430.

Rusche, Christian/Scheufen, Marc, On (Intellectual) Property and other Legal Frameworks in the Digital Economy, 2018, abrufbar unter: http://go.wwu.de/c8yum.

Rutz, Oliver J./Bucklin, Randolph E., A Model of Individual Keyword Performance in Paid Search Advertising, 2007, abrufbar unter: http://go.wwu.de/4f9z6.

Sachs, Michael/Schmitz, Heribert (Hrsg.), Verwaltungsverfahrensgesetz, 9. Aufl. München 2018 [zitiert als: Stelkens/Bonk/Sachs/Bearbeiter].

Säcker, Franz Jürgen/Meier-Beck, Peter (Hrsg.), Münchener Kommentar zum Wettbewerbsrecht, Band 2 – Gesetz gegen Wettbewerbsbeschränkungen (GWB), 3. Aufl. München 2020 [zitiert als: MüKo/*Bearbeiter*].

Säcker, Franz Jürgen/Mohr, Jochen, Forderung und Durchsetzung ungerechtfertigter Vorteile – Eine Analyse des § 20 Abs. 3 GWB, WRP 2010, S. 1–26.

Sahl, Jan Christian, Daten als Basis der digitalen Wirtschaft und Gesellschaft, RDV 2015, S. 236–242.

Sassenberg, Thomas/Faber, Tobias (Hrsg.), Rechtshandbuch Industrie 4.0 und Internet of Things, München 2017.

Satzky, Horst, Novellierung des GWB: Entflechtung von Großkonzernen?, WuW 2010, S. 614–626.

Savary, Fiona, Regulierung von Internetplattformen – Anwendbarkeit und Grenzen heutiger Regulierungsansätze, in: Gschwend et al. (Hrsg.), Recht im digitalen Zeitalter, Zürich 2015, S. 273–292.

Schack, Haimo, Das neue Leistungsschutzrecht für Presseverleger – Ein schlechtes Vorbild wird reformiert, ZUM 2020, S. 165–166.

Schack, Haimo, Urheber- und Urhebervertragsrecht, 9. Aufl. Tübingen 2019.

Schaefer, Maximilian/Sapi, Geza/Lorincz, Szabolcs, The Effect of Big Data on Recommendation Quality: The Example of Internet Search, 2018, abrufbar unter: http://go.wwu.de/yj0qi.

Schantz, Peter, Die Datenschutz-Grundverordnung – Beginn einer neuen Zeitrechnung im Datenschutzrecht, NJW 2016, S. 1841–1847.

Schepp, Nils-Peter/Wambach, Achim, On Big Data and its Relevance for Market Power Assessment, Journal of European Competition Law & Practice 2016, S. 120–124.

Schmalensee, Richard, An Instant Classic: Rochet & Tirole, Platform Competition in Two-Sided Markets, Competition Policy International 2014, S. 175–180.

Schmid, Tobias/Braam, Laura/*Mischke, Julia*, Gegen Meinungsmacht – Reformbedürfnisse aus Sicht eines Regulierers, MMR 2020, S. 19–23.

Schmidt, Stefan A., Zugang zu Daten nach europäischem Kartellrecht, Tübingen 2020.

Schmidt-Preuß, Matthias, Substanzerhaltung und Eigentum – Verfassungsrechtliche Anforderungen an die Bestimmung von Netznutzungsentgelten im Stromsektor, Baden-Baden 2003.

Schubert, Tobias, Self-inflicted knockout 2.0 – Unwirksamkeit von § 19a GWB mangels Notifizierung?, NZKart 2021, S. 338–340.

Schulz, Thomas, Was Google wirklich will, München 2015.

Schwalbe, Ulrich, Die Berücksichtigung von Effizienzgewinnen in der Fusionskontrolle – Ökonomische Aspekte, in: Oberender (Hrsg.), Effizienz und Wettbewerb, Berlin 2005, S. 63–94.

Schwalbe, Ulrich, Über den Umgang mit Internetkonzernen – Modernisierte Missbrauchsaufsicht, Entflechtung oder Regulierung?, in: Klose/Klusmann/Thomas (Hrsg.), Das Unternehmen in der Wettbewerbsordnung – Festschrift für Gerhard Wiedemann zum 70. Geburtstag, München 2020, S. 389–406.

Schwartz, Barry, The Paradox of Choice – Why More Is Less, New York 2004.

Schweda, Marc/von Schreitter, Florian, Ran an die Datenschätze? Datenzugangsansprüche, WuW 2021, S. 145–154.

Schweitzer, Heike/Fetzer, Thomas/Peitz, Martin, Digitale Plattformen: Bausteine für einen künftigen Ordnungsrahmen, 2016, abrufbar unter: http://go.wwu.de/rjksr.

Schweitzer, Heike/Gutmann, Frederik, Unilateral Practices by Digital Platforms: Facts and Myths about the Reach and Effectiveness of Competition Law, 2021, abrufbar unter: http://go.wwu.de/v1byz.

Schweitzer, Heike/Haucap, Justus/*Kerber, Wolfgang*/Welker, Robert, Modernisierung der Missbrauchsaufsicht für marktmächtige Unternehmen, Baden-Baden 2018.

Schweitzer, Heike/Peitz, Martin, Ein neuer Ordnungsrahmen für Datenmärkte?, NJW 2018, S. 275–280.

Schweitzer, Heike, Datenzugang in der Datenökonomie: Eckpfeiler einer neuen Informationsordnung, GRUR 2019, S. 569–580.

Schweitzer, Heike, Digitale Plattformen als private Gesetzgeber: Ein Perspektivwechsel für die europäische „Plattform-Regulierung", ZEuP 2019, S. 1–12.

Schweitzer, Heike, Neue Machtlagen in der digitalen Welt? Das Beispiel unentgeltlicher Leistungen, in: Körber/Kühling (Hrsg.), Regulierung – Wettbewerb – Innovation, Baden-Baden 2017, S. 269–305.

Schweitzer, Heike, The Art to Make Gatekeeper Positions Contestable and the Challenge to Know What Is Fair: A Discussion of the Digital Markets Act Proposal, ZEuP 2021, S. 503–544.

Schwintowski, Hans-Peter, Preistransparenz als Voraussetzung funktionsfähigen (digitalen) Marktwettbewerbs, NJOZ 2018, S. 841–850.

Scott Morton, Fiona M./Dinielli, David C., Roadmap for a Monopolization Case Against Google Regarding the Search Market, 2020, abrufbar unter: http://go.wwu.de/5x4p7.

Searchmetrics, Google Shopping 2019 – Analyse und Marktübersicht für Deutschland, Großbritannien und Frankreich, 2019, abrufbar unter: http://go.wwu.de/8f48u.

Seip, Fabian/Berberich, Matthias, Der Entwurf des Digital Markets Act, GRUR-Prax 2021, S. 44–47.

Shapiro, Carl/Varian, Hal, Information Rules – A Strategic Guide to the Network Economy, Boston 1999.

Shapiro, Carl, Antitrust in a time of populism, International Journal of Industrial Organization 2018, S. 714–748.

Shapiro, Carl, Competition and Innovation – Did Arrow Hit the Bull's Eye?, in: Lerner/Stern (Hrsg.), The Rate and Direction of Inventive Activity Revisited, Chicago 2012, S. 361–404.

Shelanski, Howard S., Information, Innovation, and Competition Policy for the Internet, University of Pennsylvania Law Review 2013, S. 1663–1705.

Shy, Oz, A Short Survey of Network Economics, Review of Industrial Organization 2011, S. 119–149.

Siegmund, Julian, Suchmaschinenalgorithmen im Kartellrecht der EU und der USA, Baden-Baden 2017.

Simitis, Spiros/Hornung, Gerrit/Spiecker gen. Döhmann, *Indra*, Datenschutzrecht, Baden-Baden 2019.

Snower, Dennis/Twomey, Paul/Farrell, Maria, Revisiting digital governance, 2020, abrufbar unter: http://go.wwu.de/jjfzd.

Sokol, Daniel D./Comerford, Roisin, Does Antitrust Have a Role to Play in Regulating Big Data?, in: Blair/Sokol (Hrsg.), The Cambridge Handbook of Antitrust, Intellectual Property, and High Tech, Cambridge 2017, S. 293–315.

SPD, Digitaler Fortschritt durch ein Daten-für-Alle-Gesetz – Diskussionspapier der Parteivorsitzenden der Sozialdemokratischen Partei Deutschlands Andrea Nahles, 2019, abrufbar unter: http://go.wwu.de/jvuz-.

Specht, Louisa, Ausschließlichkeitsrechte an Daten – Notwendigkeit, Schutzumfang, Alternativen – Eine Erläuterung des gegenwärtigen Meinungsstands und Gedanken für eine zukünftige Ausgestaltung, CR 2016, S. 288–296.

Specht-Riemenschneider, Louisa/Werry, Nikola/Werry, Susanne (Hrsg.), Datenrecht in der Digitalisierung, Berlin 2020.

Spiecker gen. Döhmann, Indra, Digitale Mobilität: Plattform Governance – IT-sicherheits- und datenschutzrechtliche Implikationen, GRUR 2019, S. 341–352.

Spink, Amanda/Wolfram, Dietmar/*Jansen, Major B. J./Saracevic, Tefko*, Searching the Web: The Public and Their Queries, Journal of the American Society for Information Science and Technology 2001, S. 226–234.

Srinivasan, Dina, Why Google Dominates Advertising Markets, Stanford Technology Law Review 2020, S. 55–175.

Srnicek, Nick, Platform Capitalism, Cambridge 2017.

Stark, Birgit, „Don't be evil" – Die Macht von Google und die Ohnmacht der Nutzer und Regulierer, in: Stark/Dörr/Aufenanger (Hrsg.), Die Googleisierung der Informationssuche – Suchmaschinen zwischen Nutzung und Regulierung, Berlin 2014, S. 1–19.

Stark, Birgit/Magin, Melanie/Jürgens, Pascal, Navigieren im Netz – Befunde einer qualitativen und quantitativen Nutzerbefragung, in: Stark/Dörr/Aufenanger (Hrsg.), Die Googleisierung der Informationssuche – Suchmaschinen zwischen Nutzung und Regulierung, Berlin 2014, S. 20–74.

Staudenmayer, Dirk, Die Anpassung des Privatrechts an die digitale Wirtschaft, IWRZ 2020, S. 147–157.

Steinberg, Philipp/Roser, Gero, Wirtschaftspolitische Herausforderungen der Digitalisierung, Wirtschaftsdienst 2020, S. 54–56.

Steinberg, Philipp Marc/Wirtz, Markus, Der Referentenentwurf zur 10. GWB-Novelle – Ein Dialog zwischen dem BMWi und der anwaltlichen Praxis (Teil 2), WuW 2020, S. 8–15.

Steinbrecher, Judith, Die EU-Urheberrechtsrichtlinie aus Sicht der Digitalwirtschaft, MMR 2019, S. 639–643.

Steinrötter, Björn, Vermeintliche Ausschließlichkeitsrechte an binären Codes, MMR 2017, S. 731–736.

Steinvorth, Till/Gasser, Lucas, Der neue § 39a GWB – Instrument für eine flexiblere Fusionskontrolle?, WuW 2021, S. 155–160.

Stieper, Malte, Totgesagte leben länger – Die Wiederauferstehung des Presseverleger-Leistungsschutzes, ZUM 2020, S. 166–168.

Stiftung Datenschutz, Praktische Umsetzung des Rechts auf Datenübertragbarkeit – Rechtliche, technische und verbraucherbezogene Implikationen, 3. Aufl. 2018, abrufbar unter: http://go.wwu.de/s2yx6.

Stigler Committee on Digital Platforms, Final Report, 2019, abrufbar unter: http://go.wwu.de/0acs6.

Stiglitz, Joseph, People, Power, and Profits, New York 2019.

Strubel, Michael, Anwendungsbereich des Rechts auf Datenübertragbarkeit, ZD 2017, S. 355–361.

Stucke, Maurice/Ezrachi, Ariel, Competition Overdose, New York 2020.

Stucke, Maurice/Ezrachi, Ariel, When Competition Fails to Optimize Quality: A Look at Search Engines, The Yale Journal of Law & Technology 2016, S. 70–110.

Stucke, Maurice/Grunes, Allen, Big Data and Competition Policy, Oxford 2016.

Stucke, Maurice, Should We be Concerned About Data-Opolies?, Georgetown Law Technology Review 2018, S. 275–324.

Studienvereinigung Kartellrecht, Stellungnahme der Studienvereinigung Kartellrecht e.V. zu den mit dem Referentenentwurf vorgeschlagenen Änderungen – Verwaltungsverfahren/Schadensersatz/Fusionskontrolle, 2020, abrufbar unter: http://go.wwu.de/e-6wg [zitiert als: *Studienvereinigung Kartellrecht*, Verwaltungsverfahren/Schadensersatz/Fusionskontrolle].

Studienvereinigung Kartellrecht, Stellungnahme der Studienvereinigung Kartellrecht e.V. zu den mit dem Referentenentwurf vorgeschlagenen Neuregelungen – Missbrauchsaufsicht/Digitalisierung, 2020, abrufbar unter: http://go.wwu.de/shohw [zitiert als: *Studienvereinigung Kartellrecht*, Missbrauchsaufsicht/Digitalisierung].

Stürmer, Verena, Löschen durch Anonymisieren? – Mögliche Erfüllung der Löschpflicht nach Art. 17 DS-GVO, ZD 2020, S. 626–631.

Subcommittee on Antitrust, Commercial, and Administrative Law of the Committee on the Judiciary, Investigation of Competition in Digital Markets, 2020, abrufbar unter: http://go.wwu.de/chyi6.

Surblytė, Gintarė, Competition Law at the Crossroads in the Digital Economy: is it all about Google?, EuCML 2015, S. 170–178.

Suwelack, Felix, Leistungsschutzrecht und Upload-Filter aus ökonomischer Perspektive, MMR 2018, S. 582–586.

Swire, Peter/Lagos, Yianni, Why the Right to Data Portability Likely Reduces Consumer Welfare: Antitrust and Privacy Critique, Maryland Law Review 2013, S. 335–380.

Tamke, Maren, Big Data and Competition Law, ZWeR 2017, S. 358–385.

Tamke, Maren, Marktmacht in digitalen Märkten nach der 9. GWB-Novelle, NZKart 2018, S. 503–508.

Telang, Rahul/Rajan, Uday/*Mukhopadhyay*, The Market Structure for Internet Search Engines, Journal of Management Information Systems 2004, S. 137–160.

Telle, Sebastian, Big Data und Kartellrecht – Relevanz datenbasierter Geschäftsmodelle im europäischen und deutschen Kartellrecht, InTeR 2017, S. 3–10.

Telle, Sebastian, Konditionenmissbrauch durch Ausplünderung von Plattform-Nutzerdaten – Kartellrechtliche Bewertung des Vorwurfs exzessiver Datenerhebung durch Online-Plattformen aus Anlass der Ermittlungen des Bundeskartellamts gegenüber Facebook, WRP 2016, S. 814–820.

Thépot, Florence, Market Power in Online Search and Social Networking: A Matter of Two-Sided Markets, World Competition 2013, S. 195–221.

Thomas, Isaiah, The History of Printing in America, New York 1970.

Thouvenin, Florent/Weber, Rolf/Früh, Alfred, Elemente einer Datenpolitik, Baden-Baden 2019.

Thüsing, Gregor/Rombey, Sebastian, Anonymisierung an sich ist keine rechtfertigungsbedürftige Datenverarbeitung – Eine Auslegung von Art. 4 Nr. 2 DS-GVO nach den Methoden des EuGH, ZD 2021, S. 548–553.

Tirole, Jean, Economics for the Common Good, Princeton 2017.

Tirole, Jean, Industrieökonomik, 2. Aufl. München 1999.

Todd, Patrick F., Digital Platforms and the Leverage Problem, Nebraska Law Review 2019, S. 486–541.

Topel, Julia, Unentgeltliche Marktleistungen nach § 18 Abs. 2a GWB, in: Klose/Klusmann/Thomas (Hrsg.), Das Unternehmen in der Wettbewerbsordnung – Festschrift für Gerhard Wiedemann zum 70. Geburtstag, München 2020, S. 57–67.

Tormin, Miriam, EU-Wettbewerbskommissarin: Zerschlagung von Google und Facebook nur als Ultima Ratio, MMR-Aktuell 2019, S. 421–492.

Trentmann, Christian, Die (un)geklärte Rechtslage bei Altberichten in Online-Archiven – Kritischer Überblick zum aktuellen Entwicklungsstand der Rechtsprechung, MMR 2016, S. 731–735.

Tucker, Darren S./Wellford, Hill B., Big Mistakes Regarding Big Data, abrufbar unter: http://go.wwu.de/0–o1z.

Türker, Denis, The Optimal Design of a Search Engine from an Agency Theory Perspective, 2004, abrufbar unter: http://go.wwu.de/hliq5.

Ukrow, Jörg, UK: DMU statt DMA – Neue Arbeitseinheit für die Überwachung der marktbeherrschenden Tech-Unternehmen eingerichtet, MMR-Aktuell 2021, S. 438–549.

Varian, Hal/Dolmans, Maurits/Baird, Gavin/Senges, Max, Digitale Herausforderungen für die Wettbewerbspolitik, in: Wirtschaftsrat der CDU (Hrsg.), Soziale Marktwirtschaft im digitalen Zeitalter, Freiburg im Breisgau 2019, S. 75–92.

Varian, Hal, Position auctions, International Journal of Industrial Organization 2007, S. 1163–1178.

Varian, Hal, The economics of Internet search, in: Bauer/Latzer (Hrsg.), Handbook on the Economics of the Internet, Cheltenham 2016, S. 385–394.

Varian, Hal, The Economics of Internet Search, Rivista di Politica Economica 2006, S. 177–191.

Veisdal, Jørgen, The dynamics of entry for digital platforms in two-sided markets: a multi-case study, Electronic Markets 2020, S. 539–556.

Verbraucherzentrale Bundesverband, Fairen Wettbewerb in digitalen Märkten sicherstellen, 2020, abrufbar unter: http://go.wwu.de/xxrc5.

Verbraucherzentrale Bundesverband, Wahlfreiheit von Verbrauchern und effektiven Wettbewerb in digitalen Märkten sicherstellen – Positionspapier des Verbraucherzentrale Bundesverbandes (vzbv) zum Vorschlag der Europäischen Kommission für eine Verordnung über wettbewerbsfähige und faire digitale Märkte (Digital Markets Act), 2021, abrufbar unter: http://go.wwu.de/wgsd4 [zitiert als: *Verbraucherzentrale Bundesverband*, Positionspapier zum DMA-E].

Vesterdorf, Bo/Fountoukakos, Kyriakos, An Appraisal of the Remedy in the Commission's Google Search (Shopping) Decision and a Guide to its Interpretation in Light of an Analytical Reading of the Case Law, Journal of European Competition Law & Practice 2018, S. 3–18.

Vesterdorf, Bo, Theories of self-preferencing and duty to deal – two sides of the same coin?, Competition Law & Policy Debate 2015, S. 4–9.

Vickrey, William, Counterspeculation, Auctions, and Competitive Sealed Tenders, The Journal of Finance 1961, S. 8–37.

Vita, Michael/Osinski, David, John Kwoka's Mergers, Merger Control, and Remedies: A Critical Review, Antitrust Law Journal 2018, S. 361–388.

Völcker, Sven/Benditz, Robert, Die Entwicklung des europäischen Kartellrechts in den Jahren 2018 und 2019, EuZW 2020, S. 259–270.

Volmar, Maximilian, Digitale Marktmacht, Baden-Baden 2019.

Volmar, Maximilian, Marktabgrenzung bei mehrseitigen Online-Plattformen, ZWeR 2017, S. 386–408.

Volmar, Maximilian, Märkte ohne Geld – Der kartellrechtliche Marktbegriff im Zeitalter der Digitalisierung, WRP 2019, S. 582–587.

von Engelhardt, Sebastian/Freytag, Andreas/Köllmann, Volker, Wettbewerbspolitischer Handlungsbedarf bei der Verknüpfung von zweiseitigen Märkten im Internet: Der Fall Google, Zeitschrift für Wirtschaftspolitik 2013, S. 311–332.

von Wallenberg, Gabriela, 10. GWB-Novelle – Ordnungsrahmen zur Digitalisierung der Wirtschaft, ZRP 2020, S. 238–241.

Wandtke, Artur-Axel/Bullinger, Winfried (Hrsg.), Praxiskommentar Urheberrecht, 5. Aufl. München 2019.

Weber, Henri, Datenzugang nach dem Referentenentwurf der 10. GWB-Novelle – Chancen für Digital-Start-ups?, WRP 2020, S. 559–565.

Weber, Jan Markus, Zugang zu den Softwarekomponenten der Suchmaschine Google nach Art. 102 AEUV, Baden-Baden 2017.

Weber, Rolf/Volz, Stephanie, Kartellrechtlicher Handlungsbedarf im Lichte potenzieller Meinungsmacht von Suchmaschinen, WuW 2015, S. 356–368.

Weber, Rolf, Information at the crossroads of competition and data protection law, ZWeR 2014, S. 169–183.

Wehrmann, Michael, Suchmaschinenoptimierung und Wettbewerbsrecht, Baden-Baden 2020.

Wendehorst, Christiane, Of Elephants in the Room and Paper Tigers: How to Reconcile Data Protection and the Data Economy, in: Lohsse/Schulze/Staudenmayer (Hrsg.), Trading Data in the Digital Economy: Legal Concepts and Tools, Baden-Baden 2017, S. 327–355.

Wenhold, Céline, Nutzerprofilbildung durch Webtracking – Zugleich eine Untersuchung zu den Defiziten des Datenschutzrechts im Zeitalter von Big Data-Anwendungen, Baden-Baden 2018.

Westphal, Miriam/Wichtermann, Marco, Datenportierung nach Art. 20 DS-GVO, ZD 2019, S. 191–194.

Weyl, E. Glen/Fabinger, Michal, Pass-Through as an Economic Tool: Principles of Incidence under Imperfect Competition, Journal of Political Economy 2013, S. 528–583.

Whinston, Michael D., Tying, Foreclosure, and Exclusion, The American Economic Review 1990, S. 837–859.

White, Adam J., Google's Antitrust Woes and Google Shopping, 2019, abrufbar unter: http://go.wwu.de/zusz3.

Wiedemann, Gerhard (Hrsg.), Handbuch des Kartellrechts, 4. Aufl. München 2020.

Wiedmann, Daniel/Jäger, Tobias, Bundeskartellamt gegen Facebook: Marktmachtmissbrauch durch Datenschutzverstöße?, K&R 2016, S. 217–220.

Wied-Nebbeling, Susanne, Preistheorie und Industrieökonomik, 5. Aufl. Dordrecht 2009.

Wiggerthale, Marita/Tangens, Rena, Ungezähmte Internetgiganten – GWB-Digitalisierungsgesetz: Trippelschritte mit geringer Wirkung. Für eine digitale Grundversorgung im 21. Jahrhundert!, Informatik Spektrum 2020, S. 186–191.

Wismer, Sebastian/Bongard, Christian/*Rasek, Arno*, Multi-Sided Market Economics in Competition Law Enforcement, Journal of European Competition Law & Practice 2017, S. 257–262.

Witten, Ian H./Gori, Marco/*Numerico, Teresa*, Web Dragons – Inside the Myths of Search Engine Technology, San Francisco 2007.

Wu, Tim, The Curse of Bigness, New York 2018.

Wurmnest, Wolfgang, Marktmacht und Verdrängungsmissbrauch, 2. Aufl. Tübingen 2012.

Xalabarder, Raquel, La reforma del artículo 32 del TRLPI: una reforma explosiva, injustificada y doblemente inútil, Revista de Internet, Derecho y Política 2015, S. 121–139.

Yale Tobin Center for Economic Policy, Digital Regulation Project – Fairness and Contestability in the Digital Markets Act, 2021, abrufbar unter: http://go.wwu.de/x1tnt.

Yale Tobin Center for Economic Policy, Digital Regulation Project – More Competitive Search Through Regulation, 2021, abrufbar unter: http://go.wwu.de/q77-p.

Zalando SE, Für ein selbstbewusstes Wettbewerbsrecht – Stellungnahme der Zalando SE zum Kabinettsentwurf eines Zehnten Gesetzes zur Änderung des Gesetzes gegen Wettbewerbsbeschränkungen für ein fokussiertes, proaktives und digitales Wettbewerbsrecht 4.0 (GWB-Digitalisierungsgesetz), 2020, abrufbar unter: http://go.wwu.de/wianb.

Zech, Herbert, „Industrie 4.0" – Rechtsrahmen für eine Datenwirtschaft im digitalen Binnenmarkt, GRUR 2015, S. 1151–1160.

Zech, Herbert, Daten als Wirtschaftsgut – Überlegungen zu einem „Recht des Datenerzeugers" – Gibt es für Anwenderdaten ein eigenes Vermögensrecht bzw. ein übertragbares Ausschließlichkeitsrecht?, CR 2015, S. 137–146.

Zech, Herbert, Digitalisierung – Potenzial und Grenzen der Analogie zum Analogen, in: Eifert (Hrsg.), Digitale Disruption und Recht – Workshop zu Ehren des 80. Geburtstags von Wolfgang Hoffmann-Riem, Baden-Baden 2020, S. 29–44.

Zech, Herbert, Information als Schutzgegenstand, Tübingen 2012.

Zimmer, Daniel/Göhsl, Jan-Frederick, Vom New Competition Tool zum Digital Markets Act: Die geplante EU-Regulierung für digitale Gatekeeper, ZWeR 2021, S. 27–61.

Zimmer, Daniel, Property Rights Regarding Data?, in: Lohsse/Schulze/Staudenmayer (Hrsg.), Trading Data in the Digital Economy: Legal Concepts and Tools, Baden-Baden 2017, S. 101–107.

Zimmerlich, Antje, Marktmacht in dynamischen Märkten, Frankfurt am Main 2007.

Zingales, Nicolo, Product Market Definition in Online Search and Advertising, The Competition Law Review 2013, S. 29–47.

Zinndorf, Sarah, Internetsuchmaschinen in der unionskartellrechtlichen Missbrauchskontrolle – Eine juristisch-ökonomische Analyse unter besonderer Berücksichtigung der vertikalen Integration eigener Dienste und Inhalte, Baden-Baden 2020.

Zuboff, Shoshana, Das Zeitalter des Überwachungskapitalismus, Frankfurt am Main 2018.

Alle Internetadressen wurden zuletzt am 5. Dezember 2021 aufgerufen.

www.ingramcontent.com/pod-product-compliance
Ingram Content Group UK Ltd.
Pitfield, Milton Keynes, MK11 3LW, UK
UKHW021831290926
8980IPUK00004B/388

9 783631 902035